Das Problem der sukzessiven Beihilfe

Schriften zum Strafrecht und Strafprozeßrecht

Herausgegeben von Manfred Maiwald

Band 5

PETER LANG
Frankfurt am Main · Bern · New York · Paris

Heiko Hartmut Lesch

Das Problem der sukzessiven Beihilfe

PETER LANG
Frankfurt am Main · Bern · New York · Paris

Die Deutsche Bibliothek - CIP-Einheitsaufnahme

Lesch, Heiko Hartmut:

Das Problem der sukzessiven Beihilfe / Heiko Hartmut Lesch.
- Frankfurt am Main ; Bern ; New York ; Paris : Lang, 1992
(Schriften zum Strafrecht und Strafprozessrecht ; Bd. 5)
Zugl.: Bonn, Univ., Diss., 1991
ISBN 3-631-44414-1

NE: GT

D 5
ISSN 0938-6181
ISBN 3-631-44414-1

Meinen lieben Eltern

in Dankbarkeit

Vorwort

Die vorliegende Abhandlung ist die teilweise überarbeitete und aktualisierte Fassung meiner Dissertation, die ich im WS 1990/91 der Rechts- und Staatswissenschaftlichen Fakultät der Rheinischen Friedrich-Wilhelms-Universität zu Bonn vorgelegt habe. Rechtsprechung und Literatur sind vollständig bis zum Februar 1991, partiell auch bis zum Abschluß des Manuskripts im Oktober 1991 berücksichtigt.

Mein vornehmlicher Dank gilt Herrn Prof. Dr. Hans-Joachim Rudolphi, der diese Arbeit angeregt, geduldig betreut und mit großer Toleranz unterstützt hat. Besonders verpflichtet fühle ich mich auch Herrn Prof. Dr. Günther Jakobs, an dessen Lehrstuhl ich mehrere Jahre arbeiten durfte und der das Entstehen dieser Abhandlung in unermüdlicher Gesprächsbereitschaft wesentlich gefördert hat. Auch die Herren Dr. Sang-Je Cho, Dr. Martin Henke und Dr. Karl Heinz Vehling haben den Erfolg der Arbeit in zahlreichen Diskussionen mitbegründet.

Zu danken habe ich schließlich Herrn Prof. Dr. Manfred Maiwald für die Aufnahme der Arbeit in die von ihm herausgegebene Reihe "Schriften zum Strafrecht und Strafprozeßrecht" und Herrn Dr. Dirk F. Paßmann für die vorbildliche Betreuung durch den Verlag Peter Lang.

Bonn, im Oktober 1991 Heiko H. Lesch

Inhalt

Einleitung

Das Problem der sukzessiven Beihilfe verweist auf die Frage, bis zu welchem Zeitpunkt eines deliktischen Geschehens strafbare Beihilfe geleistet werden kann. Es wird üblicherweise als Annex der Beendigungsdoktrin behandelt und mit der Feststellung erledigt, Behilfe sei auch noch nach der Vollendung bis zur Beendigung möglich[1]. Die Beendigungslehre unterscheidet zwischen der (formellen oder juristischen) Vollendung einer Straftat und einem besonderen Zeitpunkt der (materiellen oder faktischen) Beendigung[2]. Während die Vollendung eines Delikts als Verwirklichung sämtlicher Tatbestandsmerkmale definiert wird[3], besteht über die Beschreibung der Beendigung keine Einigkeit[4]; - nach einer verbreiteten Formel soll sie dann eintreten, "wenn das Tatgeschehen über die eigentliche Tatbestandserfüllung hinaus seinen tatsächlichen Abschluß gefunden" habe[5], wobei freilich noch offen ist, welches Kriterium diesen Abschluß markieren soll.

Im 1. Teil dieser Untersuchung wird die übliche Diskussion des Problems der

---

1) RGSt 23,292 f; 51,400(402); 52,23(26 f); 71,193(194); RG JW 34,839; OGHSt 2,50(59 f); 2,209(210 f); 3,1(3); BGH 4 StR 398/56 v. 13.12.56 (unveröff.) S.6; 3 StR 379/78 v. 25.10.78 (unveröff.) S.6; BGHSt 3,40(43 f); 6,248(251); 14,280 ff; 19,323(325); BGH StV 81,127; BGH NStE Nr.1 zu § 27 StGB; BFH VII S 5/86 v. 27.5.1986 (unveröff.) S.9; OLG Karlsruhe GA 1971,281(282); BayObLG NJW 80,412; *Baumann/Weber* § 35 I 2, § 37 II 2 b; *Schmidhäuser* AT (1975) 14/137; *Welzel* Lb S.112; Sch/Sch-*Cramer* § 27 Rn 17; *Lackner* § 27 Anm.2 b; Dreher/*Tröndle* § 27 Rn 4; *Jescheck* AT S.627; *ders.*, FS Welzel S.697; *H. Mayer* AT (1953) S.323; *ders.*, AT (1967) S.162; *Haft* AT S.191; *Bockelmann* AT § 25 III 2 b; *Geilen* AT S.206 f; *Kienapfel* AT S.575; *Vogler* ZStW 98(1986), 331,339; *Plümer* S.95; *Scheufele* S.69; *Maurach* AT (4.) S.697; *Winkler* S.128; *Hau* S.13, 120; *Blei* AT S.287 f; *Wessels* AT § 13 IV 5; *Gelbert* DStR 43,6; *Otto* JuS 82,565; *ders.*, FS Lackner S.719.

2) *Kühl*, Beendigung S.17; *Furtner* JR 66,169; *Otto* FS Lackner S.717.

3) BGH NJW 64,1810; *Jakobs* AT 25/1; SK-*Rudolphi* Vor § 22 Rn 6; *Kühl*, Beendigung S.18; *Welzel* Lb S.188; *Hau* S.15 ff; *Otto* FS Lackner S.716. *Winkler* S.6 ff stellt weitergehend auf die Erfüllung des Verbrechenstatbestands einschließlich Rechtswidrigkeit und Schuld ab.

4) *Plümer* S.162; *Winkler* S.1; *Furtner* JR 66,169; *Bitzilekis* ZStW 99 (1987),730; *Hau* S.26.

5) Siehe etwa BGHSt 3,40(43 f); BGH NJW 80,412; *Baumann/Weber* AT § 35 I 2; Sch/-Sch-*Eser* Vor § 22 Rn 4; *Geilen* AT S.151; ähnlich *Koenig* S.6.

sukzessiven Beihilfe als Annex der Beendigungslehre unter besonderer Berücksichtigung höchstrichterlicher Entscheidungen analysiert. Diese Untersuchung endet zunächst mit dem keineswegs originellen Resultat, daß Beihilfe an einem über die (endgültige) formelle Tatbestandsverwirklichung hinausgehenden Geschehen nicht möglich ist. Im übrigen ist die Bilanz deprimierend. Denn das gesichtete Material beschäftigt sich allein mit der Frage, welche Stücke eines Geschehens *Strafunrecht* bedeuten, nicht jedoch damit, was denn eigentlich das Phänomen der *Beihilfe* ausmacht. Wie aber soll das Problem der sukzessiven Beihilfe ohne Rekurs auf die Beteiligungsformenlehre gelöst werden?

Das generelle Schweigen auf diese - spätestens seit der im Jahre 1985 erschienenen Abhandlung *Rudolphis*[1] allgemein bekannte - Frage findet eine simple Erklärung im 2. Teil der vorliegenden Untersuchung: Der darin unternommene Aufriß des Problems anhand der Beteiligungsformendogmatik führt nämlich vielfach zu Ergebnissen, die in einem krassen Widerspruch zu den herkömmlich formulierten Antworten stehen; - deutlicher: Fast die gesamte, im Rahmen der Tatbeendigung geführte Diskussion hat das eigentliche Thema gründlich verfehlt.

Die bislang versäumte Erörterung des Problems unter beteiligungsformendogmatischen Aspekten offenbart zunächst dessen mehrdimensionale systematische Lozierung und betrifft damit zugleich ein ganzes Arsenal strafrechtlicher Grundlagenprobleme. Ausgangspunkt einer systematisch folgerichtigen Lösung ist die Frage nach dem Unrecht und den Zurechnungsstrukturen der Beihilfe, insbesondere in ihrer Abgrenzung zur Täterschaft (2. Teil / A.II.). Eine Antwort läßt sich insoweit sowohl auf der Tatbestandsebene als auch unter Rekurs auf die Normentheorie formulieren.

Das Feld der Tatbestandsebene (2. Teil / B.) wird von der simplen Formel des restriktiven Täterbegriffs beherrscht: "Täterschaft gleich Tatbestandsverwirklichung", wobei die Interpretation der täterschaftlichen Tatbestandsverwirklichung traditionell anhand formal-objektiver Kriterien bzw. des Gedankens der Entscheidungsherrschaft vorgenommen wird. Diese Sicht führt regelmäßig zur Definition der Beihilfe durch den fehlenden unmittelbaren Zu-

---

1) *Rudolphi*, Die zeitlichen Grenzen der sukzessiven Beihilfe, FS Jescheck (1985) S.559 ff.

griff des Beteiligten auf den äußeren Erfolg bei Einschaltung eines Dritten in den Kausalverlauf. Die Konsequenz solcher Deutungen für den spätest möglichen Beihilfezeitpunkt ist eindeutig: Eine Beteiligung in Form der Beihilfe ist nur möglich, soweit *nach* dem Beteiligten noch ein *anderer* final und verantwortlich handelt, d.h. nur bis zum beendeten Versuch des Täters.

Die Auseinandersetzung mit den formal-restriktiven Ansätzen führt jedoch zu unlösbaren Problemen in den Bereichen der Mittäterschaft und des Versuchs. Daneben wird die begrenzte Leistungsfähigkeit dieser Ansätze vor allem auch durch die Pflichtdeliktslehre offenbart, die allerdings weder mit der Interpretation des Unrechts als Rechtsgutsangriff noch mit den Prämissen der überkommenen Normentheorie kompatibel ist. Die damit notwendige Erörterung des in den Dreißigerjahren um das Rechtsgutsverletzungsdogma geführten Grundlagenstreits, in dem sich die Pflichtdeliktslehre verkappt und ideologisch entlastet widerspiegelt, endet mit dem Ergebnis, daß Strafunrecht nicht als äußerer Rechtsgutsangriff, sondern als Angriff auf die Geltung einer Norm zu interpretieren ist. Aufgrunddessen erweist sich eine grundlegende Revision der Beteiligungsformendogmatik als unvermeidbar.

Auch vor dem Selbstverantwortungsprinzip[1] haben die überkommenen Beteiligungsformenlehren keinen Bestand. Denn die übliche Verknüpfung des Selbstverantwortungsprinzips mit dem formal-restriktiven Täterbegriff führt zwingend zu einer qualitativen Differenzierung zwischen Täterschaft und Beihilfe: Die (eigene) Tat (-bestandsverwirklichung) *des Täters* ist für den Gehilfen eine *fremde* Tat, die er nicht selbst zu verantworten hat. Die damit aufgeworfene Regreßverbotsproblematik[2] bedingt eine Erörterung der Theorien zum Strafgrund der Teilnahme, die sich jedoch allesamt als unbefriedigend erweisen. Auch unter diesem Aspekt ist deshalb eine grundlegende Revision der Beteiligungsformendogmatik geboten.

Allerdings wird die Ausdifferenzierung des Beteiligungsformensystems nicht nur auf der Tatbestandsebene loziert, sondern mitunter auch als normentheoretisches Problem behandelt (2. Teil / C.). Dabei wird die These, daß Beihilfe

---

1) Siehe dazu vor allem *Schumann*, Strafrechtliches Handlungsunrecht und das Prinzip der Selbstverantwortung der Anderen (1986).

2) Siehe dazu wiederum *Schumann* S.44 ff.

nur bis zum beendeten Versuch des Täters möglich sei, erneut bestätigt. Die Auseinandersetzung mit der überkommenen Normentheorie führt jedoch letztlich einmal mehr zur Kritik ihrer dogmatischen Grundlage, nämlich der präventiv-polizeilichen Deutung des Strafrechts als verhaltenssteuerndem Instrument zur Gefahrenabwehr (sc. zum Rechtsgüterschutz). Diese Deutung ist mit einem funktional auf die Sanktion *und* den Gedanken des Schuldausgleichs bezogenen Strafrechtsverständnis nicht zu vereinbaren (2. Teil / D.) und beruht überdies auf einer längst überholten Gesellschaftstheorie, die die elementaren Grundbedingungen sozialer Koexistenz grundlegend falsch einschätzt.

Am Ende des 2. Teils dieser Untersuchung ist schließlich die überkommene naturalistische Strafrechtsdogmatik mitsamt den darauf gegründeten Unrechts-, Zurechnungs- und Teilnahmelehren vollständig zerbrochen, so daß sich eine funktionale Rekonstruktion des Straftatsystems als unentbehrlich erweist (3. Teil). Auf dieser Grundlage kann endlich im 4. Teil eine Beteiligungsformendogmatik entworfen und das Problem der sukzessiven Beihilfe schrittweise einer systematischen und differenzierenden Lösung zugeführt werden.

1. Teil: Das Problem der sukzessiven Beihilfe als Annex der Lehre von der Tatbeendigung

A. Analyse höchstrichterlicher Entscheidungen

I. Die Rechtsprechung des Reichsgerichts

Das Reichsgericht erkannte schon frühzeitig die Möglichkeit der Teilnahme[1] in den Fällen an, in denen die Haupttat zwar rechtlich schon vollendet, tatsächlich aber noch nicht beendet war. Es wäre jedoch verfrüht, das Gericht mit dieser Feststellung bereits für die Auffassung zu reklamieren, Teilnahme sei auch an einem nicht mehr *formell tatbestandsmäßigen* Geschehen möglich. Denn es orientierte sich bei der Definition des Beendigungszeitpunkts stets am formellen Rahmen der jeweiligen Tatbestände[2]. Diese These soll im folgenden anhand einer Rechtsprechungsanalyse belegt werden. Dabei lassen sich die einschlägigen Entscheidungen vier verschiedenen Deliktskategorien zuordnen: Den Dauerstraftaten, mehraktigen Fortsetzungstraftaten, Kollektiv- oder Sammelstraftaten sowie den Straftaten mit "sukzessiver" Erfolgsherbeiführung.

1. Dauerstraftaten

Klassisches Paradigma eines zeitlich von der Vollendung abgesetzten, die Möglichkeit sukzessiver Teilnahme eröffnenden Beendigungszeitpunkts ist

---

1) Teilnahme wurde hier in einem weiteren Sinne verstanden und umfaßte Beihilfe und Mittäterschaft (vgl. etwa auch E 1909/Begr. S.300; E 1925/Begr., Materialien 3 S.25; E 1962/Begr., BT-Drucks. IV/650, S.147; *Gallas*, Materialien 1 S.121). Dies entspricht der Terminologie des RStGB, das den Begriff "Teilnehmer" für Mittäter, Anstifter und Gehilfen verwendete und diese in § 50 a.F. ausdrücklich dem "Täter" gegenüberstellte (siehe *Gallas*, Beiträge S.78).

2) Wie hier OLG Hamm JZ 61,94 f; *Winkler* S.29; *Furtner* JR 66,169; *Kühl*, Beendigung S.43,80.

die Kategorie der *Dauerstraftaten.* Hier soll durch die Vollendung ein Zustand erreicht werden, bei dem das als Unrecht definierte Maß des Eingriffs in ein Gut durch weiteres Handeln oder Unterlassen des Täters intensiviert werde[1]. Demnach gehöre sowohl die Herbeiführung, als auch die Aufrechterhaltung des rechtswidrigen Zustands zum jeweiligen Tatbestand[2]. Typisierendes Moment der Dauerstraftat sei also eine *fortwährende Tatbestandserfüllung*[3], bei der das Delikt *in jedem Augenblick vollendet* werde[4]. Schließlich sollen nach einer in der Literatur vertretenen Auffassung auch die sogenannten Zustands*delikte* als Dauer*straftaten* begangen werden können[5].

Im Rahmen einer Entscheidung zur Strafbarkeit wegen Nichtanzeige einer Transportgefährdung gemäß § 139 a.F.[6] bezeichnete das Reichsgericht zunächst die *Transportgefährdung* als Dauerdelikt und umschrieb dabei zugleich - freilich ohne den Begriff ausdrücklich zu erwähnen - das Phänomen der materiellen Beendigung: Wegen des Zwecks des § 139 a.F., die *Begehung*[7] der

---

1) *Jakobs* AT 6/81; *Hau* S.71; SK-*Samson* Vor § 52 Rn 26. *Koenig* spricht von einer qualitativen Steigerung der Rechtsgutsverletzung (ähnlich auch *Winkler* S.58 f), *Scheufele* S.7 bloß von einer kontinuierlichen *Fortsetzung* der Rechtsgutsverletzung. Siehe auch BGH NStZ 90,80.

2) Sch/Sch-*Stree* Vor § 52 Rn 81,84; SK-*Samson* Vor § 52 Rn 26; *Koenig* S.7 f; *Scheufele* S.5 ff; *Hau* S.71; *Kühl*, Beendigung S.64; *ders.* JuS 82,113; *Mezger* JW 38,494; *Bitzilekis* ZStW 99 (1987),726. Siehe auch BGH JR 90,512(513) m. Anm. *Laubenthal.*

3) *Jescheck* FS Welzel S.687; *Winkler* S.59; LK-*Vogler* Vor § 22 Rn 35; *Mezger* aaO.

4) Vgl. RGSt 63,105(107); *Hau* S.27,47; *Bitzilekis* aaO.

5) Dazu *Hruschka* GA 68,193 ff; *Hau* S.72; *Scheufele* S.10 ff. Der Begriff "Delikt" bezeichnet in diesem Zusammenhang den einmaligen, konkreten Tatsachenkomplex, der den Tatbestand eines Strafgesetzes erfüllt und der Begriff "Straftat" die allgemeine, im gesetzlichen Tatbestand umschriebene Gestalt einer Straftat. Beispiel: "*Die* Beleidigung" gilt nicht als Dauer*delikt* und dennoch kann eine Dauer*straftat* vorliegen, wenn etwa ein Plakat mit beleidigendem Inhalt ausgehängt wird (*Hruschka* GA 68,198).

6) RGSt 14,214 ff. § 139 RStGB lautete in seiner ursprünglichen Fassung (RGBl. 1871, 127,154) wie folgt: "Wer von dem Vorhaben eines ... gemeingefährlichen Verbrechens zu einer Zeit, in welcher die Verhütung des Verbrechens möglich ist, glaubhafte Kenntniß erhält und es unterläßt, hiervon der Behörde oder der durch das Verbrechen bedrohten Person zur rechten Zeit Anzeige zu machen, ist, wenn das Verbrechen oder ein strafbarer Versuch desselben begangen worden ist, mit Gefängniß zu bestrafen".

7) Siehe auch § 49 a.F.: "Als Gehülfe wird bestraft, wer dem Thäter zur *Begehung* des Verbrechens oder Vergehens durch Rath oder That wissentlich Hülfe geleistet hat" (RGBl. 1871,127,136).

darin genannten Verbrechen zu verhindern, entfalle die geforderte Anzeigepflicht nicht bereits mit der erstmaligen Vornahme einer strafbaren Handlung zur Realisierung des verbrecherischen Vorhabens. Vielmehr bestehe die Pflicht solange fort, wie eine weitere Tätigkeit zur Vervollständigung des *gesetzlichen Tatbestands* nicht ausgeschlossen oder der *zum Verbrechenstatbestand gehörende ("sukzessive") Erfolg* der bereits beendeten verbrecherischen Tätigkeit noch nicht eingetreten sei[1]. Denn in diesem Fall sei das verbrecherische Vorhaben noch nicht zur Erledigung gekommen. Zwar sei zur (formellen) Vollendung der gemeingefährlichen Verbrechen (e.c.: der Transportgefährdung) eine Realisierung der herbeigeführten Gefahr nicht erforderlich. Jedoch soll es deshalb keineswegs ausgeschlossen sein, die *Folgen* der gefährlichen Handlung noch zum *Tatbestand* eines solchen Verbrechens zu rechnen: Solange der durch die Handlung herbeigeführte Gefahrzustand fortbestehe, wirke hier - ebenso wie bei anderen fortdauernden Straftaten (e.c.: Unterdrückung des Personenstands oder Freiheitsberaubung) - die Kausalität der Handlung nach dem Willen des Täters ohne sein weiteres Zutun ununterbrochen in der Weise gegen das Rechtsobjekt weiter fort, daß "in jedem Augenblick das nämliche Verbrechen zur Vollendung gebracht" werde[2]. Der Gefahrzustand werde nicht schon mit der gesetzlichen Vollendung, sondern erst dann beseitigt, wenn die Gefahr in ihre Verwirklichung umschlage oder wegfalle[3]. Bis zu diesem Zeitpunkt finde eine "stete Reproduktion der vom Gesetz mit Strafe bedrohten Gefährdung des Rechtsguts" statt[4]. Dafür spreche insbesondere auch die Erwägung, daß der Vollendung nachfolgende und die Gefahr ihrer Fortdauer aufrechterhaltende Handlungen eines Dritten nicht als *Begünstigung*, sondern nur als *Beihilfe* oder *Mittäterschaft* beurteilt werden könnten[5].

---

1) RGSt 14,214; bestätigt durch RGSt 63,105(106).

2) Diese Formel zur Definition der Dauerdelikte geht auf *v. Buri*, GS 31(1879)/Beilagenheft S.97 zurück. RGSt 63,105(106 f) stellte ausdrücklich klar, daß dies nur für solche gemeingefährlichen Verbrechen gelte, die - wie die Gefährdungsdelikte - als fortdauernde Verbrechen zu qualifizieren seien.

3) Ebenso *Jescheck* FS Welzel S.694; erst dann soll der Verbrechensablauf abgeschlossen sein (*Jescheck* aaO S.686).

4) RGSt 14,214(216). Dabei wolle das Gesetz das fortdauernde Verbrechen freilich nur als *eine* Tat bestraft wissen.

5) RGSt 14,214(217).

Auch bei der *Personenstandsfälschung* hielt das Reichsgericht eine Teilnahme an bereits vollendeter, aber noch nicht beendeter Tat für möglich[1]. Solle eine Veränderung des Personenstands durch falsche Anmeldung auf dem Standesamt *und* Taufe eines Kindes auf einen falschen Namen herbeigeführt werden, sei die nach § 169 mit Strafe bedrohte Tätigkeit mit dem standesamtlichen Akt (i.e.: der falschen Zivilstandsregistereintragung) noch nicht beendet, sondern werde mit der Kindtaufe fortgesetzt.

Im Anschluß an das Reichsgericht[2] vertrat auch *Ebermayer*[3] die Auffassung, daß eine Beendigung der Personenstandsfälschung nicht eintrete, solange der herbeigeführte Zustand durch weitere Handlungen oder Unterlassungen aufrechterhalten werde. Dies war durchaus plausibel, weil nach der damaligen Tatbestandsfassung des § 169[4] allein die Herbeiführung eines Zustands verboten war, "vermöge dessen verhindert oder wenigstens erschwert wird, daß das wirklich vorhandene familienrechtliche Verhältnis einer Person zur praktischen Geltung gelangt"[5]. Obwohl die Personenstandsfälschung sowohl in der alten, als auch in der neuen Fassung des § 169 generell als Zustands*delikt* klassifiziert wurde[6], war die Anerkennung einer Beendigungsphase doch offenbar mit einer gleichzeitigen Interpretation des konkreten Verbrechens als Dauer*straftat* verbunden[7]. Diese Deutung wird dadurch bestätigt, daß *Ebermayer* eine Beihilfe nach der Vollendung eines Zustandsdelikts grundsätzlich

---

1) RGSt 23,292 f.

2) RGSt 23,292; RG LZ 1915,56.

3) LK(1.)-*Ebermayer* § 169 Anm.9.

4) "Wer ein Kind unterschiebt oder vorsätzlich verwechselt oder wer auf andere Weise den Personenstand eines anderen vorsätzlich verändert oder unterdrückt...".

5) Vgl. etwa RG GA 39(1891),421(422) für die Tatbestandsalternative des "Unterdrükkens". Überdies war auch - im Gegensatz zur heutigen Fassung des § 169 - keine der Tatbestandsalternativen auf ein täuschendes Verhalten gegenüber einer *Behörde* beschränkt.

6) LK(1.)-*Ebermayer* aaO; OLG Nürnberg MDR 51,119 (jeweils für die a.F.); Sch/Sch-*Lenckner* § 169 Rn 11 (für die n.F.).

7) Es muß hier zwischen Dauer*delikten* und Dauer*straftaten* unterschieden werden: Ein konkretes Verbrechen kann eine Dauerstraftat sein, obwohl dieser Straftat kein Dauerdelikt, sondern ein Zustandsdelikt zugrundeliegt. Es gibt also Straftaten, die allein aufgrund der Handlungsstruktur als Dauerstraftaten begangen werden können, siehe dazu *Hau* S.72 und insbes. *Hruschka* GA 1968,193 ff sowie bereits oben S.6 Fn 5.

ablehnte, bei Dauerdelikten aber unter Berufung auf RGSt 23,292 bis zur Beendigung zulassen wollte[1]. Soweit also bei der Personenstandsfälschung auch noch nach der Vollendung eine Teilnahme möglich sein sollte, konnte die Begehung des Verbrechens nach § 169 nicht als Zustands-, sondern nur als Dauerstraftat interpretiert werden, so daß die Teilnahme während der Beendigungsphase noch an die formelle Tatbestandsverwirklichung gebunden war.

In einer Entscheidung zur Teilnahme an der *unerlaubten Entfernung von der Truppe* und *Fahnenflucht* (§§ 64, 66, 69 MilitärStGB[2]) bestätigte das Reichsgericht ein weiteres Mal die Auffassung, daß Beihilfe i.S.d. § 49 a.F. nur *vor* oder *bei*, nicht aber *nach Begehung* einer Straftat möglich sein sollte[3]. Das Gericht prüfte, ob der Angeklagte seine Hilfeleistung noch zu einem Zeitpunkt erbracht hatte, zu dem die Haupttat "in der Ausführung begriffen" und nicht etwa schon *"vollendet"*[4] war. Diese Beurteilung sollte davon abhängig sein, ob die unerlaubte Entfernung i.S.d. § 64 MilitärStGB bereits mit dem Verlassen der Truppe (oder Dienststellung) abgeschlossen sei, oder ob es sich dabei um ein Dauerdelikt handle, das sich bis zur Rückkehr des Täters zur Truppe (bzw. Dienststellung) fortsetze. Durch *Auslegung* der betreffenden Vorschriften als Dauerdelikte kam das Gericht zu dem Ergebnis, daß nicht nur die "eigentliche Entfernung", sondern auch das "Fernsein" oder "Fernbleiben" zum Deliktsinhalt gehöre. Demnach sollte das Aufrechterhalten des rechtswidrigen Zustands "Fernsein" eine fortlaufende Tatbestandsverwirklichung bedeuten[5].

RGSt 63,105(106 f) stellte in Abgrenzung zu RGSt 14,214 klar, daß die *Brandstiftung* als Verletzungsdelikt im Gegensatz zur Transportgefährdung *kein* fortdauerndes Verbrechen sei. Mit dem "Inbrandsetzen" sei das Delikt

---

1) LK(1.)-*Ebermayer* § 49 Anm.6 (ebenso noch LK[9.]-*Busch* § 49 Rn 9,21), ohne auf den (scheinbaren) Widerspruch innerhalb des Kommentars hinzuweisen.

2) MilitärStGB für das Dt. Reich vom 20.6.1872, RGBl. S.174.

3) RGSt 38,417(418 f).

4) Offensichtlich meinte das RG hier die "tatsächliche" Vollendung (=Beendigung).

5) Bereits in einer zur Fahnenflucht ergangenen Entscheidung aus dem Jahre 1882 hatte das RG das Wesen des Dauerdelikts mit der Fortdauer der im Gesetz als Verbrechenstatbestand bezeichneten verbrecherischen *Tätigkeit* und nicht bloß mit der Fortdauer der Folgen und des Zustands umschrieben (RGSt 6,7).

vollendet und zugleich auch schon die hier (anders als bei den Gefährdungsdelikten) zum gesetzlichen Tatbestand gehörende Verletzung des geschützten Rechtsguts eingetreten. Das Delikt dauere nicht in der Weise fort, daß es "ohne weiteres Zutun des Täters in jedem Augenblick des Weiterbrennens von neuem zur Vollendung gebracht werde".

Schließlich lehnte das Reichsgericht zunächst auch beim Diebstahl einen besonderen Beendigungszeitpunkt und damit zugleich die Möglichkeit einer sukzessiven Teilnahme nach der Vollendung, sc. nach vollständigem Abschluß der Wegnahme ab[1]. In einer Entscheidung aus dem Jahr 1891[2] stellte es fest, daß nach der gesetzlichen Begriffsbestimmung des § 49 a.F.[3] derjenige als Gehilfe zu bestrafen sei, der dem Täter zur "Begehung des Verbrechens oder Vergehens" durch Rat oder Tat Hilfe geleistet habe. Die Worte "Begehung des Verbrechens oder Vergehens" dürften aber "nur im Geiste des Strafgesetzbuchs aufgefaßt werden", so daß davon allein die nach der *gesetzlichen Definition* eines Delikts zur Tatbestandserfüllung erforderlichen Momente umfaßt sein könnten. Deshalb müsse die Gehilfentätigkeit bereits *vor* der Verwirklichung und dem Abschluß derjenigen Handlungen und Umstände erfolgen, die in ihrer Gesamtheit nach der gesetzlichen Begriffsbestimmung des betreffenden Delikts dessen "juristische Vollendung" ausmachten. Demgegenüber sei eine spätere Förderung nicht mehr als Beihilfe, sondern allenfalls als Begünstigung zu qualifizieren[4].

Trotz eines verwirrenden Jonglierens mit den Begriffen "vollendet" und "beendet" bestätigte das Reichsgericht diese Judikatur in einer Entscheidung aus dem Jahre 1918[5]. In dem zugrunde liegenden Sachverhalt hatte der Bei-

---

1) *Kühl*, Beendigung S.97.

2) RGSt 22,2(3 f): Hier sollte der Beistandsleistende nach vollendeter Wegnahme eines Sparkassenbuchs für den Haupttäter einen Geldbetrag abheben, also den Zueignungsakt vornehmen.

3) Siehe oben S.6 Fn 7.

4) Von der Vorschrift des § 257 III a.F. (RGBl. 1871,127,175) hierbei abgesehen ("Die Begünstigung ist als Beihülfe zu bestrafen, wenn sie vor Begehung der That zugesagt worden ist."); ebenso schon RGSt 8,177(179).

5) RGSt 52,202. Auf den Abschluß der Wegnahme zur Beurteilung einer Hilfeleistung als Mittäterschaft hat auch RG JW 22,1584 m. Anm. *Kern* abgestellt.

standsleistende den Tätern zur Fortschaffung der Diebesbeute sein Fuhrwerk zur Verfügung gestellt und ihnen beim Abtransport auch selbst geholfen. Nach Auffassung des Gerichts sollte eine Verurteilung wegen Beihilfe voraussetzen, daß der Diebstahl beim Einsetzen der unterstützenden Tätigkeit "noch nicht abgeschlossen" sei. Der Tatbestand des § 242 sei "vollendet", wenn sich die Wegnahme der Sachen verwirklicht habe. Aber erst das Herausbringen der Beute aus dem Laden bzw. deren Fortschaffen vom Tatort sollte einen Gewahrsamsbruch begründen und die Wegnahme "beenden". Folglich war die Wegnahme nach Auffassung des Gerichts noch nicht "beendet", als die unterstützende Tätigkeit des Angeklagten einsetzte, so daß wegen Hilfeleistung nach § 49 a.F. zu verurteilen war.

Eine Interpretation dieser Entscheidung führt zu dem Ergebnis, daß die "Beendigung" hier im Sinne von "formeller Vollendung" gemeint[1] und das Gericht eine sukzessive Beihilfe nach endgültiger Vollendung der Wegnahme - sc. nach Abschluß der Tatbestandsverwirklichung - nicht zulassen wollte[2]. Denn sonst - d.h. sofern strafbare Beihilfe ohnehin noch bis zur "endgültigen Sicherstellung" der Beute oder zum "Hinschaffen zu ihrem Bestimmungsort" (als den sonst üblicherweise zur Beendigung des Diebstahls genannten Kriterien) möglich gewesen wäre - hätte es sich seine umfangreichen Ausführungen zum Gewahrsamsbruch sparen können.

Im Gegensatz dazu vertrat das Reichsgericht in einer späteren Entscheidung[3] allerdings die Auffassung, daß es für die Möglichkeit einer sukzessiven Beihilfe zum Diebstahl *nicht* auf dessen juristische Vollendung ankomme, weil sich die Begehung der Tat auf den ganzen, auch das Wegschaffen der Beute umfassenden "natürlichen Vorgang" beziehe. Solange sich die Tat noch als "natürliches Ganzes" äußerlich ungetrennt abspiele, sei auch deren Begehung noch nicht abgeschlossen. Neben diesem Gesichtspunkt nannte das Gericht als weiteres Beendigungskriterium den Umstand, daß der Täter den Berechtigten in vollem Umfang aus dem Gewahrsam gedrängt habe; dies sei stets dann der Fall, wenn er ausschließlich eigenen Gewahrsam begründet

---

1) Ebenso LK-*Roxin* § 27 Fn 42.

2) Dreher/*Tröndle* § 27 Rn 4; *Kühl*, Beendigung S.98.

3) RG HRR 1935 Nr.632.

habe[1].

Die Ausführungen des Gerichts lassen indes erkennen, daß es letztlich aber auch hier auf die noch andauernde tatbestandsmäßige Wegnahme ("solange die Tat sich noch äußerlich ungetrennt abspielt") und die vollständige Beseitigung der Sachherrschaft des Berechtigten ("den in vollem Umfang verlorenen Gewahrsam") abstellen wollte[2]. Nach der damals üblichen Beurteilung der Gewahrsamsverhältnisse anhand der rein faktisch verstandenen Herrschaftsmöglichkeiten hielt es sich damit noch eindeutig im Rahmen der Interpretation des gesetzlichen Tatbestands (§ 242). Auch hier rückte das Gericht also nicht von seinem allgemein verfochtenen Grundsatz ab, den Bereich zwischen Vollendung und Beendigung als Problem des Tatbestands zu interpretieren: Die Beendigungsphase beim Diebstahl wurde allein über die Entwicklungsfähigkeit des Tatbestandsmerkmals "Wegnahme" begründet und ausschließlich an deren Abschluß geknüpft[3].

Mit der grundsätzlichen Anerkennung einer besonderen Beendigungsphase beim Diebstahl ist allerdings nicht dessen Typisierung als Dauerdelikt verbunden. Denn der dadurch herbeigeführte rechtswidrige *Zustand* gehört hier nicht mehr zum Tatbestand[4]. Soweit das Reichsgericht einen besonderen Beendigungszeitpunkt feststellen konnte, ist der Diebstahl vielmehr zum Formenkreis der mehraktigen Fortsetzungsstraftaten mit fortlaufender Tatbestandsverwirklichung zu rechnen.

2. *Mehraktige Fortsetzungsstraftaten*

Das Reichsgericht eröffnete mit der Anerkennung einer besonderen Beendigungsphase die Möglichkeit sukzessiver Teilnahme auch für eine Deliktskategorie, bei der zwar die Aufrechterhaltung eines Zustands per se keine kontinuierliche Tatbestandserfüllung bedeutet, der Tatbestand aber gleichwohl fortgesetzt erfüllt wird. Dabei ist jeder der Vollendung nachfolgende Akt

---

1) Vgl. a. *Scheufele* S.36.

2) Vgl. *Scheufele* S.39 Fn 99.

3) Vgl. a. *Kühl*, Beendigung S.97.

4) Siehe dazu *Koenig* S.11 f.

selbst noch eine tatbestandsmäßige Handlung, die sich als Fortsetzung der Tat bis zur endgültigen (tatbestandlichen) Erfolgsherbeiführung darstellt. Im Gegensatz zum fortgesetzten Delikt bleibt aber die Identität des Angriffsobjekts bzw. des angegriffenen Rechtsguts gewahrt. Es handelt sich demnach auch bei diesen Delikten, die im folgenden "mehraktige Fortsetzungsstraftaten" genannt werden sollen, nicht um Augenblicks-, sondern um Zeitspannen- oder Phasendelikte[1].

Die ersten Entscheidungen des Reichsgerichts zur Teilnahme nach erstmaliger Deliktsvollendung überhaupt betrafen die *Konterbande* und die *Zolldefraudation*[2]. Dabei handelt es sich nicht um Dauerdelikte, weil hier von einer weiteren strafrechtlich relevanten Aufrechterhaltung eines rechtswidrigen Zustands nicht die Rede sein kann. Vielmehr ergibt sich die Anerkennung einer besonderen Beendigungsphase dabei aus einer zeitlichen Streckung der Tatbestandshandlung[3].

So sollte die *Ausführung* der *Konterbande* nicht auf den eigentlichen Akt der Grenzüberschreitung beschränkt sein, sondern sich auf die "gesammte Veranstaltung der Einschwärzung" beziehen[4]. Folglich wurden auch der "eigentlichen Verübungshandlung" nachfolgende Handlungen zum Komplex des Unternehmens i.S.d. § 134 VZG gerechnet[5]: Zwar sei die Tat bereits mit der Verbringung der Bannware über die Grenze vollendet, werde aber auch noch im Inland bis zur Ankunft der Ware am endgültigen Bestimmungsort *fortge-*

---

1) Zur Gegenüberstellung von "Augenblicks-" und "Zeitspannendelikten" siehe *Koenig* S.4 f; *Hruschka* GA 1968,193 ff.

2) Die Straftatbestände fanden sich im VZG (Vereinszollgesetz v. 1.7.1869, RGBl. S.317). § 134 regelte "Begriff und Strafe der *Kontrebande*" (=Bannbruch): "Wer es *unternimmt*, Gegenstände, deren Ein-, Aus- oder Durchfuhr verboten ist, diesem Verbot zuwider ein-, aus- oder durchzuführen, macht sich einer Kontrebande schuldig...". § 135 betraf "Begriff und Strafe der *Defraudation*" (=Zollhinterziehung): "Wer es *unternimmt*, die Ein- oder Ausgangsabgaben (§§ 3 und 5) zu hinterziehen, macht sich einer Defraudation schuldig...". In § 149 wurde zwecks Strafbarkeit der Miturheber, Gehilfen und Begünstiger auf die allgemeinen Vorschriften der Landesstrafgesetze verwiesen.

3) Vgl. *Hau* S.28; *Plümer* S.78.

4) RG-Rspr 4(1882),487(488); RGSt 51,400(401 ff).

5) RG-Rspr 2(1880),241 f (=RGSt 2,260 f); RGSt 51,400(401 ff); 55,138(139).

setzt[1]. Damit wurde faktisch ein von der Vollendung zu unterscheidender Beendigungszeitpunkt anerkannt[2]. Die daraus resultierende Expandierung der hinteren zeitlichen Grenze strafbarer Teilnahme erfolgte aber durch eine extensive Auslegung des Merkmals "Einfuhr"[3], sc. durch eine Ausdehnung des Tatbestands auf weitere nachfolgende Akte. Der Einfuhrbegriff erschöpfte sich also nicht nur in der unmittelbaren Überführung des betreffenden Gegenstands über die Grenze, sondern umfaßte darüber hinaus auch Handlungen, durch die der Einfuhrgegenstand behördlichen Zugriffen gegenüber in Sicherheit gebracht und dem Ort seiner endgültigen Bestimmung zugeführt werden sollte[4]. Die verbotswidrige Einfuhr wurde demnach nicht als augenblicklicher Akt, sondern als ein von den Vorstellungen und dem Plan der Beteiligten abhängiger[5] Handlungskomplex verstanden, dessen Grenzen durch die Zeitpunkte der Vollendung und der Beendigung fixiert werden sollten. Wenn das Reichsgericht also feststellen konnte, daß nach den allgemeinen Grundsätzen des Strafrechts bis zur Beendigung der Einfuhr Teilnahme möglich sei (und zwar als Gehilfe oder als Mittäter[6]), so handelte es sich dabei keineswegs um die Anerkennung einer tatbestandsexternen Beendigungsphase.

Die gleichen Grundsätze sollten für die *Zolldefraudation* gelten[7]. Auch hier wurde die rechtliche Vollendung von der tatsächlichen Beendigung getrennt, jedoch galten während der Beendigungsphase vorgenommene Handlungen immer noch als Tatbestandsverwirklichung[8]. Zum Begriff der Eingangszoll-

---

1) RGSt 49,208(209); 54,251 f; 55,138(139); 74,161(163).

2) So ausdrücklich RGSt 49,208(209); vgl. a. RGSt 51,400(401 ff); 54,251 f.

3) RGSt 2,260 spricht ausdrücklich von der "zu engen *Begriffsbestimmung* der Contrebande" durch die Richtigkeitsbeschwerde; entscheidend für den Straftatbestand der Konterbande sei die *Einfuhr*, während den in § 136 VZG aufgezählten Tatbeständen lediglich die Funktion von Regelbeispielen zukomme, vgl. RGSt 21,59(60 f); RGSt 55,138(139) spricht vom "Unternehmen der Einfuhr"; wie hier auch *Winkler* S.126.

4) RGSt 51,400(401 ff); 54,251 f; 55,138(139).

5) RGSt 51,400(401 ff).

6) Wenn der Teilnehmer die Tat "als eigene will" und nicht "als fremde" unterstützt, siehe RGSt 51,400(401 ff); auch RGSt 74,161(163).

7) Ebenso für die *vorsätzliche Devisenverschiebung* nach §§ 69 I Nr.4, 16 DevG, vgl. RGSt 74,161(163).

8) Vgl. etwa RGSt 67,356(358); auch *Jescheck* FS Welzel S.688, der von einer "fortlau-

defraudation sollte auch diejenige Tätigkeit gehören, die nach Überschreitung der das Zollinland bestimmenden Grenzlinie in unmittelbarer *Fortsetzung* der dazu erfolgten Akte darauf abzielt, die Abgabenhinterziehung endgültig zu verwirklichen, die zollpflichtigen Gegenstände der sofortigen Ergreifung durch die Zollbeamten zu entziehen und in Sicherheit zu bringen[1], sc. die endgültige Erfolgsherbeiführung zu bewirken. Das Reichsgericht verlangte für die strafbare Teilnahme ausdrücklich eine Mitwirkung *bei der Ausführung* vor Beendigung der "den *Tatbestand* darstellenden Handlungen". Eine *nach* der Beendigung entfaltete Tätigkeit sollte demgegenüber *begrifflich* nicht mehr Teilnahme, sondern Mitwirkung an der *Sicherung des bereits eingetretenen Erfolgs* der Zollhinterziehung sein[2].

Sowohl bei der Zolldefraudation als auch bei der Konterbande wurde damit durch extensive Auslegung des zollrechtlichen Einfuhrbegriffs der Zeitpunkt der möglichen tatbestandsmäßigen Handlung(en) auf eine durch die Vollendung und die Beendigung fixierte Zeitspanne ausgedehnt, während der dann alle Formen der Teilnahme möglich sein sollten[3]. Insoweit setzte die Anerkennung einer Beendigungsphase stets eine weitere *formelle Tatbestandsverwirklichung* voraus.

Auch in den Entscheidungen des Reichsgerichts zu § 156 wurde die Beendigung noch als Tatbestandserfüllung verstanden[4]: Eine mit der Abgabe der eidesstattlichen Versicherung vor einem Notar vollendete (aber noch nicht beendete) Straftat nach § 156 sollte dadurch *fortgesetzt* werden können, daß der (ebenfalls getäuschte) Notar entsprechend dem Willen des Angeklagten dem Nachlaßgericht die falsche, einen Antrag auf Erbscheinerteilung enthaltende eidesstattliche Versicherung zuleitete[5]. Damit sei die Versicherung nicht nur vor dem Notar, sondern auch vor dem Nachlaßgericht abgegeben

---

fenden Tatbestandsverwirklichung" bis zum Eintreffen der Ware am Bestimmungsort spricht.

1) RG-Rspr 6(1884),377 ff; RGSt 40,326(327 f); 48,104(106 f); 52,23(26 f); 67,356 (358).

2) RGSt 35,13(15).

3) RGSt 52,23(26 f); 67,356(358).

4) RGSt 18,246(256); 74,175(176 f).

5) Gedacht war hier wohl an eine fortgesetzte Handlung, die durch den Notar als *Tatmittler* erfolgte.

worden, weil gerade diesem gegenüber der Beweis über die Eigenschaft als Erbe zu führen sei. So hatte der Täter nach Ansicht des Gerichts die mit der Vorlage des falschen Testaments begonnene und bei der Testamentseröffnung fortgesetzte Täuschung des Nachlaßrichters durch die Abgabe der schriftlichen eidesstattlichen Versicherung vor ihm weiter fortgesetzt[1]. Auch in diesem Fall lag also eine mehraktige Fortsetzungsstraftat vor; der letzte zur Erfolgsherbeiführung erforderliche Akt bestand in der Vorlage der falschen Versicherung vor den Nachlaßrichter durch den zuvor getäuschten und dadurch zum Tatwerkzeug umfunktionierten Notar.

Um eine mehraktige Fortsetzungsstraftat handelte es sich auch bei dem vom Reichsgericht im Jahre 1934 entschiedenen Betrugsfall[2]. Der Täter hatte ein Paket bei einer Firma unter falschem Namen in der Absicht bestellt, damit ohne Bezahlung verschwinden zu können. Um das Paket ausgehändigt zu erhalten, mußte er bei dem Postbeamten nochmals seinen falschen Namen angeben; dabei wurde ihm Hilfe geleistet.

Das Gericht erkannte auf Teilnahme am Betrug, weil dieser durch die Aufgabe der Ware zur Post zwar vollendet, aber noch nicht beendet sei. Mit der falschen Vorspiegelung gegenüber dem Postzustellungsbeamten werde der Betrug noch *fortgesetzt*. Die Vollendung trete bereits mit der Absendung ein, weil dadurch für den Absender die Gefahr der Aushändigung der Ware an einen Empfänger begründet werde, von dem keine Bezahlung des Kaufpreises zu erwarten sei. Die damit eingetretene Vermögens*gefährdung* erreiche ein Maß, das die Gleichstellung mit einer bereits eingetretenen Minderung der Vermögenslage rechtfertige. Das schließe aber keineswegs die Möglichkeit aus, auch spätere Ereignisse im Lauf der Dinge weiterhin als Vermögensbeschädigung zu werten, so daß mit dem Eintritt der Vermögensgefährdung der Betrug noch nicht beendet sei. Daher fielen auch spätere Täuschungen des Täters (hier: gegenüber dem Postzustellungsbeamten), durch die er die Vermögensgefährdung des Absenders zur endgültigen Schädigung weiterführte, noch in den Rahmen der Betrugshandlung.

---

1) Dabei sollte es ohne Bedeutung sein, daß nicht die Urschrift, sondern nur deren notarielle Ausfertigung dem Nachlaßrichter vorgelegt worden war.

2) RG JW 1934,837 m. Anm. *Mezger*; ausführliche Besprechung auch bei *Koenig* S.28 ff; vgl. a. *Scheufele* S.48 f.

Nach dieser Entscheidung war Beihilfe zum bereits vollendeten Betrug nur deshalb möglich, weil bereits mit der *Vermögensgefährdung* der Tatbestand des § 263 vollständig erfüllt sein sollte[1]. Durch diese Ausdehnung des Tatbestandsmerkmals "Vermögensschaden" und der damit verbundenen *Vorverlegung der Vollendungslinie*[2] behielt die Beendigungsphase noch einen Bezug zum Eintritt des eigentlichen und endgültigen *tatbestandlichen* Erfolgs[3], so daß weitere Täuschungshandlungen zur Herbeiführung dieses Erfolgs komplette Tatbestandsverwirklichungen bedeuteten. Es handelte sich hier aber nicht um einen Fall "sukzessiver" Erfolgsherbeiführung. Vielmehr ließ das Reichsgericht - wie die Begründung dieser Entscheidung und der Hinweis auf die Entscheidungen im 27. und 33. Band zeigen - den Betrug nur unter der Voraussetzung andauern, daß der Täter zur Verwirklichung seiner Vorteilsabsicht weiterhin Täuschungshandlungen vornahm und dadurch einen noch entwicklungsfähigen Vermögensschaden in kausaler Weise vertiefte[4]. Bei formaler Betrachtung erfolgte durch die falsche Namensangabe gegenüber dem Postbeamten ein zweiter Betrug, da insoweit alle Tatbestandsmerkmale erfüllt waren[5]; es lag also letztlich eine erneute Vollendung vor[6].

Ähnlich verhält es sich mit einer Entscheidung des Reichsgerichts zum *Rentenbetrug*[7], der bereits mit dem Eintritt eines beliebigen Vermögensschadens

---

1) So bereits *Haager*, GS 27(1875),592 ff und die bei ihm wiedergegebene Entscheidung des Oberhofgerichts Mannheim vom 12.7.1873, die sich mit dem Bereich zwischen Vermögensgefährdung und effektivem Vermögensschaden beim Betrug befaßte; ebenso auch BGHSt 27,342(343) für den Rentenbetrug: Hier liege der Schaden jedenfalls darin, daß das Vermögen durch die Rentenbewilligung gefährdet und erst durch Zahlung der Rente endgültig geschädigt werde. Erst mit der Zahlung der letzten Rente sei der Betrug beendet; siehe auch *Furtner* JR 66,170.

2) Siehe dazu eingehend SK-*Samson* § 263 Rn 166 f und LK-*Lackner* § 263 Rn 152 f, jew. m.w.N.; auch *Kühl*, Beendigung S.37; *Winkler* S.106; *Hau* S.20; *Koenig* S.37.

3) Hier: Vermögensschaden; ebenso *Winkler* S.105 ff.

4) *Scheufele* S.49.

5) *Hau* S.108 f; *Kühl*, Beendigung S.102 f; *Bilda* MDR 65,541.

6) Dabei hatte die Gehilfin *selbst* durch ihr Verhalten die Tatbestandsmerkmale des § 263 verwirklicht. Zu der Frage, warum dennoch Beihilfe und nicht Mittäterschaft angenommen wurde, vgl. *Koenig* S.32 ff.

7) Hier war die Beendigung allerdings nicht für die sukzessive Teilnahme, sondern vielmehr für die Verjährung von Bedeutung.

vollendet sein sollte: Verwirkliche sich der vom Täter bezweckte Schaden nicht auf einmal, sondern erst nach und nach zu verschiedenen Zeitpunkten, so habe der Betrug erst mit dem Eintritt des letzten Teilerfolgs sein Ende erreicht[1]. Wenn also eine Rentenzahlung betrügerisch herbeigeführt werde, sollte der "strafbare Tatbestand" erst mit der letzten Ratenzahlung beendet sein.

Auch hier ging das Gericht nicht von einer bloß "sukzessiven" Erfolgsherbeiführung aus[2], sondern von einer Fortsetzung des tatbestandsmäßigen Verhaltens bei jedem Eintritt eines Teilerfolgs. Der Tatbestand wurde also nicht per se durch den mit Erlaß des Rentenbescheids geschaffenen Zustand (ohne dessen Erhaltung) weiter verwirklicht. Zwar vollzog sich nach Bewilligung der Dauerrente die Auszahlung der einzelnen Rentenbeträge ohne weiteres Zutun des Rentenempfängers. Aber gleichwohl sollte "die Empfangnahme jedes einzelnen Rentenbetrags ein schlüssiges, auf ein Erhalten der Täuschung berechnetes und zu solcher Täuschung bei der Auszahlung des jeweils folgenden Rentenbetrags führendes Verhalten des Rentenempfängers darstellen"[3]. Entscheidendes Kriterium für die Anerkennung eines über die Vollendung hinaus andauernden Betrugs war somit die Unterhaltung des vom Täter herbeigeführten Irrtums durch fortgesetzte Täuschungshandlungen sowie die dadurch bewirkte Vergrößerung des Vermögensschadens. Das Reichsgericht sah hier also keineswegs das bloße Bestehenlassen eines Irrtums, der weitere Vermögensschädigungsakte (sukzessive Erfolge) auslöste, als tatbestandsmäßig an[4].

---

1) RGSt 62,418(419 f); ebenso RG DRM 1940,25,26 (Nr.105); *Winkler* S.105 f; i. Erg. ebenso, aber in der Begründung anders *Jescheck* FS Welzel S.693, der nicht auf den Eintritt des Vermögensschadens, sondern auf den des Vermögensvorteils (Realisierung der überschießenden Innentendenz der Bereicherungsabsicht) abstellt; dagegen wiederum überzeugend *Winkler* S.97 ff.

2) So aber offenbar *Stratenwerth* JZ 61,96.

3) RGSt 62,418(419 f); bestätigt durch OLG Köln MDR 57,371. Anders OLG Stuttgart MDR 51, 373 m. abl. Anm. *Kohlhaas*.

4) Siehe dazu auch eingehend *Scheufele* S.50 ff. Das Gericht stellte eindeutig auf eine Fortsetzung der Tatbestandshandlung durch aktives (schlüssiges) Verhalten ab. Falsch ist daher die Interpretation durch *Jescheck* FS Welzel S.693, der meint, daß die Entscheidung das widerspruchslose Beziehen der fortlaufenden Einkünfte als neu begangene Täuschung durch *Unterlassen* werte.

Allerdings verneinte das Gericht eine solche weiter fortlaufende Tatbestandsverwirklichung und damit ein Auseinanderfallen von Vollendungs- und Beendigungszeitpunkt beim *Eingehungsbetrug*. Dazu führte es aus, daß die Erbringung der vertraglich festgelegten Leistung weder eine neue Vermögensverfügung noch eine über die Eingehung des Vertrags hinausgehende Vermögensbeschädigung, sondern lediglich die mit dem Vertragsschluß übernommene Erfüllung der eingegangenen Verbindlichkeit bedeute[1]. Soweit sie einen Vermögensnachteil enthalte, sei dieser bereits durch den Vertragsabschluß begründet. Die nachfolgende (hier auch: fortlaufende) Auszahlung und Empfangnahme der Leistungen gehöre daher nicht mehr zur *Verwirklichung* des Betrugs, sondern lediglich zu den Folgen und Nachwirkungen der mit dem Vertragsschluß vollendeten und auch beendeten strafbaren Handlung[2].

3. Kollektiv- oder Sammelstraftaten

Ebenso wie bei den Dauer- und mehraktigen Fortsetzungsstraftaten erkannte das Reichsgericht auch bei den Sammelstraftaten die Möglichkeit einer Teilnahme nach Vollendung nur unter der Voraussetzung an, daß jeder zur Sammelstraftat gehörende Einzelakt bis zu deren Abschluß noch als Tatbestandserfüllung gewertet werden konnte[3]. Das zeigt sich vor allem in einer Entscheidung zur Teilnahme am gewerbsmäßigen verbotenen Glücksspiel nach § 284 a.F.[4]. Demnach sollte die Auszahlung von Gewinnen eine durch die Annahme von Wetten vorgenommene Ausführung des gewerbsmäßigen Glücksspiels *beenden*, obwohl die Gewinnauszahlung für eine *Vollendung* im strafrechtlichen Sinne (d.h. zur Tatbestandserfüllung) nicht erforderlich sei[5].

---

1) RGSt 64,33(37 f) zum Anstellungsbetrug; ebenso BGHSt 22,38(39 ff).

2) Krit. zur Differenzierung zwischen Renten- und Anstellungsbetrug *Winkler* S.106 ff,108; *Hau* S.110 m.w.N.

3) Vgl. dazu *Allfeld* Lb S.236 f. *Koenig* S.13 ff spricht von einer Zusammenfassung der mehreren (etwa die Gewerbsmäßigkeit begründenden) Handlungen zu einer juristischen Handlungseinheit durch den Tatbestand, wobei schon die Einzelhandlungen den Tatbestand des Delikts erfüllen könnten.

4) RGBl. 1871,127,182: "Wer aus dem Glücksspiele ein Gewerbe macht, wird ... bestraft...". Ab 1919: § 285 a.F., siehe LK(1.)-*Rosenberg* § 284 Anm.I.

5) RGSt 45,253(254).

Die Gewinnauszahlung bilde einen Teil des strafbaren Gewerbebetriebs, so daß die Abrechnung mit den Wettannahmestellen eine das Gewerbe des Glücksspiels fördernde Handlung darstelle.

§ 284 a.F. war vor der Reform durch das Reichsgesetz gegen das Glücksspiel vom 23.12.1919[1] und seiner damit verbundenen Umbenennung in § 285 a.F. ein selbständiges Delikt. Die das strafbegründende Merkmal "Gewerbsmäßigkeit"[2] ausmachenden Umstände waren damit zwar einerseits "persönliche Eigenschaften oder Verhältnisse des Täters", kennzeichneten aber andererseits zugleich als "Teil des strafbaren Tatbestands" dessen Tathandlung[3]. Das Reichsgericht stufte zeitweilig Gewerbs- und Gewohnheitsmäßigkeit sogar ganz als zum gesetzlichen Tatbestand gehörende echte Handlungsmerkmale ein und deutete allein den Begriff der "Gewohnheit" in § 20 a a.F.[4] als persönliche Eigenschaft des Täters[5]. Überhaupt wurde die Gewerbsmäßigkeit seinerzeit dadurch in den Geltungsbereich des "Tatprinzips" gezwängt, daß mit Hilfe des Begriffs "Kollektiv-" oder "Sammelstraftat" die mehreren Einzelakte zu einer juristischen Einheit zusammengezogen wurden[6]. Mit der ersten Teilhandlung war demnach das Delikt vollendet, mit der letzten beendet[7]. Die Abkehr vom Begriff des "Kollektivdelikts" und die damit verbundene Anerkennung der Selbständigkeit der Einzelakte wurde erst viel später mit Beschluß des Großen Senats vom 21.4.1938 eingeleitet[8]. Zuvor galt für die Sammelstraftat des § 284 a.F. rücksichtlich der sukzessiven Teilnahme nichts anderes als für die Dauerstraftaten. Dieses Ergebnis wird durch die offene Gleichstellung von Dauer- und Sammelstraftaten hinsichtlich der Beendigung in einer Entscheidung des Reichsgerichts aus dem Jahre 1923[9]

---

1) RGBl. 2145.

2) So LK(1.)-*Rosenberg* § 285 Anm.III; *Winkler* S.89; auch *Schwarz* (9.) § 285 Anm.1; *Goedel* JW 1937,715.

3) *Goedel* aaO; vgl. a. *Binding*, Handbuch I S.548 f,554.

4) Die Vorschrift entsprach dem heutigen § 48.

5) Vgl. RGSt 68,385(389); eingehend *Bockelmann*, Studien S.4 f.

6) Siehe dazu *Bockelmann*, Studien S.5; *Winkler* S.87.

7) *Koenig* S.13 f; vgl. a. *Winkler* S.87 ff.

8) RGSt 72,164 ff; vgl. a. *Bockelmann*, Studien S.7; *Winkler* S.87.

9) RGSt 58,13 ff; krit. i. Erg. *Winkler* S.88 f: "Die Kollektivdelikte enthalten ... nicht die

bestätigt. Danach sollte jeder zur Sammelstraftat gehörende (d.h. hier: die Gewerbsmäßigkeit begründende) Einzelakt bis zu deren Abschluß nach ihrem gesamten tatsächlichen Umfang *Erfüllung des Tatbestands* sein.

4. *Straftaten mit "sukzessiver" Erfolgsherbeiführung*

Schließlich hielt das Reichsgericht eine Teilnahme auch in den Fällen für möglich, in denen der Teilnehmer zwar nach Abschluß der Tätigkeit des Haupttäters eingreift, der Erfolg (verstanden als Beeinträchtigung des Angriffsobjekts bzw. Rechtsguts) jedoch erst später - nach Hinzutreten des Teilnehmers - eintritt. Der Hinzutretende fördert hier zwar nicht mehr die (i.S. von Körperbewegung verstandene) Handlung des Haupttäters, trägt aber doch zur Verwirklichung des vom Täter beabsichtigten Erfolgs mit bei und hilft also noch bei der Erfüllung des den jeweiligen Erfolg angebenden Tatbestandsmerkmals[1].

Definiert man mit der überkommenen Doktrin die Beihilfe als Teilnahme an einer *fremden* strafbaren *Handlung* (sc. an einem fremden gesetzlich typisierten *Verhalten*), reicht eine bloß beliebige Beteiligung an der Verletzung (oder Gefährdung) eines angeblich durch die betreffende Strafnorm geschützten Rechtsguts (bzw. Rechtsgutsobjekts) nicht aus[2]. Wer nach Abschluß der tatbestandsmäßigen Handlung des Haupttäters die Beeinträchtigung eines Guts fördert, kann dann grundsätzlich kein Gehilfe sein[3]. Unterstellt man die überkommene Doktrin als zutreffend, wäre somit an sich das Problem zu erörtern, ob im Bereich der Erfolgsdelikte zur tatbestandsmäßigen Handlung des Haupttäters nur dessen körperliche Tätigkeit[4] oder auch der Erfolgseintritt[5]

Elemente, die eine Trennung von Vollendung und Beendigung rechtfertigen würden".

1) Vgl. *Kühl*, Beendigung S.83 ff.

2) Siehe etwa *Scheufele* S.2: Das strafwürdige Unrecht bestehe nicht allein in der Rechtsgutsverletzung, sondern außerdem darin, daß das geschützte Rechtsgut in der jeweils vom Gesetz umschriebenen Handlungsweise verletzt werde.

3) *Gallas* ZAKDR 37,438,439; i.d.S. auch *Scheufele* S.69: Sukzessive Beihilfe setze die Förderung einer über die formelle Vollendung hinaus andauernden Tatbestandsausführungshandlung voraus.

4) So etwa *Allfeld* Lb S.228 Anm.18.

5) So i. Erg. LK(4.)-*Lobe* § 49 Anm.3; eingehend *Winkler* S.125 ff; siehe dazu auch *Paeff-*

gehört. Das Reichsgericht hat sich mit dieser Frage aber nicht explizit auseinandergesetzt[1]. In der Literatur wird insoweit die Auffassung vertreten, der Gehilfe helfe die *"Außenwirkung"* des ersten und einzigen Tatakts des Täters herbeizuführen[2]. Diese "Außenwirkung" vollziehe sich aber in tatbestandstypischer Weise, so daß der Hinzutretende noch zur tatbestandsmäßigen *Handlung* beitrage, die i.S.d. § 27 nicht nur das Verhalten des Haupttäters, sondern ebenso den tatbestandlich festgelegten Erfolg umfasse[3].

In diese Richtung zielt auch eine Entscheidung des Reichsgerichts zur *Erpressung*[4]: Der Angeklagte hatte dem Haupttäter dadurch Beistand geleistet, daß er die dem Bedrohten abgenötigte Geldsendung auf dem Postamt abzuholen bemüht war. Das Reichsgericht beanstandete, daß die Vorinstanz lediglich Begünstigung angenommen hatte, weil Teilnahme (Mittäterschaft oder Beihilfe) an der Tat eines anderen bis zur Beendigung möglich sei und daher Mittäterschaft bei dem Erpressungsversuch oder Beihilfe zu diesem Versuch gegeben sein könnte. Eine Erpressung sei zwar mit der Vornahme der abgenötigten Handlung usw. rechtlich vollendet, aber nicht notwendig zugleich auch tatsächlich beendet. Solange der Bedrohte die Handlung noch rückgängig machen könne (hier: durch Rückfordern des postlagernden Briefs, in dem die Erpresser das verlangte Geld vermuteten), wirke die erpresserische Drohung insofern fort, als sie den Bedrohten von der Rücknahme seiner Handlung abhalte.

Ein Vergleich mit der bereits erörterten Entscheidung des Gerichts aus dem Jahre 1934 zum Betrug[5] zeigt zunächst hinsichtlich der Quantität des Vermögensschadens eine Parallele: Insoweit entspricht die Absendung der Ware der

---

gen S.113,116.

1) Es hat in der bereits erörterten Entscheidung zur Transportgefährdung (RGSt 14,214) lediglich dargelegt, daß die *Begehung* eines Verbrechens noch nicht abgeschlossen sei, sofern nur der zum Tatbestand des Verbrechens gehörende Erfolg der bereits beendeten verbrecherischen Tätigkeit noch nicht eingetreten sei.

2) Siehe dazu *Sax* FS Nottarp S.137 Fn 10,11; *Kühl*, Beendigung aaO; ähnlich *Küper* JZ 81,252, nach dessen Auffassung die nach der Vollendung geförderte *Wirkung* der Haupttäterhandlung noch vom Wortsinn der tatbestandlichen Erfolgsbeschreibung erfaßt werden soll.

3) *Kühl*, Beendigung aaO.

4) RG HRR 16(1940) Nr.469; ähnlicher Fall in RG LZ 1921 Sp.461.

5) RG JW 1934,837, siehe oben S.16 f.

Aufgabe der Geldsumme. Während dort zum Eintritt des wirklichen Vermögensschadens noch die Täuschung des Postboten durch einen Empfänger sowie die Aushändigung der Ware erforderlich waren, konnte hier der Genötigte noch durch Rückforderung der Geldsendung den Eintritt des endgültigen Vermögensschadens verhindern. Daher läßt sich jeweils von einer bloßen *Vermögensgefährdung* sprechen, die - wie bereits erwähnt - lediglich eine Vorverschiebung der Vollendungslinie bedeutet, über den endgültigen Abschluß der formellen Tatbestandsverwirklichung jedoch nichts besagt. Ein Unterschied zwischen beiden Fällen besteht aber insoweit, als dort noch eine weitere tatbestandsmäßige Handlung - die Täuschung des Postboten - erforderlich war, während es hier einer erneuten tatbestandsmäßigen Nötigungshandlung nicht bedurfte. Deutlicher: Während in dem Betrugsfall beim Hinzutreten des Helfers noch eine *komplette* Tatbestandsverwirklichung vollzogen wurde, war in dem Erpressungsfall beim Hinzutreten des Helfers jedenfalls ein Teilakt der Tatbestandsverwirklichung - nämlich die Nötigung als Körperbewegung (positives Tun) - bereits beendet versucht und damit *abgeschlossen*[1]. Es ging also im Grunde genommen gar nicht mehr um das Problem, ob der Teilnehmer in der der Vollendung nachfolgenden Beendigungsphase überhaupt noch an einem *tatbestandsmäßigen* Geschehen teilnahm, sc. einen Kausalbeitrag zum Eintritt eines *tatbestandsmäßigen* Erfolgs leistete (für diese Annahme bleibt der Tatbestand des § 255 auch nach einer Vorverlegung des Vollendungszeitpunkts offen: Das Umschlagen der Vermögensgefährdung in den endgültigen Schaden ist jedenfalls ein tatbestandsmäßiger Erfolg i.S.d. § 255, soweit dieser Vorgang noch auf einer "Fortwirkung der erpresserischen Drohung" beruht[2]). Vielmehr ging es allein darum, ob Beihilfe erstens auch bei einem unmittelbaren, d.h. nicht über die Handlung (Körperbewegung) des Täters intervenierten Zugriff des Beteiligten auf den tatbestandsmäßigen Erfolg angenommen werden kann und zweitens auch dann noch möglich ist, wenn der Hilfeleistende bei mehraktiger Tatbestandsverwirklichung erst hinzukommt, nachdem bereits ein Teil abgeschlossen vorliegt. Beide Fragen bejahte das Reichsgericht ohne jedes Problembewußtsein unter bloßem Verweis auf die noch ausstehende Beendigung.

---

1) Die naheliegende Möglichkeit einer Teilnahme am nachfolgenden Unterlassen hat das RG offenbar übersehen, jedenfalls aber nicht erörtert.

2) Durch die Vorverlagerung wird also die Erpressung (wie der Betrug) zu einem Zeitspannen- oder Phasendelikt.

Daß der bloß "sukzessive" Eintritt des weiteren (bzw. endgültigen) tatbestandsmäßigen Erfolgs beendigende Wirkung entfalten soll, bestätigte das Reichsgericht auch in einer Entscheidung zu § 396 RAbgO[1]: Zur Begehung einer *Vermögenssteuerverkürzung* seien nicht bloß die *Tätigkeit* des Täters (Körperbewegung), sondern auch die damit angestrebten *Erfolge* einschließlich des letzten Teilerfolgs zu rechnen. Es gehöre noch zur *Begehung der Tat*, wenn infolge einer Vermögenssteuererklärung in den folgenden Jahren weitere Steuerverkürzungen einträten[2].

Das gleiche gilt schließlich auch für die Entscheidung vom 22.4.1937 zur *Brandstiftung*[3]: In dem zugrunde liegenden Fall wollte der Haupttäter eine Scheune und zwei Ställe niederbrennen und legte zu diesem Zweck Feuer in der Scheune, das dann später - nach dem Hinzutreten des Gehilfen[4] - auf die beiden Ställe übergriff[5]. Das Reichsgericht bejahte hier eine Beihilfe zum Inbrandsetzen der Ställe. Zwar sei die Straftat nach § 308 mit der Inbrandsetzung des ersten Gebäudes vollendet, aber noch nicht tatsächlich beendet gewesen, weil sich der Vorsatz des Haupttäters auch auf die Inbrandsetzung der beiden weiteren Gebäude erstreckt habe[6]. Solange aber die Beendigung nicht eingetreten sei, könne Beihilfe zu der Straftat des Haupttäters geleistet werden.

---

1) RGBl. 1931 I,109,212. Abs.1 S.1 der Vorschrift lautete wie folgt: "Wer zum eigenen Vorteil oder zum Vorteil eines anderen nicht gerechtfertigte Steuervorteile erschleicht oder vorsätzlich bewirkt, daß Steuereinnahmen verkürzt werden, wird wegen Steuerhinterziehung ... bestraft".

2) RGSt 71,59(64); siehe auch RGSt 72,184(186); *Stratenwerth* JZ 61,96.

3) RGSt 71,193 (= RG ZAKDR 1937,437 m. Anm. *Gallas*).

4) Hier: Durch Unterlassen des Löschens.

5) Irrig ist die Annahme von *Stratenwerth* JZ 61,95,96, daß der Sachverhalt nicht erkennen lasse, ob die Täterin die Tatobjekte nacheinander angezündet hatte oder ob das Feuer von selbst auf die Ställe übergriff. Denn jedenfalls aus der hinsichtlich der Sachverhaltsangaben ausführlicheren Wiedergabe des Urteils in ZAKDR 37,437 geht eindeutig hervor, daß die Täterin ein Stückchen Glut in den Scheunenflur geworfen hatte und sich der so geschaffene Brandherd später auf die Ställe mitgeteilt hat; die Hilfeleistung erfolgte also, bevor die Ställe vom Feuer ergriffen waren und nur bezüglich der Ställe sprach sich das RG für eine Beihilfe aus. Vgl. a. *Kühl*, Beendigung S.104; *Winkler* S.72.

6) RGSt 71,193(194).

Zunächst zeigt die Entscheidung, daß bei der Brandstiftung trotz RGSt 63, 105[1] die Unterscheidung eines von der formellen Vollendung abgesetzten materiellen Beendigungszeitpunkts grundsätzlich jedenfalls dann möglich sei, wenn noch eine Quantitätssteigerung hinsichtlich der Angriffsobjekte bevorstehe. Aus der Entscheidung folgt nicht, daß nunmehr entgegen RGSt 63,105 auch das *Abbrennen* der Tatobjekte zur Beendigung gehören sollte; - hierauf kam es jedoch auch nicht an. Vielmehr handelte es sich hinsichtlich der Inbrandsetzung der beiden Ställe um einen Fall "sukzessiver" Erfolgsherbeiführung[2]. Der Vorsatz der Haupttäterin war auf das Inbrandsetzen aller drei Gebäude durch *eine* Körperbewegung - das Werfen der Glut auf das Stroh im Scheunenflur - gerichtet. Mit dem Inbrandsetzen der Scheune[3] war zwar ein tatbestandsmäßiger Erfolg eingetreten und das Delikt vollendet, hinsichtlich der Ställe aber lediglich die zur Erfolgsherbeiführung notwendige körperliche Tätigkeit vollzogen worden; - der Erfolgseintritt selbst - sc. die Inbrandsetzung - stand insoweit jedoch noch aus. Der Gehilfe förderte demnach durch Unterlassen des Löschens noch die Herbeiführung eines tatbestandsmäßigen Erfolgs (Inbrandsetzung der Ställe)[4]. Ebenso wie in den vorgenannten Entscheidungen wurde also wegen des bloß "sukzessiven" Erfolgseintritts eine Beendigungsphase konstruiert[5] und es erfolgten keinerlei Erörterungen darüber, ob Beihilfe auch in Form eines unmittelbaren Zugriffs auf die Tatbestandsverwirklichung möglich ist oder in jedem Falle die Förderung einer tatbestandsmäßigen *körperlichen Tätigkeit* (bzw. eines garantenpflichtwidrigen modalitätenäquivalenten Unterlassens) des Haupttäters erfordert.

---

1) Dort stufte das RG die Brandstiftung als ein Delikt ein, das nach seiner Vollendung nicht mehr fortdauern könne.

2) Hier in Form einer Quantitätssteigerung hinsichtlich der Angriffsobjekte.

3) Ob diese bereits erfolgt war, war durch die Vorinstanz allerdings noch nicht hinreichend geklärt worden.

4) Da es sich um eine bloße *Quantitätssteigerung* hinsichtlich des Angriffsobjekts handelt, liegt zwar eine *einmalige* Tatbestandserfüllung (Gesetzesverletzung) vor (vgl. *Jakobs* AT 32/16 ff; Sch/Sch-*Stree* § 52 Rn 24,30; SK-*Samson* § 52 Rn 25); diese Zusammenfassung bei einfacher, aber quantitativ gesteigerter Gesetzesverletzung gilt für die Teilnahme jedoch nicht, ebenso wie auch sonst Teilnahme an abtrennbaren Teilen eines Delikts möglich ist (*Jakobs* AT 32/24 f).

5) Vgl. zum Auseinanderfallen von Vollendung und Beendigung bei sukzessivem Erfolgseintritt auch *Mezger* JW 1938,496; *Winkler* S.105.

5. *Ergebnis*

Die Analyse reichtsgerichtlicher Entscheidungen hat damit gezeigt, daß zwar nach Ansicht des Gerichts Teilnahme (in Form von Mittäterschaft oder Beihilfe) nach Vollendung bis zur Beendigung möglich sein, diese jedoch spätestens mit dem endgültigen Abschluß der formellen Tatbestandsverwirklichung eintreten sollte. Dem Teilnehmerverhalten während der Beendigungsphase fehlte in allen einschlägigen Entscheidungen niemals ein Bezug zur formellen Tatbestandsverwirklichung. Selbst in den Fällen, in denen der Gehilfe erst nach Abschluß der Tätigkeit des Haupttäters hinzutrat und seinen den Erfolgseintritt unmittelbar kausierenden Beitrag leistete, ging das Reichsgericht stets davon aus, daß der "sukzessive" Erfolgseintritt noch zur *Begehung* des Delikts und damit - vgl. die Formulierung des § 49 a.F. - zur formellen Tatbestandsverwirklichung gehörte. Die Feststellung des OLG Hamm, das Reichsgericht habe für die Frage der Beendigung ersichtlich bis zuletzt darauf abgestellt, ob die Tatbestandshandlung noch weiter verwirklicht worden sei[1], ist daher berechtigt, soweit unter Handlung i.d.S. nicht bloß eine erfolgskupierte Körperbewegung verstanden wird. Jedenfalls trug aber das Teilnehmerverhalten stets noch zur *formellen Tatbestandsverwirklichung* bei. Allerdings ist dem Reichsgericht der Vorwurf entgegenzuhalten, daß es die Frage, ob Beihilfe auch bei einem unmittelbaren Zugriff auf den tatbestandsmäßigen Erfolg sowie darüber hinaus auch dann noch angenommen werden kann, wenn der Hilfeleistende erst nach teilweise abgeschlossener Tatbestandsverwirklichung hinzukommt, unter bloßem Verweis auf die Beendigungsdoktrin erledigt hat. Damit hat es die eigentliche Problematik der sukzessiven Beteiligung radikal simplifiziert.

1) OLG Hamm JZ 61,94 f; ebenso *Winkler* S.29.

II. Die Nachkriegsrechtsprechung

1. Die OGH- und frühe BGH-Rechtsprechung

Der OGH hat - ohne dabei von den Grundsätzen des Reichsgerichts zur Beendigungsphase abzuweichen - in drei veröffentlichten Entscheidungen bestätigt, daß Beteiligung (Mittäterschaft oder Beihilfe) an der Tat eines anderen über die Vollendung der Tat hinaus bis zu ihrer tatsächlichen Beendigung möglich sei[1].

Die erste Entscheidung[2] betraf eine Beihilfe zur *Bedarfsdeckungsgefährdung* nach § 1 KWVO[3]. Das Gericht nahm an, daß sich die *strafbare Handlung* bis zum Zeitpunkt der tatsächlichen Beendigung (hier: Weiterleitung des aus einer Schwarzschlachtung gewonnenen Fleischs an Dritte) *fortsetze.* Die Entscheidung liegt damit auf der Linie der RG-Urteile zur kriegsverordnungswidrigen Einfuhr von Bedarfsgegenständen[4]: Die Tatbestandshandlung wurde sehr extensiv ausgelegt, damit die Kriegswirtschaftsstelle die jeweiligen Bedarfsgegenstände sofort, vollständig und möglichst zuverlässig erfassen und auf diese Weise ihre "Verwertung zum Wohle der Gesamtheit" und ein "Durchhalten der Bevölkerung" sicherstellen konnte. Die auf eine Umgehung der Kriegswirtschaftsstelle abzielenden Handlungen waren daher noch tatbestandsmäßig, bis die Umgehung vollständig bewirkt war, sc. die Bedarfsgegenstände unmittelbar durch den Besitzer verwendet oder in den Verkehr geleitet wurden[5].

Auch in der zweiten Entscheidung wurde lediglich festgestellt, daß Mittäterschaft und Beihilfe solange denkbar wären, wie das *tatbestandsmäßige* Ge-

---

1) OGHSt 2,50(59 f); 2,209(210 f); 3,1(3).

2) OGHSt 2,50(59 f).

3) Kriegswirtschaftsverordnung vom 4.9.1939 (RGBl. I,1609). "Wer Rohstoffe oder Erzeugnisse, die zum lebenswichtigen Bedarf der Bevölkerung gehören, vernichtet, beiseiteschafft oder zurückhält und dadurch böswillig die Deckung dieses Bedarfs gefährdet, wird ... bestraft".

4) Etwa RGSt 51,400(401 ff); 52,23(26 f).

5) Vgl. RGSt 51,400(401 ff).

schehen nicht abgeschlossen sei[1]. Bei der dritten Entscheidung[2] schließlich traf der OGH die Feststellung über den spätest möglichen Teilnahmezeitpunkt lediglich obiter dicta; im konkreten Fall war nämlich die Tat des Haupttäters zum maßgeblichen Zeitpunkt nicht einmal vollendet, sondern befand sich noch im Versuchsstadium.

Lediglich eine Bestätigung reichsgerichtlicher Entscheidungen zur Konterbande und Zolldefraudation erfolgte durch die BGH-Urteile vom 24.6.1952, 13.2.1953 und 27.1.1953[3]. Auch die Entscheidung des BGH vom 13.12. 1956[4] erbrachte keine Änderungen: Der Haupttäter, Inhaber eines zahlungsunfähigen Unternehmens, hatte sich eines fortgesetzten Eingehungsbetrugs schuldig gemacht und danach - d.h. während der Zeit, in der er die von ihm betrügerisch eingegangenen Verträge hätte erfüllen müssen - seine von Betrugsabsicht getragene Täuschungshandlung fortgesetzt. Dadurch erhielt er von diversen Verkäufern weitere Lieferungen. Der Angeklagte half beim "Fortwirken der betrügerischen Maßnahmen" insbesondere durch Abfassen von Hinhalteschreiben, da anderenfalls die Lieferanten keine Stundung mehr gewährt oder noch rechtzeitig die zum Ausgleich ihrer Forderungen nötigen Maßnahmen getroffen hätten.

Zwar war der Eingehungsbetrug des Inhabers vor der Tätigkeit des Angeklagten bereits vollendet, jedoch sollte Beihilfe noch bis zum "tatsächlichen Abschluß" der Haupttat möglich sein. In den hinhaltenden Maßnahmen sah das Gericht jedenfalls eine tatbestandsmäßige (wenngleich auch straflose) Nachtat, an der ein anderer bis zur Beendigung durch Herbeiführung des endgültigen Schadens in strafbarer Weise teilnehmen könne[5]. Weitere Schäden der Lieferanten seien aber dadurch entstanden, daß sie infolge der Tätigkeit des Angeklagten davon abgehalten worden wären, ihre vertraglichen Rechte rechtzeitig und wirksam wahrzunehmen. Es handelte sich auch hier nicht bloß um einen Fall "sukzessiver" Erfolgsherbeiführung, sondern um

---

1) OGHSt 2,209(210 f).

2) OGHSt 3,1(3).

3) BGHSt 3,40(43 f); 4,33 ff; 4,36(38 f); zum Bannbruch auch OLG Hamburg NJW 66,2226 und zur Zollhinterziehung OLG Köln NJW 56,154.

4) 4 StR 398/56 (unveröff.).

5) *Pfeiffer/Maul/Schulte* S.161.

eine Mithilfe an weiterhin tatbestandsmäßigen Handlungen des Betriebsinhabers durch die Erstellung der Hinhalteschreiben[1].

In die gleiche Richtung zielt eine Entscheidung des OLG Köln[2], das unter ausdrücklicher Bestätigung von RGSt 62,418 ff bei fortlaufendem Bezug einer aufgrund Täuschung zugebilligten Rente eine Beendigung der strafbaren Handlung sowohl im Hinblick auf die *Aufrechterhaltung der Täuschunghandlung* als auch auf die sich *fortsetzende Schadensentstehung* erst bei der Entgegenahme der letzten Ratenzahlung annehmen wollte. Auch hier bedeutete also jeder weitere Empfang einer Rentenzahlung eine erneute Tatbestandsverwirklichung.

2. *Die Rechtsprechung des BGH zur Beendigung bei Diebstahl und Raub*

Auch die Judikatur des BGH zur Beendigung bei Diebstahl und Raub darf nicht voreilig für die Auffassung reklamiert werden, Teilnahme sei auch an einem nicht mehr tatbestandlich erfaßten Geschehen möglich. In BGHSt 4, 132 entschied das Gericht zunächst, daß ein Diebstahl mit dem Gewahrsamsbruch zwar bereits vollendet, aber noch nicht abgeschlossen sei. Die Beendigung des Delikts trete vielmehr erst dann ein, wenn "die Beute an ihren Bestimmungsort geschafft" worden sei. Bis zu diesem Zeitpunkt sei Beihilfe möglich[3]. An dieser Position hat der BGH seither - jedenfalls grundsätzlich - in ständiger Rechtsprechung festgehalten, und zwar sowohl beim Diebstahl als auch beim Raub[4]. Dabei findet sich allerdings ein kaum noch zu übersehendes Arsenal unterschiedlicher Kriterien zur Fixierung des Beendigungszeitpunkts: BGHSt 19,323 stellte darauf ab, ob sich der Täter aus der unmittelbaren Umgebung des Hauses entfernt habe[5], während nach BGHSt 21,377

---

1) Ob darin jeweils ein zusätzlicher Betrug oder eine straflose Nachtat zu sehen war, blieb letztlich offen.

2) OLG Köln MDR 57,371.

3) BGHSt 4,132(133); ebenso BGHSt 19,323(324); OLG Köln NJW 90,588; vgl. a. BGHSt 6,248(251).

4) Siehe neben BGHSt 4,132(133) auch BGHSt 6,248(251); 19,323(324); BGH NStZ 87,453 f; 89,759; BGH NStE Nr.1 zu § 27 StGB; OLG Karlsruhe GA 1971,281(282).

5) S.324 (=BGH NJW 64,1810).

der Diebstahl eines mit dem Opfer im gleichen Haus wohnenden Täters bereits dann beendet sein sollte, wenn dieser sich mit dem Diebesgut in sein Zimmer begebe[1]. Ebenso gehörte nach BGHSt 8,390 zur Beendigung des Diebstahls eine "gewisse Sicherung des Gewahrsams", die jedenfalls immer dann vorliege, wenn der Täter die gestohlene Sache in seine eigenen Räume verbracht habe[2]. BGH NStZ 87,453 hielt einen Diebstahl für nicht beendet, wenn der Täter seine Absicht, sich alsbald mit der Beute zu entfernen, noch nicht verwirklicht habe, sondern sich noch auf dem Anwesen des Bestohlenen und damit in dessen unmittelbarem räumlichem Herrschaftsbereich befinde. Solange jener noch dem erhöhten Risiko eines Beuteverlusts ausgesetzt sei, könne von einer ausreichenden Sicherung des eben erst begründeten Gewahrsams keine Rede sein[3]. Selbst das Verwahren des Diebesguts in den eigenen Taschen sei kein entscheidendes Beendigungskriterium, soweit sich der Täter noch auf dem Gelände des bisherigen Gewahrsamsinhabers befinde und damit die besondere Gefahr bestehe, daß ihm die Beute wieder abgenommen werde[4]. Auch sonst spielt zumeist der Aspekt der *Sicherung der Sachherrschaft* die entscheidende Rolle[5], wobei indes die Bestimmung des Zeitpunkts, wann "die Sachherrschaft wenigstens einigermaßen gesichert erscheint"[6] äußerst unsicher ist und einer kaum noch vorhersehbaren Einzelfalljudikatur unterliegt[7].

Dies wird durch eine unveröffentlichte Entscheidung des BGH vom 25.10.

---

1) S.378 f.

2) S.391.

3) Ebenso BGH JZ 89,759.

4) BGH aaO S.454.

5) BGH GA 1969,347; StV 81,127 (beide zum Raub); BGH, Entsch. v. 25.10.78 - 3 StR 379/78 (unveröff.); BGH NStZ 87,453(454) m. Bespr. *Kratzsch* JR 88,397 ff; BGH JZ 89,759; BGH NStE Nr.1 zu § 27 StGB; OLG Köln NJW 90,588; ebenso etwa Sch/Sch-*Eser* § 242 Rn 73; LK(9.)-*Heimann-Trosien* § 242 Rn 80; *Otto* FS Lackner S.717 f; LK-*Ruß* § 242 Rn 76.

6) Vgl. BGH GA 1969,347. Nach BGH NStZ 87,453(454) soll dies von den Umständen des Einzelfalls abhängen (ebenso BGH JZ 89,759), u.a. auch von der Art und Beschaffenheit der Beute.

7) Krit. LK-*Ruß* § 242 Rn 76 Fn 115 m.w.N.

78[1] eindrucksvoll belegt. Danach sollte ein Raub - und insoweit bringt die Entscheidung keine neuen Erkenntnisse - dann beendet sein, wenn der Täter mit der Wegfahrt vom Tatort eine ausreichend sichere Verfügungsgewalt über die Beute erlangt hat. Dabei komme es jedoch keineswegs bloß auf die Entfernung vom Tatort an: Im konkreten Fall war eine polizeiliche Ringfahndung eingeleitet worden, die zum Anhalten des Täters geführt hatte; hier sollte die Beendigung auch davon abhängen, welche Informationen die Polizei erhalten, welche Maßnahmen sie eingeleitet und ob die Angeklagten wegen dieser Maßnahmen einen Zugriff auf die Beute zu befürchten hatten.

Der praktisch perfekte Verlust an Rechtssicherheit zeigt sich auch in einem vom LG Koblenz entschiedenen Fall[2]: Dort hatte der Täter die geraubte Beute im Gebüsch versteckt, wobei er durch einen Zeugen beobachtet wurde. Die Polizei stellte die Beute sicher und observierte das Versteck. Inzwischen animierte der Täter seine Ehefrau dazu, die Beute abzuholen. Nachdem diese etwa zehn Minuten danach gesucht hatte, wurde sie gestellt. Das LG Koblenz hielt die Tat für noch nicht beendet - schließlich war die Beute noch nicht gesichert - und verurteilte daher wegen Beihilfe zum Raub; - ein geradezu groteskes Ergebnis angesichts der Tatsache, daß die Beutesicherung hier überhaupt nicht mehr möglich war. Auf die Revision hin stellte der BGH dann auch klar, daß die Tat bereits beendet sei, "wenn der Angriff auf das betroffene Rechtsgut seinen unabänderlichen Abschluß gefunden" habe[3]. Hier konnte das Rechtsgut nicht weiter beeinträchtigt werden, nachdem die Beute durch die Polizei sichergestellt worden war.

Etwas restriktiver fixierte der BGH die Beendigung in StV 81,127: Wegen der Abgrenzung zwischen Beihilfe und Hehlerei dürfe der Beendigungszeitpunkt beim Raub nicht zu weit hinausgeschoben werden[4]. Ein Raub sei daher jedenfalls immer schon dann beendet, wenn der Täter die gestohlene Beute in seine eigenen Räume verbracht habe. Demgegenüber gehöre die weitere Verwendung des gestohlenen Guts - insbesondere im Gegensatz zu BGHSt

---

1) BGH 3 StR 379/78.

2) Als Vorinstanz zu BGH NJW 85,814; dazu auch *Laubenthal* Jura 85,630 ff.

3) BGH NJW 85,814 m. Bespr. v. *Küper* JuS 86,862 ff; auch schon BGH, Beschl. v. 1.12.83 - 4 StR 672/83 (unveröff.).

4) Ebenso BGH NStE Nr.1 zu § 27 StGB; LK-*Ruß* § 242 Rn 76.

4,132 auch die Verbringung der Beute an den zuvor geplanten Bestimmungsort - regelmäßig nicht mehr zur Beendigung der Straftat[1].

Schließlich stellte der BGH zur Bestimmung des Beendigungszeitpunkts mitunter auch allein auf die *Realisierung der Zueignungsabsicht* ab[2]. Im Widerspruch zur üblichen Judikatur steht allerdings die Entscheidung vom 16.4.1958[3]. Hier hatte der Haupttäter mit dem Beistandsleistenden vor Begehung des Diebstahls verabredet, daß dieser gestohlenen Schrott zu den Abnehmern befördern sollte. Sobald er Nachricht von dem Diebstahl erhielt, holte er den gestohlenen Schrott mit seinem Wagen vom Bergungsort ab und fuhr ihn zu dem Abnehmer. Der Diebstahl war aber jedenfalls vollendet, als er den Schrott abholte. Dem Transport kam somit allein noch die Funktion zu, den Dieben zum Zweck des Verkaufs den *Besitz* und damit die Vorteile ihrer Tat zu *sichern*. Da die Beute zuvor aber weder abtransportiert, noch gesichert, noch gar an ihrem Bestimmungsort angelangt war, war die Tat nach den sonst vom BGH verwendeten Kriterien noch nicht *beendet*, so daß er ohne weiteres auf Beihilfe hätte erkennen können. Dennoch gelangte das Gericht nur über § 257 III a.F.[4] zu einer Verurteilung wegen Beihilfe zum Diebstahl. § 257 III a.F. bedeutete aber nicht die Anerkennung einer Beihilfe nach Vollendung der Tat durch das Gesetz, denn die Begünstigung nach § 257 III a.F. war keine Form der Beihilfe, sondern lediglich *wie diese zu behandeln*[5]. Es handelte sich dabei um einen besonderen Tatbestand der Begünstigung als nachträglicher Beistandsleistung. Wenn der BGH hier aber bei Handlungen zur Sicherung des Besitzes (= Gewahrsams[6]) an der Beute nach vollendetem Diebstahl wegen Begünstigung nach § 257 III verurteilte, war damit die Annahme einer Beihilfehandlung ausgeschlossen, zumal der BGH anderenfalls wegen der Subsidiarität des § 257 III a.F. gegenüber den §§ 48,

---

1) Vgl. a. BGH NStZ 87,453(454).

2) BGHSt 26,24,27 f (zum Raub); BGHSt 8,390(391) hält die "Verwirklichung der Zueignungsabsicht durch Festigung und Sicherung der erlangten Herrschaft" für entscheidend; ähnlich auch OLG Karlsruhe GA 1971,281(282).

3) BGHSt 11,316 ff.

4) Siehe oben S.10 Fn 4.

5) RGSt 49,381(384) unter Berufung auf die Entstehungsgeschichte der Vorschrift, vgl. dazu RGSt 8,317(320).

6) Vgl. SK-*Samson* § 246 Rn 5 m.w.N.

49 a.F. gerade nicht aus § 257 III hätte verurteilen dürfen. Diese Entscheidung steht daher im Widerspruch zu der sonst üblichen Judikatur, die die Beteiligung an der Beutesicherung nach vollendetem Diebstahl als Beihilfe wertet.

Soweit die Rechtsprechung letztlich die "Festigung und Sicherung" des Gewahrsams bei Diebstahl und Raub als den entscheidenden Beendigungsfaktor und spätest möglichen Beihilfezeitpunkt ansieht, steht dahinter sicher der Gedanke an eine Kompensation für den im Lauf der Jahre immer weiter nach vorne gerückten Vollendungszeitpunkt der Wegnahme[1]. Während die frühere "Theorie der faktischen Machtverhältnisse"[2] auf die tatsächlichen Herrschaftsverhältnisse abstellte, also bereits zur *Vollendung* der Wegnahme eine gewisse *Sicherung des Gewahrsams* forderte, stellen die heute herrschenden "sozialen Gewahrsamslehren" nicht mehr auf die Faktizität der Machtverhältnisse, sondern auf normative Kriterien ab und ordnen den einzelnen Individuen nach sozialen Gesichtspunkten Gewahrsamssphären zu[3].

Mit der dadurch bewirkten Vorverlagerung des Zeitpunkts erstmaliger Vollendung der Wegnahme ist aber nicht zugleich zwingend auch die Vorverlagerung der hinteren zeitlichen Grenze des formellen Tatbestands verknüpft. Schon der Bruch fremden und die Begründung neuen Gewahrsams vollziehen sich nicht stets uno actu in einem Augenblick, sondern unter Umständen auch zeitlich gestreckt[4]. Dieser Umstand rechtfertigt bereits die Annahme, daß § 242 (ebenso wie § 249) nicht als Augenblicks-, sondern als Zeitspannen- bzw. Phasendelikt zu begreifen ist. Darüber hinaus ist der Begriff der Wegnahme einer extensiven Interpretation ebenso zugänglich wie der Einfuhrbegriff bei Konterbande und Zolldefraudation[5]. Er läßt es daher (insbesondere nach seinem Wortlaut) ohne weiteres zu, von einem u.U. mehraktigen

---

1) Vgl. etwa einerseits BGH JR 63,466 m. krit. Anm. *Geilen* JR 63,446 ff; andererseits BGH GA 1963,147; 1969,91; BGHSt 16,271 ff; 22,180(182); 23,254(255); 26,24(25 f); BGH NStZ 87,453 f.

2) Vgl. *H. Mayer* JZ 62,617 ff.

3) Vgl. statt vieler SK-*Samson* § 242 Rn 20 ff; *Gössel* ZStW 85(1973),619 ff.

4) Siehe dazu etwa Sch/Sch-*Eser* § 242 Rn 43; LK(9.)-*Heimann-Trosien* § 242 Rn 79; LK-*Ruß* § 242 Rn 75.

5) Siehe dazu oben S.13 ff.

Unternehmen auszugehen, das erst mit der Verbringung des Tatobjekts an seinen Bestimmungsort oder erst mit einer gewissen Festigung und Sicherung des neuen Gewahrsams vollständig realisiert und damit abgeschlossen ist[1]. Demnach wäre es durchaus möglich, den Diebstahl als mehraktige Fortsetzungsstraftat zu interpretieren. Ob die Beihilfe zwischen Vollendung und Beendigung noch eine Teilnahme an einem tatbestandsmäßigen Geschehen darstellt, ist damit letztlich eine Frage des Besonderen Teils, d.h. hier speziell: der Auslegung des § 242.

Dies gilt auch dann, wenn das entscheidende Beendigungskriterium nicht mit der Gewahrsamssicherung, sondern mit der Verwirklichung der Zueignungsabsicht bezeichnet wird. Denn zum einen ließe sich die Verwirklichung der Zueignungsabsicht als Festigung und Sicherung der erlangten Herrschaft definieren[2], so daß sie angesichts der soeben vorgeschlagenen Interpretation der Wegnahme ohnehin mit deren Abschluß identisch wäre. Zum anderen wird auch in der Literatur die Auffassung vertreten, daß der Diebstahl eine Zueignung *durch* Wegnahme[3], die Zueignung also kein der Wegnahme nachfolgender Akt sei[4]. Auch das kann an dieser Stelle nicht weiter diskutiert werden. Jedenfalls bleibt festzuhalten, daß die Judikatur des BGH zur Beendigung bei Diebstahl und Raub nicht ohne weiteres als Beleg für die Auffassung herangezogen werden darf, Beihilfe sei auch an einem tatbestandlich nicht mehr erfaßten Verlauf möglich. Legt man allerdings die §§ 242, 249 so aus, daß mit der erstmaligen Vollendung das tatbestandlich erfaßte Handlungsgeschehen regelmäßig abgeschlossen sei[5], dann markiert BGHSt 4,132

---

1) A.A. ohne weitere Begründung *Gössel* ZStW 85(1973),645: "Solange die materielle Vollendung mit der Verwirklichung des Tatbestands gleichgesetzt wird und nicht über den Abschluß der im gesetzlichen Tatbestand geschilderten Handlung hinausgeht, ... würden beim Diebstahl mit der Vollendung der Wegnahme formelle und materielle Vollendung zusammenfallen, da mit der Vollendung der Wegnahme das tatbestandlich erfaßte Handlungsgeschehen im Regelfall abgeschlossen ist". Siehe aber *Furtner* JR 66,169 ff.

2) So etwa BGHSt 8,390(391).

3) *Maiwald*, Zueignungsbegriff S.177,183 f; *Hirsch* JZ 63,149 f, Fn 8.

4) *Welzel* Lb S.350. Demnach wäre die Zueignungsabsicht keine überschießende Innentendenz. Widersprüchlich daher Sch/Sch-*Eser* § 242 Rn 46 mit Rn 67, der annimmt, daß einerseits die Zueignungsabsicht den objektiven Tatbestand überschieße, aber andererseits Wegnahme und Zueignung zusammenfielen (Rn 67 unter Berufung auf *Welzel* und *Hirsch*).

5) So *Gössel* ZStW 85(1973),645.

einen entscheidenden Wendepunkt: Insoweit wurde dann erstmalig in der höchstrichterlichen Rechtsprechung die Beendigungsphase von der formellen Tatbestandsverwirklichung gelöst und eine Strafbarkeit wegen Beihilfe an einem nicht mehr formell tatbestandsmäßigen Geschehensablauf zugelassen.

3. *Weitere Entscheidungen*

Jedenfalls aber wurde die Teilnahme während einer von der formellen Tatbestandsverwirklichung losgelösten Beendigungsphase durch das BayObLG in einer Entscheidung zu § 142 formal bejaht[1]. Demnach sollte Beihilfe zur Verkehrsunfallflucht bis zur Beendigung möglich, das Delikt jedoch erst dann beendet sein, wenn der flüchtende Unfallbeteiligte das Ziel seiner Fahrt erreiche oder sich vom Unfallort genügend weit abgesetzt und in Sicherheit gebracht habe. Zwar erfülle eine Fortsetzung der Fahrt nach Vollendung des Delikts das Tatbestandsmerkmal des "Sich-Entfernens" nicht mehr weiter, jedoch müßten Vollendung und Beendigung nicht notwendig zusammenfallen. Letztere trete vielmehr erst ein, wenn das Tatgeschehen "über die eigentliche Tatbestandserfüllung hinaus seinen eigentlichen Abschluß gefunden" habe. Daher könne jeweils dann, wenn der Gesamterfolg einer Tat durch Handlungen erzielt werde, die über die tatbestandsmäßige Handlung hinausgingen, bis zu deren Abschluß Beihilfe geleistet werden. Allerdings hätte das Gericht das gleiche Ergebnis ohne weiteres auch durch eine extensive Auslegung des Tatbestandsmerkmals "Sich-Entfernen" analog der Judikatur zum Einfuhrbegriff bei Konterbande und Zolldefraudation erreichen und sich damit an den Rahmen des formellen Tatbestands halten können.

Auch das OLG Stuttgart verzichtete bei der Definition der Beendigung des Betrugs (§ 263) auf das Kriterium einer weiteren formellen Tatbestandsverwirklichung: Hier fixiere die Erlangung des erstrebten Vorteils den maßgeblichen Zeitpunkt, bis zu dem eine Teilnahme noch möglich sei[2]. Und nach einer unveröffentlicht gebliebenen Entscheidung des BGH aus dem Jahr 1977 sollte bei den ***Absichtsdelikten*** die Zeit der Begehung (Beendigungsphase)

---

1) BayObLG NJW 80,412 (=JZ 81,241 f) m. Anm. *Bottke* JA 80,379 und Besprechung von *Küper* JZ 81,251 ff; zust. i. Erg. auch LK-*Rüth* § 142 Rn 81; *Cramer* § 142 StGB Rn 98.

2) OLG Stuttgart NJW 74,914.

generell bis zur Verwirklichung der Absicht reichen[1].

Unergiebig für die Annahme einer über die formelle Tatbestandsverwirklichung hinausgehenden Beihilfemöglichkeit ist demgegenüber eine Entscheidung des BGH zu § 142 a.F.[2]. Danach sollte Beihilfe zur Unfallflucht solange möglich sein, wie die Flucht nach dem Willen und der Vorstellung des Täters noch nicht abgeschlossen, sc. "im Rechtssinne beendet" sei. Offenbar war mit der "Beendigung im Rechtssinne" hier die juristische Vollendung gemeint. Denn nach § 142 a.F. lag der Vollendungszeitpunkt deutlich hinter § 142 n.F. und trat regelmäßig erst dann ein, wenn sich der Täter so weit von der Unfallstelle entfernt hatte, daß er nicht mehr ohne weiteres erreichbar oder als Beteiligter erkennbar war[3].

Ebenso unergiebig ist eine Entscheidung des BGH zur unterlassenen Konkursanmeldung gemäß § 84 GmbHG[4], derzufolge trotz rechtlicher Vollendung Beihilfe noch bis zur tatsächlichen Beendigung möglich sein sollte. In dem zugrundeliegenden Sachverhalt war eine GmbH kahl gepfändet worden und daher zahlungsunfähig. Mit Wissen des Angeklagten stellte die Geschäftsführerin jedoch keinen Antrag auf Eröffnung eines Konkursverfahrens. Nach Ansicht des BGH war die im Unterlassen der Konkursanmeldung bestehende Haupttat der Geschäftsführerin mit Ablauf der Drei-Wochen-Frist nach § 64 I GmbHG zwar vollendet, aber noch nicht beendet[5], weil der Geschäftsführer auch nach Fristablauf gemäß § 84 GmbHG zur Konkursanmeldung verpflichtet bleibe. § 84 GmbHG sei nämlich ein *echtes Unterlassungsdelikt*[6]. Das strafbare Verhalten erschöpfe sich daher im Verstoß gegen die Gebotsnorm, sc. im bloßen Unterlassen der geforderten Tätigkeit. Zwar solle durch die von der Norm gebotene Handlung mittelbar ein Erfolg - hier die

---

1) BGH, Urt. v. 19.11.77 - 1 StR 582/77 (unveröff.) S.10 f unter Verweis auf Dreher/-*Tröndle* § 27 Rn 4.

2) BGH VRS 16,267 (Nr.117). Siehe BGBl. 1969 I,1445,1473: "Wer sich nach einem Verkehrsunfall der Feststellung seiner Person, seines Fahrzeugs oder der Art seiner Beteiligung an dem Unfall vorsätzlich durch Flucht entzieht, ...".

3) BGHSt 14,89(92 f); Schönke/*Schröder* (17.) § 142 Rn 18.

4) BGHSt 14,280 ff.

5) Zum Beendigungszeitpunkt vgl. a. Erbs/Kohlhaas-*Fuhrmann* Bd.1/G 131 S.90.

6) Ebenso Erbs/Kohlhaas-*Fuhrmann* aaO S.79.

rechtzeitige Eröffnung des Konkursverfahrens - herbeigeführt werden. Jedoch werde die gebotene Tätigkeit auch unabhängig davon gesetzlich gefordert. Daher komme es für die Strafbarkeit nicht auf das Verhindern des Erfolgs, sondern allein auf das Unterlassen des verlangten Handelns an[1]. Der Extraneus, der nach Ablauf der Drei-Wochen-Frist das weiterhin gebotswidrige Unterlassen des handlungspflichtigen Geschäftsführers vorsätzlich unterstützt, beteiligt sich somit an einem immer noch formell tatbestandsmäßigen Geschehen.

Das gleiche gilt für eine Entscheidung des OLG Hamm zur *Brandstiftung*, in der das Gericht eine über die Erfüllung der objektiven Tatbestandsvoraussetzungen hinausgehende Beendigungsphase wegen Überschreitung der vom Tatbestand gezogenen Grenzen schon im Grundsatz ablehnte[2]. Eine Erweiterung des Bereichs strafbarer Teilnahme über die Dauer der "Tatbestandsverwirklichung im eigentlichen Sinne" hinaus erschien dem Gericht nur in den Fällen gerechtfertigt und geboten zu sein, in denen der Gesetzgeber zwecks Vorverlegung der Strafbarkeit[3] im gesetzlichen Tatbestand einen einheitlichen Vorgang in der Weise getrennt habe, daß er - wie im Fall der Brandstiftung - die Vollendung der Straftat bereits mit dem ersten Akt eintreten lasse. Die Tathandlung des Inbrandsetzens und das Fortwirken des damit eingeleiteten Naturvorgangs bis zur endgültigen Vernichtung des in Brand gesetzten Gegenstands stellten einen einheitlichen Vorgang dar, der lediglich gedanklich in das Stadium des Inbrandsetzens und das des Brennens aufgespalten werden könne. In Wahrheit gehe aber das Inbrandsetzen in das Brennen über. Da überdies unmittelbares Schutzobjekt der in Brand gesetzte Gegenstand, Angriffsziel des Täters dessen Vernichtung, das Inbrandsetzen aber lediglich das Mittel hierzu sei, schließe es die Tatbestandsfassung nicht aus, eine strafbare Beteiligung an der Brandstiftung jedenfalls solange als möglich anzusehen, wie der Gegenstand noch nicht völlig vom Feuer ergriffen und damit in allen seinen Teilen in Brand gesetzt sei. Das OLG hob

---

1) BGH aaO S.281.

2) OLG Hamm JZ 61,94 f (= NJW 60,1874) m. Anm. *Stratenwerth*; dazu auch *Scheufele* S.70; *Hau* S.94 f und insbes. *Rudolphi* FS Jescheck S.563 ff. In dem zugrunde liegenden Sachverhalt brannte das vom Täter angezündete Haus bereits im Obergeschoß. Der Teilnehmer zündete nun das Erdgeschoß an, damit das Haus schneller und vollständig abbrennen konnte.

3) So *Welzel* Lb § 23 I 4.

ausdrücklich hervor, daß sich diese Auslegung *im Rahmen der durch den gesetzlichen Tatbestand gezogenen Grenzen* halte; - der Gehilfe fördert damit ein noch (formell) tatbestandsmäßiges Geschehen[1], nämlich den durch die bereits abgeschlossene körperliche Tätigkeit ausgelösten "sukzessiven" Erfolgseintritt[2].

Schließlich ließ der BGH in einer jüngeren Entscheidung Beihilfe zur *unerlaubten Einfuhr von Betäubungsmitteln* ebenfalls bis zur Beendigung zu, übertrug dabei jedoch lediglich seine Judikatur zur Konterbande und Zolldefraudation auf die §§ 29 I Nr.1, 30 I Nr.4 BtMG[3]: Die Einfuhr sei erst dann beendet, wenn das eingeführte Rauschgift im Inland in Sicherheit gebracht und damit zur Ruhe gekommen sei. Allerdings sollte - und das entspricht der Rechtsprechung zur Beendigung beim Raub[4] - die Tat bereits dann endgültig abgeschlossen sein, wenn sie nach Vollendung der Einfuhr aufgedeckt und durch Sicherstellung des Rauschgifts dessen Zuführung zum geplanten Verwendungszweck verhindert werde.

---

1) I. Erg. ebenso *Winkler* S.126.

2) Auch *Stratenwerth* JZ 61,96 sieht - insoweit übereinstimmend - in dem Weiterbrennen noch eine formelle Tatbestandserfüllung. Er führt dazu aus, daß das durch die Tathandlung bewirkte Brennen des Tatobjekts mit dem Tatbestand nicht minder eng verknüpft sei als die Vermögensschädigung beim Betrug oder die Steuerverkürzung bei der Steuerhinterziehung, und das fortschreitende Abbrennen des Tatobjekts stelle sich als eine ebensolche *sukzessive Verwirklichung des Gesamterfolgs* dar, wie sie die Parallelfälle charakterisiere. Ebenso wie *Stratenwerth* projiziert auch *Jescheck* FS Welzel S.694 bei der Brandstiftung den *Tatbestand* in die Beendigungsphase: Die Inbrandsetzung wirke wenigstens als Ursache des intendierten weiteren Geschehens fort, wenn auch der Verlauf des Brandes dann *keine tatbestandsmäßige Handlung* mehr darstelle, sondern nur die gewollte Folge des objektiven Wirkens der Inbrandsetzung. Demnach handelt es sich auch für *Jescheck* um einen Fall "sukzessiver" Erfolgsherbeiführung. Jedenfalls bleibt aber die Anbindung der Beendigungsphase an die formelle Tatbestandserfüllung insoweit erhalten. Siehe auch *Scheufele* S.70, der das Delikt so lange nicht für beendet hält, wie das Inbrandsetzen *durch Unterlassen* noch anhalte.

3) BGH NJW 90,655.

4) BGH NJW 85,814.

4. Ergebnis

Zwar hielten die obersten Gerichte in der Nachkriegszeit stets daran fest, auch noch eine Hilfeleistung zwischen Vollendung und Beendigung als Beihilfe i.S.d. § 27 zu qualifizieren. Jedoch finden sich solche Entscheidungen, in denen die Definition der Tatbeendigung als dem spätest möglichen Beihilfezeitpunkt definitiv vom formellen Tatbestand gelöst wurde, höchst selten. Das gilt insbesondere auch für die Rechtsprechung zum Diebstahl und Raub: Hier läßt sich die besondere Beendigungsphase ohne weiteres im Wege einer *extensiven Interpretation des jeweiligen Tatbestands* (§ 242 bzw. § 249) etablieren. Wie schon das Reichsgericht kann daher auch der BGH nicht ohne weiteres als Pate für die These reklamiert werden, daß die Teilnahme an einem nicht mehr formell tatbestandsmäßigen Geschehen prinzipiell möglich sei.

B. Der Meinungsstand zum spätest möglichen Beihilfezeitpunkt in der Literatur

I. Überblick

In der Literatur wird die Frage nach dem spätest möglichen Beihilfezeitpunkt höchst kontrovers beantwortet. Lediglich vereinzelt wird die Auffassung vertreten, daß Beihilfe nur bis zum Abschluß des (im Sinne von Körperbewegung verstandenen) tatbestandsmäßigen *Verhaltens* des Haupttäters, sc. bis zur Versuchsbeendigung möglich sei[1]. Andere fordern die Beteiligung an einer formellen Tatbestandsverwirklichung[2]. Danach kann eine strafbare Beihilfe grundsätzlich bis zum Abschluß des tatbestandsmäßigen Geschehens (d.h. bis zum Eintritt eines etwaigen "sukzessiven" Erfolgs) geleistet werden, und zwar auch dann, wenn es sich nach erstmaliger Vollendung weiter fortsetzt[3].

---

1) *Allfeld* Lb S.228 Fn 18; *Rudolphi* FS Jescheck S.569,576 und passim; SK-*Rudolphi* Vor § 22 Rn 9; *Roxin/Schünemann/Haffke* S.233; auch *Gallas* ZAkDR 1937,439, der jedoch für den Bereich der Erfolgsdelikte offen läßt, ob zur tatbestandsmäßigen Handlung des Haupttäters nur die körperliche Tätigkeit oder auch der Erfolgseintritt gehört. Gegen *Rudolphi Küper* JuS 86,864 Fn 14. Vgl. a. *Stratenwerth* FS Schaffstein S.192 Fn 57.

2) *Jakobs* AT 22/40; *Kühl* JuS 82,189.

3) SK-*Samson* § 27 Rn 18; § 257 Rn 26; LK-*Roxin* § 27 Rn 22 f; LK-*Ruß* § 257 Rn 5 f;

Insoweit wird von einigen Autoren auf den Beendigungszeitpunkt rekurriert, dieser aber in Übereinstimmung mit dem Reichsgericht streng tatbestandsbezogen definiert[1], von anderen Autoren jedoch auch ganz auf die Heranziehung der Beendigungslehre zur Lösung des Problems sukzessiver Beihilfe verzichtet[2]. Insgesamt wird aber in der Literatur - ebenso wie in der Rechtsprechung - ganz überwiegend die These verfochten, Beihilfe sei auch noch nach der Vollendung bis zur Beendigung möglich[3]. Allerdings besagt diese pauschale These wenig mehr als gar nichts, weil eine konkrete Bestimmung des spätest möglichen Beihilfezeitpunkts dann immer noch entscheidend von der jeweiligen Definition der Beendigung abhängig ist.

Insoweit lassen sich in der Literatur zwei verschiedene Ansätze unterscheiden. Grundlage der bereits angesprochenen *formellen Beendigungslehren* ist eine strenge Orientierung am *formellen Verbrechensbegriff*[4], der die konkrete

---

Maurach-*Gössel* AT/2 39/31 ff; LK-*Vogler* Vor § 22 Rn 34; LK(8.)-*Mezger* § 49 Anm.3 und *Mezger* JW 38,493 ff; LK(9.)-*Busch* § 49 Rn 9; *Isenbeck* NJW 65,2327; *Hruschka* JZ 69,607; *Koenig* S.4 f und passim; *Scheufele* S.69 und passim; *Kühl*, Beendigung S.56,65 f und passim; *ders.*, JuS 82,189; *Herzberg* TuT S.71 f; *Küper* JZ 81,252; *Gelbert* DStR 1943,3,6; wohl auch *Plümer* S.1162 ff. Schon *Abegg* Lb S.119 hielt eine "nachfolgende, d.h. nach vollendetem Hauptverbrechen eintretende Beihilfe" hinsichtlich dieses Verbrechens selbst für einen Widerspruch (ebenso *ders.*, System S.41).

1) So etwa Maurach-*Gössel* AT/2 39/31 ff; *Gössel* ZStW 85(1973),646 f; LK-*Vogler* Vor § 22 Rn 34; *Isenbeck* NJW 65,2327 f; *Otto*, Strafrechtslehre S.224; *Koenig* S.4 f und passim; *Scheufele* S.39,69 und passim; *Gelbert* DStR 1943,2 f; *Mezger* JW 38,493 ff; *Küper* JZ 81,252; *Kühl*, Beendigung S.56,65 f und passim; *Furtner* JR 66,169 ff. Gänzlich gegen die Unterscheidung von vollendeter und beendeter Tat und die damit verbundenen Konsequenzen für die Teilnahmelehre *Roxin/Schünemann/Haffke* S.232 f; *Bitzilekis* ZStW 99 (1987),749.

2) SK-*Samson* § 27 Rn 17 f; *Jakobs* AT 25/12, 22/40; LK-*Roxin* § 27 Rn 22; LK-*Ruß* § 257 Rn 5 f.

3) *Baumann/Weber* § 35 I 2, § 37 II 2 b; *Schmidhäuser* AT (1975) 14/137; *Welzel* Lb S.112; Sch/ Sch-*Cramer* § 27 Rn 17; *Lackner* § 27 Anm.2 b; Dreher/ *Tröndle* § 27 Rn 4; *Jescheck* AT S.627; *ders.*, FS Welzel S.697; *H. Mayer* AT (1953) S.323; *ders.*, AT (1967) S.162; *Haft* AT S.191; *Bockelmann* AT § 25 III 2 b; *Geilen* AT S.206 f; *Kienapfel* AT S.575; *Vogler* ZStW 98(1986),331, 339; *Plümer* S.95; *Scheufele* S.69; *Maurach* AT (4.Aufl.) S.697; *Winkler* S.128; *Hau* S.13,120; *Blei* AT S.287 f; *Wessels* AT § 13 IV 5; *Gelbert* DStR 43,6; *Otto* JuS 82,565; *ders.*, FS Lackner S.719.

4) Danach wird das Verbrechen definiert als ein Geschehen, das vom geltenden Recht zum Verbrechen erklärt und mit Strafe bedroht worden ist; der formelle Verbrechensbegriff ist also ein durch und durch positiv-rechtlicher Begriff. Siehe dazu etwa *Beling*, Verbrechen S.7

Ausdehnung der Strafzone bezeichnet und damit für die Garantiefunktion des Strafgesetzes maßgeblich ist[1]. Danach können strafrechtliche Konsequenzen an ein der (erstmaligen) Vollendung nachfolgendes Geschehen nur unter der Voraussetzung einer weiteren Verwirklichung des formellen Tatbestands geknüpft werden[2]; - die Beendigungsfrage wird also als ein rein tatbestandsspezifisches Auslegungsproblem behandelt[3].

Demgegenüber wird die Beendigungsphase bei den *materiellen Beendigungslehren* von der formalen Ebene des Tatbestands gelöst. Viele Tatbestände seien bei der Beschreibung des strafbaren Verhaltens nicht der "natürlichen Lebensanschauung" über die einzelnen Verbrechenstypen gefolgt[4]. Sie erfaßten vielmehr nur einen Teilausschnitt aus dem gesamten dynamischen verbrecherischen Geschehen von der Planung bis zum endgültigen Abschluß, das schon vor dem tatbestandlich beschriebenen Teil beginne und diesen Bereich auch wieder verlasse[5]. Mit dem Vorliegen eines vollendeten Verbrechens brauche deshalb das deliktische Gesamtgeschehen noch nicht abgeschlossen zu sein[6]. Dies gelte insbesondere dann, wenn der Gesetzgeber aus kriminalpolitischen Gründen die Vollendungsstrafe nicht erst an ein Verhalten geknüpft habe, das nach "natürlicher Betrachtungsweise" den Abschluß des deliktischen Geschehens markiere, sondern sie bereits in einem früheren Sta-

---

("Verbrechen ist die tatbestandsmäßige, rechtswidrige, schuldhafte, einer auf sie passenden Strafdrohung unterstellten und den Strafdrohungsbedingungen genügende Handlung"), und S.23 f (Die Typizität oder Tatbestandsmäßigkeit als Eigenschaft der Handlung ist begriffliches Merkmal des Verbrechens); *Binding*, Handbuch I S.503; *Grünhut* FS Frank S.4 f; *Geilen* AT S.1,28; *Gössel* FS Oehler S.100 f; *Jescheck* AT S.44; *Lackner* Vor § 13 Anm.II; *Maurach-Zipf* AT/1 13/5; *Gallas*, Beiträge S.2; *Baumann/Weber* § 8 II 2a.

1) Vgl. Maurach-*Zipf* AT/1 13/7 und insbes. *Zipf* MDR 69,891.

2) Streng genommen ist das Operieren mit einem besonderen Beendigungsbegriff insoweit freilich überflüssig, siehe *Bitzilekis* ZStW 99(1987),727.

3) *Kühl* JuS 82,112; *Küper* JZ 81,252; *ders.*, JuS 86,869; *Plümer* S.163; *Winkler* S.124; *Rudolphi* FS Jescheck S.561 f; Maurach-*Gössel* AT/2 39/41; LK-*Vogler* Vor § 22 Rn 34; *Lackner* Vor § 22 Anm.2; *Scheufele* S.39 und passim; ebenso auch *Jescheck* FS Welzel S.684.

4) *Kühl*, Beendigung S.20; *Winkler* S.15 f.

5) Maurach-*Gössel* AT/2 39/35; *Gössel* ZStW 85(1973),646; *Schmidhäuser* AT (1975) 8/102; siehe dazu auch *Gelbert* DStR 43,2; *Winkler* S.11 ff; *Bitzilekis* ZStW 99(1987),723.

6) *Hau* S.23; *Kühl*, Beendigung S.20; SK-*Rudolphi* Vor § 22 Rn 6; *Wessels* AT § 14 I 1; *Winkler* S.14.

dium eintreten lasse[1]. Je weiter der Vollendungszeitpunkt vorverlegt werde, desto größer werde auch der zeitliche Abstand zum faktischen Verbrechensabschluß[2]. Damit habe der Gesetzgeber jedoch keineswegs ausschließen wollen, daß nach der Vollendung noch deliktisches Geschehen stattfinde[3]. Wenn auch das zum faktischen Deliktsabschluß führende Geschehen nicht mehr notwendig formell-tatbestandsmäßig sei[4], unterfalle es doch weiterhin dem bereits verwirklichten Tatbestand. Denn in solchen Fällen lasse sich noch eine "tatbestandliche Außen-" bzw. "Nachzone"[5] ausmachen, die in zeitlicher Hinsicht durch die Vollendung einerseits und die Beendigung andererseits fixiert werde. Die Deliktsverwirklichung während der Beendigungsphase kann danach u.U. also ein bloß materiell "tatbestandsmäßiges" Geschehen sein[6]; - anders formuliert: Der *materielle Verbrechensbegriff*[7] wird im Rahmen der Strafrechtsanwendung nicht mehr durch den *formellen Verbrechensbegriff* limitiert[8].

Allerdings gehen die Auffassungen über das für den Abschluß des sog. "deliktischen Gesamtgeschehens" maßgebliche Kriterium auch innerhalb der materiellen Beendigungslehren noch weit auseinander. Genannt werden vor

---

1) Diese Vorverlegung wird regelmäßig mit dem Verweis auf einen möglichst effektiven Rechtsgüterschutz legitimiert, siehe etwa *Hau* S.24; SK-*Rudolphi* Vor § 22 Rn 7; *Kühl* S.20 ff. Zur Kritik vgl. *Jakobs* ZStW 97(1985),751.

2) *Hau* S. 25; *Schmidhäuser* AT (1975) 8/102; *Jescheck* FS Welzel S.692.

3) *Wessels* AT § 14 I 1; *Hau* S.36,48 f; *Jescheck* aaO; *Winkler* S.14; siehe dazu auch *Kühl*, Beendigung S.20 f.

4) *Winkler* S.32.

5) *Jescheck* aaO S.683; Sch/Sch-*Eser* Vor § 22 Rn 5; *Wessels* aaO; *Beling*, Verbrechen S.246 ff. Nach Auffassung von *Gelbert* DStR 1943,3 soll diese "Außenzone" des Tatbestands freilich über die formelle Tatbestandsmäßigkeit hinausgehen.

6) So *Jescheck* aaO S.691 f; *Wessels* aaO.

7) Siehe dazu *Gössel* FS Oehler S.100; Maurach-*Zipf* AT/1 13/6 f; *Zipf* MDR 69,891 f; *Geilen* AT S.1 ff; *Jescheck* AT S.38; *Lackner* Vor § 13 II 1; eingehend *Gallas*, Beiträge S.1 ff; *Leferenz* FS Gallas S.65 ff.

8) Deutlich i.d.S. Schönke/*Schröder* (17.Aufl.) Vor § 43 Rn 2; *Schmidhäuser* AT (1975) 8/102; *Jescheck* FS Welzel aaO S.685,689 f; *Hau* S.23; *Winkler* S.11 ff,14; *Wessels* AT § 14 I 1; krit. *Lackner* Vor § 13 II; Maurach-*Zipf* AT/1 13/ 13; *Gallas* ZStW 67(1955),20; *Küper* JuS 86,869; *Gössel* FS Oehler S.99 ff.

allem die *natürliche Lebensanschauung*[1], die *endgültige Rechtsgutsverletzung*[2] sowie die *Absichtsverwirklichung*[3]. Soweit auf die Absichtsverwirklichung rekurriert wird, sind keineswegs nach Auffassung aller Autoren nur die Absichten im tatbestandstechnischen Sinne (sc. die überschießenden Innentendenzen bei inkongruenten Delikten)[4], sondern vielfach auch sonstige Verbrechensziele gemeint[5].

II. *Kritik an einer vom formellen Tatbestand gelösten Definition des spätest möglichen Beihilfezeitpunkts*

Der vom formellen Tatbestand gelösten Definition des spätest möglichen Beihilfezeitpunkts durch die materiellen Beendigungslehren ist zunächst die übliche Vermengung von "Unrecht" und "Strafunrecht" vorzuwerfen. Diese

---

1) OLG Hamm JZ 61,95; BGH NJW 64,1810; GA 1969,348. Auch *Binding*, Handbuch I S.582 war der Auffassung, daß die Handlung nicht immer mit der Vollendung ende und definierte die "faktische Abgeschlossenheit der verbrecherischen Handlung" unter Rekurs auf eine "realistische Betrachtungsweise". Siehe auch *Kühl*, Beendigung S.23 ff; *Winkler* S.15 f.

2) *H. Mayer* Lb (1967) S.141; *ders.*, Lb (1953) S.323; *Stratenwerth* AT Rn 870; *Winkler* S.20, 28,38,109 und passim; *Schmidhäuser* AT (1975) 8/102, 15/ 9; *Otto* FS Lackner S.719; i.d.S. auch *Jescheck* FS Welzel S.686,692 und *Bitzilekis* ZStW 99(1987),728 für die Gefährdungs-, Unternehmens- und verkümmert-zweiaktigen Delikte; ähnl. *Winkler* S.19 f; für best. Fallgruppen auch Sch/Sch-*Eser* Vor § 22 Rn 7 (sonst: Absichtsverwirklichung).

3) BGH, Urt. v. 29.11.77 - 1 StR 582/77 (unveröff.); BGHSt 26,24(27 f); BGH StV 84, 329; BayObLG NJW 80,412; OLG Stuttgart NJW 74,914; *Welzel* Lb S.188; Schönke/*Schröder* (17.) Vor § 43 Rn 2; SK-*Rudolphi* Vor § 22 Rn 7; *Winkler* S.26 ff; *Bilda* MDR 65,541; LK (8.)-*Jagusch* § 43 Anm. II 1 e aa; für die Absichtsdelikte auch *Hau* S.29 f; Dreher/*Tröndle* § 27 Rn 4; ebenso für best. Fallgruppen Sch/Sch-*Eser* Vor § 22 Rn 4,6,8; speziell zu § 263 Sch/Sch-*Cramer* § 263 Rn 178; LK-*Lackner* § 263 Rn 291; *Rüping* GA 1985,438; krit. zur Absichtsverwirklichung als Beendigungskriterium bei §§ 242,249 *Küper* JuS 86,869 f.

4) Siehe aber etwa *Kühl*, Beendigung S.32; *Hau* S.30.

5) So etwa *Welzel* Lb S.188; Sch/Sch-*Eser* Vor § 22 Rn 8; SK-*Rudolphi* Vor § 22 Rn 7; *Rüping* GA 1985,438; *Winkler* S.23 f. Soweit die Auffassung vertreten wird, daß nur die Realisierung einer rechtsgutsbezogenen Absicht beendigende Wirkung entfalten könne (so etwa SK-*Rudolphi* Vor § 22 Rn 7; *Winkler* S.22 ff,26 ff,97; wohl auch LK [8.]-*Jagusch* § 43 Anm. II 1 e aa; ebenso *Hau* S.29 f für die Absichtsdelikte; bzgl. § 263 auch Sch/Sch-*Cramer* § 263 Rn 178; LK-*Lackner* § 263 Rn 291; *Hau* S.33.; differenzierend Sch/Sch-*Eser* Vor § 22 Rn 4,6,8), besteht kein sachlicher Unterschied zur Theorie der endgültigen Rechtsgutsverletzung (*Kühl*, Beendigung S.33,35; *Winkler* S.25).

- vielfach mit dem Verweis auf die Einheit der Rechtsordnung begründete - Vermengung beruht auf einer pauschalen, für alle Rechtsgebiete einheitlich definierten Rechtswidrigkeit[1]: Die (materielle) Definition eines Unwerts als Unrecht soll in allen Bereichen verbindlich sein, und zwar unabhängig von den möglicherweise ganz heterogenen Zielsetzungen einzelner Regelungssysteme und ihres Instrumentariums. Anders formuliert: Das Prädikat "Unrecht" wird nicht etwa nach zweckrationalen Kriterien der einzelnen Rechtssysteme, sondern auf der Grundlage eines Hyperordnungs- und Legitimationsprinzips vergeben, das nach überkommener Auffassung durch die Welt (sog. "Werteordnung") der Rechtsgüter vorgegeben und konstituiert wird[2]. Strafunrecht wird also mit der allgemeinen Kategorie Unrecht identifiziert und als Rechtsgutsangriff umschrieben.

Vor diesem Hintergrund ist es ohne weiteres plausibel, wenn das gesamte Geschehen von der Entschlußfassung zum Rechtsgutsangriff bis zur Realisierung dieses Entschlusses, sc. bis zur endgültigen Rechtsguts- bzw. Rechtsgutsobjektsverletzung als deliktisches Geschehen (Strafunrecht) definiert wird. Die formelle Beschränkung dieses Geschehens durch die Tatbestände[3] will daher an sich - jedenfalls im Hinblick auf die Zielsetzung Rechtsgüterschutz - nicht so recht einleuchten[4] und so ist es nicht verwunderlich, wenn tatbe-

---

1) Siehe statt vieler etwa eingehend *Stein* S.66 ff. Krit. *Lesch* NJW 89,2310 m.w.N.

2) Die übliche Doktrin bezeichnet daher folgerichtig ohne Blick auf die Funktion der Strafe die Aufgabe des Strafrechts als Rechtsgüterschutz, so etwa BVerfG NJW 75,576; *Roxin*, Grundlagenprobleme S.12 ff; SK-*Rudolphi* Vor § 1 Rn 2; *Rudolphi* FS Honig S.151 ff; *ders.*, Zweck S.70 f; *ders.*, Unrechtsbewußtsein S.69; Maurach-*Zipf* AT/1 7/4; *Kühl*, Beendigung S.29; *Jescheck* AT S.6; *Ebert/Kühl* Jura 81,235; *Wolter*, Zurechnung (1981) S.24; *Sax*, Grundsätze S. 911; *Gallas*, Beiträge S.7 f; *Bitzilekis* ZStW 99(1987),723; *Lüderssen*, Strafgrund S.129; *Armin Kaufmann*, Strafrechtsdogmatik S.263; *Schünemann*, Einführung S.61; *Maurach* AT (4.) S.213; *Schumann* S.44; *Eb. Schmidt* FS Frank II S.116; *Mezger* ZStW 57(1938),694; *Zielinski* S.125; *Horn* S.65,77; *Baratta*, Philosophie S.256.

3) Siehe dazu etwa Maurach-*Gössel* AT/2 39/40; Maurach-*Zipf* AT/1 19/32 ff; *Gössel* FS Oehler S.99 ff. Zum sog. "fragmentarischen Charakter des Strafrechts" siehe auch *Binding* BT S.20 ff; *Jescheck* AT S.40; *Roxin*, Grundlagenprobleme S.13 f; *Welzel* Lb S.6; *Kühl*, Beendigung S.50 f,59; *Bloy*, S.312,320; *Lüderssen* ZStW 85(1973),293; *Maiwald* FS Maurach S.9 ff; *Rudolphi* FS Maurach S.60 ff; *Armin Kaufmann*, Strafrechtsdogmatik S.274 ff.

4) Die dem Güterschutzdogma immanente Tendenz zur Strafbarkeitsausdehnung offenbart sich also nicht nur im Vorfeld der Deliktsverwirklichung (dazu eingehend *Jakobs* ZStW 97[1985],752 f), sondern auch in deren hinteren Bereich. Im Prinzip läßt sich eben mit dem

standlich nicht mehr erfaßte Teile des Rechtsgutsangriffs als beteiligungsfähige (und d.h.: zurechenbare!) soziale Störung gehandelt werden. Diese Beurteilung ändert sich aber schlagartig, wenn wir die skizzierten Axiome der überkommenen Strafrechtsdogmatik verwerfen und die Tatbestände auf der Grundlage eines systemtheoretisch orientierten, repressiv-funktionalen Straftatsystems neu interpretieren. Nach der hier an anderer Stelle noch darzulegenden Konzeption[1] besteht die Funktion des Strafrechts in der Garantie normativer Erwartungen. Strafrechtlich (d.h.: qua Sanktionsnorm) garantierte normative Erwartungen sind tatbestandlich vertypte Erwartungen. Daraus folgt, daß das materiell als Erwartungsenttäuschung definierte Strafunrecht stets nur tatbestandlich vertyptes Unrecht sein kann. Somit führt allein die Beteiligung an einem (formell) tatbestandlich erfaßten Geschehen zur strafrechtlichen Verantwortung (Zurechnung).

Darüber hinaus ist der vom formellen Tatbestand gelösten Definition des spätest möglichen Beihilfezeitpunkts auch entgegenzuhalten, daß die dogmatische Ausgangsposition von den Anhängern der materiellen Beendigungslehren selbst nicht konsequent gehandhabt wird. Es wurde bereits erwähnt, daß die überkommene Doktrin von einem vor-strafrechtlichen, als Rechtsgutsangriff[2] definierten Deliktsbegriff ausgeht[3]. Der (erfolgreiche) Angriff auf ein Rechtsgut beginnt jedoch bereits mit einer entsprechenden Entschlußfassung des Täters, entwickelt sich kontinuierlich über die verschiedenen Teilakte der Realisierung dieses Entschlusses fort und gipfelt schließlich in seiner Verletzung. Das "Gesamtgeschehen des Verbrechensablaufs" dürfte also nicht nur eine Sphäre *nach*, sondern müßte mit dem Vorbereitungsstadium auch eine solche *vor* der Tatbestandsverwirklichung umfassen, so daß konsequenterweise nicht nur der nach-, sondern auch der vortatbestandsmäßige Handlungsabschnitt (und insbesondere schon die Entschlußfassung) zum

---

Zweck des präventiven Rechtsgüterschutzes alles legitimieren (siehe auch *Amelung*, Rechtsgüterschutz S.250,257 ff und passim; *Schaffstein* FS R. Schmidt S.60,64 f).

1) Siehe unten 3.Teil, S.239 ff.

2) Vgl. etwa *Winkler* S.17; *Sax*, Grundsätze S.917 ff; *Mezger*, StrafR (2.Aufl.) S.197; *Gössel* FS Oehler S.99 f.

3) Deutlich *Jescheck* FS Welzel S.685; *Schmidhäuser* AT (1975) 8/102. Das entspricht der gängigen Normentheorie, siehe etwa *Binding*, Normen I S.45,133 f; *Maurach* AT (4.) S.219 ff; Maurach-*Zipf* AT 19/17 ff; eingehend *Armin Kaufmann*, Normentheorie.

deliktischen Unwert zu rechnen wäre. Somit drängt sich die Frage auf, warum dann nicht auch die Delikts*vorbereitung* (einschließlich der Willensbildung) *strafrechtlich relevantes* Unrecht ist und als solches zur teilnahmefähigen Tat erkoren wird. Während die materiellen Beendigungslehren die (gegebenenfalls über die §§ 22, 23 erweiterten) Tatbestände als vordere formelle Grenzen des "materiellen Unwerts" stillschweigend akzeptieren, setzen sie sich über deren hintere Begrenzungen ohne weiteres hinweg[1]; - eine Inkonsequenz, die bislang noch keine plausible Erklärung gefunden hat.

Anlaß zur Kritik an der Lösung des Problems der sukzessiven Beihilfe durch die materiellen Beendigungslehren bietet auch der in Art. 103 II GG, § 1 festgelegte Grundsatz der Gesetzesbindung (nullum crimen, nulla poena sine lege[2])[3]. Dieses Prinzip will nach heutigem Verständnis die Sicherheit und Voraussehbarkeit des Rechts gewährleisten[4] und damit nicht nur das Vertrauen der Bürger schützen, sondern auch Willkür durch ad-hoc-Entscheidungen des Gesetzgebers und des Richters ausschließen[5]. Daraus ergibt sich die Existenz eines sog. Garantietatbestands als abschließender Umschreibung der Verbrechensmerkmale, mit dessen Hilfe das Strafgesetz seine Garantiefunktion i.S.d. "nullum crimen, nulla poena sine lege" erfüllt[6]. Dieser Garantietatbestand soll jegliche materiellen Unrechtsbetrachtungen des Rechtsanwenders

---

1) Krit. auch *Kühl*, Beendigung S.25; *Bitzilekis* ZStW 99(1987),732. Demgegenüber meint *Hau* S.48, daß der Gesetzgeber bei einem Teil der Straftatbestände nur den Anfangszeitpunkt des strafbaren Verhaltens, nicht aber auch zugleich den Endpunkt fixieren wollte. Diese petitio principii beruht, wie sich aus den folgenden Darlegungen ergibt, auf einer Verkennung der Funktion des gesetzlichen Tatbestands.

2) Dazu SK-*Rudolphi* § 1 m.w.N.; *Jakobs* AT 4/1; *Schünemann*, nulla poena S.1 ff.

3) Maurach-*Gössel* AT/2 39/36; LK-*Vogler* Vor § 22 Rn 34; *Plümer* S.165; LK-*Roxin* § 27 Rn 22; LK-*Ruß* § 257 Rn 5; *Kühl*, Beendigung S.37 ff; *Herzberg* TuT S.72; *Bitzilekis* ZStW 99(1987), 732; SK-*Rudolphi* Vor § 22 Rn 9; *Jakobs* AT 15/12, 22/40 f. *Roxin/Schünemann/Haffke* S.232 f lehnen unter Berufung auf Art.103 II GG die Unterscheidung zwischen vollendeter und beendeter Tat überhaupt ab.

4) Vgl. BVerfGE 25,269(285): "Der Einzelne soll ... von vornherein wissen können, was strafrechtlich verboten ist ..."; BVerfG NStZ 86,261; Maurach-*Zipf* AT/1 10/9.

5) BVerfG NJW 84,225; SK-*Rudolphi* § 1 Rn 2; zu den Funktionen des nulla-poena-Satzes auch *Schünemann*, nulla poena S.9 ff; BVerfG NStZ 86,261 f.

6) Zum Garantietatbestand siehe *Jakobs* AT 4/9, 6/53; Maurach-*Zipf* AT/1 19/39; *Stratenwerth* AT Rn 170; *Jescheck* AT S.114 ff.

durch die Forderung nach formeller Tatbestandsmäßigkeit begrenzen[1]. Eine Korrektur "verfrühter" Vollendungszeitpunkte darf demnach nicht durch Gesetzesergänzung zur Schaffung neuer Tatbestände führen, auch wenn sie strafwürdiges Verhalten erfassen mag[2]. Somit kann ein außerhalb der Grenzen des formellen Tatbestands loziertes Geschehen nach der Vollendung nicht mehr mit dem Prädikat des Strafunrechts belegt werden.

Dieses Ergebnis wird auch durch die von *Hau* zur Umgehung des Art. 103 II GG vorgeschlagene gewohnheitsrechtliche Legitimation der Beendigung als einem Institut des Allgemeinen Teils nicht widerlegt. *Hau* begründet die Einordnung der Beendigungslehre in den Allgemeinen Teil damit, daß der Schlußpunkt des deliktischen Geschehens systematisch seinem Gegenpol - i.e.: der Differenzierung zwischen Vorbereitung und Versuch - entspreche. Diese Differenzierung hänge zwar von der jeweiligen Tatbestandshandlung ab, erfolge aber anhand allgemeiner Lehren[3]. In gleicher Weise sei auch zur Differenzierung zwischen Vollendung und Beendigung von der Deliktsstruktur des jeweiligen Tatbestands auszugehen und dabei die in den Bereich des Allgemeinen Teils gehörende Lehre von der Beendigung anzuwenden[4]. Diese Einordnung eröffne die Möglichkeit, die Bildung entsprechenden Gewohnheitsrechts verfassungsrechtlich zu legitimieren[5], weil im Bereich des Allgemeinen Teils Art. 103 II GG nicht gelte und deshalb auch strafbegründendes oder strafschärfendes Gewohnheitsrecht anzuerkennen sei. Es sei daher nur folgerichtig, den gewohnheitsrechtlichen Begriffsbildungen des Allgemeinen Teils diejenige der Tatbeendigung hinzuzufügen.

Aber schon die Verweisung der Beendigungslehre in den Allgemeinen Teil

---

1) *Kühl*, Beendigung S.56; *Plümer* S.165; *Gallas* ZStW 67(1955),20; LK-*Vogler* Vor § 22 Rn 34; Maurach-*Gössel* AT/2 39/36,40; vgl. a. SK-*Rudolphi* Vor § 22 Rn 9; *Grünhut* FS Frank S.9; *Küper* JuS 86,869.

2) Maurach-*Gössel* AT/2 39/36; LK-*Vogler* Vor § 22 Rn 34; *Kühl*, Beendigung S.21; *Furtner* JR 66, 170; *Roxin/Schünemann/Haffke* S.232; LK-*Roxin* § 27 Rn 22; *Bottke* JA 80,379; *Schünemann* JA 80,394.

3) *Hau* S.26 f; vgl. a. *Jescheck* FS Welzel S.684.

4) *Hau* S.50.

5) Vgl. *Hau* S.53.

vermag nicht zu überzeugen[1]. *Hau* selbst hält die Feststellung, ob ein der Vollendung nachfolgendes Verhalten noch zur Deliktsbegehung gehöre, für einen Akt zulässiger teleologischer *Auslegung* der gesetzlichen Tatbestände. Der Gesetzgeber habe bei einem Teil der Straftatbestände nur den Anfangszeitpunkt des strafbaren Verhaltens, nicht aber auch zugleich den Endpunkt fixieren wollen[2]. Deshalb seien auch die der eigentlichen Tatbestandsverwirklichung nachfolgenden, damit jedoch "in untrennbarer Sinneinheit stehenden Nachhandlungen" noch *vom Tatbestand erfaßt*[3]. Es ist aber nicht nachvollziehbar, wieso die Tatbeendigung ein Phänomen des Allgemeinen Teils sein soll, wenn sie sich bereits aus den jeweiligen Tatbeständen (des Besonderen Teils) erschließen läßt. Im übrigen ist Strafunrecht nach der hier vertretenen (und später noch zu begründenden[4]) Auffassung überhaupt nur tatbestandlich vertyptes Unrecht und dessen Fixierung folglich ein Phänomen des Besonderen Teils. Auch der strafbare Versuch ist ein über die §§ 22, 23 I erweitert tatbestandsmäßiges Verhalten; wie weit der Bereich tatbestandlich vertypten Unrechts reicht, ist damit stets eine Frage der Tatbestandsinterpretation.

Im übrigen scheitert *Haus* gekünstelte Umgehung des Art. 103 II GG auch am fehlenden Nachweis von Gewohnheitsrecht. Denn die Bildung von Gewohnheitsrecht erfordert eine langdauernde, gleichmäßige Übung (longa consuetudo) sowie die Anerkennung dieser Übung als verbindliche Rechtsnorm durch die beteiligten Rechtsgenossen (opinio iuris)[5]. Von einer *gleichmäßigen* Übung kann jedoch angesichts der Vielzahl ganz heterogener und wenig präziser Kriterien zur Bestimmung des Beendigungszeitpunkts[6] keine Rede sein. Zudem fehlt auch eine für die materiellen Beendigungslehren sprechende opinio iuris. Die Rechtsprechung hat sich bei der Definition des Beendigungszeitpunkts - und selbst das ist sehr zweifelhaft - frühestens mit BGHSt 4,132 vom formellen Tatbestand gelöst und befindet sich damit auch

---

1) So im Erg. auch *Jescheck* FS Welzel S.684,691 ohne Begründung.

2) Schon diese Behauptung ist eine petitio principii.

3) *Hau* S.48 f.

4) Siehe unten S.253 ff.

5) BVerfGE 22,121; 28,29; BGHZ 37,222; 44,348(352); *Hubmann* JuS 68,63; *Larenz*, Methodenlehre S.341,415 f.

6) Krit. insoweit LK-*Roxin* § 27 Rn 22; LK-*Ruß* § 257 Rn 5.

keineswegs im Einklang mit der herrschenden Literaturmeinung. Mit der Annahme entsprechenden Gewohnheitsrechts läßt sich also die Sublimierung eines tatbestandsextern lozierten materiellen Unwerts zum beteiligungsfähigen Strafunrecht nicht rechtfertigen.

Schließlich zeigt auch die Existenz der Anschlußdelikte (§§ 257 ff), daß der Gesetzgeber das Strafbedürfnis für bestimmte, formell nicht mehr erfaßte Nachtatverhaltensweisen durchaus erkannt und diesem Strafbedürfnis besonders Rechnung getragen hat[1]. Das soll im folgenden anhand der historischen Entwicklung des Delikts der (sachlichen und persönlichen) Begünstigung demonstriert werden[2].

Sowohl das römische[3] als auch das deutsche mittelalterliche Recht haben noch nichts wesentliches zur Ausbildung der Teilnahmelehre beigetragen; insbesondere war in der deutschen Wissenschaft bis zum 16. Jahrhundert eine klare Trennung von Täterschaft, Teilnahme und Begünstigung weder in der Begriffsbildung noch bei der Bestrafung ersichtlich. Nicht nur die Teilnehmer, sondern auch die Begünstiger wurden - zwar nicht immer, aber doch regelmäßig - wie die Täter bestraft[4]. Erst die später vom gemeinen Recht rezipierte italienische Strafrechtswissenschaft führte gegen Ende des 16. Jahrhunderts die Differenzierung zwischen Täterschaft und verschiedenen Formen der Teilnahme als selbständige, grundsätzlich voneinander verschiedene Begriffe ein und stellte dem "principalis" den "auxiliator" bzw. "consiliator"

---

1) *Kühl* JuS 82,190; *Bitzilekis* ZStW 99(1987),736; siehe auch *Kühl*, Beendigung S.21, *Abegg* Lb S.119; LK-*Ruß* § 257 Rn 5. Demgegenüber nimmt die Rspr. an, daß in dem Stadium zwischen Vollendung und Beendigung sowohl Beihilfe als auch Begünstigung bzw. Strafvereitelung möglich seien und daß die Qualifizierung des Verhaltens von der Willensrichtung des Handelnden abhänge (vgl. BGH NStE Nr.1 zu § 27 StGB m.w.N.).

2) Siehe dazu *Koenig* S.19 ff; *Schaffstein*, Lehren S.169 ff; *Berner*, Theilnahme S.167.

3) Bei den Römern wurde zwischen Täterschaft und Beihilfe hinsichtlich der Bestrafung kein Unterschied gemacht; die Bezeichnungen für die diversen Formen deliktischen Zusammenhandelns ermangelten sowohl einer scharfen Begrenzung als auch einer rechtlichen Bedeutung. Im allgemeinen wurde jede zur Herbeiführung des Delikts mitwirkende Handlung als Mittäterschaft angesehen. Immerhin fiel Hilfeleistung nach vollendeter Tat richtig gefaßt also nicht unter die Mittäterschaft; dies wird durch die Behandlung der Hehlerei als selbständig strafbarer deliktischer Hilfstätigkeit im Zwölftafelgesetz bestätigt (*Mommsen* S.98 ff).

4) *Schaffstein*, Lehren S.172.

gegenüber[1]. Aus dieser Zeit stammt auch die Dreiteilung der Teilnahme nach zeitlichen Gesichtspunkten in auxilium *ante* delictum, auxilium *in* delicto (in ipso delictum) und auxilium *post* delictum[2].

Allerdings kannte die gemeinrechtliche Literatur - solange sie sich allein in den Bahnen der italienischen Teilnahmedoktrin bewegte - den Begriff der Teilnahme als selbständigen Oberbegriff noch nicht[3]. Erst bei *Pufendorf* finden sich die Grundlagen eines allgemeinen Begriffs der Teilnahme als Mitwirkung an fremder Tat, sc. die Gegenüberstellung der Haftung für eine *eigene* (Täterschaft) und eine *fremde* Tat (Teilnahme)[4]. Dabei unterschied *Pufendorf* alle am Delikt Beteiligten nach dem Grad ihrer *kausalen* Bedeutung für den verbrecherischen Erfolg; die Ursachen eines Verbrechens wurden also nicht als äquivalent betrachtet, sondern nach ihrer Bedeutung für den Erfolgseintritt untereinander abgestuft[5]. Wenn man aber erst einmal die ursprüngliche, kausale Mitwirkung des Teilnehmers am Erfolg der Tat als Wesensmerkmal des Teilnahmebegriffs deklariert hatte, mußte das zwangsläufig zur Aussonderung der Begünstigungsfälle aus den Teilnahmeformen führen[6]. Während so aus den ersten beiden Arten der Beistandsleistung (auxilium ante delictum und in delicto) die Beihilfe entstand, entwickelten sich aus der ehemaligen dritten Teilnahmeform (auxilium post delictum[7]) die heutigen selbständigen Tatbestände der Begünstigung, Strafvereitelung und Hehlerei[8]. Die

---

1) *Schaffstein*, Lehren S.170.

2) *Schaffstein*, Lehren S.176.

3) *Schaffstein*, Lehren S.173,189.

4) Siehe dazu *Schaffstein*, Lehren S.173,190,197.

5) Vgl. *Schaffstein*, Lehren S.190 f.

6) *Schaffstein*, Lehren S.191.

7) Dazu gehörten z.B. die Hilfeleistung auf der Flucht durch Zeigen des Weges oder die Vermittlung des Verkaufs der gestohlenen Sache und deren Verbergung, vgl. *Schaffstein*, Lehren S.176. Es herrschte Einstimmigkeit darüber, daß das auxilium *post* delictum nur extra ordinem zu bestrafen sei (poena extraordinaria war - im Gegensatz zur poena ordinaria des Haupttäters - eine außerordentliche, d.h. besonders angeordnete Strafbarkeit), es sei denn, daß die Hilfeleistung bereits vor Begehung der Tat verabredet war (*Schaffstein* aaO S.178 f).

8) *Schütze*, Theilnahme S.304; *Koenig* S.20 f; *Schaffstein*, Lehren S.175,176; ebenso für das schweizerische Strafrecht *Schultz* AT/1 S.242, der darauf hinweist, daß die dem gemeinen Strafrecht bekannte "Teilnahme nach der Tat" in Form der persönlichen und sachlichen

dogmatische Trennung der Anschlußdelikte von der Teilnahme erklärt sich somit aus der Erkenntnis, daß sachliche und persönliche Begünstigung sowie Hehlerei mangels Einflusses auf die Gestaltung des tatbestandsmäßigen Geschehensablaufs beim Vordelikt keine Beihilfe sind[1]. Die Vorteilssicherung als Hilfeleistung *nach* der Deliktsbegehung (sc. nach der endgültigen *formellen* Tatbestandsverwirklichung) ist folglich nicht Teilnahme, sondern ein delictum sui generis ("peculiare aliquod crimen"[2]), nämlich (sachliche) Begünstigung, Strafvereitelung oder Hehlerei[3]. Überhaupt läßt schon der Blick in das Gesetz eine gewisse Verwunderung über die These aufkommen, daß eine strafbare Beihilfe auch an einem nicht mehr tatbestandlich erfaßten "deliktischen" Geschehen möglich sein soll. Denn gemäß der ausdrücklichen Definition in §§ 27 I, 11 I Nr.5 setzt die Strafbarkeit wegen Beihilfe die Beteiligung an einer *den Tatbestand eines Strafgeetzes verwirklichenden Tat* voraus. Es bleibt aber ein ungelöstes Rätsel, wie eine *bereits abgeschlossene* Tatbestandsverwirklichung noch mitverursacht oder gefördert werden können soll.

III. Ergebnis

Die schwerwiegenden, gegen die materiellen Beendigungslehren erhobenen Bedenken sind bis heute nicht widerlegt worden, so daß jene mit Recht nicht die von ihnen stets propagierte Gefolgschaft gefunden haben. Jedenfalls ist die Auffassung falsch, Teilnahme sei bis zu einer über die endgültige formelle Tatbestandsverwirklichung hinausgehenden Beendigung möglich; - sie ist zudem keineswegs herrschend, wenn auch häufig der gegenteilige Eindruck erweckt wird[4].

Begünstigung (bzw. Hehlerei) nunmehr in Form selbständiger Delikte des BT erfaßt ist (Schweizer. StGB Art. 144,305).

1) Maurach-*Gössel* AT/2 50/30 und *Gössel* ZStW 85(1973),648.

2) Vgl. *Schaffstein*, Lehren S.192,195.

3) Maurach-*Gössel* AT/2 50/31 f; LK-*Ruß* § 257 Rn 5; siehe auch schon *Stübel* S.54 ff; *Berner*, Theilnahme S.167; *Abegg*, System S.41; *dens.*, Lb S.119 ("Eine nachfolgende, d.h. nach vollendetem Hauptverbrechen eintretende Beihilfe wäre hinsichtlich dieses Verbrechens selbst ein Widerspruch. Sie fällt entweder unter den Gesichtspunkt der Begünstigung oder bildet ein eigenes Verbrechen").

4) Dagegen etwa *Allfeld* Lb S.228 Fn 18; *Rudolphi* FS Jescheck S.569,576 und passim; SK-

C. Weiterer Ausblick

Mit dem skizzierten Ergebnis ist das Problem sukzessiver Beihilfe jedoch keineswegs gelöst. Denn die bisherige Diskussion wurde nicht darüber geführt, was denn eigentlich das Phänomen der *Beihilfe* ausmacht, sondern allein darüber, welche Stücke eines Geschehens zurechenbares *Strafunrecht* bedeuten. Aber ist es nicht ein wahrhaft kühnes Unterfangen, das Problem der sukzessiven Beihilfe unter Ausblendung der allgemeinen Teilnahmelehre allein aus der Unrechtslehre heraus lösen zu wollen? Die Verneinung dieser Frage wird von der einschlägigen Rechtsprechung und Literatur in geradezu verdächtiger Konformität stillschweigend antizipiert: Offenbar besitzt die Auseinandersetzung mit dem Phänomen der Tatbeendigung eine absolute, nicht mehr weiter hinterfragte Priorität. Die übliche Diskussion um den spätest möglichen Beihilfezeitpunkt krankt an der weit verbreiteten pauschalen Anerkennung der Beendigungsphase als einer eigenständigen Deliktsstufe[1], während der sich die Straftat mit allen Konsequenzen fortsetzen soll[2] und der infolgedessen die unterschiedlichsten Funktionen zugewiesen werden[3]. Jedoch verfolgen die postulierten Rechtsfolgen der Tatbeendigung zumeist ganz heterogene Zwecke; - ein Umstand, dem die pauschalisierende Beendigungsdoktrin nicht die einer teleologisch-differenzierenden Strafrechtsdogmatik gebührende Beachtung schenkt[4].

Rudolphi Vor § 22 Rn 9; *Gallas* ZAkDR 1937,439; LK (8.)-*Mezger* § 49 Anm.3; *Mezger* JW 38,493; LK (9.)-*Busch* § 49 Anm.9; LK-*Ruß* § 257 Rn 5 f; *Hruschka* JZ 69,607; *Jakobs* AT 22/40; *Roxin/Schünemann/Haffke* S.232 f; *Kühl*, Beendigung S.56,65 f und passim; *ders.*, JuS 82,189; SK-*Samson* § 27 Rn 18; § 257 Rn 26; LK-*Roxin* § 27 Rn 22 f; LK-*Vogler* Vor § 22 Rn 34; *Isenbeck* NJW 65,2327; *Koenig* S.4 f und passim; *Scheufele* S.39 und passim; *Herzberg* TuT S.71 f; *Küper* JZ 81,252; *ders.*, JuS 86,869; *Gelbert* DStR 43,3,6; Maurach-*Gössel* AT/2 39/35 ff; *Gössel* ZStW 85(1973),646 f; *Otto*, Strafrechtslehre S.224; *Furtner* JR 66,169 ff; *Stein* S.141,270; *Plümer* S.162 ff; krit. auch *Schmidhäuser* AT (1975) 14/137 Fn 31.

1) *Winkler* S.1,14; *Geilen* AT S.152; LK-*Vogler* Vor § 22 Rn 34; krit. auch *Jakobs* AT 25/12.

2) Vgl. *Laubenthal* Jura S.85,631; *Hau* S.120.

3) Siehe dazu statt vieler *Kühl*, Beendigung S.19; *Winkler* S.4 f; *Bitzilekis* ZStW 99 (1987),724.

4) Krit. *Rudolphi* FS Jescheck S.561 f; *Lackner* Vor § 22, Anm.2. Ansätze einer Differenzierung finden sich bei *Kühl* S.76 f.

Weil die bisherige Auseinandersetzung um die sukzessive Beihilfe nicht unter dem Aspekt der Teilnahmelehre geführt und die Problematik damit um *den* entscheidenden Faktor verkürzt wurde, ist das einschlägige Material zu diesem Thema praktisch kaum ergiebig. Damit liegt zunächst die Aufgabe vor uns, versäumtes nachzuholen und die erforderliche Diskussion in Gang zu bringen. Dabei werden Überraschungen nicht ausbleiben. Denn der Aufriß des Problems anhand der Teilnahmelehre wird vielfach zu Ergebnissen führen, die in krassem Widerspruch zu den üblichen, in Rechtsprechung und Literatur formulierten Antworten stehen.

2. Teil: Aufriß des Problems anhand der Teilnahmelehre

A. Einleitung

I. Skizzierung der verschiedenen problematischen Konstellationen sukzessiver Beihilfe

Die Frage nach der Möglichkeit sukzessiver Beihilfe berührt zwei verschiedene problematische Konstellationen, die im folgenden anhand einiger Beispiele skizziert werden sollen.

Zunächst geht es darum, ob Beihilfe auch noch durch ein Verhalten nach Abschluß der (im Sinne von Körperbewegung verstandenen) Handlung[1] des Täters verübt werden kann oder eine durch die Handlung des Täters i.d.S. intervenierte Kausalität voraussetzt[2]. Anders formuliert: Erfordert strafbare Beihilfe die Verursachung einer Körperbewegung des Täters oder genügt ein Kausalbeitrag zur Tatbestandsverwirklichung überhaupt? - *Beispiel 1/1*[3]: A, der das Vermögen seines Mündels B zu betreuen hat, läßt gemäß vorhergehender Abrede abends Fenster und Tresor seines Büros offen, damit C daraus den wertvollen Familienschmuck der B entwenden kann, was auch geschieht. - Kann C, dessen Täterschaft mangels eigener Pflichtenbindung scheitert, als Gehilfe einer Untreue (§ 266) des A bestraft werden?

Beispiel 1/2: A, der ein Geschäft als Einzelkaufmann betreibt, ist im Sinne

---

1) Zu diesem erfolgskupierten Handlungsbegriff eingehend *Mir Puig* GS Armin Kaufmann S.260 ff. Bereits *Stübel* S.9 f differenzierte zwischen der Tat als "Veränderung in der Sinnenwelt", die mit der "Kraftanwendung" gleichzeitig eintrete, sowie der Folge dieser Tat, d.h. der "Veränderung in der Sinnenwelt", die sich erst dann ereigne, wenn die "Kraftanwendung" aufgehört habe: "... die Bewirkung einer Folge ist keine Handlung und keine That, sondern eine Begebenheit, die sich erst ereignet, wenn die in Thätigkeit gesetzten Kräfte, thätig zu seyn, aufgehört haben".

2) So etwa *Rudolphi* FS Jescheck S.559 ff.

3) Vgl. dazu auch LK-*Roxin* Rn 91.

des § 283 überschuldet. In dieser kritischen Phase belädt er seinen Kleinlastwagen mit noch in den Geschäftsräumen vorhandenen wirtschaftlich wertvollen Gegenständen, die im Falle der Konkurseröffnung zur Konkursmasse gehören würden, und bittet den voll eingeweihten C, die Gegenstände für ihn vor den Gläubigern in Sicherheit zu bringen. Wenig später stellt A seine Zahlungen ein. - Kann C, der nicht die für § 283 erforderliche Täterqualifikation[1] aufweist, wegen Beihilfe zum Bankrott des A gemäß §§ 283 I Nr.1, 27 bestraft werden[2]?

Beispiel 1/3: A ist Geschäftsführer der B-GmbH. Er beabsichtigt, unbefugt ein ihm in dieser Eigenschaft bekannt gewordenes Unternehmensgeheimnis im Sinne des § 85 I GmbHG an die Konkurrenz zu verkaufen. Zu diesem Zweck stellt er die erforderlichen Unterlagen zusammen, verschließt sie in einem Couvert und dingt den C, der das Geheimnis nicht kennt, im übrigen aber informiert ist, zum Kurierdienst. C überbringt das Couvert der Konkurrenz, die den Inhalt zur Kenntnis nimmt. - Hier weist allein A die für eine Verletzung der Geheimhaltungspflicht gemäß § 85 GmbHG erforderliche Täterqualifikation auf. Mit dem Abschluß seiner Handlungen - der Übergabe des Couverts an C - ist der Tatbestand indes noch nicht vollendet. Denn die Offenbarung eines Geheimnisses erfolgt durch dessen Mitteilung an einen Außenstehenden oder Bekanntmachung gegenüber einem sonst Unbefugten in einer Weise, die diesem die Ausnutzung der geheimzuhaltenden Tatsache in irgendeiner Weise ermöglicht[3]. Die Vollendung tritt also erst dann ein, wenn das Geheimnis durch das Tun (oder Unterlassen) des Täters mindestens einem Unbefugten zur Kenntnis gelangt ist[4]. Kann hier C, der seinen Beitrag erst nach Abschluß der Handlungen des A geleistet hat und selbst die Vollendung herbeiführt, wegen Beihilfe zur Verletzung der Geheimhaltungspflicht des A bestraft werden?

---

1) Siehe dazu LK-*Tiedemann* Vor § 283 Rn 56, § 283 Rn 218 f.

2) Der Annahme von Beihilfe steht hier § 283 d schon deshalb nicht entgegen, weil dessen Voraussetzungen nicht erfüllt sind (Zum Verhältnis zwischen Beteiligung an einer Tat nach § 283 und § 283 d vgl. Sch/Sch-*Stree* § 283 Rn 65, § 283 d Rn 15; LK-*Tiedemann* § 283 Rn 220).

3) Erbs/Kohlhaas-*Fuhrmann*, Bd.1/G 131, Anm.4.

4) Erbs/Kohlhaas-*Fuhrmann* aaO Anm.8.

Beispiel 1/4: B hat gegen A einen Titel auf Herausgabe eines bestimmten Gegenstands erwirkt. In der Absicht, die Befriedigung des B zu vereiteln, veranlaßt A den voll eingeweihten C, diesen Gegenstand zu verstecken, was auch geschieht. Haftet C, der nicht selbst Vollstreckungsschuldner ist und deshalb nicht Täter sein kann[1], als Gehilfe einer Vollstreckungsvereitelung (§ 288) des A?

Beispiel 1/5: A hat infolge unangepaßter Geschwindigkeit die Kontrolle über sein Fahrzeug verloren und dadurch einen Unfall verursacht, bei dem das parkende Auto des B schwer beschädigt worden ist. Er steigt aus, begutachtet den Schaden und setzt sich anschließend auf den Beifahrersitz, um zu warten. Der ebenfalls mit ausgestiegene Beifahrer C begibt sich nunmehr ans Steuer und fährt mit C davon, ohne daß dieser etwas unternimmt. Hat sich C wegen Behilfe zum unerlaubten Entfernen des A vom Unfallort (§ 142) strafbar gemacht?

Beispiel 1/6[2]: Auf Veranlassung des buchführenden Beamten A schreibt der Nichtbeamte C eine Falschbeurkundung als Erklärung des A nieder. Haftet C als Gehilfe einer Falschbeurkundung im Amt (§ 348)?

Beispiel 1/7[3]: Bauer A läßt in Zueignungsabsicht von seinem Knecht C die Hühner des B in seinen Stall treiben. Ist C, der selbst die in § 242 geforderte überschießende Innentendenz nicht aufweist[4], Gehilfe eines Diebstahls des A[5]?

Beispiel 1/8[6]: C verschafft dem Attentäter A, der den Politiker B ermorden will, für dessen Zeitbombe Sprengstoff. A bastelt die Bombe, installiert sie

---

1) Zur Täterqualifikation des § 288 siehe SK-*Samson* § 288 Rn 25; *Jakobs* AT 23/24; LK-*Schäfer* § 288 Rn 27.

2) Vgl. RGSt 28,109.

3) Vgl. *Welzel* Lb S.104; *Stratenwerth* AT Rn 755,800; SK-*Samson* § 25 Rn 34; *Roxin* TuT S.258.

4) Siehe aber *Roxin* TuT S.339 ff.

5) Zur hier angeschnittenen Fallgruppe des sog. "absichtslos-dolosen Werkzeugs" siehe *Jescheck* AT S.606 f; *Jakobs* AT 21/104; LK-*Roxin* § 25 Rn 94 f; *Roxin* TuT S.258 f.

6) Nach *Herzberg* JZ 88,183.

in der Wohnung des B und stellt den Zeitzünder ein. Danach verunglückt er tödlich, während C - was freilich nicht geschieht - noch rettend eingreifen könnte. Die Bombe detoniert und B kommt dabei erwartungsgemäß ums Leben. - Führt das dem Handeln des A nachfolgende Verhalten (Unterlassen) des C zur täterschaftlichen Haftung oder bleibt Beihilfe[1] möglich? - Variante: Die Ehefrau des B, D, entdeckt die scharf gemachte Bombe, unternimmt aber nichts, weil ihr der Tod ihres Mannes willkommen ist. Haftet D wegen täterschaftlicher Tötung oder wegen Beihilfe zur Tötung durch Unterlassen?

Beispiel 1/9[2]: C überläßt als behandelnder Arzt dem unheilbar krebskranken A aufgrund dessen ausdrücklichen und ernsthaften Verlangens Gift zur eigenhändigen Tötung. Nachdem A bewußtlos geworden ist, unternimmt C nichts zu dessen noch möglicher Lebenserhaltung. - Ist das dem Handeln des A nachfolgende Verhalten des Arztes als strafbare Fremdtötung oder als straflose Beteiligung am Suizid durch Unterlassen zu beurteilen?

Beispiel 1/10: Butler A hat sich Gift besorgt, um seinen Hausherrn B zu töten. Er präpariert eine Cognacflasche, die er dem B kurz darauf serviert. Nachdem B daraus getrunken hat und die Wirkung des Gifts zu spüren beginnt, erfaßt er die Situation und schleppt sich zum Telefon, um Hilfe herbeizurufen. Zimmermädchen C, das im Auftrag des A darüber wachen soll, daß nichts schief geht, zerschneidet das Telefonkabel. B stirbt, wäre aber bei erfolgreichem Hilferuf gerettet worden. - Ist C Gehilfin eines Totschlags des A?

Beim zweiten, mit der Frage nach der Möglichkeit sukzessiver Beihilfe angeschnittenen Problem geht es um das mit Kausalitätsdefiziten hinsichtlich des Gesamtgeschehens belastete sukzessive Hineinwirken in eine bereits angelaufene fremde Organisationslage: Ist Beihilfe möglich, wenn der Hilfeleistende bei mehraktiger Tatbestandsverwirklichung erst hinzukommt, nachdem bereits ein Teil - reversibel oder irreversibel - abgeschlossen vorliegt? Oder muß die Kausalität der Beihilfe *alle* Teilakte der Ausführung (inclusive einer etwaigen Erschwerung) passieren?

---

1) Zur Beteiligung durch Unterlassen siehe *Jakobs* AT 29/101 f; SK-*Rudolphi* Vor § 13 Rn 41 f.

2) Vgl. dazu OLG München JZ 88,201 ff; *Herzberg* JZ 88,182 ff.

Beispiel 2/1: A nimmt nachts im Schlafwagenabteil eines fahrenden Zugs unbemerkt den unter anderem mit Geld gefüllten Koffer des B und wirft ihn im gleichen Moment aus dem Fenster. Wie geplant, steigt er am nächsten Haltepunkt aus, um den Koffer zu suchen und das darin befindliche Geld an sich zu bringen. Zuvor aber begibt er sich zu C, den er dazu dingt, ihm bei der Suche zu helfen. - Die Wegnahme verläuft hier zeitlich gestreckt[1]: A hat zunächst den Gewahrsam des C gebrochen, ohne aber bereits neuen Gewahrsam zu begründen. Denn das bloß kurzzeitige Ergreifen (Apprehension) des Koffers innerhalb der von B generell beherrschten räumlichen Gewahrsamssphäre des Schlafwagenabteils reicht für eine normativ-soziale Zuordnung des darin befindlichen Koffers mit dem Geld zur Gewahrsamssphäre des A nicht aus[2]. C kausiert somit keine komplette Wegnahme, sondern allenfalls Unterschlagung. Ist daher Beihilfe zum Diebstahl des A ausgeschlossen?

Beispiel 2/2: A ist in den Besitz kompromittierender Photos des Politikers B gelangt. Er schickt B anonym ein solches Photo, um ihn danach anzurufen und damit zu drohen, daß er die Photos veröffentlichen werde. Nachdem B sich zur Zahlung bereit erklärt hat, vereinbaren A und B Zeit und Ort der Übergabe des Geldes. A weiht nunmehr den C in seine Pläne ein und bittet ihn darum, das Geld abzuholen, was auch geschieht. - Variante: A bittet C, mitzukommen und am Übergabeort Schmiere zu stehen, damit nichts schiefgehen werde. - Hat sich C wegen Beihilfe zur Erpressung strafbar gemacht?

Beispiel 2/3[3]: A hat den Geldboten B getötet und ist soeben dabei, dessen mit Banknoten gefüllten und mit einer Handschelle an das Handgelenk des B geketteten Koffer zu lösen und an sich zu bringen. Dies gelingt freilich erst, als C hinzukommt und hilft. - Variante: A hat B nicht getötet, sondern bloß gefesselt. - Ist C in beiden Fällen Gehilfe eines Raubs des A oder bloß Gehilfe einer Unterschlagung bzw. eines Diebstahls?

---

1) Siehe zu dieser Fallkonstellation Sch/Sch-*Eser* § 242 Rn 43; LK (9.)-*Heimann-Trosien* § 242 Rn 79; LK (10.)-*Ruß* § 242 Rn 75.

2) Zur Gewahrsamszuordnung in räumlichen Herrschaftsbereichen siehe etwa Sch/Sch-*Eser* § 242 Rn 39; SK-*Samson* § 242 Rn 24.

3) Vgl. dazu auch *Jakobs* AT 21/53, 22/40. Zur Interpretation des Raubtatbestands im allgemeinen siehe *Jakobs* JR 84,386.

Beispiel 2/4: A ist nachts in das Haus des B eingestiegen und hat dort wertvollen Schmuck in seine mitgeführte Aktentasche gesteckt. Als er soeben das Haus verlassen hat, wird er von dem inzwischen aufgewachten B gestellt. Es kommt zu einem Handgemenge. A gelingt es, mit Hilfe seines Freundes C, der zufällig des Wegs gekommen ist und die Situation durchschaut hat, den B niederzuschlagen und anschließend mit der Beute zu entkommen. - Kann C wegen Beihilfe zum räuberischen Diebstahl des A (§ 252) bestraft werden?

Beispiel 2/5: A will das Haus seines verfeindeten Nachbarn B niederbrennen. Um das Löschen des Feuers zu erschweren, beschädigt er zunächst den einzigen in der Straße befindlichen Hydranten, so daß daraus kein Wasser mehr entnommen werden kann. Danach informiert er C über seine Pläne und bittet ihn, ihm dabei zu helfen, die Veranda mit Benzin zu übergießen. Schließlich legt A mit Hilfe eines von C beschafften Streichholzes Feuer und das Haus brennt vollständig nieder. - Haftet C wegen Beihilfe zur besonders schweren Brandstiftung nach §§ 306 Nr.2, 307 Nr.3?

Beispiel 2/6: A hat B im Schuppen seiner Jagdhütte eingesperrt. Nach einer Woche sucht er mit dem eingeweihten C erneut seine Jagdhütte auf. Als er bemerkt, daß B soeben dabei ist, die Tür aufzubrechen, bittet er C, ihm schnell ein geeignetes Brett zu suchen, damit er die Tür vernageln könne. Kurz nachdem A die Tür mit dem von C herbeigeschafften Brett gesichert hat, wird der laut um Hilfe rufende B von vorbeikommenden Spaziergängern befreit. - Hat C sich wegen Beihilfe zu einer qualifizierten (§ 239 II) oder bloß zu einer einfachen Freiheitsberaubung (§ 239 I) strafbar gemacht?

Das hier angeschnittene Problem des Kausalitätsdefizits hinsichtlich vorangegangener Teilakte stellt sich aber keineswegs nur dann, wenn der Zweite überhaupt erst nach Abschluß des Teilakts auf den Plan tritt. Vielmehr spielt es ebenso auch in dem Fall eine Rolle, in dem sich die Beteiligten bereits vorher mit der Folge absprechen, daß das anschließende Geschehen in seiner Gesamtheit als ein Akt gemeinsamer Weltgestaltung erscheint. - *Beispiel 2/7*: A plant, den Geldboten B zu töten, um dessen mit Banknoten gefüllten Koffer an sich zu bringen. Er weiß aber nicht, wie er in der wenigen, ihm zur Verfügung stehenden Zeit den mittels einer Handschelle an das Handgelenk des B geketteten Koffer lösen soll. C, dem A von seinen Plänen berichtet, erklärt, er wolle zwar mit einer Tötung nichts zu tun haben, aber A solle sich wegen des Koffers keine Sorgen machen. Er, C, werde pünktlich zur Stelle sein und die Handschelle öffnen. So geschieht es; daraufhin ergreift A den Koffer und bringt ihn in Sicherheit.

II. Systematische Lozierung des Problems

Eine Lösung des Problems der sukzessiven Beihilfe setzt eine Auseinandersetzung mit dem Unrecht und den Zurechnungsstrukturen der Beihilfe - insbesondere in Abgrenzung zur Täterschaft - voraus. Es geht also primär um Grundfragen der Unrechts-, Zurechnungs- und Beteiligungsformendogmatik. In diesem Rahmen kommt mit der Frage, ob *jede* vorsätzliche Förderung oder Komplettierung tatbestandlichen Unrechts ohne weiteres zur Haftung wegen Beihilfe führt, auch dem sog. ***Regreßverbot*** eine besondere Bedeutung zu. - *Beispiel (3/1)*: A will B durch Zusendung einer Briefbombe töten. Er beschafft sich die erforderlichen Utensilien, baut die Bombe und wirft den so präparierten Brief in den Briefkasten. Der für die Leerung der Briefkästen zuständige Postbeamte C ist als Freund des A in dessen Pläne eingeweiht, liefert aber dennoch in Kenntnis um die tödliche Fracht den Postsack bei der Sortierungsstelle ab, so daß der Beförderungsvorgang seinen Lauf nimmt. B kommt bei der Öffnung des Briefs ums Leben. - Haftet C als Täter, Gehilfe oder gar nicht?

Ein weiteres *Beispiel (3/2)*: A beabsichtigt als Geschäftsführer der B-GmbH unbefugt ein ihm in dieser Eigenschaft bekannt gewordenes Unternehmensgeheimnis im Sinne des § 85 I GmbHG an die Konkurrenz zu verkaufen. Zu diesem Zweck stellt er die erforderlichen Unterlagen zusammen, verschließt sie in einem Couvert und übergibt dieses seiner Sekretärin, die den Brief zusammen mit der übrigen Firmenpost durch die Frankiermaschine laufen läßt. Bürobote D bringt dann schließlich - wie an jedem Vormittag - die gesamte frankierte Korrespondenz zur Post. - Haften C und D, die beide per Zufall über das Vorhaben des A informiert, aber nicht im Sinne des § 85 I GmbHG als Täter qualifiziert sind, wegen Beihilfe zur Verletzung der Geheimhaltungspflicht durch A?

Im folgenden soll nun untersucht werden, welche dogmatischen Vorfragen im einzelnen für die Strukturierung des Beteiligungsformensystems und damit für das Problem der sukzessiven Beihilfe relevant sind.

B. Beteiligungsformensystem und Tatbestand

Der Ansatzpunkt für die Ausdifferenzierung eines Beteiligungformensystems, sc. die Unterscheidung verschiedener Formen der Mitwirkung an einer Straftat, wird nach weit verbreiteter Auffassung zunächst auf der Tatbestandsebene gesucht[1].

I. Extensiver und restriktiver Täterbegriff

Die *extensive* Täterlehre geht davon aus, daß die Tatbestände des Besonderen Teils jede Form von Beteiligung erfassen. Täterschaft soll danach prinzipiell allein durch die Mitverursachung des tatbestandsmäßigen Erfolgs begründet werden. Die Tat wird dabei in eine bloße Erfolgskausierung umgedeutet[2], da nur der verursachte Erfolg und nicht auch die Art und Weise seiner Herbeiführung einen Unwertakzent erhalten[3]. Jeder Teilnehmer (Anstifter oder Gehilfe) sei an sich Täter, so daß die §§ 26, 27 als Strafeinschränkungsgründe interpretiert werden müßten[4]. Leitendes Prinzip der Täterschaft ist hier also allein die kausale Rechtsgutsverletzung[5].

Der extensive Täterbegriff scheitert jedoch bereits an der Existenz von eigenhändigen Delikten, Tätigkeitsdelikten und Delikten mit besonderen Tatmodalitäten[6], sowie an der prinzipiellen - nunmehr durch § 28 klargestellten -

---

1) *Jescheck* AT S.582 m.w.N.

2) LK-*Roxin* Vor § 25 Rn 11; *Bloy* S.120; *Hünerfeld* ZStW 99(1987),230 f; *Jakobs* AT 21/8; *Maurach* AT (4.) S.619; *Schröder* ZStW 57(1938),461,472,473 f,475,480; *Gallas*, Niederschriften, 2.Bd. AT, S.68.

3) Deutlich i.d.S. *v. Buri* GS 22(1870),31; *Baumann* NJW 62,375; *Eb. Schmidt* FS Frank II S.116 f (nach deren Auffassung Unrecht allein durch die Rechtsgüterverletzung, d.h. die Herbeiführung eines negativ bewerteten Zustands ohne Rücksicht auf den Handlungsverlauf konstituiert wird).

4) *V. Buri* GS 22(1870),22 f; *Mezger* StrafR (2.Aufl.) § 58 I; *ders.*, StrafR AT (9. Aufl.) § 86 II; *Eb. Schmidt* FS Frank II S.117 ff; *Baumann* NJW 62,375; *Spendel* JuS 74, 754.

5) *Eb. Schmidt* FS Frank II S.117; siehe dazu auch LK-*Roxin* Vor § 25 Rn 9; *Gallas*, Beiträge S.82; *dens.*, Niederschriften, 2.Bd. AT, S.68; *Schröder* aaO S.461.

6) *Schröder* aaO S.476,477,485; *Gallas* FS Gleispach S.58,61; *ders.*, Beiträge S.50,82 ff,134; *ders.*, Niederschriften, 2.Bd. AT, S.68; *Welzel*, Materialien 1, S.50; *Küper*, Notstand

Teilnahmefähigkeit Extraner an den Sonderdelikten[1]. Auch im Hinblick auf die Tatbestandsbestimmtheit ergeben sich Bedenken. Der Tatbestand kann nur dann seine Garantiefunktion entfalten, wenn er einigermaßen bestimmte Typen verbrecherischen Verhaltens aufstellt. Die Erfüllung dieser Aufgabe ist ihm aber bei bloß kausaler Interpretation der Handlung nicht möglich, so daß der extensive Täterbegriff eine praktische Auflösung der Tatbestände bewirkt[2].

Zudem ist der extensive Täterbegriff historisch mit der subjektiven Täterlehre verbunden[3]: Wenn sich Täterschaft und Teilnahme wegen ihrer kausalen Äquivalenz objektiv nicht unterscheiden lassen, kann das Unterscheidungskriterium scheinbar nur im subjektiven Bereich gefunden werden[4]. Die Unzulänglichkeiten der subjektiven Täterlehre sind jedoch in der Literatur hinreichend dargetan worden und bedürfen an dieser Stelle keiner umfassenden Erörterung mehr[5]. Entscheidend ist, daß die auf der Basis des extensiven Täter-

---

S.60 f; vgl. dazu a. *Bloy* S.257 f.

1) *Schaffstein*, Verbrechen S.23 ff; *Welzel*, Abhandlungen S.127; *ders.*, Lb S.100; SK-*Samson* § 25 Rn 5; *Gallas*, Beiträge S.83; Sch/Sch-*Cramer* aaO; *Schumann* S.48; LK-*Roxin* Vor § 25 Rn 10; vgl. a. E 1962/Begr., BT-Drucks. IV/650, S.147; *Sturm*, Prot. V, S.1821; *Gallas*, Niederschriften, 2.Bd. AT, S.68. Zur Teilnahmefähigkeit Extraner an den Sonderdelikten grundsätzlich LK-*Roxin* § 26 Rn 30; *Schroeder* S.86 Fn 38; *Jakobs* AT 23/14 f; krit. zur Lage des geltenden Rechts *Schmidhäuser* AT (1984) 10/38; *Langer*, Sonderverbrechen S.480 ff.

2) *Jescheck* AT S.589; *Schröder* aaO S.484; vgl. a. *Jakobs* AT 21/6; *Bloy* S.112; E 1962/Begr., BT-Drucks. IV/650, S.147; *Gallas*, Niederschriften, 2.Bd. AT, S.68.

3) *V. Bar*, Gesetz und Schuld S.597; *Gallas*, Beiträge S.80 f,114,132 f; *Jescheck* AT S.588; LK-*Roxin* § 25 Rn 22; SK-*Samson* § 25 Rn 4,9; Maurach-*Gössel* AT/2 47/41; *Jakobs* AT 21/8; *Hünerfeld* ZStW 99(1987),230; *Maurach* AT (4.) S.620. Freilich ist dogmengeschichtlich der extensive Täterbegriff aus der subjektiven Teilnahmetheorie, nicht die subjektive Teilnahmetheorie aus dem extensiven Täterbegriff abgeleitet worden (*Gallas*, Beiträge S.81).

4) So RGSt 74,84[85]; *v. Buri* GS 22(1870),22 f; *ders.* ZStW 2 (1882),254,258 ff,265,268; *Baumann* AT (8.Aufl.) S.565 f; *v. Schwarze* S.138 ff; *Birkmeyer* S.7 ff,22 ff m.w.N; *Schröder* ZStW 57(1938),468; *Jescheck* SchwZStr 71(1956),231; E 1962/ Begr., BT-Drucks. IV/650, S.147; dagegen bereits *v. Hippel*, StrafR Band 2 S.455; *Mezger*, StrafR (2.Aufl.) S.443; *Beling*, Grundzüge S.37. Siehe auch *Gallas*, Beiträge S.80 f,86. Zum Zusammenhang zwischen Äquivalenztheorie und subjektiver Täterlehre vgl. aus älterer Zeit: *v. Buri*, Lehre S.2; *zu Dohna*, Aufbau S.60; *Beling* aaO S.64 f; *Mezger* aaO S.442 ff; *Horn* GS 54(1897),370; aus neuerer Zeit: *Bloy* S.87 ff,100 f; *Küpper* GA 1986, 437; *Schünemann*, Einführung S.23.

5) Siehe *Hälschner*, Deutsches StrafR S.371 ff; *Welzel* SJZ 47,645 ff; *Roxin* TuT; LK-*Roxin*

begriffs getroffene, rein subjektive Unterscheidung zwischen Täterschaft und Teilnahme bereits von ihrem eigenen Ansatz her verfehlt ist. Denn wenn die objektive Deliktsseite allein durch Erfolgskausalität definiert wird, ist auch subjektiv lediglich ein allein die Erfolgskausalität umfassender Vorsatz auszumachen. Soll aber ein täterschaftliches Delikt mehr als die Addition von Kausalität und Vorsatz sein, muß die Limitierung dieses "Mehr" auf ein subjektives Moment erst begründet werden[1]. Eine konsequente Durchführung des extensiven Täterbegriffs kann daher an sich nur zur Einheitstäterlehre führen, es sei denn man gibt - wie etwa *Lüderssen* - die Äquivalenztheorie auf[2].

Der extensive Täterbegriff bedeutet im Grunde genommen nichts anderes als eine restlose Durchführung des *v. Buri'schen* Ursachenbegriffs[3]. Er ist damit ein Relikt der naturalistisch-positivistischen Strafrechtsdogmatik, die ein tragfähiges Strafrechtssystem allein auf das wertfreie Kausalgesetz gründen zu können glaubte[4], und in der Ableitung aus dem kausalen Handlungsbegriff[5] liegt zugleich sein genetischer Mangel[6]. Nachdem sich die personalen Un-

---

§ 25 Rn 22 ff; *Gallas*, Beiträge S.93 ff,134 f; SK-*Samson* § 25 Rn 17 f; *Jescheck* AT S.529 f; *Herzberg* TuT S.4 ff; *dens.*, ZStW 99(1987),51 ff; *Küpper* GA 1986,437 f.

1) *Jakobs* AT 21/27; i.d.S. bereits *Hälschner*, Deutsches StrafR S.377, 380 ("Ist die Absicht des Gehilfen eine wesentlich andere als die des Thäters, so wird sich diese Verschiedenheit unvermeidlich auch in der verschiedenen Beschaffenheit der Handlung selbst darstellen müssen"); *ders.* GS 25(1873),99; *v. Bar*, Gesetz und Schuld S.600; *Horn* GS 54(1897),371 f; ähnlich *Klee* GA 67(1919),94 ff. Vgl. dazu insbes. auch *Gallas*, Beiträge S.86 f,93 ff; *dens.*, Niederschriften, 2.Bd. AT, S.68.

2) *Lüderssen*, Strafgrund S.136 f; vgl. dazu auch *Bloy* S.178. Bereits *Pufendorf* betrachtete die Ursachen eines Verbrechens nicht als äquivalent und unterschied alle am Delikt Beteiligten nach dem Grad ihrer kausalen Bedeutung für den verbrecherischen Erfolg (vgl. oben S.64; *Schaffstein*, Lehren S.190 f).

3) *Klee* DJ 1935,178.

4) Deutlich i.d.S. *v. Buri* GS 22(1870),1 ff; *Birkmeyer* S.5 m.w.N.; *v. Schwarze* S.138 ff; siehe auch *Gallas*, Beiträge S.113; *dens.*, Niederschriften, 2.Bd. AT, S.69; *Schröder* aaO S.467; LK-*Roxin* § 25 Rn 22; *Lampe* ZStW 71(1959),614; *Roeder* ZStW 69(1957),229; *H. Mayer* FS Rittler S.251,256; *Hünerfeld* ZStW 99(1987),230 f; *Maurach* AT (4.) S.619.

5) Explizit *Baumann* NJW 62,375; vgl. a. *Welzel* Lb S.100; Maurach-*Gössel* AT/2 47/38, 44; *Maurach* aaO; *Gallas*, Beiträge S.82,113,132.

6) *Welzel*, Abhandlungen S.162; *Gallas*, Beiträge S.82; *ders.*, Niederschriften, 2.Bd. AT, S.69; *Maurach* AT (4.) S.622; Maurach-*Gössel* AT/2 47/37 ff; vgl. a. *Stratenwerth* AT Rn 750; *Bloy* S.116 f; *Küpper* GA 1986,438; *Hünerfeld* ZStW 99(1987),213, insbes. Fn 38.

rechtslehren gegenüber der klassischen objektiv-kausalen Unrechtsdeutung praktisch völlig durchgesetzt haben, wird der extensive Täterbegriff nunmehr weitgehend abgelehnt[1]; die bloße Mitverursachung des tatbestandsmäßigen Erfolgs soll demnach per se noch keine Täterschaft begründen können.

Der damit heute praktisch einhellig verfochtene *restriktive* Täterbegriff wird allerdings regelmäßig nicht mehr in seiner ursprünglichen - der älteren formal-objektiven Theorie verhafteten - Variante[2] vertreten. Denn dieser scheiterte daran, daß der als Eigenhändigkeit i.e.S. verstandene Begriff der Tatausführung den gesamten Bereich der mittelbaren Täterschaft aus der täterschaftlichen Handlung ausschloß[3]. Man interpretiert den restriktiven Täterbegriff daher zumeist in dem Sinne, daß nur die Vornahme der unter Rekurs auf materielle Kriterien zu definierenden tatbestandsmäßigen Handlung[4] - d.h. nach überwiegender Auffassung: die *tatherrschaftliche* Tatbestandsverwirklichung - Täterschaft zu begründen vermöge[5]. Sitz der Täterschaftsmerkmale

---

1) *Maurach* AT (4.) S.621 f m. weit. Arg.; LK-*Roxin* Vor § 25 Rn 9 ff; *ders.*, TuT S.8 ff,28 ff; Sch/Sch-*Cramer* Vor § 25 Rn 6,9; *Herzberg* TuT S.3; *Welzel* Lb S.99 f; *Jescheck* AT S.589; SK-*Samson* § 25 Rn 5; *Gallas*, Beiträge S.82 ff; *Jakobs* AT 21/8, 22/6; Maurach-*Gössel* AT/2 47/44 ff; *H. Mayer* FS Rittler S.250 ff; *Bloy* S.120 ff; Dreher/*Tröndle* Vor § 25 Rn 1a; *Welp* S.277 Fn 10; *Bruns* S.49 ff,59; *Schmidhäuser* AT (1975) 14/3 f,6/29; *Hünerfeld* ZStW 99(1987),230 ff; *Rudolphi* ZStW 78(1966),92; *Sax* ZStW 90(1978),930,938.

2) Siehe etwa *zu Dohna*, Aufbau S.59; *Beling*, Grundzüge S.34,39.

3) LK-*Roxin* Vor § 25 Rn 12; *Jakobs* AT 21/8; *Stratenwerth* AT Rn 738; *Bloy* S.117 f; *Cramer* FS Bockelmann S.397; Sch/Sch-*Cramer* Vor § 25 Rn 55; SK-*Samson* § 25 Rn 7; *Hünerfeld* ZStW 99(1987),231 f; *Maurach* AT (4.Aufl.) S.623; Maurach-*Gössel* AT/2 47/76. Die mittelbare Täterschaft wurde von einigen Anhängern der formal-objektiven Lehre allerdings unter Rekurs auf den "einfachen Lebenssprachgebrauch" durch Gesetzesinterpretation in den Tatbestand einbezogen (vgl. etwa *Beling*, Grundzüge S.37,39 f; *zu Dohna*, Aufbau S.61; auch E 1909/Begr. S.299; krit. dazu *Stratenwerth* aaO; Sch/Sch-*Cramer* aaO).

4) *Gallas*, Beiträge S.88 ff,95,137 ff,141 f; LK-*Roxin* Vor § 25 Rn 12, § 25 Rn 26. Dem Wortlaut nach lassen viele Tatbestände des Besonderen Teils i.V.m. § 25 eine extensive Interpretation zu (vgl. *Stein* S.26; auch *Gallas* aaO S.102). Bei der Definition von Täterschaft i.S. des restriktiven Täterbegriffs kann es also nur darum gehen, unter Rekurs auf materielle Kriterien diese Tatbestände so zu interpretieren, daß nur die täterschaftliche Begehung davon erfaßt wird. Die Täterkriterien können dann nur materielle Auslegungsprinzipien sein (so *Gallas* aaO S.139 hinsichtlich der Tatherrschaft).

5) *Gallas*, Beiträge S.139 ff,143; Sch/Sch-*Cramer* Vor § 25 Rn 6; LK-*Roxin* Vor § 25 Rn 12; SK-*Samson* § 25 Rn 3; *Jescheck* AT S.528; *Herzberg* TuT S.3; Maurach-*Gössel* AT/2 47/77 ff; *Schumann* S.43,46 f; *Bloy* S.123; *Hünerfeld* ZStW 99(1987),233.

sei also nach wie vor allein der Tatbestand[1], nur wird die Tatbestandserfüllung vielfach nicht mehr formal-objektiv[2], sondern materiell-normativ bestimmt[3], wobei diese Bestimmung im einzelnen trotz weitgehender Anerkennung des Tatherrschaftsprinzips umstritten ist.

II. Konsequenzen der restriktiven Täterlehre für den spätest möglichen Beihilfezeitpunkt

Der restriktive Täterbegriff, sc. die positive Beschreibung der Täterschaft als Vornahme der Tatbestandshandlung[4] und die damit verbundene negative Bestimmung der Teilnahme als *nicht* tatbestandsmäßiges Handeln führt zu Konsequenzen für den spätest möglichen Beihilfezeitpunkt. Diese Konsequenzen werden von der üblichen, auf die Tatbeendigung (bzw. allenfalls auf die Vollendung) fixierten Diskussion des Problems sukzessiver Beihilfe regelmäßig übersehen. Sie sollen deshalb im folgenden kurz aufgezeigt werden, und zwar zunächst im Hinblick auf die formal-objektive Interpretation der täterschaftlichen Tatbestandshandlung (2. Teil / B.II.1.) und danach im Hinblick auf die Interpretation der Tatbestandshandlung mit Hilfe der Tatherrschaftslehre (2.

---

1) E 1909/Begr. AT, S.299,304; E 1962/Begr., BT-Drucks. IV/650, S.146 f; *Sturm*, Prot. V, S.1822; *Horstkotte*, Prot. V, S.1826; *Gallas*, Beiträge S.95 f; Maurach-*Gössel* AT/2 47/78; *Jakobs* AT 21/9, *ders.*, ZStW 89 (1977),6; *Bloy* S.303; *Schmidhäuser* AT (1975) 14/3 f,6/29; *Roxin* TuT S.331; *Maiwald* FS Bockelmann S.361; Sch/Sch-*Cramer* Vor § 25 Rn 6; *Wessels* AT § 13 I 2; *Otto* ZStW 87 (1975),597. Vgl. a. *Bloy* S.315, nach dessen Auffassung sich der Unwertgehalt täterschaftlicher Beteiligung aus den Tatbeständen des BT ergebe, so daß die Strafrahmen direkte Anwendung finden sollen (i.d.S. auch *Gallas*, Beiträge S.96 f; *Jescheck* AT S.590 f). § 25 stelle daher keine Rechtsfolgenverweisung dar, sondern habe lediglich die Aufgabe, die verschiedenen Typen der Täterschaft als gesetzlich anerkannt festzuschreiben. Einschränkend *Herzberg*, nach dessen Auffassung nur § 25 I eine deklaratorische Bedeutung haben soll (ZStW 99[1987],49 ff), während die Mittäterschaft Strafbarkeitsausdehnung sei und § 25 II somit konstitutive Bedeutung erhalte (aaO S.54 ff); ebenso *H. Mayer* FS Rittler S.250 und für das schweizerische Strafrecht *Schultz* AT/1 S.241.

2) So aber etwa E 1925/Begr., Materialien 3, S.25; E 1962/Begr., BT-Drucks. IV/650, S.146 f; *Sturm*, Prot. V, S.1822.

3) *Gallas*, Beiträge S.90,95,137 ff,140,141 f; LK-*Roxin* Vor § 25 Rn 12,26; *Küpper* GA 86,441, 443,446.

4) Siehe etwa *Roxin* JA 79,520: "Da jeder Tatbestand die Handlung des Täters beschreibt, ist Täterschaft primär Tatbestandsverwirklichung".

Teil / B.II.2.).

1. Tatbestandshandlung und formal-objektive Theorie

Einen Anwendungsbereich hat die h.M. der formal-objektiven Täterlehre bis heute reserviert, nämlich den der sog. Alleintäterschaft im Sinne des § 25 I, 1. Alt. Danach soll derjenige die Tat selbst begehen, der die Ausführungshandlung (Tathandlung) *eigenhändig* vollziehe[1], d.h. nach einer gängigen Formel: der *selbst sämtliche Tatbestandsmerkmale in eigener Person verwirkliche*[2] bzw. dessen Verhalten die Tatbestandsverwirklichung *unmittelbar* (sc. ohne nachfolgendes Zutun eines anderen Menschen) zur Folge habe[3]. Unter dieser Voraussetzung kann eine pauschale Lösung des Problems sukzessiver Beihilfe mit dem Verweis auf die Vollendung oder (was im Ergebnis dasselbe bedeutet) auf die formell definierte Beendigung offenbar nicht richtig sein: Insoweit wäre eine Beteiligung in Form der Beihilfe überhaupt nur solange möglich, wie *nach* dem Beteiligten noch ein *anderer* (i.e.: der Täter) handelt; - anders formuliert: Beihilfe könnte allenfalls bis zum beendeten Versuch des Täters geleistet werden.

a. Anwendung der formal-objektiven Lehre auf die problematischen Fallgruppen

Wenden wir diese Formel auf die oben genannten Beispiele der ersten problematischen Fallkonstellation[4] an, so ergibt sich folgender Befund: In den ersten sechs Beispielen (1/1 - 1/6) ist A jeweils kein Täter im Sinne des § 25 I, 1. Alt., weil sein Verhalten die Tatbestandsverwirklichung nicht ohne weiteres Handeln eines anderen - nämlich des C - herbeiführt. C scheidet seinerseits bei üblicher Interpretation der Sonderdelikte mangels besonderer Qualifikation als Täter aus[5]. Soweit auch bei Mittäterschaft als arbeitsteiliger

---

1) *Jakobs* AT 21/35,37; SK-*Samson* § 25 Rn 7; *Jescheck* AT S.582,587,591; Dreher/*Tröndle* § 25 Rn 1; *Roxin* TuT S.547,548; LK-*Roxin* § 25 Rn 38.

2) E 1962/Begr., BT-Drucks. IV/650, S.149; *Sturm*, Prot.V, S.1823; OLG Stuttgart JR 78,206; SK-*Samson* aaO; *Jescheck* aaO; Dreher/*Tröndle* aaO; Sch/Sch-*Cramer* Vor § 25 Rn 75.

3) *Jakobs* AT 21/37 f; LK-*Roxin* § 25 Rn 38; *Stein* S.239,319.

4) Siehe oben S.69 ff.

5) Vgl. dazu etwa *Langer*, Sonderverbrechen S.479. Auch nach der Begr. zum E 1962 (BT-

Begehung der Tatbestandshandlung vom restriktiven Täterbegriff, d.h. davon ausgegangen wird, daß die Tatbestandsbeschreibung gleichzeitig eine Beschreibung des Täters darstellt[1], kommt eine mittäterschaftliche Tatbegehung durch A und C ebenfalls nicht in Betracht. Schließlich ist auch die Annahme einer mittelbaren Täterschaft des A durch Benutzung des C als sog. "qualifikationslos-doloses Werkzeug"[2] abzulehnen. Denn Kennzeichen der mittelbaren Täterschaft ist die vorrangige Zuständigkeit des mittelbaren Täters kraft seiner überlegenen Entscheidungsherrschaft. Dem Werkzeug ist die Vermeidung der Tatbestandsverwirklichung eines Vorsatzdelikts in Zurechnung ausschließender Weise erschwert, und für diese Erschwerung ist der mittelbare Täter zuständig[3]. Spezifikum der mittelbaren Täterschaft ist also m.a.W. die Unterlegenheit des Werkzeugs bei der Entscheidung über die Tat mit der Folge einer *eigenen* Tat des mittelbaren Täters[4], was insbesondere für den *Versuch* von Bedeutung ist[5]. Damit ist aber die Figur der mittelbaren Täterschaft durch Benutzung eines "qualifikationslos-dolosen Werkzeugs" nicht zu vereinbaren[6].

Folglich muß im ersten Beispiel (1/1) eine Strafbarkeit der Beteiligten nach § 266, im zweiten (1/2) nach § 283, im dritten (1/3) nach § 85 I GmbHG, im vierten (1/4) nach § 288, im fünften (1/5) nach § 142 sowie im sechsten Beispiel (1/6) nach § 348 überhaupt ausscheiden. Dieses Ergebnis ließe sich aber allein unter Preisgabe des restriktiven Täterbegriffs vermeiden: Nur wenn darauf verzichtet wird, in den Tatbeständen zugleich eine Beschreibung

---

Drucks. IV/650, S.151) sollte der formal-objektive Grundsatz, daß stets Täter sei, wer die Straftat selbst begehe, bei den Sonderstraftaten, d.h. dort nicht gelten, "wo die Täterschaft *darüber hinaus* noch persönliche Merkmale voraussetzt". Aus der Formulierung "darüber hinaus" ergibt sich zudem, daß auch nach der Begr. zum E 1962 der Sonderpflichtige, der die Tat nicht eigenhändig selbst begeht, kein Täter sein sollte.

1) LK-*Roxin* Vor § 25 Rn 12; ebenso bereits E 1909/Begr., S.304.

2) Dazu statt vieler *Jescheck* AT S.606 f m.w.N.; *Gallas*, Materialien 1 S.136.

3) *Jakobs* AT 21/63. Insoweit läßt sich treffend mit *Küper* (JZ 89,938) von einer *Instrumentalisierung* des unmittelbar Handelnden durch den ihn beherrschenden Hintermann sprechen.

4) *Jakobs* AT 21/66; *Timpe* JZ 90,97.

5) Dazu *Jakobs* AT 21/105.

6) Das kann hier nicht weiter vertieft werden. Vgl. zum ganzen etwa *Jakobs* AT 21/104; *Stratenwerth* AT Rn 793 ff; SK-*Samson* § 25 Rn 34 f; LK-*Roxin* § 25 Rn 91 ff.

der Täterhandlung zu sehen, ist prinzipiell der Weg für die Annahme frei, daß ein Täter auch mit einem Gehilfen arbeitsteilig den Tatbestand verwirklichen, der Gehilfe also grundsätzlich Teile der sog. Tatbestandsausführungshandlung vornehmen kann. Dann aber spräche jedenfalls unter dem Aspekt der Täterlehre nichts mehr dagegen, sukzessive Beihilfe nach Abschluß der im Sinne von Körperbewegung verstandenen Täterhandlung im Grundsatz zuzulassen: A könnte in den sechs Beispielen Täter[1], C dessen Gehilfe sein.

Das siebte Beispiel (1/7) ist in der Beurteilung ein Analogon zu den ersten sechs Beispielen: Alleintäterschaftliche Begehung eines Diebstahls durch A scheitert am fehlenden eigenhändigen Vollzug der Wegnahme. C ist nach üblicher Auffassung mangels Zueignungsabsicht kein Täter, so daß bei Anwendung des restriktiven Täterbegriffs im Fall des § 25 II auch ein Rekurs auf mittäterschaftlich begangenen Diebstahl nicht in Betracht kommt. Schließlich ist auch eine mittelbare Täterschaft des A wegen fehlender Werkzeugqualität des C abzulehnen; - die Figur des mittelbaren Täters bei der Benutzung eines sog. "absichtslos-dolosen Werkzeugs" verbietet sich aus den gleichen Gründen wie bei der Benutzung eines sog. "qualifikationslos-dolosen Werkzeugs"[2]. Folglich kann C nicht wegen Beihilfe zum Diebstahl des A bestraft werden.

Die Anwendung der formal-objektiven Theorie auf das zehnte Beispiel (1/10) führt zwingend zur Alleintäterschaft der C, denn die erfolgreiche Tatbestandsverwirklichung erfordert hier das Zutun der C nach Abschluß der Handlungen des A. Eine Erörterung des achten (1/8) und neunten Beispiels (1/9) soll in diesem Zusammenhang unterbleiben, da es insoweit um die Frage einer Beteiligung durch *Unterlassen* geht. Es ist streitig, ob nicht bei Unterlassungen überhaupt der Einheitstäterbegriff gilt und somit jeder Garant stets Täter ist[3].

---

1) Über die Täterschaftsform mag man dann streiten: Gibt man die formal-objektive Definition des § 25 I, 1. Alt. auf, käme Alleintäterschaft, ansonsten allein Mittäterschaft in Betracht.

2) Vgl. LK-*Roxin* § 25 Rn 94 f; *Jakobs* AT 21/104; *Stratenwerth* AT Rn 793 ff; SK-*Samson* § 25 Rn 34 f; a.A. *Welzel* Lb S.104; *Jescheck* AT S.606 f; *Cramer* FS Bockelmann S.398.

3) So etwa *Armin Kaufmann*, Dogmatik S.291 ff; *Welzel* Lb S.222; im Grundsatz auch LK-*Roxin* § 25 Rn 142 ff, § 27 Rn 26; SK-*Rudolphi* Vor § 13 Rn 37. In diesem Falle haftet C unter der Voraussetzung des Vorliegens einer Garantenpflicht jeweils wegen täterschaftlicher Tötung durch Unterlassen. Freilich ist das Vorliegen einer Erfolgsabwendungspflicht des

Zudem ist die Bestimmung der Eigenhändigkeit durch das "Handeln als letzter" ohnehin auf den Bereich der Begehungsdelikte beschränkt[1].

Schließlich bietet die Täterlehre für die zweite problematische Konstellation der sukzessiven Beihilfe[2] überhaupt keine abschließende Lösung; - dort geht es vor allem um das Unrecht der Beihilfe und dessen Verhältnis zur Haupttat, sc. um Fragen der Akzessorietät. Immerhin bleibt aber festzuhalten, daß bei formal-objektiver Interpretation des § 25 I, 1. Alt. die letzte finale erfolgskausale Handlung stets zur täterschaftlichen Haftung führt und somit nur eine solche Mitwirkung an der Tatbestandsverwirklichung als Beihilfe definiert werden kann, die vor Abschluß der körperlichen Tätigkeit (sc. spätestens bis zum beendeten Versuch) des Täters erfolgt.

b. Kritik der formal-objektiven Interpretation des § 25 Abs. 1, 1. Alternative

Die Doktrin, die mit der offenbar am "einfachen Lebenssprachgebrauch" orientierten Formel[3] vom eigenhändigen Tathandlungsvollzug operiert, hat aus dem Scheitern der älteren formal-objektiven Theorie offenbar keine Konsequenzen gezogen. Jedenfalls bei den reinen Erfolgsdelikten gibt es keine gesetzlich typisierte und näher beschriebene tatbestandsmäßige Ausführungshandlung, die das Präjudiz für denjenigen abgeben könnte, der sie in eigener Person verwirklicht. Vielmehr läßt der Wortsinn hier ohne weiteres eine "ex-

---

Arztes A im siebten Fall durchaus nicht unproblematisch. Das kann hier jedoch nicht weiter vertieft werden. Gegen die Annahme einer Garantenpflicht des behandelnden Arztes zur Hinderung eines voll verantwortlich durchgeführten Suizids SK-*Rudolphi* Vor § 13 Rn 38; *Herzberg* JZ 88,184; dafür BGHSt 32,367 ff; VG Karlsruhe JZ 88,208 (210).

1) *Jakobs* AT 29/56.

2) Siehe oben S.72 ff.

3) Maurach-*Gössel* AT/2 47/71; *Stratenwerth* AT Rn 667,738; exempli causa E 1925/Begr., Materialien 3, S.25; E 1927/Begr., Materialien 4, S.27; *Abegg* JbLit 9(1828),54: Hinsichtlich des Täters bzw. Urhebers "kommt es nur darauf an, ob in seiner Person erweislich vorhanden ist, was zum Thatbestand des Verbrechens in dieser Beziehung erfordert wird, um statt des allgemeinen Ausdrucks die im gewöhnlichen und gesetzlichen Sprachgebrauch vorkommende besondere nähere Bezeichnung aus der Art seiner Handlung auf ihn anzuwenden, ob er z.B. Mörder, Räuber, Dieb, Verläumder sey, wodurch zugleich sein Unterschied vom Gehülfen etc. ausgedrückt ist ...".

tensive" Interpretation zu[1]. Die an den Wortlaut der gesetzlichen Tatbeschreibungen anknüpfende formal-objektive Definition der Täterschaft[2] im Sinne des § 25 I, 1. Alt. muß also nicht zuletzt dort versagen, wo das Gesetz das tatbestandsmäßige Verhalten nicht näher differenziert[3]. Es erweist sich somit als notwendig, den Begriff der "Ausführungshandlung" als Gegenstand des eigenhändigen bzw. unmittelbaren Vollzugs seinerseits präziser zu formulieren[4].

Eine greifbare Formulierung sucht man bei den Anhängern der formal-objektiven Interpretation des § 25 I, 1. Alt. indes vergeblich. *Roxin* etwa bezeichnet als Ausführung nicht notwendig die Erfüllung aller Tatbestandsmerkmale[5], sondern die Verwirklichung der "eigentlichen Tatbestandshandlung"[6]. Freilich ist mit der Einführung dieses Begriffs für die Umschreibung des Gegenstands eigenhändiger Vollziehung noch nichts gewonnen, weil er ebenso unpräzise ist wie derjenige der "Ausführungshandlung" selbst. - Beispiele: Gehört es zur "eigentlichen" vorsätzlichen Tötung (§ 212), wenn das Opfer in die Falle gelockt wird oder gehört dazu nur die Handlung desjenigen, der den tödlichen Schuß abfeuert[7]? Ist die "eigentliche" vorsätzliche Tötung abschließend beschrieben, wenn jemand mit dem Messer zusticht oder gehört dazu auch die Handlung desjenigen, der das Opfer festhält, damit der andere zustechen kann? Jedenfalls muß ein Festhalten dann als "eigentliche" Tatbestandshandlung gelten, wenn das Opfer von einem herunterfallenden Stein erschlagen wird.

---

1) *Stein* S.25 f; *Jescheck* AT S.587; *ders.* SchwZStr 71(1956),233; *Bockelmann* AT S.185.

2) Vgl. SK-*Samson* aaO; *Stratenwerth* aaO; Maurach-*Gössel* AT/2 47/71; *Gallas*, Materialien 1, S.133,136.

3) Vgl. a. *Klee* GA 67(1919),93; *Gallas*, Materialien 1, S.136; *Bloy* S.117 f; *Cramer* FS Bockelmann S.391 Fn 8 a.E.; *Jescheck* AT S.587; *Bockelmann* aaO; *Baldus*, Niederschriften, 2.Bd. AT, S.94: "Es läßt sich in der Praxis nicht immer eindeutig sagen, wer der Ausführende ist".

4) *Stratenwerth* AT Rn 738.

5) Anders allerdings E 1962/Begr., BT-Drucks. IV/650, S.149.

6) LK-*Roxin* § 25 Rn 43. Auch *Herzberg* JZ 91,856 sieht in der "eigentlichen Begehung der Straftat" das maßgebliche Täterkriterium des § 25 I.

7) Das Beispiel stammt vom *Stratenwerth* AT Rn 738.

Es entspricht voll und ganz einem rein formal-objektiven Denken und kommt daher nicht von ungefähr, wenn *Roxin* selbst keinerlei (materielle) Kriterien dafür angibt, wie etwa bei den reinen Erfolgsdelikten die "eigentliche" Tatbestandshandlung ermittelt werden soll. Der hinter diesem Begriff versteckte Maßstab ist offenbar kein anderer als der des "einfachen Lebenssprachgebrauchs", der bereits der älteren formal-objektiven Theorie den Vorwurf einer "gestelzten"[1] und "irrationalen"[2] Theorie eingebracht hat. Das Festhalten an ganz bestimmten, evtl. kriminologisch eingefärbten Tathandlungen als Grundlage einer strafrechtlichen Beteiligungsformenlehre mag in einer Gesellschaft angemessen sein, in der mit Dolch, Schwert und Gift getötet wird, die Erscheinungsformen des Verbrechens also bereits mit wenigen Phänotypen abschließend zu dokumentieren sind. In der hochkomplexen Industriegesellschaft des ausgehenden 20. Jh. mit ihrer schier unübersehbaren Fülle von Möglichkeiten zur Herbeiführung unerwünschter Erfolge aber führt ein solcher Naturalismus zu keinen brauchbaren Ergebnissen. Hier geht es nicht um die am Lebenssprachgebrauch orientierte und angesichts der Komplexität der Gesellschaft aussichtslose Suche nach den "eigentlichen Tatbestandshandlungen", sondern allein um Fragen der Zurechnung, sc. um die sinnvolle Abgrenzung von Verantwortungsbereichen. Daraus folgt, daß Täterschaft und Teilnahme lediglich Haftungsformen bezeichnen können, die sich aus der Zurechnung strafrechtlichen Unrechts ergeben[3]. Ob sie sich unter Rekurs auf den Lebenssprachgebrauch noch unter die "eigentliche" Tatbestandsverwirklichung subsumieren lassen oder nicht, ist demgegenüber bedeutungslos.

Bemüht man sich trotz dieser grundsätzlichen Bedenken gegen die formal-objektive Lehre um eine brauchbare Beschreibung des Begriffs der "Ausführungshandlung" als Gegenstand des eigenhändigen bzw. unmittelbaren Vollzugs, muß die Definition jedenfalls auch den *Versuch* mit erfassen[4]. Denn

---

1) Sch/Sch-*Cramer* Vor § 25 Rn 55.

2) *Gallas*, Materialien 1, S.127; i.d.S. auch die Kritik von *Stratenwerth* aaO; Sch/ Sch-*Cramer* aaO.

3) Das haben im Grunde bereits die *Hegelianer* erkannt, vgl. *Abegg* JbLit 9(1828),58, 62 und passim; *dens.*, System S.39; *Köstlin*, Neue Revision S.152,447 ff; *Hälschner*, Preuß. StrafR S.298, 300,314,315.

4) Explizit a.A. etwa Sch/Sch-*Cramer* Vor § 25 Rn 76: "Notwendig ist allerdings, daß der unmittelbare Täter *alle* zur Erfüllung des Tatbestands erforderlichen (Ausführungs-) Handlun-

Versuch und Vollendung bezeichnen bloß verschiedene Stufen der Ausführung mit prinzipiell identischen Beteiligungsformen[1], wenn auch die konkrete Beteiligungsrolle eines Mitwirkenden bei fortschreitender Deliktsgenese möglicherweise variiert.

Auch der Versuch ist als soziale Störung eine Tat, sc. die Vornahme einer Tathandlung - oder genauer: die (teilweise) Verwirklichung eines durch die §§ 22, 23 I erweiterten Tatbestands, wobei das durch den Versuch begründete Unrecht mit der Vollendung bloß quantitativ gesteigert wird[2]. Als täterschaftsbegründende Ausführung der Tat muß damit bereits die Vornahme des ersten Akts gelten, mit dem die Schwelle zum Versuch überschritten wird. Anderenfalls wäre - jedenfalls auf der Grundlage des restriktiven Täterbegriffs - bei fehlender Vollendung kein täterschaftlicher Versuch denkbar, sondern bloß *versuchte Täterschaft*, sc. eine Beteiligungsform sui generis, die weder Täterschaft noch Teilnahme ist. Anders ausgedrückt: Die i.S.d. § 25 I, 1. Alt. eigenhändig bzw. unmittelbar zu vollziehende Ausführungshandlung muß identisch sein mit der Vornahme mindestens eines - nicht notwendig erfolgskausalen - Akts (Handlung) im Ausführungsstadium (i.e.: nach Versuchsbeginn).

Die - ggf. über die §§ 22, 23 I erweiterte - tatbestandsmäßige Handlung wird indes nicht stets uno actu, sondern häufig auch zeitlich gestreckt in der Weise vollzogen, daß sie sich erst aus mehreren in zeitlicher Abfolge aufeinander bezogenen Akten zur kompletten Tatbestandsverwirklichung (Vollendung) entwickelt. Wird ein solcherart zeitlich gestreckt vollendetes Delikt arbeitsteilig von mehreren Personen organisiert, können die Konsequenzen der an den Versuch konzedierten Definition der Ausführungshandlung i.S.d. § 25 I, 1. Alt. offenbar nicht mehr hingenommen werden: Jeder, auch noch so unbe-

---

gen vornimmt; verwirklicht er nur einen Teil derselben, so kommt Mittäterschaft oder Teilnahme in Betracht".

1) *Schütze*, Theilnahme S.279; *Berner*, Theilnahme S.178; *Bloy* S.265; vgl. a. E 1962/ Begr., BT-Drucks. IV/650, S.149; "Täterschaft setzt keine vollendete Straftat voraus. Auch wer eine Straftat versucht, ist Täter" (ebenso E 1925/Begr., Materialien 3, S.25; E 1927/Begr., Materialien 4, S.27).

2) *Jakobs* JZ 88,519; *ders.*, GS Armin Kaufmann S.277. Bereits *Abegg*, System S.37 bezeichnete Versuch und Vollendung als verschiedene *Verhältnisse* der Äußerung des Willens zum Erfolg.

deutende oder gar unkausale (aber eben eigenhändig vollzogene) Beitrag im Ausführungsstadium führt zur unmittelbaren Täterschaft - wobei freilich allein der letzte final Handelnde wegen Vollendung und die übrigen Beteiligten bloß wegen Versuchs haften. - Beispiel: A will aus einem Haus, dessen Bewohner verreist sind, Gegenstände entwenden. Eines Nachts stellt er eine Leiter an die Hauswand unterhalb eines gekippten Fensters, um sogleich in das Haus einzusteigen, als eine Polizeistreife vorbeifährt und das Ganze auffliegt. Die eigenhändige Vornahme einer Ausführungshandlung führt hier zur Haftung des A wegen täterschaftlich begangenen versuchten Einbruchsdiebstahls. - Denken wir uns nun dieselbe Handlung in einem anderen Kontext: B und C haben den Plan zum Einbruch in das Haus ausgeheckt und erkundet, wann die Bewohner verreisen und wie man in das Haus gelangen kann. A, B und C begeben sich gemeinsam zum Tatort, wobei A die Leiter trägt und aufstellt, damit B und C sogleich dem Deliktsplan entsprechend in das Haus einsteigen können. Wenn das Unternehmen in diesem Moment scheitert, haftet A wegen der eigenhändigen Vornahme einer Ausführungshandlung wiederum für einen alleintäterschaftlich begangenen Versuch. An dieser Haftung ändert sich nichts, wenn B und C sogleich in das Haus klettern und Gegenstände wegnehmen oder gar nach dem erfolglosen Versuch, das Fenster zu öffnen, schließlich auf einem anderen Weg in das Haus gelangen.

Ein Einwand ist denkbar: Möglicherweise wird in der Fallvariante das Versuchsstadium mit dem Beitrag des A nicht erreicht, weil er die Leiter nicht selbst zu erklimmen beabsichtigt. Aber wer hier auf den Kontext Rücksicht nimmt, hat sich bereits von der formell-naturalistischen Ausgangsposition gelöst und einer normativen Entscheidung den Vorzug gegeben. Zudem ist die soziale Störung in beiden Fällen identisch. Denn es ist kaum einzusehen, warum der Versuchsbeginn davon abhängen soll, ob A selbst oder aber die mitgekommenen B und C die Leiter erklimmen wollen. Der Entschluß aller Beteiligten ist ein gemeinsam gefaßter und der Tatplan soll von einem Kollektiv als gemeinschaftliche Leistung, sc. als Leistung aller zusammen umgesetzt werden. Das Anstellen der Leiter hat somit in beiden Varianten die gleiche soziale Bedeutung.

Wer das aufgezeigte Dilemma ohne die Preisgabe der formal-objektiven Interpretation des § 25 I, 1. Alt. vermeiden will, muß also den Versuch aus der Vorschrift ausgliedern und dafür eine besondere Täterschaftsform postulieren, die im Gesetz jedenfalls nicht ausdrücklich vorgesehen ist[1]. Allerdings würde auch diese Maßnahme bloß eine Scheinlösung bringen, weil dann insoweit immer noch ein taugliches Täterkriterium angegeben werden müßte. Da Versuch und Vollendung bloß verschiedene Deliktsverwirklichungsstufen mit prinzipiell identischen Beteiligungsformen darstellen, könnte das jeweils für den Versuch maßgebliche Täterkriterium bei einer konsequenten Lösung letztlich wiederum doch nur an den verschiedenen Täterschaftsformen der Vollendung ausgerichtet werden. Soweit also die Täterschaft bei der Vollendung durch eine bestimmte Qualität bezeichnet wird, bleibt auch beim Versuch das entscheidende Kriterium qualitativ. Das bedeutet für den Versuch des Alleintäters, daß die Definition seiner Beteiligungsrolle einen im Grundsatz formal-objektiven Bezug zu enthalten hat: Wer die Schwelle zum Versuch überschreitet und damit den durch die §§ 22, 23 I erweiterten Tatbestand verwirklicht, sc. einen Akt im Ausführungsstadium vollzieht, ist (unmittelbarer) Täter eines versuchten Delikts. Angesichts einer solchen qualitativen Interpretation der Beteiligungsformen wäre dann freilich immer noch zu begründen, wieso A in der oben beschriebenen Fallvariante einerseits als Täter haften könnte, wenn das Unternehmen nach Leistung seines Beitrags scheitert, aber andererseits diese Haftung jedenfalls dann ausgeschlossen sein sollte, wenn das Delikt durch B und C vollendet wird. Bei einer qualitativen Differenzierung der Beteiligungsformen auf der Tatbestandsebene ist die Annahme unmöglich, daß mit fortschreitender Deliktsverwirklichung und objektiver Manifestation des Normbruchs der Umfang der Beteiligung und damit die Beteiligungsrolle variabel bleibt. Dieses Phänomen kann allein mit einer prinzipiell normativ-quantitativen Unterscheidung zwischen Täterschaft und Beihilfe erklärt werden[2]. Eine Abgrenzung von Tätern und Gehilfen kann nicht sinnvoll *parallel* auf den beiden beziehungslos nebeneinander verlaufenden Gleisen einerseits quantitativer und andererseits qualitativer Kriterien geleistet werden; - entweder ist die Differenz grundsätzlich nur qualitativ *oder* nur quantitativ. Es zeigt sich damit, daß die formal-objektive Definition des Alleintäters in einem ansonsten normativ angelegten Beteiligungsformensystem stets einen Fremdkörper darstellt, der die Systematik ohne jeglichen

---

1) Dies widerspräche freilich der Intention des Reformgesetzgebers, der auch den Versuch als Täterschaft gewertet wissen wollte und zugleich mit dem Anspruch aufgetreten ist, daß der Entwurf *alle* Täterschaftsformen *begrifflich bestimmt* habe (E 1962/Begr., BT-Drucks. IV/650, S.149).

2) Zu den Besonderheiten bei eigenhändigen und Sonderdelikten siehe unten S.295 ff.

Nutzen kompliziert.

Dabei wird die formal-objektive Interpretation des § 25 I, 1. Alt. weder durch den Gesetzeswortlaut noch durch den Willen des Gesetzgebers zwingend belegt. Wer unter Berufung auf den Wortsinn das Gegenteil behauptet[1], verfällt einem Zirkel: Es geht ja gerade darum festzustellen, wie der einer Auslegung zugängliche Begriff des "Begehens"[2] als in Bezug genommener *Gegenstand* der Variablen "selbst", "durch einen anderen" und "gemeinschaftlich" zu interpretieren ist. Der Schluß, daß jemand, der vorsätzlich und eigenhändig alle Tatumstände verwirkliche, die Straftat stets *"selbst"* begangen habe[3], setzt die Antwort auf diese Frage bereits voraus. Das Gesetz läßt somit nach seinem Wortlaut letztlich eindeutig offen, was unter "Selbst-Begehen" zu verstehen ist[4].

Der Rekurs auf die Entstehungsgeschichte ist in diesem Zusammenhang dogmatisch unergiebig. Denn die Materialien zur Strafrechtsreform sind - jedenfalls was die Stellungnahmen aus dem Justizministerium betrifft - nahezu durchgängig von der hier gerade als falsch herausgestellten Auffassung durchzogen, daß sich die Strafbarkeit des Alleintäters aus den Tatbeständen des Besonderen Teils ohne weiteres von selbst ergebe, weil diese regelmäßig gegen denjenigen gerichtet seien, der allein und eigenhändig die Tatbestandsmerkmale verwirkliche, d.h. als unmittelbarer Täter die Tat begehe[5].

---

1) Vgl. statt vieler *Roxin* TuT S.548; *dens.* JuS 73,335.

2) *Dreher*, Prot. V, S.1825; LK-*Jähnke* § 212 Rn 6.

3) *Roxin* TuT S.548.

4) Wie hier LK-*Jähnke* aaO; *Gössel* GA 1977,60; Maurach-*Gössel* AT/2, 47/64,76; *Otto* Jura 87,252; *Lackner* § 25 Anm. 1a; *Schmidhäuser* AT (1975) 14/168; *Jakobs* AT 21/36; *Stein* S.21,25 f,49.

5) Begr. des BMJ, Niederschriften, 2.Bd. AT, Anh. Nr. 16, S.39; E 1962/Begr., BT-Drucks. IV/650, S.146 f,149; *Sturm*, Prot. V, S.1822; *Horstkotte*, Prot. V, S.1826; ebenso bereits E 1909/Begr. S.299,304; E 1925/Begr., Materialien 3, S.25; E 1927/Begr., Materialien 4, S.27, die sogar noch weitergehend davon ausgingen, daß sich auch die Strafbarkeit der Mittäter und des mittelbaren Täters unmittelbar aus den Tatbeständen des Besonderen Teils ergebe. Nur am Rande sei vermerkt, daß die Formulierung einen Denkfehler birgt: Die konditional programmierten Tatbestände des Besonderen Teils sind an den Rechtsstab gerichtete Sanktionsnormen und nicht an einen bestimmten Tätertyp adressiert. Wer auf welche Weise haftet, hat der Richter durch Zurechnung zu ermitteln.

Dabei hatte bereits *Gallas* in seinem einführenden Gutachten auf das Problem hingewiesen, daß es bei den reinen Erfolgsdelikten an einer gesetzlichen Beschreibung der Begehensweise fehle und sich der Täter deshalb hier nur unter Heranziehung materieller Kriterien ermitteln lasse[1]. Dennoch ist die Behauptung, der Gesetzgeber habe die Interpretation des § 25 I, 1. Alt. im Sinne der formal-objektiven Theorie unabänderlich festschreiben wollen[2], zu voreilig und jedenfalls nicht eindeutig nachweisbar[3].

Zunächst ist hervorzuheben, daß alle Beratungen und Entwurfsbegründungen von dem Gedanken geleitet waren, eine festlegende Stellungnahme zu theoretischen Streitfragen ganz oder doch zumindest so weit wie möglich zu vermeiden[4]. In den Beratungen der Großen Strafrechtskommission wurde als Sinn der Aufnahme einer Täterdefinition in das Gesetz allein die Anerkennung und gesetzliche Verankerung der mittelbaren Täterschaft bezeichnet[5]. Da man - im Gegensatz zu früheren Entwürfen[6] - davon ausging, daß sich lediglich die Strafbarkeit des Alleintäters aus den Vorschriften des Besonderen Teils ergebe, hielt man - insbesondere aus verfassungsrechtlichen Gründen - eine Vorschrift über die Mittäterschaft ohnehin für unentbehrlich[7]. Wenn aber schon der mittelbare Täter und der Mittäter definiert werden sollten, erschien es angebracht, beim Alleintäter ebenso zu verfahren[8]. Jedoch dürfen diese Definitionen keineswegs überstrapaziert werden; vielmehr ist man einer klaren Entscheidung mit Absicht ausgewichen.

---

1) *Gallas*, Materialien 1, S.127 f.

2) *Roxin* JuS 73,335.

3) Ablehnend *Baumann* FS Jescheck S.110 f; LK-*Jähnke* aaO; *Lackner* aaO; offen gelassen in BGH NStZ 87,225.

4) *Gallas*, Niederschriften, 2.Bd. AT, S.67,75; *Schäfer*, Niederschriften, 2.Bd. AT, S.75 f,85 f; Begr. des BMJ, Niederschriften, 2.Bd. AT, Anh. Nr.16, S.41; E 1962/Begr., BT-Drucks. IV/650, S.147; *Sturm*, Prot. V, S.1822; *Friedrich*, Prot. V, S.1825.

5) *Gallas*, Niederschriften, 2.Bd. AT, S.71; *Schwalm*, Niederschriften, 2.Bd. AT, S.92; Begr. des BMJ, Niederschriften, 2.Bd. AT, Anh. Nr.16, S.39,40.

6) E 1909/Begr. S.303 f; E 1925/Begr., Materialien 3, S.25; E 1927/Begr., Materialien 4, S.27.

7) Begr. des BMJ aaO; *Schwalm* aaO; *Welzel*, Materialien 1, S.5.

8) Begr. des BMJ, Niederschriften, 2.Bd. AT, Anh. Nr.16, S.40; ebenso *Dreher*, Prot. V, S.1825.

Zwar hatte *Schäfer* in seinem Referat vor der *Großen Strafrechtskommission* ganz im Sinne der formal-objektiven Theorie erklärt, daß sich der Gesetzgeber nicht darüber hinwegsetzen könne, als Täter jedenfalls denjenigen anzusehen, der schuldhaft und vorsätzlich die Tat in eigener Person begehe[1]. Jedoch sprach sich *Schäfer* - abgesehen von einer Regelung der Mittäterschaft - ebenso wie *Welzel gegen* eine *gesetzliche* Begriffsbestimmung des Täters aus[2]. Zudem war er bereits damals der Auffassung, daß die Formulierung "wer selbst/gemeinschaftlich mit einem anderen ... ausführt" keineswegs zur Preisgabe der subjektiven Teilnahmeauffassung zwingt[3]. Und auch der dem heutigen § 25 fast wörtlich entsprechende Formulierungsvorschlag der Strafrechtsabteilung des BMJ wurde damals von einigen Experten für so blaß gehalten, daß er ebensogut hätte wegfallen können[4].

Diese Farblosigkeit des Formulierungsvorschlags entsprach auch voll und ganz den Intentionen derer, die ihn erarbeitet hatten: "Die Strafrechtsabteilung möchte ... der Strafrechtskommission vorschlagen, eine ähnliche Lösung zu wählen, wie sie Herr Professor *Welzel* und Herr Senatspräsident *Schäfer* hier empfehlen. Doch glaubten wir, einen kleinen Schritt weitergehen und im Gesetz die Rechtsfigur des mittelbaren Täters verankern zu müssen ... Das war der Anlaß dafür, daß wir ... nicht nur gesagt haben: 'Als Täter wird bestraft, wer eine Straftat selbst begeht', sondern hinzugefügt haben: 'oder durch einen anderen begeht' ... Das Wort 'begehen' erscheint uns brauchbarer als das Wort 'ausführen', um anzudeuten, daß man hier nicht nur eigenhändig den Tatbestand verwirklichen kann, sondern auch durch einen anderen. Mehr steckt hinter der Formulierung ... nicht. Sie stellt einen bewußten Verzicht dar, so wie auch Herr Präsident *Schäfer* und Herr Professor *Welzel* dazu gekommen sind, darauf zu verzichten, die Rechtsprechung für die Zukunft durch eine Neuorientierung des Täterbegriffs oder durch eine umfassendere Definition ... zu steuern"[5]. Die Festlegung eines *ausführlichen* Täterbegriffs hielt man nicht zuletzt deshalb für unangebracht, weil man die künftige Beurtei-

---

1) *Schäfer*, Niederschriften, 2.Bd. AT, S.78.

2) *Welzel*, Niederschriften, 2.Bd. AT, S.99,119.

3) *Schäfer*, Niederschriften, 2.Bd. AT, S.85.

4) *Welzel*, Niederschriften, 2.Bd. AT, S.99; ebenso *Schlee*, Prot. V, S.1824,1826 zur entsprechenden späteren Formulierung des E 1962.

5) *Schwalm*, Niederschriften, 2.Bd. AT, S.92.

lung der einzelnen Tätermerkmale für nicht voraussehbar hielt. Als Sinn der neuen Regelung wurde bloß eine kurze Kennzeichnung der drei Täterschaftsformen angesehen. Das einzig neue daran sollte die gesetzliche Verankerung der Rechtsfigur des mittelbaren Täters sein. Für die Abgrenzung von Täterschaft und Teilnahme war durch die Vorschrift somit aber noch nicht viel gewonnen[1]. Jedenfalls wurde von der Einführung des formal-objektiven Täterbegriffs ausdrücklich abgeraten[2].

Erst in der *Begründung zum E 1962* wurde § 29 I des Entwurfs, der dem heutigen § 25 I entspricht, mit der formal-objektiven Theorie in Verbindung gebracht: "Absatz 1 spricht zunächst vom unmittelbaren Täter. Der Entwurf versteht darunter einen Täter, 'der die Straftat selbst begeht', d.h. alle Tatbestandsmerkmale in seiner Person verwirklicht"[3]. Aber es würde einen krassen Widerspruch zu anderen Passagen der Begründung bedeuten, diese Formulierung im Sinne einer unbedingten Festschreibung der formal-objektiven Theorie in § 25 I, 1. Alt. zu interpretieren. Dies gilt zunächst im Hinblick auf die bereits angesprochene Versuchsproblematik. Denn der Entwurf geht einerseits davon aus, daß auch derjenige Täter sei, der eine Straftat bloß versucht, und nahm andererseits "die Tatsache" für sich in Anspruch, *alle* Täterschaftsformen begrifflich bestimmt zu haben[4]. Nimmt man aber die zitierte Passage wörtlich, gibt es entweder beim Versuch keine Täterschaft, sondern bloß versuchte Täterschaft oder es sind gerade nicht alle Täterschaftsformen definiert worden.

Ein Widerspruch besteht auch zur Interpretation der Mittäterschaft. Insoweit sollte klargestellt werden, daß Teilnahme keine Tatbegehung, die Mittäterschaft also aus der Teilnahme auszuscheiden sei. Anstiftung und Beihilfe

---

1) Begr. des BMJ, Niederschriften, 2.Bd. AT, Anh. Nr.16, S.40,41; im gleichen Sinne *Schwalm*, Niederschriften, 2.Bd. AT, S.92,116. Auch der E 1962/Begr., BT-Drucks. IV/650, S.148, spricht davon, daß eine gewisse Unsicherheit in der Abgrenzung zwischen Täterschaft und Teilnahme bestehen bleiben könne.

2) *Schwalm*, Niederschriften, 2.Bd. AT, S.91.

3) E 1962/Begr., BT-Drucks. IV/650, S.149. Es ist daher unvollständig und falsch, wenn *Baumann* FS Jescheck S.110 f davon ausgeht, daß die formal-objektive Theorie allein im AE erwähnt worden sei, während sich der E 1962 zur Abgrenzung und zu den Teilnahmetheorien bewußt nicht geäußert habe.

4) E 1962/Begr. aaO.

wurden - weil keine Tatbegehung - nur als Beteiligung an fremder Tat (sc. an der von einem anderen begangenen Tatbestandsverwirklichung) angesehen[1]. Demgegenüber definierte man die Mittäterschaft - ebenso wie unmittelbare Täterschaft - als *Tatbegehung*, resp. als *Tatbestandsverwirklichung*. Wenn aber einerseits unter "Begehen" i.S. des § 29 E 1962 allein die Verwirklichung der Tatbestandsmerkmale verstanden werden und auch die Mittäterschaft (wenn auch nicht eigenhändiges, sondern gemeinschaftliches) "Begehen" sein sollte, ist es ein unlösbares Rätsel, wie der Entwurf andererseits behaupten konnte, daß ein Mittäter kein Tatbestandsmerkmal zu verwirklichen braucht, sondern auch bloße Vorbereitungs- oder Beihilfehandlungen vornehmen kann, d.h. die Tat gerade *nicht* (gemeinschaftlich mit anderen) *begehen* muß[2]; - insoweit wäre Mittäterschaft Beteiligung an *fremder* Tatbegehung, sc. Teilnahme und gerade nicht Täterschaft. Es ist nicht plausibel zu begründen, warum der Begriff des "Begehens" als Gegenstand des eigenhändigen (§ 29 I, 1. Alt. E 1962) und des gemeinschaftlichen Vollzugs (§ 29 II E 1962) jeweils anders zu interpretieren sein soll[3]. Diese Ungereimtheiten sprechen bereits für sich dagegen, die in Rede stehende Passage als Festschreibung der formal-objektiven Theorie in § 25 I, 1. Alt. zu deuten.

Schließlich stellt aber die Begründung auch bereits im übernächsten Satz klar, um was es mit der Formulierung des "Selbst-Begehens" im Grunde genommen allein ging, nämlich um die Bekämpfung der Auswüchse einer extrem-subjektiven Teilnahmelehre: "Diese begriffliche Bestimmung macht deutlich, daß, wer die Tat selbst begeht ... stets Täter ist, und nicht etwa wegen fehlenden Täterwillens Teilnehmer sein kann, wie in der Rechtsprechung früher bisweilen angenommen worden ist". Im übrigen hat sich der Entwurf aus dem Streit der Lehrmeinungen "bewußt herausgehalten, um die Rechtsentwicklung nicht zu stören"[4] und auch darauf verzichtet, den Begriff der Tatherrschaft gesetzlich festzulegen, "um einer weiteren Entwicklung in Rechtsprechung

---

1) Begr. des BMJ, Niederschriften, 2.Bd. AT, S.40,41.

2) E 1962/Begr., BT-Drucks. IV/650, S.149 f; ebenso *Sturm*, Prot. V, S.1824.

3) Die Erwägung *Herzbergs* (JZ 91,856), es sei "nicht völlig ausgeschlossen", daß der Begriff "Begehen" im zweiten Absatz des § 25 einen weiteren Sinn habe als im ersten, ist schon aus systematischen und historischen Gründen nicht nachvollziehbar.

4) E 1962/Begr., BT-Drucks. IV/650, S.147.

und Rechtslehre nicht vorzugreifen"[1]. Fazit: § 29 E 1962, der dem heutigen § 25 entspricht, enthält "keine in sich abgeschlossene und erschöpfende Begriffsbestimmung des Täters"[2]; die Vorschrift ist vielmehr für eine Fortentwicklung des Beteiligungsformensystems offen, soweit nicht von einem rein subjektiven Ansatz ausgegangen wird.

Nichts anderes läßt sich auch den *Beratungen des Sonderausschusses* in der 91. Sitzung vom 14.12.1967 entnehmen. Ein kriminalpolitisches Bedürfnis für eine tiefergehende Umgestaltung des bis dahin geltenden Rechts wurde abgelehnt. Auch sollte der Gesetzgeber "im dogmatischen Bereich Zurückhaltung üben, um eine stetige Fortentwicklung durch Lehre und Rechtsprechung nicht ohne Not zu stören"[3]. Zwar stand auch hier die formal-objektive Definition des E 1962 im Raum[4], jedoch wurde die Formel bereits stark relativiert. Dies kommt insbesondere in der Stellungnahme *Drehers* zum Ausdruck: Man habe mit Absicht das Wort "begehen" und statt "ausführen" gewählt, weil "begehen" ein der Auslegung fähiger *normativer Begriff* sei[5]. Die Definition der Täterschaft sei keineswegs so ausschließlich zu verstehen, daß in allen Fällen derjenige, der die Tat selbst begehe, auch wirklich ausnahmslos der Täter im Rechtssinne sein müsse[6]. Sinn der Definition war es allein, für die Zukunft extrem subjektiven Entscheidungen nach Art des "Badewannenfalls" und des "Falls Stachynskij" einen Riegel vorzuschieben. Der Gesetzgeber sollte der Rechtsprechung "eine gewisse Führung" in der Richtung geben, daß die äußere Tatbeteiligung des einzelnen mehr als bisher zu berücksichtigen sei[7]: Die materielle Entscheidung, die der Sonderausschuß hier zu treffen hatte, bezog sich allein darauf, ob er künftig extrem subjektive Urteile wie im Falle Stachynskij verhindern wollte[8]. Zwar skizzierte die Formulie-

---

1) E 1962/Begr. aaO S.148.

2) E 1962/Begr. aaO S.149.

3) *Sturm*, Prot. V, S.1822.

4) *Sturm*, Prot. V, S.1823; *Müller-Emmert*, Prot. V, S.1824.

5) *Dreher*, Prot. V, S.1825; i.d.S. auch *Müller-Emmert*, Prot. V, S.1826 ("damit blieben der Rechtsprechung noch gewisse Entfaltungsmöglichkeiten").

6) *Dreher* aaO; *Sturm*, Prot. V S.1825.

7) *Sturm*, Prot. V, S.1823,1824,1825; *Dreher*, Prot. V, S.1825,1826; *Horstkotte*, Prot. V, S.1826.

8) *Sturm*, Prot. V, S.1826. Demgegenüber behauptet *Baumann* FS Jescheck S.110 als An-

rung einerseits die drei Tätergruppen, sollte aber andererseits keine derartige Festlegung für die Rechtsprechung bringen, daß eine Weiterentwicklung nicht mehr möglich sei[1]. Schließlich wies *Sturm* noch darauf hin, daß sich wahrscheinlich in Zukunft an die Definition eine lange Diskussion in Lehre und Rechtsprechung anknüpfen werde, bis ihre volle Tragweite einigermaßen geklärt sei[2].

Der Entstehungsgeschichte des § 25 ist somit keineswegs zu entnehmen, daß der Gesetzgeber um jeden Preis die formal-objektive Theorie in Abs. 1, 1. Alt. dieser Vorschrift festschreiben wollte[3]. Eine andere Interpretation ist mit

---

hänger der subjektiven Täterlehre: "Schaut man in die Materialen zu § 25 StGB, so findet man, daß das keineswegs die Absicht des Gesetzgebers gewesen ist". Diese, der obigen Analyse widersprechende Behauptung kann - wie sich aus den weiteren Ausführungen *Baumanns* ergibt - nur auf einer vollkommen unvollständigen Auswertung der Materialien beruhen (i. Erg. wie hier *Lackner* § 25, Anm. 1a). Vertretbar ist allein die Auffassung, daß der Wille des Gesetzgebers, die extrem-subjektive Theorie zu bekämpfen, im Gesetzeswortlaut keinen hinreichenden *Ausdruck* gefunden hat (so etwa *Otto* Jura 87,252; *Gössel* GA 1977,60).

1) *Friedrich*, Prot. V, S.1825; *Müller-Emmert*, Prot. V, S.1826.

2) *Sturm*, Prot. V, S.1825.

3) Zu einem abweichenden Ergebnis führt die jüngste, stark vereinfachende historische Analyse *Roxins* (TuT [5.Aufl.] S.546 ff), dessen Deutung freilich nicht verwundert, weil er selbst auf die oben skizzierten unlösbaren Widersprüche der formal-objektiven Theorie nicht eingeht. - Bsp.: Beim Versuch vertritt *Roxin* eine rein subjektive Täterlehre (TuT S.453 ff); entscheidendes Täterkriterium wird hier ein animus auctoris in Form des Tatherrschaftswillens. Wenn das richtig ist, und zugleich berücksichtigt wird, daß der Reformgesetzgeber auch den Versuch als Täterschaft gewertet wissen wollte sowie mit dem Anspruch aufgetreten ist, *alle* Täterschaftsformen begrifflich bestimmt zu haben (E 1962/Begr., BT-Drucks. IV/650, S.149), *kann* die Definition des § 25 I, 1.Alt. die subjektive Theorie gar nicht ausschließen und die formal-objektive Lehre festschreiben. Ein weiteres Bsp.: Die oben bezeichneten Widersprüche der formal-objektiven Theorie zur Mittäterschaft veranlassen *Roxin* nicht etwa, den formal-objektiven Ansatz selbst aufzugeben, sondern auch noch - und zwar nunmehr im *Gegensatz* zum ausdrücklich erklärten Willen des Gesetzgebers - auszudehnen, indem er für die Mittäterschaft eine Mitwirkung im Ausführungsstadium verlangt (JA 79,522 ff). Mit welcher Berechtigung *Roxin* in einem Fall auf den angeblichen Willen des Gesetzgebers pocht und ihn im anderen Fall ohne weiteres schlicht ignoriert, ist nicht nachvollziehbar. Das gleiche gilt schließlich für die von *Roxin* eingeführte Pflichtdeliktslehre (dazu eingehend unten S.127 ff). Auch in diesem Bereich setzt sich *Roxin* über den angeblichen Willen des Gesetzgebers ohne weiteres hinweg: Denn wenn einerseits die von *Roxin* für seine Auffassung reklamierte Äußerung *Sturms* in der Sitzung vom 14.12.67, wonach sich der Begriff des Alleintäters aus den Tatbeständen des BT ergebe und diese sich gegen denjenigen richteten, der

dem Willen des Gesetzgebers vereinbar, sofern nur die materielle Entscheidung gegen die Auswüchse der extrem-subjektiven Theorie berücksichtigt wird. Dies ist aber auch bei einer durchgängig normativen Deutung der §§ 25, 27 möglich. Die nach dem Willen des Gesetzgebers unbedingt nicht bloß wegen einer bestimmten Willensrichtung als Teilnahme zu wertende Fallkonstellation eigenhändiger Tatbestandsverwirklichung zeichnet sich nämlich dadurch aus, daß der unmittelbar bzw. zuletzt Handelnde beim reinen Erfolgsdelikt mit dem Vollzug des Akts, der den Erfolg *unmittelbar* herbeiführt, zugleich auch *die* maßgebliche *Entscheidung* für den Eintritt des tatbestandsmäßigen Erfolgs trifft[1]. Die Zurechnung eines solchen Verhaltens zur Täterschaft läßt sich indes ohne weiteres unter Verzicht auf die formal-objektive Floskel und Rekurs auf materielle Zurechnungsprinzipien begründen. Denn die Tatsache, daß sich der letzte final Handelnde durch seine Entscheidung über den Erfolgseintritt zum Herrn über Leben und Tod, über Vermögen, Körperintegrität etc. aufspielt, ist für eine normativ-soziale Zurechnung schon deshalb von enormer Bedeutung, weil gerade mit dem Erfolgseintritt die Negation der Norm am stärksten objektiv fixiert und somit das Ausmaß der sozialen Störung am größten wird. Der letzte final Handelnde steht also der Manifestation des Normwiderspruchs regelmäßig am nächsten. Er hat zwar u.U. an der physischen Gestaltung des äußeren Kausalgeschehens nur einen minimalen Anteil, übernimmt aber im Hinblick auf den dadurch vermittelten, strafrechtlich allein relevanten Sinn (i.e.: die Negation der Norm)[2] ein derart großes Gestaltungsquantum, daß er für voll täterschaftlich zuständig erklärt wird[3].

---

allein und *eigenhändig* die Tatbestandsmerkmale verwirkliche, d.h. als alleiniger und unmittelbarer Täter die Tat begehe (Prot. V, S.1822; ebenso Begr. des BMJ, Niederschr., 2.Bd. AT, Anh. Nr.16, S.39; E 1962/Begr., BT-Drucks. IV/650, S.146 f) tatsächlich absolut in *Roxins* formal-objektiven Sinne zu interpretieren sein soll und andererseits der Reformgesetzgeber *alle* Täterschaftsformen festlegen wollte, ist die Pflichtdeliktslehre *Roxins* mit dem Willen des Gesetzgebers schlechthin unvereinbar. *Roxin* selbst geht auf diese Widersprüche freilich mit keinem Wort ein.

1) Dies mag man als Entscheidungsherrschaft bezeichnen. Dabei ist jedoch zu beachten, daß Entscheidungsherrschaft - als rein faktisches Phänomen (etwa als zweckbewußte Lenkung des Kausalgeschehens) verstanden - nicht bis zum tatsächlichen Erfolgseintritt, sondern nur bis zum Abschluß der Körperbewegung (sc. bis zum beendeten Versuch) reichen kann (siehe dazu unten S.115,123 f).

2) Zu den Einzelheiten des hier zugrunde gelegten Unrechtskonzepts siehe unten S.253 ff.

3) Um Mißverständnissen vorzubeugen: Es soll hier nicht behauptet werden, daß die Ent-

Wenn sich somit die täterschaftliche Haftung des letzten final Handelnden ohne weiteres mit Hilfe materieller Zurechnungsprinzipien im Sinne des Gesetzgebers lösen läßt, zwingt auch nichts mehr dazu, an der überkommenen formal-objektiven Theorie und ihrer untrennbaren Verknüpfung mit der Interpretation des § 25 I, 1. Alt. festzuhalten. Vielmehr sollte die formal-objektive Theorie sollte als unbrauchbares Relikt der naturalistischen Strafrechtsepoche dringend preisgegeben werden. Wer sich von der irrigen Vorstellung löst, daß sich die Bestimmung der sog. Tatbestandsausführungshandlung stets ohne weiteres (aus dem Lebenssprachgebrauch) von selbst ergebe und eine Definition der (täterschaftsbegründenden) Ausführung unter Rekurs auf materielle Kriterien versucht, hat den formal-objektiven Ansatz ohnehin bereits ad acta gelegt.

2. *Tatbestandshandlung und Tatherrschaftslehre*

Wenden wir uns nun den Konsequenzen des restriktiven Täterbegriffs für den spätest möglichen Beihilfezeitpunkt zu, soweit er über die *Tatherrschaftslehre* interpretiert wird. Diesem Problem hat bislang - soweit ersichtlich - allein *Rudolphi* eine nähere Untersuchung gewidmet[1].

a. Die Untersuchung Rudolphis

Rudolphi definiert als Täter denjenigen, der durch zweckbewußte Lenkung des Kausalgeschehens auf den tatbestandsmäßigen Erfolg hin Herr über die Tatbestandsverwirklichung sei, resp. durch sein Handeln die maßgebliche Entscheidung über das Ob und Wie der Tatbestandsverwirklichung treffe[2]. Dieses Kriterium soll nicht bloß die Alleintäterschaft i.S. des § 25 I, 1. Alt. kennzeichnen, sondern die Täterschaft überhaupt in all ihren Erscheinungsformen[3]. Zwar sei der Begriff der Tatherrschaft auf die gesamte Verwirklichung

---

scheidungsherrschaft *das* maßgebliche Täterkriterium sei. Vielmehr handelt es sich dabei nur um *ein* Kriterium, das für eine übergeordnete, *normative* Abgrenzung von Täterschaft und Beihilfe Bedeutung gewinnen kann. Siehe im übrigen eingehend unten S.285 f.

1) *Rudolphi* FS Jescheck S.559 ff.

2) *Rudolphi* aaO S.573; *ders.* FS Bockelmann S.370,374; ebenso *Otto* FS Lange S.205.

3) Gegen die Reduktion der Täterschaft auf den Fall der Entscheidungsherrschaft *Jakobs* AT

des tatbestandsmäßigen Unrechts, d.h. sowohl auf die tatbestandsmäßige Handlung (Körperbewegung) als auch auf das durch diese vorsätzlich ausgelöste und den tatbestandsmäßigen Erfolg bewirkende Kausalgeschehen zu beziehen[1]. Jedoch falle die Herrschaft über die Tatbestandsverwirklichung *in ihrer Gesamtheit* dem Täter stets allein aufgrund seiner Herrschaft über das tatbestandsmäßige *Handeln* zu. Wer die den Erfolg bewirkende Handlung nicht beherrsche, dem fehle auch die Herrschaft über das durch diese Handlung ausgelöste Kausalgeschehen.

Für die Beihilfe folge daraus, daß sie *Mitwirkung an der Tatbestandsverwirklichung ohne Tatherrschaft* sei[2]. Zwischen ihr und dem tatbestandsmäßigen Unrechtserfolg stehe noch die maßgebliche Entscheidung des Tatherrn über das Ob und Wie der Tatbestandsverwirklichung[3]. Grund für die Mißbilligung der Hilfeleistung sei damit die Schaffung des Risikos der Realisierung eines nicht beherrschbaren oder steuerbaren Geschehensablaufs. Werde die Wirksamkeit des Tatbeitrags nicht mehr durch die vom Täter beherrschte verbotswidrige Handlung vermittelt, stehe m.a.W. zwischen dem Tatbeitrag des Beteiligten und der Verwirklichung des tatbestandsmäßigen Unrechts nicht mehr die Entscheidung des Täters, so fehle die die Beihilfe charakterisierende *Willensunterordnung*[4]. Im Gegenteil übe hier der Tatbeteiligte die Tatherrschaft

---

21/35 und 21/48: "Selbst ohne jede Teilhabe an der Entscheidungsherrschaft ist Mittäterschaft durch Gestaltung oder zumindest Mitgestaltung möglich".

1) *Rudolphi* FS Jescheck S.573 f; a.A. etwa *Bloy* S.265 ff.

2) Ebenso Maurach-*Gössel* AT/2 50/45; *Dahm* NJW 49,810; für die Herrschaftsdelikte auch *Bloy* S.192.

3) Ebenso bereits *Perten* S.87 ff; *H. Mayer* AT (1953) S.304; *Otto* FS Lange S.210; vgl. dazu auch *Stein* S.104.

4) Ebenso bereits *v. Buri* ZStW 2(1882),254; RGSt 3,181 (182 f): Der Gehilfe "... (unterwirft) seinen Willen demjenigen des Thäters dergestalt, daß er es ihm anheimstellt, ob die That zur Vollendung kommen sollte oder nicht". Die Grenze zwischen subjektiver Täterlehre und Tatherrschaftslehre ist hier also fließend. Vgl. a. *Bockelmann*, Untersuchungen S.76 f ("Diese maßgebliche Entscheidung über das Ob der Tat überläßt der Gehilfe dem Haupttäter. In solchem Sinne 'unterwirft' er seinen eigenen Vorsatz dem fremden Entschluß. Dieses 'Anheimstellen' macht den animus socii aus"). Im Gegensatz zu *Rudolphi*, *v. Buri* und *Bockelmann* hält der BGH auch eine Subordination der die Tat voll selbst verantwortlich Ausführenden gegenüber den bloß planenden "eigentlichen Hintermännern", die "den organisatorischen Ablauf der Tat bestimmen", für möglich (BGHR Strafsachen StGB § 25 Abs.2/Tatinteresse 2). Für den Gedanken der Subordination auch *Dahm* aaO; *Berner*, Theilnahme S.9;

nicht nur über sein Handeln, sondern auch über dessen Folgen aus. Er sei es, der das durch sein Handeln angestoßene und den tatbestandsmäßigen Unrechtserfolg mitbewirkende Kausalgeschehen zwecktätig steuere und es damit insoweit beherrsche. Soweit dieses Handeln mit seinen Folgen noch von dem jeweiligen Tatbestand erfaßt werde, müsse es folglich als Nebentäterschaft gewürdigt werden[1]. Beihilfe soll somit nach Abschluß der im Sinne von Körperbewegung interpretierten (erfolgskupierten) Handlung des Täters, sc. spätestens nach dem beendeten Versuch nicht mehr möglich sein.

b. Die Bedeutung des Kriteriums der Entscheidungsherrschaft in der jüngeren BGH-Rechtsprechung

Die Entscheidungsherrschaft rückt als Kriterium zur Kennzeichnung der Täterschaft scheinbar auch in der jüngeren BGH-Rechtsprechung mehr und mehr in den Vordergrund. Auf der Grundlage des nach wie vor subjektiven Ansatzes des BGH[2] soll zwar die Abgrenzung anhand einer "wertenden Gesamtschau"[3] erfolgen. Wesentliche Anhaltspunkte für die Täterschaft eines Beteiligten seien aber neben dem Grad des eigenen Interesses am Erfolg der Tat und dem Umfang der Tatbeteiligung auch die Tatherrschaft oder wenig-

---

Hälschner, Deutsches StrafR S.376; *Lampe* ZStW 77(1965),280 f; *Schultz* SchwZStr 71(1956),283; E 1962/Begr., BT-Drucks. IV/650, S.150; beschränkt auf die sog. "Teilnahme im engeren Sinne" ferner *Less* ZStW 69(1957),48.

1) *Rudolphi* FS Jescheck S.574 f. Dezidiert a.A. *Roxin* NStZ 87,347 f, der Beihilfe auch noch nach Abschluß der von einem anderen beherrschten Handlung für möglich hält: Die "Absicherung" des von einem anderen schon maßgebend herbeigeführten Erfolgs gelte als "typische Beihilfehandlung".

2) BGH NStE Nr.5 zu § 25 StGB; BGH NStZ 84,413; 87,364; 88,507; 91,281; BGHR Strafsachen StGB § 25 Abs.2/Mittäter 2, § 25 Abs.2/Tatinteresse 2, § 25 Abs.2/Willensübereinstimmung 1; ebenso OLG Düsseldorf NJW 87,268(269). Anders jetzt - so die Einschätzung von *Küper* JZ 89,938 und *Schaffstein* NStZ 89,155 - scheinbar BGH NStZ 89,176 ff ("Katzenkönig"). Da der BGH indes die Mittäterschaft der Hintermänner in dieser Entscheidung u.a. mit dem Argument ausgeschlossen hat, daß der unmittelbar Handelnde "seine Tathandlung auch keinem von ihnen zurechnen lassen *wollte*", erscheint die endgültige Preisgabe der subjektiven Ausgangsposition eher zweifelhaft.

3) BGH NStE Nr.5 zu § 25 StGB; BGH NStZ 84,413; 87,224(225), 88,507; BGHR Strafsachen StGB § 25 Abs.2/Mittäter 2, § 25 Abs.2/Tatinteresse 2; BGH JZ 91,890; für die mittelbare Täterschaft auch BGH NStZ 89,176(177) - "Katzenkönig".

stens der Wille zur Tatherrschaft, "*so daß Durchführung und Ausgang der Tat maßgeblich von seinem Willen abhängen*"[1]. Wenn der Tatbeitrag eines Beteiligten bereits ende, bevor die Tat ins Versuchsstadium gelange und er damit *auf das eigentliche Tatgeschehen keinerlei Einfluß* mehr habe (obwohl die Beiträge bei der Tatausführung fortwirkten), müsse seine Täterschaft jedenfalls daran scheitern, daß er "das Ob und Wie des tatbestandsmäßigen Geschehens weder beherrscht noch beeinflußt" habe[2]. Wie allerdings angesichts einer solchen Betonung des Kriteriums der Entscheidungsherrschaft dennoch prinzipiell auch derjenige Mittäter sein können soll, der sich auf Vorbereitungshandlungen beschränkt[3], d.h. an der "eigentlichen Tatbestandsverwirklichung" nicht beteiligt ist und "die eigentliche Tathandlung durch andere vornehmen läßt"[4], ist freilich nicht mehr nachvollziehbar: Durchführung und Ausgang der Tat hängen allein vom Willen des nicht unterlegenen Ausführenden ab. Daß der Ausführung vorangehende Beiträge die Tat erst ermöglich haben mögen, bringt keine Entscheidungsherrschaft[5].

Bei näherem Hinsehen zeigt sich denn auch, daß der BGH keineswegs beab-

---

1) BGH NStE Nr.5 zu § 25 StGB; BGH NStZ 84,413; 87,233; 90,81; BGHR Strafsachen StGB § 25 Abs.2/Mittäter 2, § 25 Abs.2/Tatinteresse 2; BGH NJW 91,1068; ähnliche Formulierungen finden sich in BGH NStZ 88,507 (eher subjektiv) sowie BGHR Strafsachen BtMG § 29 Abs.1 Nr.1/Einfuhr 4 (eher objektiv). Noch weiter gehend BGHR Strafsachen BtMG § 29 Abs.1 Nr.1/Einfuhr 10, wonach Mittäterschaft *überhaupt* "die Beteiligung des Mittäters an der Tatherrschaft oder wenigstens dessen Willen zur Tatherrschaft" erfordert, "so daß Durchführung und Ausgang der Tat maßgeblich auch von seinem Willen abhängen". Diese Definition der Tatherrschaft ist freilich keine Schöpfung des BGH; vielmehr findet sich die Formel bereits wörtlich in der Begründung zum E 1962, BT-Drucks. IV/650, S.147. Das für die Abgrenzung von Täterschaft und Teilnahme maßgebliche "Kriterium der vom Täterwillen getragenen objektiven Tatherrschaft" überträgt BGH NStZ 89,176(177) - "Katzenkönig" - nunmehr auch auf die mittelbare Täterschaft.

2) BGH NStZ 87,364.

3) So definitiv BGH NStZ 84,413; 91,281 (= JZ 91,891); BGH NJW 85,1035; BGHR Strafsachen StGB § 25 Abs.2/ Tatinteresse 2; BGHR Strafsachen BtMG § 29 Abs.1 Nr.1/ Einfuhr 4; BGH NJW 91,1068.

4) BGH NJW 85,1035; i. Erg. ebenso BGH NJW 91,1068. Im Gegensatz dazu soll nach BGH NStZ 89,176(177 f) - "Katzenkönig" - eine Mittäterschaft der planenden Hintermänner u.a. aus dem Grund ausscheiden, daß die "entsprechend ihrem Plan wissentlich und willentlich die objektive Tatbestandsverwirklichung" einem anderen "allein überlassen haben".

5) *Jakobs* AT 21/48.

sichtigt, sich auf seine Formeln festlegen zu lassen: Wenn sich die planenden Hintermänner durch die Bestimmung des organisatorischen Ablaufs der Tat[1] bzw. durch die Steuerung der Tatplanung und die Bestimmung wesentlicher Teile der Tatausführung[2] auszeichnen sollen, kann Tatherrschaft offenbar weder i.S. von Entscheidungsherrschaft noch i.S. einer faktischen Beherrschung der "eigentlichen Tatbestandsverwirklichung" ("Durchführung und Ausgang der Tat"), sondern allein materiell als Gestaltungsherrschaft verstanden werden. Die jüngere BGH-Rechtsprechung läßt sich somit nicht als Beleg für die Täterlehre *Rudolphis* heranziehen[3].

c. Die Lehre Rudolphis im historischen Kontext

Und doch ist es sehr verwunderlich, daß die von *Rudolphi* vorgebrachten Thesen zur sukzessiven Beihilfe nicht schon seit jeher die Diskussion maßgeblich mit geprägt haben und hier stattdessen üblicherweise stets mit dem pauschalen Verweis auf die Vollendung oder Beendigung operiert wird. Denn *Rudolphis* Abgrenzung von Täterschaft und Beihilfe steht - zumindest was die Literatur betrifft - in einer langen Tradition, die die Beteiligungsform der Beihilfe über den fehlenden ***unmittelbaren Zugriff auf den äußeren Erfolg*** bei Einschaltung eines verantwortlichen Dritten in den Kausalverlauf definierte[4]. Der hinter diesem Konzept stehende Grundgedanke - das *Selbstverantwortungsprinzip* - ist schon bei *Pufendorf* angelegt und damit praktisch so alt wie die Entwicklung eines allgemeinen Teilnahmebegriffs[5] überhaupt. Historisch ist die Ausdifferenzierung unterschiedlicher Beteiligungsformen aus der Zurechnungslehre entstanden[6]. Täter sollte danach derjenige sein, der für die

---

1) BGHR Strafsachen StGB § 25 Abs.2/Tatinteresse 2.

2) BGH NStZ 89,176(177) - "Katzenkönig".

3) Schließlich sei darauf hingewiesen, daß der BGH auch in jüngeren Entscheidungen immer noch gelegentlich das "Interesse am Taterfolg" als Täterkriterium heranzieht (siehe etwa BGH NStZ 91,281 = JZ 91,890 f).

4) Deutlich i.d.S. auch *Gallas*, Materialien 1, S.128,136 f; *ders.*, JZ 60,687; *Schumann* S.42 f; *Otto* FS Lange S.205; *ders.*, FS Lackner S.719 sowie bereits der E 1909/ Begr., S.302 f: "Gerade das Dazwischentreten der selbständigen Handlung eines selbstverantwortlichen Täters prägt der Teilnahme nach geltendem Recht ihren eigenartigen Charakter auf ...".

5) Siehe dazu oben S.63 ff.

6) Zur historischen Entwicklung der Teilnahmelehre vgl. *Hälschner*, Preuß. StrafR S.297

Tatbestandsverwirklichung *selbst verantwortlich* sei, während der Gehilfe für eine *fremde* Tat hafte[1]. Der Gehilfe sei somit dadurch charakterisiert, daß er "den Erfolgseintritt der freien Selbstbestimmung und Tätigkeit des Täters anheimgebe" resp. der "Wirksamkeit des Täters überlasse"[2]. Dieser Gedanke schlug sich - wenn auch letztlich in höchst unterschiedlicher dogmatischer Gewandung - ebenso in der *Hegelianischen Strafrechtsschule* (hier vor allem: in *Ludens* Lehre von der Unterbrechung des Kausalzusammenhangs) wie auch in der subjektiven Täterlehre *v. Buris*, der Adäquanztheorie *(Perten)* und der älteren Regreßverbotslehre *(Horn)* nieder.

aa. Pufendorfs Imputationslehre und die Hegelianische Strafrechtsschule

Wie bereits erwähnt wurde, lassen sich die Grundgedanken des Selbstverantwortungsprinzips bis auf *Pufendorfs Imputationslehre* zurückverfolgen. *Pufendorf* stellte der natürlichen die kulturelle, die Welt der "entia moralia" gegenüber[3]. Grundvoraussetzung für die geistige Welt der "entia moralia" sei die Freiheit des menschlichen Willens[4]. Während das gesamte außermenschliche und zum Teil auch menschliche Geschehen dem gleichförmigen, unabänderlichen Modus der Ursache-Folgeverknüpfung, sc. dem Gesetz der Kausalität folge, habe die menschliche Handlung - soweit sie aus Verstand und Wille ihren Ursprung nehme - einen anderen Determinationsmodus, nämlich die Determination durch Freiheit[5]. Eine freie, aus dem Zusammenwirken von Wille und Verstand entstandene Handlung werde dem Täter als ihrer "moralischen Ursache" zugerechnet, weil sie vom Willen des Menschen als einer freien Ursache in der Weise abhänge, daß sie ohne dessen freie, nach

---

ff; *Schaffstein*, Lehren S.169 ff.

1) Vgl. *Schaffstein* aaO S.190 hinsichtlich der Teilnahmelehre *Pufendorfs*.

2) RGSt 3,181(182 f); *v. Buri* ZStW 2(1882),254,258 ff,263; *Hälschner*, Dt. StrafR S.378 f; *Horn* GS 54(1897),372 ff; *Perten* S.89,143; *Frank*, StGB (18.Aufl.) § 1 III 2a. Mit dieser Definition der Beihilfe wird der Unterschied zwischen subjektiven (*v. Buri*) und objektiven (*Horn, Perten*) sowie gemischt subjektiv-objektiven Täterlehren (*Hälschner*) praktisch verwischt.

3) *Welzel*, Naturrechtslehre S.20; *Denzer* S.67.

4) *Welzel* aaO S.21; *ders.*, Naturrecht S.132; eingehend *Denzer* S.67,77 ff.

5) *Welzel*, Naturrecht S.132 f; *ders.*, Naturrechtslehre S.21; *Küppers* S.39 f.

vorangegangener Erkenntnis erfolgende Determination nicht vollzogen worden wäre[1]. Die freie Handlung des Menschen sei im vollen Sinne seine *eigene*, er habe sie wissend und wollend aus sich heraus erzeugt; er sei keine bloße Ursache, die einen erhaltenden Anstoß notwendig und blindlings weitergebe, sondern eine moralische Ursache, die bewußt und frei wollend die Tat vollbringe[2]. Causa et fundamentum aller Zurechnung erblickte *Pufendorf* also darin, daß es in der Macht des Menschen stehe, ob etwas geschehe oder nicht geschehe[3].

Nur andeutungsweise entwickelte *Pufendorf* aus seinem Imputationsbegriff heraus eine Teilnahmelehre[4]. Die Zurechnung nach dem Maßstab der frei gesetzten Ursache lasse nicht nur die Verantwortung für *eigene* Taten zu, sondern unter der Voraussetzung durch Kausalität vermittelter Teilnahme auch für *fremde*[5], sofern nur jemand bewußt und gewollt auf eine fremde Handlung eingewirkt habe. Die Voraussetzungen für die Zurechenbarkeit eigener Handlungen seien aber nicht dieselben wie die für die Zurechenbarkeit fremder Handlungen; vielmehr müsse es bei der eigenen Handlung vom Handelnden abhängen, ob die Tat geschehe oder nicht, während für die Zurechnung fremder Handlungen eine bloße Beeinflussung des Geschehens genüge[6]. Zurechenbar sei die fremde Handlung also mangels Beherrschbarkeit nicht als eigene, sondern als fremde[7].

Die Hegelianische Strafrechtsschule knüpfte mit der Hervorhebung des freien Willens als Zurechnungsgrund[8] an die Imputationslehre *Pufendorfs* an[9]. Erst

---

1) *Welzel*, Naturrechtslehre S.22; *Denzer* S.80 f. Die Handlung hat nach *Pufendorf* ein formales Element, das in der Zurechenbarkeit der Handlung (imputativas) besteht, vgl. dazu näher *Hardwig*, Zurechnung S.40 f; *Welzel* aaO; *Denzer* S.81; eingehend *Küppers* S.41 ff.

2) *Welzel* aaO S.86; *Bloy* S.62.

3) *Hardwig*, Zurechnung S.44; *Welzel* aaO S.86 f; *Maiwald* FS Bockelmann S.346.

4) *Welzel* aaO S.92.

5) *Bloy* S.62.

6) Zur Unterscheidung *Pufendorfs* zwischen den Beteiligungsformen nach dem Grad ihrer kausalen Bedeutung für den verbrecherischen Erfolg, d.h. zwischen "causae principales" und "causae non principales" siehe bereits oben S.64.

7) Dazu eingehend *Küppers* S.62 f.

8) Siehe dazu *Hegel*, Grundlinien §§ 115,117; *Berner*, Imputationslehre S.1 ff; *Abegg* Lb

die *Einheit von Wille und Tat* lasse es zu, das Geschehen als eine dem Tätiggewordenen zugehörige *Umgestaltung der Wirklichkeit* zu betrachten, sc. es ihm zuzurechnen[1]. Die Zurechnung sei also kein kausales, sondern vielmehr ein teleologisches Urteil und die Kausalität nur das Medium, durch das sich der Wille objektiviere[2].

Für die Teilnahmelehre bedeutet dies: Da die freie Selbstbestimmung Wesensmerkmal der Handlung sei[3], stelle sie kein spezielles Moment der Urheberschaft dar, sondern kennzeichne jede Beteiligungsform[4]. Teilnahme aber sei ihrem Wesen nach Beteiligung an *fremder* Tat, weil ein fremder, vollverantwortlicher Wille zwischengeschaltet sei[5]. Der Gehilfe gebe den Erfolgseintritt der freien Selbstbestimmung und Tätigkeit des Täters anheim[6]. Zur helfenden Tätigkeit müsse somit noch etwas hinzukommen, um den Erfolg herbeizuführen, was vom Gehilfen nicht zu verantworten sei, weil er es "der Wirksamkeit des Täters" überlasse[7]. Daher könne die fremde Tat dem Teil-

---

S.122 ff; *Köstlin*, System S.123 ff; *dens.*, Neue Revision S.145; *Hälschner*, Preuß. StrafR S.98 ff, 294 ff; *Luden*, Abhandlungen S.349 f.

9) Vgl. *Köstlin*, Neue Revision S.145; *Bloy* S.79; *Hardwig*, Zurechnung S.55.

1) *Berner* Lb (1.Aufl.) S.138; vgl. a. *Hälschner*, Preuß. StrafR S.98 ff; *Schütze*, Theilnahme S.170; *Bloy* S.79. Diese Vermittlung von Wille und Tat sei die Handlung, siehe etwa *Berner*, Theilnahme S.1 f,165,180 f; *dens.* Lb (1.Aufl.) aaO; *Köstlin*, Neue Revision S.146 ff; *Abegg* Lb S.122 ff; der Sache nach ebenso *Hälschner*, Preuß. StrafR S.121; *ders.*, Deutsches StrafR S.185.

2) *Berner*, Theilnahme S.180,190,205; vgl. a. *Köstlin*, Neue Revision S.131 f,146.

3) *Köstlin*, Neue Revision S.131 f; *Luden*, Handbuch S.336 f; *Hälschner*, Preuß. StrafR S.98.

4) *Berner*, Theilnahme S.12 ff,173; *Hälschner*, Preuß. StrafR S.317,318.

5) *Berner*, Theilnahme S.212; *Luden*, Handbuch S.433 f, insbes. S.437; *ders.*, Abhandlungen S.346 ff; *Hälschner*, Deutsches StrafR S.376,378 f; vgl. a. *Schütze*, Theilnahme S.248 f,274 f; *v. Bar*, Gesetz und Schuld S.579,594,623 f; *Maiwald* FS Bockelmann S.356.

6) *Hälschner*, Deutsches StrafR S.378; *Luden*, Abhandlungen S.349; *Berner* Lb (18.Aufl.) S.168; vgl. a. *Maiwald* aaO.

7) *Hälschner*, Deutsches StrafR S.379. Vgl. a. *dens.*, Preuß. StrafR S.314: "Das eigenthümliche Wesen der Beihilfe liegt also darin, daß sie die Thätigkeit eines Urhebers voraussetzt, die dem Gehilfen nicht zuzurechnen ist, und daß also das Geschehene jedenfalls nicht in seinem vollen Umfange nach dem Gehilfen zugerechnet werden kann, da von der Zurechnung das ausgeschlossen bleibt, was allein im Willen des Urhebers seine Ursache hatte". Die

nehmer niemals als eigene Handlung zugerechnet werden. "Die Theilnahme an einer strafbaren Handlung hat die Thäterschaft zur Voraussetzung. Wo es am Thäter einer strafbaren Handlung mangelt, kann von einer strafbaren Theilnahme nicht die Rede sein"[1]; - kurz: Teilnahme sei akzessorisch[2].

Die Erkenntnis, daß in der Freiheit des Handelnden der Grund für die Existenz des Verbrechens liege[3], führte am deutlichsten bei *Luden* zu Konsequenzen für die Teilnahmelehre: Er gelangte zu der These, daß nur zwischen der Handlung, durch die der Tatbestand des Verbrechens verwirklicht werde, und dem Erfolg Kausalität bestehe, d.h. allein bei der Urheberschaft. Urheberschaft sei es, "wenn der Handelnde selbst die verbrecherische Handlung vornimmt, welche nach seiner Vorstellung mit der verbotenen Einwirkung auf die Außenwelt im Causalzusammenhange steht; Theilnahme, wenn er sich dazu der verbrecherischen Handlung anderer Personen bedient ... aber es läßt sich von der Theilnahme nicht sagen, daß durch sie die verbotene Einwirkung auf die Außenwelt wirklich hervorgebracht werde, weil die hervorbringende Ursache derselben nach dem Gesetze des Causalzusammenhangs nicht in ihr, sondern in der verbrecherischen Thätigkeit des Anderen liegt"[4]. Zwar ging auch *Luden* davon aus, daß der Teilnehmer einen Beitrag zur Hervorbringung des Verbrechens leiste[5], aber er stehe eben außerhalb des Ursachenzusammenhangs, weil er nur bewirke, daß der *Urheber* das Verbrechen verur-

---

hegelianisch beeinflußte Interpretation akzessorischer Teilnahme verläuft somit im Ansatz analog zur Tatherrschaftslehre: Auch *Roxin* (NStZ 87,347) betont, daß selbstverständlich auch der Gehilfe seinen eigenen Tatbeitrag beherrsche, indem es z.B. ganz von seinem Willen abhänge, ob er dem Täter das Tatwerkzeug liefere oder nicht. Es komme daher für die Täterschaft darauf an, ob jemand, der einen aktiven Beitrag leiste, die Tat *als ganze* beherrsche oder wenigstens mitbeherrsche.

1) *Hälschner*, Deutsches StrafR S.367.

2) *Schütze*, Theilnahme S.274 f,281,285 f,304; *Köstlin*, System S.275,282; *Berner* Lb (1.Aufl.) S.162; *ders.* Lb (18.Aufl.) S.167 f; *ders.*, Theilnahme S.211 f; *Hälschner*, Preuß. StrafR S.324 f,329,332; *Luden*, Abhandlungen S.346 ff; *ders.*, Handbuch S.433 f.

3) *Berner*, Imputationslehre S.1 ff; *Köstlin*, Neue Revision S.131; *Hälschner*, Preuß. StrafR S.95,100 f; *Luden*, Abhandlungen S.336 f,349,367 f,500 f; *ders.*, Handbuch S.7 ff,345.

4) *Luden*, Handbuch S.342 f; vgl. a. *dens.*, Abhandlungen S.367 f.

5) *Luden*, Abhandlungen S.260 f,331 f,348,365.

sache[1]. Auch wenn der Urheber ohne die Tätigkeit des Teilnehmers die tatbestandsmäßige Handlung nicht vorgenommen hätte, liege der Grund für die Vornahme dieser Handlung doch nicht in der Tätigkeit des Teilnehmers, sondern immer in der eigenen freien Entschließung des Urhebers[2]. *Luden* glaubte also, daß die durch einen anderen Menschen vermittelte Herbeiführung eines verbrecherischen Erfolgs wegen der Freiheit des eingeschalteten Dritten keinen naturgesetzlichen Zusammenhang zwischen Handlung und Erfolg begründen könne[3], womit sich zwangsläufig die Möglichkeit kausaler Erfolgsbewirkung bei Einschaltung eines Dritten auf die Benutzung eines unfreien Werkzeugs beschränke; - diese Form der mittelbaren Täterschaft nannte *Luden* "intellectuelle Urheberschaft"[4].

Somit bleibt festzuhalten, daß bereits die *Hegelianer* - wenn auch im Rahmen eines anderen dogmatischen Grundkonzepts - ebenso wie *Rudolphi* die Beihilfe über den fehlenden unmittelbaren Zugriff auf den tatbestandlichen Erfolg definierten.

---

1) *Luden*, Handbuch S.436 f; zust. *Birkmeyer*, Teilnahme S.112 f,125.

2) *Luden*, Abhandlungen S.349,365,367 f,383 ff; *ders.*, Handbuch S.343,352; vgl. a. *Hälschner*, Deutsches StrafR S.378 f; *Berner*, Theilnahme S.212. Ähnlich, aber Haupt- und Nebenursachen unterscheidend bereits *Feuerbach* Lb (14.Aufl.) §§ 44 (S.80), 45 (S.83): "...die Person, in deren *Willen* und Handlung die hinreichende Ursache enthalten ist, welche das Verbrechen als eine Wirkung hervorbrachte, heißt Urheber (auctor delicti) ... So wie aber bei jeder Ursache Nebenursachen möglich sind, welche durch erleichterte Wirksamkeit der Hauptursache auf die Entstehung eines bestimmten Erfolgs hinwirken, so können auch Andere an der Uebertretung des Urhebers durch solche Handlungen theil nehmen, welche zwar für sich betrachtet, *das Verbrechen nicht hervorbringen*, aber durch Beförderung der Wirksamkeit des Urhebers zu dessen Entstehung mit beitragen. Wer sich absichtlich solcher Handlungen oder Unterlassungen schuldig macht, heisst Gefülfe (socius delicti)". Gegen die Unterscheidung der Beteiligungsformen nach der Art des Kausalitätsverhältnisses *Berner*, Grundsätze S.42; *Hälschner*, Deutsches StrafR S.370.

3) *Luden*, Abhandlungen S.348 f; vgl. a. *Berner*, Theilnahme S.16.

4) *Luden*, Handbuch S.356 f. Die intellektuelle Urheberschaft grenzte er scharf gegen die Anstiftung ab, die mangels Kausalität keine Urheberschaft sei, vgl. *Luden*, Handbuch S.354 ff,455; *dens.*, Abhandlungen S.367 f.

bb. Der Subordinationsgedanke bei v. Buri

Trotz aller dogmatischen Differenzen gilt das gleiche auch für die subjektive Täterlehre *v. Buris*. Danach soll der Gehilfe seine Handlung in der Erwartung vornehmen, daß "der von ihm für möglich gehaltene Erfolg unter dem *Hinzutritt der urheberischen verbrecherischen Wirksamkeit* zu der seinigen zur Existenz gelangen werde"[1]. Einen Erfolg, der sich ohne die Vermittlung der urheberischen Wirksamkeit aus seiner eigenen Wirksamkeit ergebe, lehne er hingegen ab. Somit ordne sich der Gehilfe mit seiner Absicht derjenigen des Urhebers insofern unter, als "der Urheber aus eigner Entschließung das Verbrechen verüben werde, und *stelle demgemäß das Ergebnis des eigenen Thuns dem Urheber zur Disposition*, damit dieser es als Bedingung des von ihm beabsichtigten Verbrechens *verwerten* könne"[2].

Gegen *v. Buris* Ansatz ist zu Recht stets eingewendet worden, daß sich die Unterscheidung von Täterschaft und Beihilfe auf der subjektiven Deliktsseite auch im objektiven Bereich widerspiegeln muß[3]. Bereinigt man seine Grundgedanken insoweit von ihrem Denkfehler, besteht zur Konzeption *Rudolphis* praktisch keine Differenz: Täterschaft und Beihilfe unterscheiden sich dann durch die unmittelbare Beherrschung des Erfolgseintritts[4]; - anders ausgedrückt: Beihilfe setzt als intervenierte Erfolgsherbeiführung voraus, daß *nach* dem Tatbeitrag des Mitverursachers noch der Täter faktisch über die Verwertung dieses Tatbeitrags zur Tatbestandsverwirklichung entscheidet.

---

1) *V. Buri* ZStW 2(1882),258 ff.

2) *V. Buri* aaO S.263. Ebenso RGSt 3,181[182 f]. Ähnlich *Köstlin*, System S.256, nach dessen Auffassung die Beihilfe dadurch definiert sein sollte, "daß ein Subjekt sich dazu bestimmt, die Handlung eines Anderen bloß zu unterstützen, mithin ihm die Bestimmung zu überlassen und sich selbst relativ in das Verhältnis des Bestimmtseins zu setzen".

3) Vgl. etwa aus älterer Zeit *Hälschner*, Deutsches StrafR S.377,380; *Horn* GS 54 (1897),371 f; *v. Bar*, Gesetz und Schuld S.600; *Klee* GA 67(1919),94 ff; aus neuerer Zeit *Jakobs* AT 21/27; SK-*Samson* § 25 Rn 17.

4) Vgl. a. *Roxin* TuT S.53 f.

cc. *Die Abgrenzung von Täterschaft und Beihilfe anhand eines Adäquanzurteils über die Gefährlichkeit*

Auch die u.a. von *Perten* vorgeschlagene Abgrenzung von Täterschaft und Beihilfe anhand eines Adäquanzurteils über die Gefährlichkeit (sog. "materiell-objektive Theorie"[1]) läßt sich auf das gleiche Prinzip zurückführen. *Perten* unterschied die Bedingungen eines Erfolgs danach, ob sie den Erfolg mit größerer oder geringerer Wahrscheinlichkeit herbeiführten und ob sie die Wahrscheinlichkeit des Erfolgseintritts mehr oder weniger erhöhten[2]. Jede frühere Veränderung in einer Kausalreihe sei in ihrer Wirksamkeit für den Erfolg von dem Eintritt aller späteren Veränderungen abhängig, so daß bei einer generellen, typischen Beurteilung der Wahrscheinlichkeit die letzte unter mehreren, den Erfolg bedingenden Veränderungen die Erfolgswahrscheinlichkeit am meisten erhöhe[3]. Bei der Teilnahme am Verbrechen, sc. dem Zusammenwirken mehrerer Personen zur Hervorbringung ein und desselben Verbrechenserfolgs führe diese enorme Bedeutung der Zeitfolge[4] zur Bildung unterschiedlicher "Gefährlichkeitstypen"[5]. Denn die Wirksamkeit einer zeitlich vorangehenden Teilnahmehandlung sei durch das Hinzutreten der strafbaren Handlung eines Dritten bedingt; - anders ausgedrückt: Zwischen ihr und dem Erfolg stehe der verbrecherische Wille eines anderen. Die Beihilfe erscheine bloß als Vorbereitung der eigentlichen Angriffshandlung. Ihre Bedeutung für den Verbrechenserfolg hänge davon ab, ob *in der Folge* ein Täter "unter Ueberwindung der vom Verbrechen abhaltenden psychischen Hemmungen" weitere Erfolgsbedingungen setze. Die *letzte Handlung* sei es, welche den Erfolg von menschlichem verbrecherischem Handeln unabhängig mache, d.h. ihn unmittelbarer und daher mit größerer Wahrscheinlichkeit als die vorangegangenen Handlungen nach sich ziehe[6].

Nur wenn zwei oder mehrere gleichzeitige Handlungen eine Veränderung her-

---

1) Vgl. *Gallas*, Materialien 1, S.128.

2) *Perten* S.82 ff.

3) *Perten* S.84,88.

4) *Perten* S.99.

5) *Perten* S.96; ebenso *Otto* FS Lange S.205.

6) *Perten* S.99.

beiführten, durch die der Verbrechenserfolg verwirklicht werde, sei deren Gefährlichkeit grundsätzlich gleich zu beurteilen. Sobald aber bei gleichzeitiger Tätigkeit mehrerer Personen eine sukzessive Wirksamkeit auszumachen sei, müsse die zeitlich vorangehende Mitwirksamkeit trotz des minimalen Zeitintervalls als Beihilfe charakterisiert werden, weil sie noch keinen unmittelbaren Angriff auf ein Rechtsgut enthalte und ihre gefährdende Bedeutung allein auf der Ergänzung durch die hinzutretende Täterhandlung beruhe[1]. Wenn also z.B. A das Opfer eines gemeinsamen Überfalls festhalte, B dessen zu Hilfe eilenden Freunde fernhalte und C den tödlichen Hieb führe, sei allein C Täter. Denn die Handlungen des A und des B seien in ihrer Wirksamkeit durch die nachfolgende Handlung des C bedingt, während die Wirksamkeit der Handlung des C von keiner späteren Verbrechenshandlung eines anderen mehr abhänge.

Lediglich in zwei Fällen sukzessiver Tätigkeiten soll auch die vorangegangene Handlung Täterschaft begründen, und zwar zum einen im Bereich der mittelbaren Täterschaft[2] und zum anderen dann, wenn die vorausgehende Handlung bereits für sich generell geeignet gewesen sei, den Erfolg herbeizuführen, aber gleichwohl der Erfolg erst nach Hinzutreten eines verantwortlichen anderen Täters eintrete[3].

dd. Die Teilnahmelehre Arnold Horns

Die praktisch gleichen Kriterien zur Differenzierung zwischen Täterschaft und Beihilfe fanden sich auch bei den traditionellen, am Gedanken des Regreßverbots orientierten Lehren. Exemplarisch für diese Ansätze sei hier nur die Teilnahmelehre *Arnold Horns* erwähnt. In Fortführung der Lehre von der Unterbrechung des Kausalzusammenhangs differenzierte *Horn* zur "Einengung des unendlichen Regresses" zwischen *Ursache* und *Bedingung*[4], weil nur Ursachen, nicht aber Bedingungen als "wirkende" bzw. "tätige Kräfte" ge-

---

1) *Perten* S.106 f; ebenso jetzt wieder *Otto* FS Jescheck S.719.

2) *Perten* S.125 ff.

3) *Perten* S.100 f.

4) *Horn* GS 54(1897),321 ff,362 ff; ebenso *Frank*, StGB (18.Aufl.) § 1 III 2a; *Klee* GA 67 (1919),100; vgl. a. *v. Bar*, Lehre S. 4 ff.

dacht werden könnten[1]. Täterschaft sei nur die *Verursachung* eines Erfolgs, wobei sowohl eine physische als auch eine psychische Kausalität in Betracht komme. Im Bereich der Naturkausalität sei nur die *letzte*, d.h. veranlassende aktuelle Bewegung die *Ursache* für die sich daran anschließenden Erscheinungen, während die vorhandenen "latenten Bewegungsenergien", in die jene Bewegung eingreife, bloß Bedingungen derselben sein sollen[2]. Dieser naturale Ursachenbegriff müsse aber durch das Wirken des disponierenden Willens erweitert werden. Wenn "Leibesbewegungen und die daran sich knüpfenden Naturprocesse auf eine Willensaction zurückzuführen" seien, so gelte dem Strafrecht diese "innere Willensaction gerade so gut als causa eines Erfolgs, wie diejenige Leibesbewegung, welche die zu dem Erfolg in fortlaufender actueller Bewegungskette führenden materiellen Veränderungen bewirkt" habe[3]. Insoweit könne auch das "Setzen einer bloßen Bedingung zu einer ursächlich wirkenden Thätigkeit, zum *dominum causae* werden"[4].

Demgegenüber sei in der Beihilfe "überhaupt nur das einer Willensentschließung entgegengesetze Poniren einer bloßen Bedingung", nicht aber ein Verursachen oder eine "rationelle Urheberschaft" zu sehen[5]. Der Gehilfe stelle die Entscheidung, ob der Erfolg eintreten solle oder nicht, dem Urheber anheim. Seine Tätigkeit mache daher vor der Entschließung des Täters, ob er sich ihrer bedienen solle, causaliter Halt und springe nicht über dessen Willen hinweg. "Das Hauptgebiet für die Beihülfe liefert daher die Darbietung einer latenten Energie, die der Thäter erst dadurch in den Causalzusammenhang mit dem Erfolg bringt, daß er sie zur Ausführung seines verbrecherischen Entschlusses benützt, daß er ihre Kräfte lebendig macht". Das "Wirken der Bedingungssetzung" hänge also von der "hinzukommenden Willensthätigkeit des Thäters" ab[6]. Der Tätigkeit des Gehilfen müsse daher eine Tätigkeit des

1) *Horn* aaO S.321,323 ff; ebenso *Berner*, Theilnahme S.203.

2) *Horn* aaO S.331 ff.

3) *Horn* aaO S.347 ff.

4) *Horn* aaO S.350 f. Es handelt sich hierbei um die Fälle mittelbarer Täterschaft, vgl. a. *Frank*, StGB (18.Aufl.) § 1 III 2a; *v. Bar*, Lehre S.25.

5) *Horn* aaO S.353,368; *Birkmeyer*, Teilnahme S.112 f,125.

6) *Horn* aaO S.372 ff; im gleichen Sinne *Perten* S.89,94 f,98 f; *Frank*, StGB (18. Aufl.) § 1 III 2a; vgl. a. *Klee* GA 67(1919),100. Allerdings brauche die Aneignung der Beihilfe durch den Täter keine wissentliche zu sein (*Horn* aaO S.374 Fn 1).

Urhebers *nachfolgen*[1].

Halten wir fest: Obwohl *v. Buri* und *Perten* dem Akzessorietätsprinzip ablehnend gegenüberstanden, sind zwischen ihrer Definition der Beihilfe und den Konzepten *Rudolphis*, *Arnold Horns* oder der *Hegelianer* keine signifikanten Unterschiede festzustellen. Das liegt daran, daß die Beteiligungsformen letztlich allein über die Art ihres Zugriffs auf den tatbestandlichen Erfolg interpretiert werden. Der Grundgedanke ist stets der gleiche: Bei intervenierter Erfolgsherbeiführung hängt die Wirksamkeit des Tatbeitrags von der Entscheidung eines frei und vollverantwortlich handelnden Dritten ab und diese letzte Entscheidungsherrschaft eines anderen schneidet dem Mitverursacher die volle (sc. täterschaftliche) Zuständigkeit für die Erfolgsherbeiführung ab. Angesichts dieses Befunds ist allerdings die Ablehnung des Akzessorietätsgrundsatzes ein Widerspruch in sich. Es kommt daher nicht von ungefähr, wenn die Unterschiede zu den Lehren, die dem Bereich des Regreßverbots im weitesten Sinne zuzurechnen sind und wegen des Prinzips der Eigenverantwortlichkeit für eine akzessorische Konstruktion der Beihilfe plädierten, weitgehend verwischt werden.

d. Anwendung der Lehre Rudolphis auf die problematischen Fallgruppen

Definiert man der Tradition entsprechend das Phänomen der Beihilfe über den fehlenden unmittelbaren Zugriff auf die Tatbestandsverwirklichung, ist die pauschale Lösung des spätest möglichen Beihilfezeitpunkts unter Verweis auf die Vollendung oder die Beendigung ganz offensichtlich verfehlt. Denn dann kann als Beihilfe nur eine solche Beteiligung definiert werden, die vor dem Abschluß der aktuell willensgesteuerten körperlichen Tätigkeit des Täters, d.h. spätestens bis zum beendeten Versuch erfolgt. Die Anwendung der Lehre *Rudolphis* auf die Beispiele der ersten problematischen Konstellation sukzessiver Beihilfe[2] ergibt damit folgendes Bild: In den ersten sieben Beispielen (1/1 -1/7) scheitert jeweils die (Mit-) Täterschaft des A an der fehlenden Entscheidungsherrschaft und diejenige des C nach herkömmlicher Auf-

---

1) *Horn* aaO S.374. Auf die Antizipation des Tatherrschaftsgedankens durch die Teilnahmelehre *Arnold Horns* hat bereits *Roxin* TuT S.48 hingewiesen.

2) Siehe oben S.69 ff.

fassung an der mangelnden Qualifikation bzw. überschießenden Innentendenz. Folglich scheidet im ersten Beispiel (1/1) eine Strafbarkeit der Beteiligten nach § 266, im zweiten (1/2) nach § 283, im dritten (1/3) nach § 85 I GmbHG, im vierten (1/4) nach § 288, im fünften (1/5) nach § 142, im sechsten (1/6) nach § 348 sowie im siebten Beispiel (1/7) nach § 242 überhaupt aus[1]. Im achten (1/8) und neunten Beispiel (1/9) muß die Abgrenzungsformel *Rudolphis* versagen: Durch reine Passivität (Unterlassung) kann ein Außenweltsgeschehen nicht beherrscht werden; - die Erfolgsabwendungsmöglichkeit ist eine begriffliche Voraussetzung des Unterlassens, begründet aber keine Tatherrschaft[2]. Freilich plädiert auch *Rudolphi* im Bereich der Unterlassungsdelikte ohnehin - jedenfalls prinzipiell - für den Einheitstäter[3]. Im zehnten Beispiel (1/10) schließlich ist C als Träger der Entscheidungsherrschaft nicht Gehilfe, sondern Täter.

Für die Beispiele der zweiten problematischen Fallkonstellation[4] bietet die Täterlehre - das wurde bereits angesprochen - zwar noch keine *abschließende* Lösung, jedoch ergeben sich auch hier bereits erhebliche Konsequenzen. Im ersten Beispiel (2/1) ist zu differenzieren: Nimmt A als erster den Koffer an sich, bleibt Beihilfe des C zum Diebstahl prinzipiell möglich. Wenn aber C den Koffer zuerst findet und aufnimmt, beherrscht er die Begründung neuen Gewahrsams allein. Dann haftet A bloß wegen Versuchs und C wegen täterschaftlicher Unterschlagung.

Im zweiten Beispiel (2/2) beschränkt sich die Entscheidungsherrschaft des A auf eine Nötigung des B. Zwischen seinem Beitrag und dem Eintritt eines Vermögensschadens aber steht noch die maßgebliche Entscheidung des C. Daher ist A jedenfalls kein Täter einer vollendeten Erpressung und eine Haftung des C wegen Beihilfe zur Erpressung scheidet ebenfalls aus. Auch Mittäterschaft kommt nicht in Betracht, da keiner von beiden über das Ob der kompletten Verwirklichung des § 253 entscheidet. Allein in der Variante

---

1) Vgl. aber *Cramer* FS Bockelmann S.398, der beim sog. "absichtslos-dolosen Werkzeug" eine Tatherrschaft des Hintermanns postuliert.

2) *Roxin* NStZ 87,346; *Jakobs* AT 29/101; *Gallas* JZ 60,651,686 (dort auch Fn 56); vgl. a. *Bloy* S.214 f; *Cramer* FS Bockelmann S.395.

3) SK-*Rudolphi* Vor § 13 Rn 37.

4) Siehe oben S.72 ff.

kann - jedenfalls unter dem Aspekt der Täterlehre - Beihilfe zur Erpressung angenommen werden.

In beiden Varianten des dritten Beispiels (2/3) bleibt Beihilfe des C zum Raub des A grundsätzlich möglich[1]. Zwar beherrscht C die Lösung des Koffers vom Handgelenk des B zumindest mit. Aber über die Begründung des neuen Gewahrsams durch A entscheidet dieser anschließend allein. Schließlich ist auch im vierten bis sechsten Beispiel (2/4 - 2/6) Beihilfe des C zum jeweiligen Delikt des A - sc. zum räuberischen Diebstahl (§ 252), zur besonders schweren Brandstiftung (§§ 306 Nr.2, 307 Nr.3) bzw. zur qualifizierten Freiheitsberaubung (§ 239 II) - nicht schon aufgrund der Täterlehre ausgeschlossen.

III. Stellungnahme zur formal-restriktiven Konzeption der Täterlehre

Wir haben gesehen, daß die übliche Bestimmung des spätest möglichen Beihilfezeitpunkts unter Verweis auf die Vollendung oder die Beendigung auf der Grundlage einer radikal formal-restriktiv konzipierten Täterlehre nicht zu halten ist. Denn insoweit kann nur eine solche Mitwirkung an der Tatbestandsverwirklichung als Beihilfe bezeichnet werden, die über die willensgesteuerte Tätigkeit des Täters interveniert wird, d.h. also spätestens bis zum Abschluß des beendeten Versuchs erfolgt. Jedoch ist die formal-restriktive Grundkonzeption der Täterlehre mit erheblichen dogmatischen Unstimmigkeiten behaftet.

1. Kritik der Täterlehre Rudolphis

Dies gilt insbesondere für die vor allem von *Rudolphi* verfochtene formal-naturalistische These, nach der Täter *im Gegensatz zum Gehilfen* stets derjenige sein soll, der durch sein Handeln die maßgebliche Entscheidung über das Ob und Wie der Tatbestandsverwirklichung treffe.

---

1) Es sei denn, C vollzieht vorsätzlich den letzten Akt, indem er den Koffer an sich nimmt und ihn dem A überreicht.

a. Die Lehre Rudolphis als verkappte formal-objektive Theorie

Bei näherer Analyse erweist sich die Täterlehre *Rudolphis* als verkappte formal-objektive Theorie, die das Tatherrschaftskriterium für die Unterscheidung von Täterschaft und Beihilfe letztlich ohne weiteres zu entbehren vermag. Die Grundthese lautet: "Wer die den Erfolg bewirkende Handlung nicht beherrscht, dem fehlt auch die Herrschaft über das durch diese Handlung ausgelöste Kausalgeschehen. Beherrscht jemand die den tatbestandsmäßigen Erfolg bewirkende Handlung, so übt er damit hingegen stets auch - soweit sein Vorsatz reicht - die Herrschaft über das durch sie ausgelöste Kausalgeschehen aus"[1].

Limitiert man den Bereich der Beihilfe auf erfolgskausale Beteiligung, läßt diese Prämisse bei Erfolgsdelikten eine Abgrenzung von Täterschaft und Beihilfe freilich nicht mehr zu. Denn *Rudolphi* versteht unter der Ausübung von Herrschaft im Anschluß an *Welzel*[2] zunächst einmal die aktuell auf die (im Sinne von Körperbewegung interpretierte) *Handlung*[3] beschränkte "zweckbewußte Lenkung des Kausalgeschehens". Folglich wird die Herrschaft über die komplette Tatbestandsverwirklichung erst aufgrund der Herrschaft über eine Handlung fingiert. Da indes auch der "Gehilfe" seinen eigenen erfolgskausalen Tatbeitrag, sc. seine den tatbestandsmäßigen Erfolg im Sinne der Äquivalenztheorie bewirkende Handlung beherrscht[4], ist der Täterbegriff insoweit extensiv: Jede Vornahme einer erfolgskausalen Handlung begründet - abgesehen vom Vorliegen besonderer Tätermerkmale - Täterschaft.

Wenn sich aber Täter und Gehilfe nicht durch die *Herrschaft* über eine erfolgsbewirkende Handlung unterscheiden, kann das maßgebliche Kriterium nur in der *Art dieser Handlung* gesucht werden. Und so führt denn *Rudolphi* auch an anderer Stelle aus, daß Täterschaft als Herrschaft über die *tatbestandsmäßige* Handlung zu definieren sei[5] und nur die Herrschaft über die

---

1) *Rudolphi* FS Jescheck S.573 f.

2) *Welzel* Lb S.99.

3) Siehe dazu etwa eingehend *Mir Puig* GS Armin Kaufmann S.260 ff.

4) *Roxin* NStZ 87,347; ebenso *Cramer* FS Bockelmann S.400 f zum Analogon der Mittäterschaft.

5) *Rudolphi* FS Jescheck S.573.

tatbestandsmäßige Handlung die Herrschaft über die komplette Tatbestandsverwirklichung inclusive Erfolgseintritt zu begründen vermöge. Gehilfe und Täter unterscheiden sich somit in Wahrheit allein dadurch, daß dieser über eine tatbestandsmäßige, sc. eine "Ausführungs-" Handlung[1] und jener bloß über eine solche erfolgsbewirkende Handlung herrscht, die keine Ausführungshandlung ist. *Rudolphis* Differenzierung der Beteiligungsformen mit Hilfe des Tatherrschaftsbegriffs setzt also insoweit eine bestimmte Definition der Tatbestandshandlung sowie eine Unterscheidung von Täterschaft und Beihilfe auf dieser (formal-objektiven) Ebene bereits voraus[2].

Die Täterlehre *Rudolphis* ist damit - abgesehen vom Bereich der mittelbaren Täterschaft - streng formal-objektiv und radikal restriktiv: Täterschaft erfordert die *eigenhändige* Verwirklichung aller Tatbestandsmerkmale[3] bzw. zumindest die Leistung eines für das Gelingen der geplanten Tat "wesentlichen" Beitrags *im Ausführungsstadium*[4]. Nicht die zweckbewußte Lenkung eines Kausalverlaufs, sondern der *Gegenstand* finaler Herrschaft - sc. die Tatbestandsausführungshandlung bzw. der "wesentliche" Ausführungsbeitrag - erweist sich als das eigentlich entscheidende Kriterium zur Abgrenzung von Täterschaft und Beihilfe. Der damit offenbarte formal-objektive Zug dieses Konzepts wird durch *Rudolphis* Kriterium der "maßgeblichen Entscheidung über das Ob und Wie der Tatbestandsverwirklichung" bestätigt: Die *maßgebli-*

---

1) Siehe dazu *Schütze* GA 1873,154 ff.

2) Anders etwa die Konzeption von *Gallas*, Materialien 1, S.128,136, der die "eigentliche" Tatbestandshandlung als solche bei den reinen Erfolgsdelikten unter Rekurs auf den Adäquanzgedanken der materiell-objektiven Teilnahmetheorie, d.h. letztlich mit Hilfe des Kriteriums der Entscheidungsherrschaft fixiert. Seine Lehre gehört damit dem "materiell-objektiven" Typus an (*Schwalm*, Niederschriften, 2.Bd. AT, S.91).

3) *Rudolphi* FS Lackner S.871.

4) *Rudolphi* FS Bockelmann S.374,386; ebenso *Bloy* S.197 ff,266 m.w.N., *Herzberg* JZ 91,856 ff sowie bereits *v. Bar*, Gesetz und Schuld S.604, der allerdings die mildere Bestrafung der quantitativ überwiegenden Mitwirkung vor der Ausführung durch den sog. "Hauptgehülfen" (Auxilium causam dans) für sachwidrig hielt (ibid. S.606). Bereits die ältere formalobjektive Täterlehre bestimmte den Täter als denjenigen, der *Ausführungshandlungen* vornimmt, sc. den Tatbestand eines Delikts *in eigener Person* verwirklicht bzw. - im Fall der Mittäterschaft - "Konkretisierungen abstrakter Tatbestandsmerkmale" vornimmt (vgl. *v. Hippel*, StrafR Bd.2, S.454; *Beling*, Grundzüge S.64,98; *zu Dohna*, Aufbau S.59 f; *Mezger*, StrafR [2.Aufl.] S.444; *Berner* Lb [18.Aufl.] S.166; *dens.*, Grundsätze S.21 f,47; *Schütze*, Theilnahme S.194 f; *dens.* GA 1873,154).

che Entscheidung i.d.S. trifft (abgesehen von den Fällen der Beherrschung durch einen mittelbaren Täter) stets - aber auch nur - derjenige, dessen Handlung die Tatbestandsverwirklichung unmittelbar bringt, sc. der als letzter final handelt[1]. Folglich wird die Mittäterschaft bei *Rudolphi* auf den ganz seltenen Ausnahmefall reduziert, in dem wirklich eine exakt zeitgleiche Leistung von Tatbeiträgen notwendig ist, um die komplette Tatbestandsverwirklichung zu ermöglichen. Beispiel: A und B müssen, um einen Sprengsatz zur Explosion zu bringen, jeweils zur gleichen Zeit auf einen Knopf drücken. Wenn die Bombe so konstruiert ist, daß zur Auslösung der Explosion die Knöpfe auch hintereinander gedrückt werden können und A seinen Knopf zuerst drückt, obliegt die maßgebliche Entscheidung über das Ob der Tatbestandsverwirklichung allein dem B (der auch zugleich der letzte final Handelnde ist); - A ist kein Täter. Auch hier zeigt sich eine deutliche Übereinstimmung mit der Teilnahmelehre *Pertens*. Explizit anderer Auffassung war freilich der Reformgesetzgeber: "Schließen sich z.B. drei Wilderer zusammen, um gemeinsam einen Förster zu töten, so sind alle drei in gleicher Weise Mörder (Mittäter), auch wenn der eine das arglose Opfer nur in den Hinterhalt gelockt hat, die beiden anderen alsdann zu gleicher Zeit auf den Förster anlegten und schossen, aber nur einer davon traf"[2]. *Rudolphis* Konzept ist damit zunächst jedenfalls den gleichen Einwänden ausgesetzt, die bereits gegen die formal-objektive Interpretation des § 25 I, 1. Alt. vorgebracht worden sind.

b. Das Problem der Mittäterschaft

Insbesondere die Zurechnungsform der Mittäterschaft stellt die Täterlehre *Rudolphis* vor unlösbare intrasystematische Schwierigkeiten. Bei der Mittäterschaft ist *zwingend* für jeden Beteiligten weniger zu leisten als bei der Alleintäterschaft[3]. Schon aus diesem Grund ist es unmöglich, Alleintäter-

---

1) Die Bedeutung der Entscheidungsherrschaft beschränkt sich also an sich auf die Definition des mittelbaren Täters, den die ältere formal-objektive Theorie allein durch Tatbestandsauslegung unter Rekurs auf den "einfachen Lebenssprachgebrauch" zu erklären vermochte (vgl. *Beling* aaO S.37,39 f; *zu Dohna* aaO S.61; *Schütze*, Theilnahme S.194; krit. dazu *Stratenwerth* AT Rn 738; Sch/Sch-*Cramer* Vor § 25 Rn 55).

2) E 1962/Begr., BT-Drucks. IV/650, S.150.

3) *Jakobs* AT 21/34.

schaft *und* Mittäterschaft hinsichtlich der einzelnen Beteiligten stets mit Hilfe des gleichen qualitativen Kriteriums von der Beihilfe abzugrenzen. Darüber hinaus beherrscht auch gerade nicht jeder, der eine Tatbestandsausführungshandlung vornimmt, zugleich das Ob und Wie der *kompletten* Tatbestandsverwirklichung, und zwar auch dann nicht, wenn der Beitrag "wesentlich" ist[1]. - Beispiel: A will einen Sprengstoffanschlag auf eine Runde hochkarätiger Politiker verüben. Er übernimmt die vollständige Planung und Beschaffung der Tatwerkzeuge, baut die Höllenmaschine, installiert sie am Konferenzraum, beobachtet das Szenario vom gegenüberliegenden Gebäude aus mit dem Fernglas, bis alle Politiker den Raum betreten haben und gibt dem mitgekommenen B auch das Kommando zum Knopfdruck ("Jetzt!"), das dieser dann mit dem gewünschten Erfolg ausführt. Hier leistet A wesentliche, für das Gelingen der Tat unabdingbare Beiträge im Ausführungsstadium, kann aber dennoch konsequenterweise nur Gehilfe sein, weil er weder der letzte final Handelnde noch Träger der Entscheidungsherrschaft hinsichtlich der Tatbestandsverwirklichung *insgesamt* ist: Die Wirksamkeit seiner Handlungen für den Erfolg hängt von einer weiteren, nachfolgenden Handlung ab, so daß der für die Täterschaft typische *unmittelbare* Zugriff auf den tatbestandlichen Erfolg fehlt[2].

Zudem: Je stärker Tatbeiträge arbeitsteilig geleistet werden, desto mehr müssen formal-objektive Kriterien zur Bestimmung eines einzelnen Beteiligten als Täter ebenso versagen wie das Kriterium der Entscheidungsherrschaft[3]. Dies gilt insbesondere dann, wenn die sog. Tatbestandsausführungshandlung

---

1) Einen "erheblichen" bzw. "wesentlichen" Beitrag des einzelnen Mittäters verlangen etwa *Hälschner* GS 25(1873),115 f,118; LK-*Roxin* § 25 Rn 131; *ders.*, JA 79,522,523; *Stratenwerth* AT Rn 823; *Jescheck* SchwZStr 71(1956),234; SK-*Samson* § 25 Rn 47; *Rudolphi* FS Bockelmann S.373 f, 386; *Küper* JZ 89,938. Kritisch zur Differenzierung verschiedener Tatbeiträge anhand Ihrer Wesentlichkeit bereits *Köstlin*, System S.227 f: Soll bloß die größere oder geringere äußere Wirksamkeit für den Erfolg entscheiden, wäre die "einzig schicklich Grenze ... die Unterscheidung zwischen der Unentbehrlichkeit oder Entbehrlichkeit der That in concreto" (ebenso *Timpe* JZ 90,98 [Fn 6]). Doch auch diese ist willkürlich: "Denn bei einem bestimmten Erfolg ist ebenso Alles nothwendig, wie alles zufällig". Gegen die h.L. wendet sich auch *Jakobs* AT 21/51 und bezeichnet das Abstellen auf einen "wesentlichen" Beitrag als "problematischen Rückgang zur alten materiell-objektiven Theorie".

2) Siehe dazu auch das Beispiel *Pertens*, oben 2. Teil / B.II.2.c.cc.

3) Vgl. zur Kritik a. *Baldus*, Niederschriften, 2.Bd. AT, S.94; *Baumann/Weber* AT (9.Aufl.) S.534; *Jakobs* AT 21/34,47 f; *Cramer* FS Bockelmann S.400 f.

nicht momentan-einaktig, sondern zeitlich gestreckt oder gar mehraktig und geteilt vorgenommen wird. Insoweit ist der Ansatz *Rudolphis* wiederum den gleichen Einwänden ausgesetzt, an denen bereits die ältere formal-objektive Lehre scheitern mußte. Denn bei mehraktiger Ausführung ist die Vornahme einer Ausführungshandlung stets bloß Tat*anteil* (teilweise Tatbestandsverwirklichung), nicht aber eine komplette Tatbestandsverwirklichung[1] (sonst läge Alleintäterschaft vor[2]). Eine korrekte Interpretation des Moments der mittäterschaftlichen Begehung hängt somit zunächst von der Erkenntnis ab, daß als Begehen in § 25 II nicht die unmittelbare (eigenhändige) Ausführung eines jeden einzelnen zu verstehen ist[3]. Anderenfalls wäre in der Vorschrift tatsächlich die formal-objektive Theorie festgeschrieben, aber diese Theorie ist sowohl unpraktisch (bei unteilbaren Ausführungshandlungen entfiele die Möglichkeit von Mittäterschaft überhaupt) als auch nicht konsequent: Bei geteilter Ausführungshandlung läßt sich die täterschaftliche Zurechnung des nicht eigenhändig vollzogenen Teils der Ausführungshandlung gar nicht begründen[4]. Ist aber das formelle Moment ohnehin nicht Voraussetzung der Täterschaft, so entfällt auch die Berechtigung, Mittäterschaft überhaupt an ein formelles Moment zu koppeln[5]; - der Beitrag braucht also gerade keine Aus-

---

1) Vgl. a. *Jakobs* AT 21/25; *Welzel*, Abhandlungen S.170.

2) Vgl. *Cramer* FS Bockelmann S.401; Maurach-*Gössel* AT/2 49/4. Es ist jedoch zu beachten, daß wegen des einem Beteiligten insgesamt zuzurechnenden Unrechtsquantums die Annahme von Mittäterschaft gegenüber Alleintäterschaft auch dann von Bedeutung ist, wenn mehrere Beteiligte bereits bei isolierter Betrachtung des jeweils geleisteten Tatbeitrags als Täter anzusehen sind (*Hälschner* GS 25[1873],119).

3) *Hardwig* GA 1954,353. Das entspricht auch dem Willen des Gesetzgebers. Bereits *Schwalm* hat in den Sitzung der Großen Strafrechtskommission auf den Zweck der Bestimmung über die Mittäterschaft hingewiesen, jeglichen Zweifel darüber auszuschalten, daß ein gemeinschaftlich Handelnder, der nicht alle Tatbestandsmerkmale eigenhändig verwirkliche, als Mittäter behandelt werden solle (Niederschriften, 2.Bd. AT, S.88; ebenso die Begründung des BMJ, ibid., Anh. Nr. 16, S.39; *Sturm*, Prot. V, S.1824).

4) *Jakobs* AT 21/25,47.

5) Das gesteht auch im Grunde genommen *Roxin* ein, wenn er sich zur Beurteilung eines Beteiligten als Mittäter damit begnügt, daß dieser dem für ihn maßgebenden "Leitgesichtspunkt der Zentralgestalt des handlungsmäßigen Geschehens *soweit wie möglich* gerecht wird" (TuT S.278). Damit ist vor allem klargestellt, daß es bei Mittäterschaft *die* "Zentralgestalt", die als Täter den Tatbestand verwirklicht (vgl. *Roxin* TuT S.127) ohnehin nicht gibt! Bei den *eigenhändigen* Delikten scheidet Mittäterschaft wegen der Höchstpersönlichkeit des Verstoßes von vornherein aus (*Jakobs* AT 21/22).

führungshandlung zu sein und kann sogar im Vorbereitungsstadium geleistet werden[1]. Das aus dem restriktiven Täterbegriff bezogene Gegenargument[2] erweist sich jedenfalls - weil formal-objektiv auf Alleintäterschaft zugeschnitten[3] - als Scheinargument[4].

Das skizzierte Zurechnungsdilemma formal-objektiver Täterlehren läßt sich an folgendem Beispiel verdeutlichen: A und B entschließen sich zu einem Bankraub. Plangemäß betreten beide die Bank. A hält mit seiner Pistole den Kassierer in Schach und B steckt das Geld in einen mitgeführten Rucksack. Hier ist die sog. Tatbestandsausführungshandlung in zwei Akte aufgeteilt. A

---

1) Ebenso RGSt 15,295 [302 f]; BGH NStZ 84,413; 91,281; BGH NJW 85,1035; 91,1068; BGHR Strafsachen StGB § 25 Abs.2/Tatinteresse 2; E 1962/Begr., BT-Drucks. IV/650, S.149 f; *Hälschner*, Preuß. StrafR S.385; *ders.*, GS 25(1873),113 f; *Welzel* SJZ 47,650; *ders.* Lb S.110 f; *Maurach* AT (4.Aufl.) S.659 f; *Schultz* SchwZStr 71(1956),266 ff; Maurach-*Gössel* AT/2 49/29 ff; *Bockelmann* AT S.188; *Sturm* Prot. V, S.1824. A.A. etwa *Roxin* JA 79,522 m.w.N. Zur Strafbarkeit des planenden und organisierenden Bandenchefs als "Schreibtischtäter" vgl. *Jakobs* AT 21/52, 61,103; LK-*Roxin* § 25 Rn 88 ff; Sch/Sch-*Cramer* § 25 Rn 25; *Stratenwerth* AT Rn 824; Maurach-*Gössel* aaO Rn 36.

2) "Täterschaft ist Tatbestandsverwirklichung", vgl. etwa LK-*Roxin* § 25 Rn 127; *Gallas*, Beiträge S.143.

3) Deutlich *Roxin* TuT S.294: "Im Mittelpunkt des für die strafrechtliche Betrachtung erheblichen Geschehens steht die Tat, so wie sie vom Gesetzgeber in den einzelnen Tatbeständen beschrieben wird. Die Zentralfigur des handlungsmäßigen Geschehens ... kann daher nicht jemand sein, der bei der Verwirklichung dieser Tat selbst überhaupt nicht beteiligt ist, sondern nur geholfen hat, die Vorbedingungen des Delikts zu schaffen".

4) Zu Recht weist Maurach-*Gössel* AT/2 49/30 auf die unzulässige Parallele der Gegenauffassung zur Einzeltäterschaft hin. Vgl. a. *Welzel*, Abhandlungen S.170: "Wie diese (die Alleintäterschaft) Täterschaft *des* Ganzen ist, so ist jene (die Mittäterschaft) Täterschaft am Ganzen. Daß jeder ein Täter *des* Ganzen sein muß, ist einfach eine petitio principii zugunsten der Alleintäterschaft". Es ist widersprüchlich, wenn *Roxin* TuT S.277 *Welzel* insoweit einerseits zustimmt, andererseits aber hinsichtlich der einzelnen mittäterschaftlichen Beiträge formalobjektiv und ganz auf den Alleintäter bezogen argumentiert. Bereits *Hälschner* GS 25(1873), 107 f hat bemerkt, daß die Mittäterschaft ebenso für die Praxis wie auch für das Gesetz bedeutungslos ist, wenn man sich zu deren Beurteilung auf die Frage beschränkt, ob jeder einzelne isoliert betrachtet "nach Maßgabe der eigenen Willensbestimmung und Thätigkeit als Thäter erscheint". Wenn aber auch jemand Mittäter sein kann, der die Tatbestandsverwirklichung nicht komplett eigenhändig vornimmt und damit der "Zentralfigur des handlungsmäßigen Geschehens" bloß *angenähert* sein soll (*Roxin* aaO S.278), dann zwingt auch nichts zu der Annahme, daß der Mittäter *überhaupt* eine Ausführungshandlung vornehmen muß. Eine weitere Begründung unternimmt *Roxin* insoweit jedenfalls nicht.

führt unmittelbar eine Nötigungshandlung aus und seine Entscheidungsherrschaft ist auf diese Handlung beschränkt, während B bloß eigenhändig wegnimmt und auch allein diese Wegnahme zweckbewußt lenkt resp. nur über das Ob und Wie dieses einen Teilakts entscheidet. Keiner von beiden begeht unmittelbar die in § 249 vertypte Tatbestandshandlung und keiner von beiden übt die Entscheidungsherrschaft über diese Handlung als Ganze aus[1]. - Fazit: A begeht täterschaftliche Nötigung und B täterschaftlichen Diebstahl; der Tatbestand des § 249 ist zwar verwirklicht, aber niemand beherrscht *die Tat* und ist dafür als Täter zuständig[2].

Dieses - jeglicher normativ-sozialen Wertung zuwiderlaufende und daher enorm begründungslastige[3] - Ergebnis könnte *Rudolphi* auf der Grundlage seiner Systematik nicht einmal mit der Tatbestandsbestimmtheit belegen. Denn das maßgebliche Abgrenzungskriterium für die Beteiligungsformen Täterschaft und Beihilfe soll ja die Herrschaft *über* die tatbestandsmäßige Handlung sein. Nicht die Vornahme der mit Hilfe des Tatherrschaftsbegriffs interpretierten tatbestandsmäßigen Handlung *ist* eine *täterschaftliche Handlung*[4], sondern die Herrschaft *über* die insoweit unabhängig vom handelnden Subjekt gedachte und bereits formal-objektiv vordefinierte tatbestandsmäßige Handlung (die sog. Tatbestandsausführungshandlung) *begründet* die Herrschaft *über* die komplette Tatbestandsverwirklichung und damit Täterschaft; - kurz: Tatbestandshandlung und Tatherrschaft sind zwei voneinander getrennt gedachte Kategorien. Damit wird die Tatherrschaft bei *Rudolphi* zum tatbestandsextern lozierten *Grund für die Zurechnung* der tatbestandsmäßigen Handlung. Der Tatbestand legt also nur die jeweilige Gestalt einer sozialen Störung fest - insoweit ist er auch radikal restriktiv zu verstehen -, besagt

---

Stratenwerth AT Rn 807. A.A. *Roxin* JA 79,520.

2) Hier zeigt sich deutlich, daß formal-objektiv orientierte Theorien bei nur partiell eigenhändiger Tatbestandsverwirklichung den von ihnen usurpierten Bereich nicht abdecken: Weshalb demjenigen, der beim Raub Gewalt anwendet, die Wegnahme durch einen anderen täterschaftlich zugerechnet werden kann, bleibt ungeklärt; denn dieses Stück Zurechnung beruht nicht auf Eigenhändigkeit, so daß ein *nicht* formal-objektives täterschaftsbegründendes Moment stillschweigend vorausgesetzt werden muß (siehe *Jakobs* AT 21/25, sub b, cc).

3) Bereits *Stübel* S.19 f wendete sich dagegen, daß nur derjenige Täter sein soll, der die nächste (sc. unmittelbare) Ursache zur Erfolgsherbeiführung setze: "Dagegen lehnt sich der gesunde Menschenverstand auf".

4) Vgl. aber *Gallas*, Beiträge S.88 ff,95,137 ff,141 f.

jedoch eo ipso nichts darüber, wem diese Störung in welcher (Beteiligungs-) Form zuzurechnen ist. Weil aber *Rudolphi* selbst mit dem in die Entscheidungsherrschaft eingekleideten Selbstverantwortungsprinzip das maßgebliche Zurechnungskriterium nicht aus dem Tatbestand bezieht, ginge das im Hinblick auf die formal-objektive Täterlehre formulierte Argument der Tatbestandsbestimmtheit überhaupt fehl[1].

Da allerdings bei der Mittäterschaft zwingend von jedem Beteiligten weniger zu leisten ist als bei der Alleintäterschaft, kann insoweit die Tatherrschaft über das Gesamtgeschehen als *faktische* Herrschaft ohnehin nur von ***allen zusammen*** - d.h. von einem *Kollektiv* ausgeübt werden[2]. Die eigene "Tatherrschaft *des* Mitwirkenden"[3] beschränkt sich nämlich auf seinen eigenen Tat*anteil*, während er auf den Anteil der übrigen Mittäter möglicherweise überhaupt keinen Einfluß ausübt[4]. Anders ausgedrückt: Die Entscheidungsherrschaft über die komplette Tatbestandshandlung (inclusive Erfolgseintritt) liegt nicht jeweils in den Händen jedes einzelnen Beteiligten, sondern in den Händen des Kollektivs als Personengesamtheit. Weil sich Täter und Gehilfen nach dem Konzept *Rudolphis* nicht durch das Kriterium der Herrschaft als solchem, sondern allein durch die Qualität der beherrschten Handlung unterscheiden sollen, kann Gehilfe somit an sich nur jemand sein, der nicht zum Kollektiv gehört und eine Handlung beherrscht, die kein Teil der Tatbestandsausführungshandlung ist. Wegen der an die Ausführung geknüpften

---

1) Allerdings ist zu berücksichtigen, daß *Rudolphi* die Abgrenzung von Täterschaft und Beihilfe bloß formal an die Entscheidungsherrschaft knüpft, während die Beteiligungsformen nach seinem Ansatz im Grunde genommen bereits durch die formal-objektive Definition der Tatbestandsausführungshandlung fixiert werden. Allein auf dieser Ebene, nicht aber auf der Ebene der Tatherrschaft ließen sich seine radikal-restriktiven Ergebnisse mit der Tatbestandsbestimmtheit begründen.

2) *Stratenwerth* AT Rn 807; Maurach-*Gössel* AT/2 49/5 ff,26,43,47; *Welzel* Lb S.110; *Jakobs* AT 21/34.

3) *Roxin* TuT S.275.

4) *Cramer* FS Bockelmann S.400 f. Das übersieht *Roxin* JA 79,520, wenn er in dem oben angeführten Beispiel des Bankraubs meint, daß *jeder* durch *seinen* Beitrag gleichzeitig die Gesamttat beherrsche. Man mag sich das wie folgt verdeutlichen: Wenn B nicht weiter mitspielt, bleibt entweder die Vollendung aus oder A nichts anderes übrig, als das Geld selbst wegzunehmen. Das zeigt deutlich, was A allein beherrscht: Seine eigene Handlung und sonst nichts.

qualitativen Differenz sind umgekehrt an dem Mittäterkollektiv *nur*, aber auch *alle* diejenigen beteiligt, die einen Teil der Ausführungshandlung vollziehen, wobei sich die Beschränkung auf "wesentliche" Beiträge freilich nicht mehr begründen ließe. Das hätte bei den reinen Erfolgsdelikten zur Folge, daß derjenige, der in einem nur sehr geringen Umfang an der Tatbestandsverwirklichung beteiligt ist, aber eben einen Kausalbeitrag im Ausführungsstadium leistet (z.B. Schmiere steht) Täter und der planende und organisierende Kopf des Unternehmens bloß Teilnehmer wäre. Dieses Ergebnis ist konsequent, vermag aber kaum zu befriedigen und läßt sich - wie die formal-objektive Theorie überhaupt - weder mit dem Gesetzeswortlaut des § 25 II noch mit dem Willen des Gesetzgebers belegen. Zudem: Wenn sich die täterschaftliche Zurechnung des Ganzen nur über die Beteiligung am Kollektiv begründen läßt, kann doch der entscheidende, eine qualitative Differenz zur Beihilfe ausmachende Zurechnungsgrund nur die Gründung des Kollektivs durch Fassung eines gemeinsamen Tatentschlusses oder ggf. durch (einseitige oder gegenseitige) Einpassung sein, nicht aber die formal-objektive Qualität der einzelnen Beiträge[1]. Insbesondere im Bereich der Mittäterschaft erweist sich somit die Bindung einer angeblichen qualitativen Differenz zwischen Täterschaft und Beihilfe an das formelle Moment als überaus willkürlich.

Halten wir fest: Wenn man davon ausgeht, daß jeder Tatbestand *die* Handlung *des* Täters beschreibt und deshalb Täterschaft Tatbestandsverwirklichung sein soll[2], ist die Existenz der Mittäterschaft als Beteiligungsform denkunmöglich; - der restriktive Täterbegriff erweist sich somit als Irrtum.

c. Täterlehre und Versuch

Des weiteren scheitert *Rudolphis* Definition täterschaftlichen Unrechts als Herrschaft über die *vollständige* Tatbestandsverwirklichung (inclusive Erfolgseintritt) auch am Versuch. Der beendete Versuch zeichnet sich gerade durch das Fehlen jeglicher Herrschaft über das durch die zweckbewußt gesteuerte

---

1) So etwa RGSt 15,295(302 f); BGH NJW 89,2826; *Welzel*, Abhandlungen S.169 ff; *ders.* SJZ 47,645 ff; Maurach-*Gössel* AT/2 49/5 ff; *Bockelmann* AT S.187 f; *Sturm*, Prot. V, S.1824; *Schultz* SchwZStr 71(1956),266 f. Bei den eigenhändigen Delikten scheidet Mittäterschaft wegen der Höchstpersönlichkeit des Verstoßes überhaupt aus (*Jakobs* AT 21/22).

2) So etwa *Roxin* JA 79,520.

Körperbewegung ausgelöste Kausalgeschehen aus: Schließlich ist der Erfolgseintritt ausgeblieben, also gerade nicht beherrscht worden. Und beim unbeendeten Versuch fehlt sogar schon die Herrschaft über die komplette tatbestandsmäßige Handlung: Die letzte Entscheidung über das Ob der Tat blieb noch in der Hand des "Täters"[1]. - Fazit: Weil beim Versuch eine Herrschaft über die *gesamte* Verwirklichung des tatbestandsmäßigen Unrechts fehlt, ist Täterschaft nicht möglich. Es gibt also keine *täterschaftlich* begangene versuchte Straftat, sondern nur *versuchtes* täterschaftliches Unrecht[2]. Begreift man faktisch aktualisierte Tatherrschaft als Grund der Zurechnung des tatbestandlichen Unrechts zur Täterschaft, ist auch die Lösung *Roxins* nicht akzeptabel, der beim Versuch eine Subjektivierung des Täterkriteriums vorsieht und de facto einen "animus auctoris" in der Variante des Tatherrschaftswillens für maßgeblich hält[3]. Bei einer solcherart subjektivierenden Gestalt der Tatherrschaftslehre[4] spräche zudem nichts mehr dafür, mit *Rudolphi* für die Begründung von (Mit-) Täterschaft ein formal-objektives Moment in Form der Mitwirkung im Ausführungsstadium zu verlangen.

Wenn aber aufgrund der Täterlehre *Rudolphis* der Versuch bloß eine versuchte Täterschaft ist[5], wird der Handelnde insoweit wegen eines Verhaltens zur Rechenschaft gezogen, das weder Täterschaft noch Teilnahme ist. Dann müßte freilich noch erklärt werden, warum erstens der Versuch nicht eine Deliktsverwirklichungsstufe mit den gleichen Beteiligungsrollen wie bei der Vollendung[6], sondern eine *eigenständige Beteiligungsform* darstellt, und wie zweitens die unbestrittene Haupttatfähigkeit des Versuchs im Rahmen der §§ 26, 27 begründet werden soll[7].

---

1) *Armin Kaufmann*, Strafrechtsdogmatik S.244; *Jakobs* GS Armin Kaufmann S.277.

2) A.A. *Bloy* S.265 f, der freilich die Tatherrschaft rein personal interpretiert und im Gegensatz zu *Rudolphi* nur auf den sog. Handlungsunwert bezieht.

3) *Roxin* TuT S.452 ff; krit. *Bloy* S.265 f.

4) Vgl. dazu auch eingehend *Bloy* S.194 ff.

5) Freilich geht *Rudolphi* selbst stillschweigend davon aus, daß es auch beim Versuch einen Täter gibt, vgl. etwa SK-*Rudolphi* Vor § 22 Rn 3,5, § 22 Rn 7,7a und passim.

6) Siehe dazu aber *Schütze*, Theilnahme S.279; auch *Berner*, Theilnahme S.178.

7) Vgl. a. *Bloy* S.265.

Die angesprochene Problematik soll anhand eines Beispiels verdeutlicht werden: A und B unternehmen einen Segeltörn. Anläßlich eines heftigen Streits wirft A den B ins Wasser, wobei er es ernsthaft für möglich hält, daß B von Haien getötet werden könnte. B, ein hervorragender Schwimmer, erreicht ein in der Nähe befindliches Schiff und wird unverletzt gerettet. Der Fall zeigt, daß A zwar die Herrschaft über eine tatbestandsmäßige körperliche Tätigkeit ausübt, die Tatbestandsverwirklichung *in ihrer Gesamtheit* aber gerade nicht beherrscht. Anders ausgedrückt: Die eigenhändige Vornahme der tatbestandsmäßigen Handlung (Körperbewegung) führt nicht zu einer Beherrschung des weiteren Geschehens und impliziert keineswegs die "maßgebliche Entscheidung über das Ob und Wie" der kompletten Tatbestandsverwirklichung (inclusive Erfolgseintritt). Weil aber Tatherrschaft als maßgebliches Täterkriterium nach *Rudolphis* ausdrücklicher Feststellung[1] auf die *gesamte* Verwirklichung des tatbestandsmäßigen Unrechts einschließlich des Erfolgseintritts bezogen sein soll, kommt lediglich *versuchtes* täterschaftliches Unrecht in Betracht. Dieses Ergebnis ließe sich vermeiden, wenn das für die Täterschaft maßgebliche Kriterium der Tatherrschaft entgegen *Rudolphi* generell nicht mehr auf die *komplette* Tatbestandsverwirklichung, sondern nur auf den erfolgskupierten Handlungsvollzug (die Körperbewegung) bezogen würde; freilich wäre damit bereits der Abschied vom restriktiven Täterbegriff eingeleitet. Der Vorschlag, beim Versuch die Täterschaft anders als beim vollendeten Delikt zu bestimmen und hier etwa bloß auf die Herrschaft über eine "unerlaubte Risikoschaffung" abzustellen *(Rudolphi)*, ließe sich nur als *subjektive* Täterlehre halten: Sofern im Beispielsfall keine Haie in der Nähe sind, hat eine *objektive* Gefahr für das Leben des B insoweit nie bestanden[2], so daß es nur auf die Tätervorstellung (animus auctoris) ankommt.

Wandeln wir das Beipiel ab: Der vom Vorsatz des A umfaßte Erfolg tritt ein und B wird von einem Hai getötet. Hier besteht an der Täterschaft des A in der Variante des Selbst-Begehenden kein Zweifel. Aber das *Verhalten* des B ist in bezug auf die Kriterien "zweckbewußte Lenkung des Kausalgeschehens" und Entscheidungsherrschaft mit demjenigen im Ausgangsfall identisch; - insoweit hat sich nicht die faktisch aktualisierte Herrschaft über den Handlungsvollzug geändert, sondern allein der Kontext, in den die Handlung

1) *Rudolphi* FS Jescheck S.573 f.

2) Siehe auch *Rudolphi*, Zweck S.82.

eingebettet ist. Das bedeutet: Der gleiche Handlungsvollzug wird rückwirkend qua - aus der Sicht des den Kausalverlauf steuernden A mehr oder weniger zufälligem und damit von ihm faktisch-aktuell nicht mehr beherrschtem - Erfolgseintritt von ***versuchtem*** täterschaftlichem Unrecht zu ***täterschaftlichem*** Handeln aufgewertet; - Tatherrschaft wird damit zur blanken Fiktion. Dieses Dilemma ließe sich sich wiederum nur dadurch umgehen, daß die Tatherrschaft und damit der Täterbegriff für jede nur denkbare Konstellation - d.h. mindestens für die Vollendung, den tauglichen und den untauglichen Versuch - jeweils anders zugeschnitten wird. - Begründung und systematischer Wert eines solchen, nach Belieben variablen Täterbegriffs bleiben dabei allerdings offen.

Schließlich ergibt sich auch für *Rudolphi* das bereits im Zusammenhang mit der formal-objektiven Theorie aufgezeigte, mit jeder objektiv-qualitativen Differenzierung zwischen Täterschaft und Beihilfe verknüpfte unlösbare Problem, daß bei arbeitsteiligem Vorgehen trotz fortschreitender Deliktsverwirklichung die einmal eingenommene Beteiligungsrolle fixiert bleibt, nicht an den variablen Beteiligungsumfang geknüpft werden kann und deshalb letztlich möglicherweise auch vollkommen untergeordnete Tatbeiträge zur Täterschaft führen (wenn auch die Haftung insoweit auf den Versuch beschränkt bleibt)[1]. *Rudolphis* formal-objektive Täterlehre hat sich somit bereits wegen ihrer intrasystematischen Unstimmigkeiten als nicht haltbar erwiesen, so daß sie als Grundlage einer Abgrenzung von Täterschaft und Beihilfe nicht tauglich ist.

d. Die Lehre von den Pflichtdelikten

Schließlich kommt die begrenzte Leistungsfähigkeit des Herrschaftsgedankens für den Täterbegriff auch in der von *Roxin* begründeten Lehre vom Pflichtdelikt zum Ausdruck[2]. Grundlage dieser Lehre ist die These, daß es eine Reihe von Tatbeständen gebe, bei denen anstelle des Tatherrschaftskrite-

---

1) Siehe dazu eingehend oben S.86 ff.

2) *Roxin* TuT S.352 ff,621 ff; LK-*Roxin* § 25 Rn 29 ff. Das gleiche gilt im übrigen auch für die eigenhändigen Delikte. Vgl. dazu und zur begrenzten Leistungsfähigkeit der Tatherrschaft als Kriterium zur Abgrenzung von Täterschaft und Teilnahme überhaupt *Cramer* FS Bockelmann S.394 ff.

riums ein Pflichtkriterium über die Täterschaft entscheide[1]. Nach der heute vorherrschenden personalen Interpretation ist jedes strafrechtliche Unrecht eine Pflichtverletzung[2]. Dabei geht es - anders als bei der Betrachtung des Verbrechens als Rechtsgutsangriff - nicht um die Schaffung eines rechtlich mißbilligten *äußeren Zustands*[3], sondern um die Deutung des Unrechts als Widerspruch des Pflichtsubjekts gegen die Norm. Dieser - jeder Straftat immanenten - Pflichtverletzung kann freilich für eine Begrenzung des Herrschaftsprinzips als täterschaftskonstituierendem Prinzip keinerlei Bedeutung zukommen[4]; vielmehr muß nach der Art der Pflichten weiter differenziert werden, wenn ein besonderer, einer Gruppe von Herrschaftsdelikten gegenüberstehender Deliktstypus definiert werden soll. Für eine solche Differenzierung haben *Roxin* und *Jakobs* zwei unterschiedliche Ansätze erarbeitet.

aa. Das Ansatz Roxins

Der Ansatz *Roxins* basiert auf einer Unterscheidung zwischen Delikten ohne Begrenzung des Täterkreises und Delikten mit Einschränkung des Täterkreises auf einzelne, durch spezifische oder erhöhte Sonderpflichten gebundene Menschengruppen[5]. Pflichten in diesem Sinne sollen "außerstrafrechtliche",

1) Dieser These grundsätzlich gefolgt sind *Rudolphi* GA 1970,361 f; *Jakobs* 21/116; *Cramer* FS Bockelmann S.396,399, Sch/Sch-*Cramer* Vor § 25 Rn 62; *Herzberg* TuT S.32 f; *ders.*, Unterlassung S.49 ff; *Bloy* S.229 ff; *Wessels* AT § 13 II 2; *Blauth* S.76 ff; krit. etwa *Langer*, Sonderverbrechen S.223 ff; Maurach-*Gössel* AT/2 47/91.

2) *Schaffstein*, Verbrechen S.15,20 ff,29; *ders.*, DStR 1935,105; *Gallas* FS Gleispach S.68; *ders.*, Beiträge S.22,50; *Jescheck* AT S.6 f; *Kamps* S.58; Maurach-*Zipf* AT/1, 7/4; Maurach-*Gössel* AT/2 42/10, 47/91; *Krauß* ZStW 76(1964),37,47; *Bloy* S.257 ff; *Kühl*, Beendigung S.55,57; *Langer*, Sonderverbrechen S.269,286 f,305 f; *Armin Kaufmann*, Normentheorie S.144 f,156 f; *Zielinski* S.141,143; *Blauth* S.71,77; *Herzberg*, Unterlassung S.244; *Roxin* TuT S.354; Schönke/*Schröder* (17. Aufl.) Vor § 1 Rn 1; Sch/Sch-*Lenckner* Vor § 13 Rn 11; *Maihofer* FS Rittler S.156 f; vgl. a. *Maurach* AT (4.Aufl.) S.213; *Welzel* Lb S.1 ff,5.

3) Vgl. *Schaffstein*, Verbrechen S.34; *Bloy* S.258.

4) Für den herkömmlichen, i.S. von Handlungsunwert verstandenen Pflichtverletzungsaspekt erkennen das auch *Roxin* TuT S.354 und *Blauth* S.77 f. Hier liegt auch der Ansatzpunkt der von Maurach-*Gössel* AT/2 42/10 f,47/91 gegen die Lehre vom Pflichtdelikt vorgebrachten Kritik. Vgl. a. *Schaffstein*, Verbrechen S.20 ff; *Langer*, Sonderverbrechen S.85 ff.

5) *Roxin*, Tatbestände S.5; *ders.*, TuT S.623, LK-*Roxin* § 25 Rn 29; *Wessels* AT § 13 II 2; vgl. a. *Herzberg*, Unterlassung S.50 für die von ihm sog. "Garantendelikte"; dazu auch *Langer*,

der Strafrechtsnorm logisch vorgelagerte und im allgemeinen aus anderen Rechtsgebieten entspringende Pflichten sein[1]. Deren Charakteristikum bestehe darin, daß ihre Subjekte sich unter den sonstigen Mitwirkenden durch eine besondere Beziehung zum Unrechtsgehalt der Tat auszeichneten und der Gesetzgeber sie deshalb allein um dieser Verpflichtung willen als Zentralgestalt des handlungsmäßigen Geschehens ansehe. Der Kreis dieser Delikte sei keineswegs auf die Sonderdelikte beschränkt. Neben den Amts- und Sonderdelikten sollen insbesondere die Unterlassungsdelikte, Verkehrsunfallflucht (§ 142), Untreue (§ 266) sowie die Verstöße gegen familienrechtliche Unterhaltungs-, Fürsorge- und Obhutspflichten (§§ 170 b, 170 d, 221 I, 2.Alt., 223 b) in Betracht kommen[2].

An diese Dichotomie der Delikte nach der Begrenztheit bzw. Unbegrenztheit des Täterkreises knüpft *Roxin* eine weitreichende Konsequenz: Während das Herrschaftsprinzip als Kriterium für die Abgrenzung von Täterschaft und Teilnahme nur bei den Allgemeindelikten gelte, werde die Täterschaft bei den Pflichtdelikten bereits durch die Verletzung der tatbestandsspezifischen Pflicht konstituiert[3]. Die besondere Pflichtenstellung sei ein objektiv-personales Unrechtselement, das bei Delikten dieser Art den täterschaftlichen Handlungsunwert in derselben Weise präge, wie die Tatherrschaft bei den Herrschaftsdelikten[4]. Sei aber der Pflichtige nicht wegen des Handelns, sondern nur wegen der Pflichtverletzung Täter, könne es auf die äußere Modalität der Beteiligung nicht ankommen. Täterschaftsbegründend soll vielmehr *jedes* "Bewirken" sein[5], gleich ob es in einer im üblichen Sinne nur unterstützenden oder anstiftenden Tätigkeit Ausdruck finde oder ob es durch Tun oder Unterlassen erfolge[6]. Zwar bleibe der ontische Unterschied zwischen Tun und

---

Sonderverbrechen S.39 ff (insbes. 45 f), 217 ff (insbes. 223 ff).

1) Vgl. Sch/Sch-*Cramer* Vor § 25 Rn 61; *Roxin* TuT S.354; *Blauth* S.77 f.

2) *Roxin* TuT S.384 ff; *Wessels* aaO.

3) *Roxin* TuT S.354 und passim; *ders.*, JZ 66,295; *ders.*, Kriminalpolitik S.21; *Rudolphi* GA 1970, 62; *Blauth* S.78; *Cortes Rosa* ZStW 90(1978),78; *Wessels* aaO; im Grundsatz ebenso, ober unter teilweise erheblicher Einschränkung des Kreises der Pflichtdelikte Sch/Sch-*Cramer* Vor § 25 Rn 61 f; *Bloy* S.229 ff; SK-*Samson* § 25 Rn 35; *Stratenwerth* AT Rn 795 ff; *Herzberg* TuT S.32 f; *ders.*, Unterlassung S.49 ff.

4) *Roxin* JZ 66,296; *Bloy* S.230.

5) *Roxin* TuT S.379,625.

6) *Roxin* TuT S.358 ff,461 f; *ders.*, Kriminalpolitik S.18; Sch/Sch-*Cramer* Vor § 25 Rn 61;

Unterlassen insoweit bestehen. Weil aber der Tatbestand ein normatives Gebilde sei, werde die Beziehung zwischen Rechtsgutsbeeinträchtigung und Deliktssubjekt allein durch den Pflichtverstoß hergestellt. In diesem Bereich finde weder die Regelung des § 13 I noch die des § 13 II Anwendung[1].

Roxins Lehre stimmt im Hinblick auf die Irrelevanz der äußeren Verhaltensform des täterschaftskonstituierenden Tatbeitrags mit dem extensiven Täterbegriff überein[2]. Soweit auch die Unterlassungsdelikte als Pflichtdelikte bezeichnet werden, ist das zumindest schief, weil hier gerade nicht "*jedes* wie immer beschaffene Bewirken" ohne Rücksicht auf die Modalitäten des äußeren Geschehensablaufs genügt; täterschaftsbegründend sind insoweit *nur Unterlassungen*, nicht aber aktive Tatbeiträge. Die Unterlassungsdelikte sind daher nach dem Modell *Roxins* streng genommen keine Pflichtdelikte, sondern diesen nur insoweit ähnlich, als auch hier das Herrschaftsprinzip verdrängt[3] und ein extensiver Täterbegriff zugrunde gelegt werden soll.

bb. Der Ansatz Jakobs'

Jakobs hat den Ansatz *Roxins* aufgegriffen und auf der Grundlage seiner normativen Einebnung der naturalistischen Unterscheidung zwischen Tun und Unterlassen weiterentwickelt[4]: Der für die Haftungsbegründung bedeutsame Schnitt vollziehe sich nicht zwischen Begehung und Unterlassung, sondern auf einer quer durch diesen Bereich verlaufenden orthogonalen Ebene zwischen Haftung "kraft Organisationszuständigkeit" und Haftung "kraft institutioneller Zuständigkeit"[5]. Dieser Schnitt zwischen Organisationspflichten und institutionellen Pflichten markiere auch prinzipiell die Differenz zwischen

---

Bloy S.229; *Cortes Rosa* ZStW 90(1978),425; *Stratenwerth* AT Rn 797 f.

1) *Cortes Rosa* aaO; SK-*Rudolphi* § 13 Rn 6; Sch/Sch-*Stree* Vor § 13 Rn 136, § 13 Rn 1a; LK-*Jescheck* § 13 Rn 10; *Herzberg*, Unterlassung S.49 ff; für § 266 auch SK-*Samson* § 266 Rn 34; a.A. *Jakobs* AT 28/15, 29/125 f.

2) *Roxin* TuT S.379; *Schroeder*, Täter S.86; *Langer*, Sonderverbrechen S.226 Fn 60.

3) *Roxin* NStZ 87,346; *Cramer* FS Bockelmann S.395; *Bloy* S.214 f.

4) *Jakobs* AT 7/56, 28/1,4,13 f. *Jakobs* fordert daher auch für den Begehungstäter die Verletzung einer Garantenpflicht (ibid. 7/56 ff).

5) *Jakobs* AT 7/56, 28/14,16; auch 1/7.

Herrschafts- und Pflichtdelikten.

Bei den Herrschaftsdelikten habe der Beteiligte zum (potentiellen) Opfer eine nur-negative, sich in der Sorge für dessen Schadlosigkeit erschöpfende Beziehung. Die Garantenpflicht kraft Organisationszuständigkeit verlange von ihm die Erhaltung seines Organisationskreises in einem solchen Zustand, daß er keine fremdschädigende Auswirkungen habe. Die Zuständigkeit bei den Herrschaftsdelikten sei somit Folge eines Organisationsakts, nämlich der Ausdehnung des eigenen Organisationskreises zu Lasten eines fremden Organisationskreises[1]. Ob eine solche Ausdehnung durch Handlung (verbotswidrig) oder durch Unterlassen (gebotswidrig) erfolge, hänge oft von Variablen innerhalb des Bereichs ab und sei von außen betrachtet zufällig. Begehung und Unterlassung seien hier praktisch austauschbar, ohne daß eine Konversion am Haftungsgrund etwas ändere: Es sollten aus einem Organisationskreis keine schädigenden Bedingungen nach außen dringen[2]. Dieser Haftungsgrund bezeichne die Jedermannspflicht des Nichtverletzens im Grundfall der Begehungsdelikte ebenso wie deren Derivate, sc. die Pflichten kraft Organisationszuständigkeit beim Unterlassungsdelikt[3].

Im Gegensatz zur allgemeinen Garantenpflicht kraft Organisationszuständigkeit bei den Herrschaftsdelikten sei die Pflicht bei den Pflichtdelikten eine "Sonderpflicht im strengen Sinn". Hier sollen Personen den Bestand eines Guts überhaupt oder gegen bestimmte Gefahren solidarisch zu garantieren und nicht bloß dafür einzustehen haben, daß der eigene Organisationskreis sich nicht schädigend auf ein Gut auswirke[4]. Die Beziehung des Täters zum Gut werde also nicht erst durch das deliktische Verhalten vermittelt, sondern bestehe unabhängig von der Deliktsbegehung; - m.a.W.: das Verhältnis Täter-Gut sei nicht nur-negativ durch ein Nicht-Verletzen bestimmt, sondern positiv durch den besonderen Status des Täters im Verhältnis zum Gut[5]. Zu den

1) *Jakobs* AT 7/56,70, 21/116, 28/14.

2) *Jakobs* AT 28/14.

3) *Jakobs* AT 7/70.

4) *Jakobs* AT 7/70, 21/116, 29/106.

5) *Jakobs* AT 6/91, 7/70, 21/116. Unter Status versteht *Jakobs* ein institutionell abgesichertes Bündel von Beziehungen zwischen dem Verpflichteten und dem betreffenden Gut, aus dem die verletzte strafbewehrte Pflicht nur ein Ausschnitt ist (ibid. 23/25).

Pflichtdelikten sollen daher alle Delikte gehören, deren Täter als Garanten zur "institutionell abgesicherten Fürsorge" für ein Rechtsgut verpflichtet seien[1]. Im Unterlassungsbereich würden auch die Jedermanns-Delikte für Garanten kraft institutioneller Zuständigkeit zu Pflichtdelikten[2]. Die Beziehung des beteiligten Intraneus sei also immer ohne akzessorische Vermittlung, d.h. stets täterschaftlich ohne Blick auf ein Tun. Der Beteiligte sei mindestens Unterlassungstäter und bei auch nur beiläufigem Beitrag durch Tun Begehungstäter; die Differenzierung Begehung/Unterlassung verliere damit ihren Sinn.

Die völlige Nivellierung des für den Haftungsgrund bedeutungslosen Unterschieds zwischen Tun und Unterlassen zugunsten einer dazu durchgängig orthogonalen Zurechnungsebene mit ihrem Schnitt zwischen Organisationspflichten und institutionellen Pflichten verficht *Jakobs* mit aller Konsequenz: Sie führe dazu[3], daß die Jedermannsdelikte für Garanten kraft institutioneller Zuständigkeit auch für den Fall der Begehung zu Pflichtdelikten würden. Teilnahme scheide dann zugunsten umfassender Täterschaft aus, weil eine eventuell gegebene Beihilfe durch Tun von der Täterschaft des Pflichtdelikts überlagert werde[4]. - Beispiel: Der Ehemann gibt seiner Frau das Mittel zur Tötung ihres gemeinsamen Kindes. Weil der Pflichtige hier den Erfolg nur durch Unterlassen seiner Beteiligung hindern könnte, liege Täterschaft in der Verhaltensform des *Handelns* vor. Die Verhaltensform interessiere aber bei Pflichtdelikten nicht. Es gehe hier nicht darum, ein fremdes Rechtsgut vor den schädigenden Auswirkungen des eigenen Organisationskreises zu bewahren, sondern die Integrität des Rechtsguts überhaupt oder gegen bestimmte Gefahren solidarisch zu garantieren; der Pflichtige könne daher nicht wegen des Handelns Täter sein, sondern nur wegen der Pflichtverletzung[5].

---

1) *Jakobs* AT 21/116; i.Erg. ebenso Sch/Sch-*Cramer* Vor § 25 Rn 62, der als "eigentliche Sonderdelikte" diejenigen Delikte bezeichnet, "die durch eine Schutzpflicht gegenüber dem Rechtsgut oder Treuepflicht gegenüber dem Rechtsgutsträger gekennzeichnet sind".

2) *Jakobs* aaO; i.Erg. ebenso Sch/Sch-*Cramer* Vor § 25 Rn 62,90 für die sachlich gleichbedeutende Gruppe der "Beschützergaranten".

3) Und dies zeigt die völlige Andersartigkeit der Pflichtdeliktslehre *Jakobs'* gegenüber dem Ansatz *Roxins*, deren Bedeutung *Roxin* TuT S.629 f wohl unterschätzt hat.

4) *Jakobs* AT 29/106; a.A. *Herzberg* NJW 86,1638.

5) *Jakobs* 29/106, insbes. dort auch Fn 215.

cc. Vorläufige Stellungnahme zur Lehre von den Pflichtdelikten

Vom Standpunkt der herkömmlichen Normentheorie aus hat allerdings *Gössel* gegen die Lehre vom Pflichtdelikt eine bislang nicht widerlegte Kritik vorgebracht[1]: Soweit die Normen mit ihrem Sollensanspruch Pflichten begründen, ist jede Normwidrigkeit zugleich Pflichtwidrigkeit und weil die Tatbestände normwidriges Verhalten vertypen, sind Straftaten ausnahmslos pflichtwidrige Handlungen. Insoweit lassen sich Herrschafts- und Pflichtdelikte nicht voneinander unterscheiden[2].

Versteht man - wie das in der gegenwärtig vorherrschenden naturalistischen Strafrechtsdogmatik der Fall ist - die Tatbestandsverwirklichungen als vertypte (vorsätzlich-) kausale Rechtsguts- bzw. Rechtsgutsobjektsbeeinträchtigungen, ist die Pflichtdeliktslehre jedenfalls im Bereich der Begehungsdelikte ohnehin nicht zu halten, weil die Zuständigkeit für den äußeren Kausalverlauf hier sinnvoll nur durch dessen Beherrschung begründet werden kann. Insoweit geht es im Strafrecht allein um Verhaltensorganisation: Der durch Herrschaft definierte Organisationskreis des einzelnen darf nicht zu Lasten eines Guts ausgedehnt werden. Die Tatherrschaftslehre ist damit logische Konsequenz des Güterschutzdogmas: Wenn das Strafrecht entsprechend der überkommenen präventiv-polizeilichen Deutung als Instrument zur Gefahrenabwehr (sc. zum Rechtsgüterschutz) begriffen wird[3], sind die zu diesem Zweck formulierten strafrechtlichen Verhaltensnormen stets auf die Vermeidung von Rechtsguts- bzw. Rechtsgutsobjektsbeeinträchtigungen fixiert[4]. Diese Vermeidung soll durch entsprechende Befehle an den Willen der Adressaten erreicht werden[5]. Dabei legt der Modus der Imperative die Definition des ver-

---

1) Maurach-*Gössel* AT/2, 42/10 f, 47/91.

2) I.d.S. jetzt auch *Stein* S.210. Nach Auffassung *Steins* soll sogar eine sinnvolle Unterscheidung zwischen "strafrechtlichen" und "vorstrafrechtlichen" Verhaltensnormen überhaupt unmöglich sein, weil es nur ein für alle Rechtsgebiete einheitliches Verhaltensnormensystem gebe. Es sei auch nicht einzusehen, wieso die "strafrechtlichen" Normen stets alle Beteiligten verpflichteten, während eine personal beschränkte Bindung den "vorstrafrechtlichen" vorbehalten sei (aaO S.214,220).

3) Siehe dazu unten S.200 f und S.232 ff.

4) Siehe etwa *Armin Kaufmann*, Normentheorie S.69 ff; *Stein* S.69,78,97,209,210,222, 224,225,240,263.

5) Siehe dazu *Mir Puig* GS Armin Kaufmann S.253 f,256 sowie eingehend unten S.200 ff.

botenen und tatbestandlich vertypten Verhaltens als zweckbewußt gesteuerten (sc. beherrschten) kausalen Rechtsgutsangriff fest[1]. Pflichtwidrig (Unrecht) ist also allein der vom Willen beherrschte Rechtsgutsangriff, wobei die Einbeziehung der objektiven Deliktsseite (insbesondere des Verletzungserfolgs) in das Unrecht noch unklar bleibt. *Gössel* hat also recht: Auf der Grundlage dieses naturalistischen Strafrechtsverständnisses ist die Pflichtdeliktslehre jedenfalls für die vorsätzlichen Begehungsdelikte erledigt.

Schließlich ist auch nicht ersichtlich, wie die Matamorphose der außerstrafrechtlichen oder institutionellen - jedenfalls aber nicht aus den rechtsgüterschützenden Verhaltensnormen abzuleitende - Pflicht zu einer tatbestandsspezifischen Pflicht erklärt werden soll. Es ist ein Widerspruch, wenn *Roxin* einerseits i.S. des restriktiven Täterbegriffs den Täter als Subjekt der Deliktsbeschreibungen des Besonderen Teils bezeichnet und somit die Täterschaftsmerkmale dem Tatbestand zuweist[2], aber andererseits die täterschaftskonstituierenden Sonderpflichten *außerhalb* des Tatbestands, ja sogar außerhalb der strafrechtlichen Verhaltensnorm begründet sehen will.

Der Befund ändert sich radikal, wenn die Tatbestände nicht als vertypte Rechtsgutsbeeinträchtigungen, sondern als vertypte Erwartungsenttäuschungen interpretiert werden[3]. Mit der Verlagerung der (unmittelbaren) strafrechtlichen Garantiefunktion von der Ebene der Rechtsgüter auf diejenige der Normgeltung ändert sich zugleich die materielle Unrechtsdefinition: Das Verbrechen ist kein Rechtsgutsangriff, sondern ein kommunikativ-symbolischer Akt, nämlich eine Pflichtverletzung im Sinne einer individuell sinnhaften und sozial relevanten Desavouierung der Norm. Nicht das zweckbewußt gesteuerte kausale Außenweltsgeschehen selbst, sondern dessen *Bedeutung* für die Verbindlichkeit der Norm bildet dann den Hintergrund der Zurechnung[4]. Damit verliert das auf den Kausalverlauf bezogene Tatherrschaftsprinzip zwangsläufig seine allgemeinverbindliche Funktion als zentrales Zurech-

---

1) Vgl. etwa *Welzel*, Abhandlungen S.114,129; *dens.*, Lb S.37; *Armin Kaufmann*, Normentheorie S.105 ff; *Rudolphi*, Zweck S.76; SK-*Rudolphi* Vor § 1 Rn 17 f; *Mir Puig* GS Armin Kaufmann S.253 ff,260 f.

2) LK-*Roxin* § 25 Rn 26.

3) Siehe dazu und zum folgenden eingehend unten S.253 ff.

4) Vgl. a. *E. Wolf*, Typen S.16,35 f.

nungsmoment. Anders formuliert: Erst die "Akzentverlagerung vom Rechtsgutsangriff auf die Pflichtverletzung"[1] schafft der Pflichtdeliktslehre eine dogmatische Grundlage. *Roxin* selbst hat das wohl erkannt und daher zu Recht darauf hingewiesen, daß sich der in den Dreißigerjahren ausgebrochene Grundlagenstreit um die Auffassung des Verbrechens als Rechtsguts- oder Pflichtverletzung ideologisch entlastet in der Lehre vom Pflichtdelikt widerspiegelt[2].

dd. Die Lehre vom Verbrechen als Pflichtverletzung

Der vor allem mit den frühen Arbeiten *Schaffsteins*, *Gallas'* und *Welzels*[3] in die Unrechtslehre eingeführte Pflichtverletzungsgedanke richtete sich gegen das bis in die Dreißigerjahre vorherrschende klassische, naturalistisch-positivistische Verbrechenssystem[4]. Dabei ging es vorrangig um die grundsätzliche Frage, ob dem Strafrecht eine negativ-ausgrenzende oder eine positiv-integrative Funktion zuzuschreiben ist: soll das Strafrecht dazu dienen, prinzipiell undurchdringliche Schutzwälle um (vorrechtliche oder positiv gesetzte) Interessen- oder Willensmachtbereiche zu ziehen, d.h. die Integrität negativ abgegrenzter Handlungssphären zu verbürgen[5] oder soll es einen Beitrag zur sozialen Integration leisten, indem es die Geltung des Rechts und damit auch das für sozialen Kontakt unentbehrliche allgemeine Normvertrauen garantiert? In diesem Streit prallten letztlich zwei verschiedene rechtsphilosophische Weltanschauungen aufeinander; - er stand ganz im Spannungsverhältnis zwischen kantischem bzw. naturalistischem Rechtsdenken auf der einen und hegelianischem Rechtsdenken auf der anderen Seite.

---

1) Vgl. *Schaffstein*, Verbrechen S.7 ff.

2) *Roxin* TuT S.379.

3) *Schaffstein*, Verbrechen S.1 ff; *ders.*, DStR 1935,97 ff; *Gallas* FS Gleispach S.50 ff; *Welzel*, Abhandlungen S.120 ff (=ZStW 58[1938],491 ff). Allerdings scheint *Welzel* den Begriff "Pflichtverletzung" nicht sonderlich geschätzt zu haben, vgl. *Bloy* S.259 Fn 47; aber auch *Welzel* Lb (1947) S.3; *Kamps* S.58.

4) Siehe dazu statt vieler *Gallas* FS Gleispach S.54 f; *Welzel*, Abhandlungen S.121.

5) Vgl. insbesondere *v. Liszt* Lb (21./22. Aufl.) S.4 f, der die Abgrenzung von Machtkreisen als Aufgabe der Rechtsordnung betont. In der Sache ebenso jüngst wieder *Kindhäuser* GA 1989,494 ff.

aaa. Die historische Verwurzelung des Pflichtverletzungsgedankens in der Straftheorie Hegels

Kant schrieb dem Menschen die ungesellige Eigenschaft zu, die Welt nach seiner eigenen Facon gestalten zu wollen, so daß er ebenso überall den Widerstand anderer erwarte, wie er auch umgekehrt selbst um seine Neigung zum Widerstand gegenüber anderen wisse[1]. Der Zustand einer äußeren (brutalen) Freiheit und Unabhängigkeit von Zwangsgesetzen sei ein Zustand der Ungerechtigkeit und des Krieges von jedermann gegen jedermann[2]. Weil die Menschen in diesem Zustand wilder Freiheit nicht lange nebeneinander bestehen könnten, zwinge die Natur sie zur Erreichung einer Gesellschaft, "die die größte Freiheit, mithin einen durchgängigen Antagonism ihrer Glieder und doch die genauste Bestimmung und Sicherung der Grenzen dieser Freiheit hat, damit sie mit der Freiheit anderer bestehen könne"[3].

Zur Sicherung der allgemeinen Freiheit solle der Mensch also aus dem Naturzustand herausgehen, um sich mit allen anderen (mit denen in Wechselwirkung zu geraten er nicht vermeiden könne) zu vereinigen und einem gesetzlichen äußeren Zwang zu unterwerfen. In diesem bürgerlichen Zustand werde jedem das, was für das Seine anerkannt werden solle, *gesetzlich* bestimmt und durch hinreichende äußere *Macht* zugeteilt[4]. So ergab sich die Definition des Rechts als "Inbegriff der Bedingungen, unter denen die Willkür des einen mit der Willkür des anderen nach einem allgemeinen Gesetz der Freiheit zusammen vereinigt werden kann"[5]. Der Staat als "Vereinigung einer Menge unter Rechtsgesetzen"[6] sei lediglich das Mittel, das Recht, sc. die Vereinbarkeit

---

1) *Kant*, Idee S.20 f.

2) *Kant*, Religion S.97 unter Berufung auf *Hobbes'* Satz "status hominum naturalis est bellum omnium in omnes". Ähnlich *Hegel*, Propädeutik S.70 ("Der Naturzustand ist der Stand der Roheit, Gewalt und Ungerechtigkeit. Die Menschen müssen aus einem solchen in die Staatsgesellschaft treten, weil nur in ihr das rechtliche Verhältnis Wirklichkeit hat.") und *Feuerbach*, Anti-Hobbes S.16 ff.

3) *Kant*, Idee S.22; *ders.*, Metaphysik, Das Privatrecht § 42, S.128; vgl. a. *Verdross* S.148.

4) *Kant*, Metaphysik, Das öffentliche Recht § 44, S.124.

5) *Kant*, Metaphysik, Einleitung in die Rechtslehre § B, S.34.

6) *Kant*, Metaphysik, Das öffentliche Recht § 45, S.135.

der individuellen Freiheiten zu garantieren[1]. Das allgemeine reine, a priori erkannte, für jedermann verbindliche Rechtsgesetz laute: "Eine jede Handlung ist *recht*, die oder nach deren Maxime die Freiheit der Willkür eines jeden mit jedermanns Freiheit nach einem allgemeinen Gesetze zusammen bestehen kann. Wenn also meine Handlung oder überhaupt mein Zustand mit der Freiheit von jedermann nach einem allgemeinen Gesetze bestehen kann, so tut der mir unrecht, der mich daran hindert; denn dieses Hindernis (dieser Widerstand) kann mit der Freiheit nach allgemeinen Gesetzen nicht bestehen"[2]. Unrecht wurde damit definiert als die Beeinträchtigung der Freiheit eines anderen[3].

Kants Staats- und Rechtsverständnis entsprach also praktisch weitgehend der individualistisch-liberalistischen Staatsidee des naturalistischen Positivismus; - eine Ähnlichkeit, auf die im übrigen *Spencer* als einer der Exponenten des naturalistischen Positivismus selbst hingewiesen hat[4]. Hier wie dort definierte sich der Staat als eine "Rechtsschutzanstalt", d.h. als eine Gesellschaft unabhängiger Individuen, der sich mit seiner Rechtsordnung auf die Garantie eines äußerlich reibungslosen *Nebeneinander*lebens[5] dieser Individuen zu beschränken und Übergriffe nicht voll angepaßter Individuen in die Freiheitssphäre der anderen zu verhindern hatte. Auf der Grundlage einer solchen Gesellschafts- und Staatstheorie kann sich auch die Aufgabe des Strafrechts nur

---

1) *Naucke*, Grundbegriffe S.118; *Schnabel* S.290; *Amelung*, Rechtsgüterschutz S.30 f.

2) *Kant*, Metaphysik, Einleitung in die Rechtslehre § C, S.35.

3) Vgl. *Kant* aaO S.36; *Verdross* S.148; auch *Feuerbach*, Anti-Hobbes S.13 ("Der Gebrauch der Freiheit eines vernünftigen Wesens darf dem Gebrauche der Freiheit jedes anderen vernünftigen Wesens nicht widersprechen").

4) *Spencer* S.295 ff; vgl. a. *Welzel*, Abhandlungen S.41 Fn 62. Allerdings sah *Kant* den Endzweck des Staates nicht in der individuellen oder sozialen Glückseligkeit, sondern in der Verwirklichung der sittlichen Idee, des moralischen Endzwecks der Menschheit (*Schnabel* S.290). Das bedeutet: Der Sozialkontrakt dient letztendlich nicht der Erhaltung der faktischen Lebensbedingungen, sondern der Garantie von Freiheit als Voraussetzung sittlichen Handelns (*Amelung*, Rechtsgüterschutz S.31).

5) *Salomon* ZStW 33(1912),5; *Kühl*, Eigentumsordnung S.85,166. Vgl. a. *Kindhäuser* GA 1989,494: "Da sich die Erforderlichkeit von Recht aus der für die freie Entfaltung des einzelnen notwendigen Koordination konkurrierender Handlungsspielräume ergibt, hat das Legitimationsprinzip der strikten Universalisierbarkeit die Vereinbarkeit der Freiheit eines jeden mit der Freiheit eines jeden anderen zum allseitigen Vorteil zu sichern".

in einer entsprechenden, d.h. präventiv-polizeilichen Schutzfunktion (Gefahrenabwehr) erschöpfen.

Demgegenüber schlug bei *Hegel* die individualistische Rechtsphilosophie in eine Rechtsphilosophie der Gemeinschaft um[1]. Der Staat war für ihn nicht - wie für *Kant* - eine bloße Zwangsanstalt, die die Freiheit der Menschen zur Sicherung der allgemeinen Freiheit beschränkt, sondern eine sittliche Totalität, die Moral und Recht in sich vereinigt[2]. *Hegel* kritisierte die *negative*, beschränkende Bestimmung der *Kantischen* Rechtslehre[3], die den Willen nicht als an und für sich seienden, vernünftigen und den Geist nicht als wahren Geist begriffen, sondern den Willen des einzelnen primär als Willkür und das Vernünftige folglich als Beschränkung der Freiheit beschrieben habe[4]. Demgegenüber sah *Hegel* in den menschlichen Handlungsmöglichkeiten nicht gefährliche, zu bindende Willkür, sondern willkommene, zu pflegende Freiheit[5]. Diese persönliche Freiheit bilde den Inhalt des Rechts[6]; - Recht sei das Dasein des *freien Willens*, die *Idee der Freiheit*[7]. Damit erfuhr auch der Staat als objektive Wirklichkeit des Rechts eine andere Inhaltsbestimmung: Er sei nicht bloß Mittel zur Sicherung des Rechts, sondern das *Medium*, in dem Freiheit erst Freiheit werden könne, denn "die Gerechtigkeit in ihrer Realität und Wahrheit ist allein im Staate"[8]. Rechtlich geschützte Freiheit ist damit zwar Teil des Staates, aber die Hochschätzung der Freiheit wird auf das Maß zurückgenommen, welches für die Allgemeinheit erträglich ist[9];

---

1) *Verdross* S.158,161.

2) Vgl. *Verdross* S.159. *Hegel* definierte den Staat als "die Wirklichkeit der sittlichen Idee - der sittliche Geist" (Grundlinien § 257, S.328), das "an und für sich Vernünftige" (Grundlinien § 258, S.329), die "sittliche Welt" und "die Vernunft" (Grundlinien, Vorrede, S.24), "ein in sich Vernünftiges", "das sittliche Universum" (Grundlinien, Vorrede S.34,35).

3) Insoweit zustimmend auch *Lask* FS Fischer S.288.

4) *Hegel*, Grundlinien § 29, S.79 f.

5) Vgl. *Naucke*, Grundbegriffe S.112.

6) *Hegel*, Propädeutik, Einleitung § 7, S.38; *ders.*, Vorlesungen Bd.2, S.270 ("Das Recht ist Dasein der Freiheit, Wirklichkeit des Selbstbewußten, die reale Seite und Weise des Geistes.").

7) *Hegel*, Grundlinien § 29, S.79 f.

8) *Hegel*, Vorlesungen Bd.2, S.270.

9) Vgl. *Naucke*, Grundbegriffe S.118. "Worauf es ankommt ist, daß sich das Gesetz der

Freiheit sei Befreiung von der Schranken der Selbstsucht[1].

So erhielt auch die bindende Pflicht einen positiven Gehalt: Als *Beschränkung* könne sie nur gegen die unbestimmte Subjektivität oder abstrakte Freiheit sowie gegen die Triebe des natürlichen oder von der Willkür bestimmten moralischen Willens erscheinen. Das Individuum finde aber vielmehr in der Pflicht seine *Befreiung* "von der Abhängigkeit, in der es in dem bloßen Naturtriebe steht", "von der Gedrücktheit, in der es als subjektive Besonderheit in den moralischen Reflexionen des Sollens und Mögens ist", sowie "von der unbestimmten Subjektivität, die nicht zum Dasein und der objektiven Bestimmtheit des Handeln kommt, und in sich als eine Unwirklichkeit bleibt". Die Pflicht beschränke also nur die *Willkür* der Subjektivität und sei insofern nicht Beschränkung der *Freiheit*, sondern der *Unfreiheit* als Abstraktion der Freiheit; - sie sei das Gelangen zum Wesen, das Gewinnen der "affirmativen Freiheit"[2].

Hegel identifizierte das Recht materiell mit einer *Beziehung gegenseitiger Anerkennung*[3]. Im *Staat* als der Gesellschaft von Menschen unter rechtlichen Verhältnissen würden die einzelnen *als Personen für einander gelten* und diese Persönlichkeit eines jeden unmittelbar behauptet[4]. Grundlage des Rechts sei die Freiheit des Einzelnen und das Recht bestehe darin, den anderen als ein freies Wesen zu behandeln[5]. Das Rechtsgebot laute daher: "Sei eine Person und respektiere die anderen als Personen"[6].

Verbrechen als strafrechtliches Unrecht bedeutete demnach die Negation der freien Persönlichkeit des anderen[7]; es entziehe dem Allgemeinen am ande-

---

Vernunft und der besonderen Freiheit durchdringe und mein besonderer Zweck identisch mit dem Allgemeinen werde, sonst steht der Staat in der Luft" (*Hegel*, Grundlinien § 265/Zusatz, S.344).

1) Vgl. *Verdross* S.160.

2) *Hegel*, Grundlinien § 149 und Zusatz, S.230; siehe dazu auch *Schreiber*, Begriff S.68.

3) Dazu eingehend *Seelmann* JuS 79,688.

4) *Hegel*, Propädeutik, Erster Abschnitt § 24, S.70.

5) *Hegel* aaO § 2/Erläuterung, S.55.

6) *Hegel*, Grundlinien § 36, S.91.

7) *Hegel*, Enzyklopädie § 413, S.285; *ders.*, Propädeutik, Rechtslehre § 17/Erläuterung,

ren, seiner Person, die Anerkennung, indem es sich ihm gegenüber so verhalte, als sei er gar kein freies und gleiches Selbstbewußtsein. Insoweit gehe es über die "Verletzung des Rechts" im bürgerlichen Unrecht hinaus[1]. Da die Person ihr Dasein, d.h. ihre intersubjektive Realität oder ihr Anerkanntsein in einer äußeren Sphäre habe, könne sie durch einen Übergriff auf diese Sphäre verletzt werden. Immer, wenn die Person ihren Willen in etwas Äußerliches gelegt habe[2], bedeute jeder gegen den Willen der Person erfolgende Zugriff darauf - sofern der Verletzer wisse, daß er kein Recht habe -, eine Negierung der Person[3] und damit eine Verletzung der Anerkennungsbeziehung insgesamt oder des "Rechts als Rechts"[4].

Da auf der Ebene des Rechts aber alle gleich, sc. gleiche *Personen* seien, die sich durch gegenseitiges Anerkennen und Anerkanntwerden konstituierten, entziehe jemand durch die Verletzung der Person eines anderen zugleich sich selbst die Anerkennung; m.a.W. der Verbrecher verletze auch sich selbst als Person. Daher sei die Verletzung des Rechts qua Recht etwas Mögliches, was auch geschehe, aber etwas Widersinniges, sich Widersprechendes[5], d.h. "in sich nichtig"[6].

Auf dieser Grundlage entwickelte *Hegel* seine Straftheorie, der eine klare Unterscheidung zwischen der Funktion des zivilrechtlichen Schadensausgleichs und der Funktion der Strafe zugrunde lag. Die Verletzung des äußeren Daseins oder Besitzes sei zwar ein Uebel, ein Schaden am Eigentum oder Vermögen, könne aber - wenn überhaupt - nur durch den zivilrechtlichen Schadensersatz aufgehoben werden[7]. Der angerichtete Schaden sei jedoch

---

S.66.

1) Dazu und zum folgenden eingehend *Seelmann* JuS 79,689.

2) Vgl. *Hegel*, Grundlinien § 44, S.97 f.

3) *Hegel*, Propädeutik aaO.

4) *Hegel*, Propädeutik aaO; *ders.*, Grundlinien § 83/Zusatz (S.144), § 90/Zusatz (S.147), § 95 (S.149), § 97 und Zusatz (S.151 f), § 99 (S.154); *Köstlin*, Neue Revision S.32.

5) *Hegel*, Propädeutik aaO.

6) *Hegel*, Grundlinien § 97, S.151. Zur Deutung des Unrechts als des "in sich selbst Nichtigen" siehe auch *Köstlin*, Neue Revision S.31 f.

7) *Hegel* aaO § 98, S.152; ebenso *Schütze* Lb S.61; *Hälschner*, Dt. StrafR S.6.

kein *rechtliches* Übel[1]. Das durch die Strafe aufzuhebende Unrecht liege vielmehr im besonderen Willen[2]. Denn eine Störung der Anerkennung sei als einzelner Fall immer zugleich eine Störung jenes "Allgemeinen"[3], das die bürgerliche Gesellschaft zusammenhalte, sc. des Prinzips der Respektierung von Personen und des gesamtgesellschaftlichen Geflechts gegenseitiger Anerkennung. Der ganze Zustand der Gesellschaft beruhe aber darauf, daß das Recht gelte, und alles "Thun und Treiben" beruhe auf diesem geltenden Recht[4]. Das unbestrafte Verbrechen sei für die Gesellschaft gefährlich, weil es in der Realität vorgestellt werde und gelte. Was in der Welt gelte, werde aber für Recht anerkannt[5]. Der Verbrecher störe also das gesellschaftliche Leben, indem er ein Beispiel liefere und dadurch die Neigung aller zur gegenseitigen Respektierung als Personen - und das heißt: das Rechtsbewußtsein - erschüttere[6].

Weil aber das Verbrechen als verführerisches Beispiel Geltung beanspruche, müsse ausdrücklich demonstriert werden, daß es nicht gelte[7]. Die Verletzung des daseienden besonderen Willens sei die Aufhebung des Verbrechens, *das sonst gelten würde*[8], sc. die Wiederherstellung des Rechts[9]. In der Bestrafung des Verbrechens verschaffe sich das Recht als *allgemeines* Geltung, es gebe sich Realität in und gegen den besonderen Willen[10]. Nach Auffassung *He-*

---

1) *Hegel*, Vorlesungsnotizen S.355.

2) *Hegel* aaO S.357; *Hälschner* aaO; *Köstlin* aaO.

3) *Hegel*, Grundlinien § 218, S.299.

4) *Hotho*, Verlesungsnachschrift S.662 f (Hinzufügung von *Gans*).

5) *Hotho*, Vorlesungsnachschrift S.662; *Hegel*, Vorlesungsnotizen S.353 ("Wenn solches Verbrechen ungestrafft bleibt, diesem solches erlaubt, so geht die Gesellschaft, die Sicherung des Eigenthums in derselben zu Grunde". "Ein Verbrechen ist ... als gültig in der Realitaet vorgestellt; wenn diß frey ausgeht, so halten diß alle für erlaubt; - die nur auf Zusammenhang des an sich Gültigen, nach dem empirisch Geltenden sehen; - Was in der Welt gilt, ist Recht, ist uns Recht, was den andern gilt ...").

6) Vgl. *Seelmann* JuS 79,690.

7) *Hegel*, Vorlesungsnotizen S.355.

8) D.h.: "allgemeine Existenz haben würde, denn einzelnes Seyn ist hier allgemein für Alle" (*Hegel* aaO S.359).

9) *Hegel*, Grundlinien § 99, S.153; eingehend auch *Hälschner*, Dt. StrafR S.6 f.

10) *Hegel*, Vorlesungsnotizen S.201. Vgl. a. *Hotho*, Vorlesungsnachschrift S.664: "Aber

gels reagiert also das Zivilrecht auf Güterschäden, das Strafrecht auf Rechtsgeltungsschäden; die Strafe soll "Interaktionsstörungen" beheben und darin gerade einen sozialen Zweck erfüllen[1]. Nichts anderes aber besagt im Grunde genommen die Lehre vom Verbrechen als Pflichtverletzung. Die Auseinandersetzung um das Rechtsgutsverletzungsdogma war in mehr oder weniger starker Ausprägung eine Auseinandersetzung über die durch das Strafrecht zu garantierenden konstitutiven Bedingungen der Organisation von Gesellschaft, sc. darum, ob diese primär über die Integrität von Rechtsgütern[2] als negativ umgrenzten Freiheitsbereichen oder primär über die Regelung des *Umgangs* miteinander und d.h. wiederum über die Verbindlichkeit des Rechts zu definieren sind.

bbb. Das Unrecht als Pflichtverletzung in der Epoche des Nationalsozialismus

Die Etablierung der Pflichtverletzung im Unrechtsbereich während der Dreißigerjahre war zunächst eine Konsequenz der u. a. von den Nationalsozialisten geforderten Ethisierung des Strafrechts[3] und ging deshalb teilweise mit dem von *Freisler*, *Klee*, *v. Gemmingen* und der *Kieler Schule* propagierten Gesinnungsstrafrecht einher[4]. Ausgangspunkt der Kritik war der wertfreie natu-

---

durch das Verbrechen wird eigentlich als durch eine That eines Vernünftigen ein Gesetz aufgestellt, und dieses Gesetz des Verbrechens muß getilgt werden. Ein Exempel statuieren heißt also ein Gesetz aufheben, das das Verbrechen setzen will. Die Strafe selbst ist ein Exempel gegen das Exempel des Verbrechens" (letzter Satz von *Gans*). Vgl. dazu auch *H. Mayer* FS Engisch S.76 ff.

1) *Seelmann* JuS 79,691.

2) Vgl. a. *Denninger* KritJ 88,3 f: "Das Ergebnis einer maximalen Rechtsgütersicherheit ist der maximale Schutz der real existierenden Rechtsgüter gegen jede ungesetzliche Beeinträchtigung, das Ideal des Rechtsbewahrungsstaates, die Sicherung des status quo".

3) Siehe dazu *Schaffstein*, Verbrechen S.7; *dens.*, DStR 1935,102,105; *dens.*, ZStW 55 (1936),18 f; *dens.*, ZStW 57(1938),300 f; *Gallas* FS Gleispach S.51,65,69; *dens.*, ZStW 60(1941),378 f; *H. Mayer* StrafR (1936) Vorwort,S.60 f,224; auch *Amelung*, Rechtsgüterschutz S.216 ff; *Jakobs* AT 2/18; *Maurach* AT (4.) S.213.

4) Vgl. etwa *Schaffstein*, Verbrechen S.31; *dens.*, DStR 1935,102 m.N.; *dens.*, ZStW 55(1936),34 f; *Klee* DStR 1936,4; *v. Gemmingen* DStR 1935,106 f,108, deutlich S.110 f (anders noch *ders.*, Rechtswidrigkeit S.23). Siehe dazu auch *Gallas* FS Gleispach S.52 f,65; *Bloy* S.259; *Lampe*, Unrecht S.37. Allerdings hat sich *Schaffstein* in ZStW 57(1938) von dieser Auffassung distanziert.

ralistische Positivismus, der nach dem Zusammenbruch der idealistischen Philosophie *Hegels* die deutschen Geisteswissenschaften prägte und seit dem Ausgang des 19. Jahrhunderts die Strafrechtswissenschaft nahezu vollständig für sich vereinnahmt hatte[1]. Der naturalistische Positivismus definierte die Organisation der Gesellschaft als "das Ergebnis des spontanen Zusammenwirkens von Menschen, die eigentlich nur ihre privaten Zwecke verfolgten"[2]. Der Staat als eine Gesellschaft unabhängiger Individuen hatte sich mit seiner Rechtsordnung auf die Garantie eines äußerlich reibungslosen Nebeneinanderlebens dieser Individuen zu beschränken und Übergriffe nicht voll angepaßter Individuen in die Freiheitssphäre der anderen zu verhindern[3]. Erschöpfte sich damit auch die Aufgabe des Strafrechts in einer entsprechenden präventiv-polizeilichen Schutzfunktion, konnte sich das Verbrechen allein als ein störender Eingriff in fremde Rechtsgüter präsentieren[4].

In dieser Rechtsauffassung wurzelte nach Ansicht der *Kieler Schule* und einiger anderer Autoren das von den Nationalsozialisten bekämpfte "Trennungsdenken"[5]: Mit der Betonung der "Äußerlichkeit" des rechtlichen Regelungssubstrats war zugleich impliziert, daß sich die Sittlichkeit wesentlich nur an die Innerlichkeit wendet, wobei man sich auf die *Kantische* Unterscheidung von Legalität und Moralität berufen zu können glaubte[6]. Diese Unterscheidung sprach dem Recht eine in sich ruhende Existenz zu und begründete es als eine in sich geschlossene *äußere* Lebensordnung neben dem sittlichen Bereich[7]. Die nur positive Rechtsnorm hatte also keine den Einzelnen ver-

---

1) *Welzel*, Abhandlungen S.51.

2) Vgl. *Welzel*, Abhandlungen S.38,40.

3) Vgl. *Welzel*, Abhandlungen S.40,49; *Dahm/Schaffstein* S.10; *H. Mayer* StrafR (1936) S.224.

4) *V. Liszt*, Lb (21./22. Aufl.) S.4 f; *Mezger*, GS 89(1924),246; *ders.*, StrafR (2.Aufl.) S.163 f; siehe auch *Schaffstein*, Verbrechen S.9,32; *dens.*, DStR 1935, 101; *dens.*, DStR 1937,339; *dens.*, ZStW 55(1936),31; *Gallas* FS Gleispach S.51,55; *Welzel*, Abhandlungen S.133; *Maihofer* FS Rittler S.143; *Hardwig* MSchrKrim 1961,195; *Amelung*, Rechtsgüterschutz S.231 ff.

5) Siehe dazu *Klee* DStR 1936,2; *Schaffstein* DStR 1935,101 f; eingehende Kritik bei *Schwinge/Zimmerl*, Wesensschau S.27 ff.

6) So etwa *Binder*, Philosophie S.821; vgl. dazu *Kant*, Metaphysik, Rechtslehre, Einleitung III, S.21, IV, S.28 f; *Welzel*, Abhandlungen S.258 ff; *Coing*, Grundzüge S.36; *Radbruch*, Rechtsphilosophie S.36 ff; *Schnabel* S.290; *Salomon* ZStW 33(1912),21 f.

7) Vgl. *H. Mayer* StrafR (1936) S.224; *v. Gemmingen* DStR 1935,110; *Schaffstein* DStR

pflichtende Kraft; Handlungspflichten konnten vielmehr allein durch das "Sollen des Sittengesetzes" begründet werden[1].

Das individualistische Staats- und Strafrechtsverständnis widersprach jedoch der zunehmend an Boden gewinnenden neuen, vor allem auch - aber keineswegs nur - von den Nationalsozialisten propagierten Weltanschauung, die den "völkischen Staat" als eine lebendige ethische Gemeinschaft der in ihm verbundenen Mitglieder betrachtete[2]. Aus diesem Staatsdenken keimte die Forderung nach einem vom Gemeinschaftsdenken beherrschten Strafrecht, bei dem die Pflichten des einzelnen gegenüber der Gemeinschaft die Güterschutzfunktion aus ihrer dominierenden Rolle verdrängten[3]. Weil man aber ganz der konservativen Auffassung einer alleinigen Pflichtenbegründung im sittlich-ethischen Bereich - dem "Sittengesetz"[4] bzw. nunmehr: der "völkischen Sittenordnung"[5] - verhaftet blieb, ließ sich ein Pflichtenstrafrecht allein auf der Grundlage einer Überwindung des "Trennungsdenkens" durch Ethisierung des Strafrechts errichten. Fortan bildete damit die Pflichtverletzung für einige Autoren die Grundlage des Verbrechensbegriffs[6], wobei die *Kieler Schule* bis

---

1935, 101 f; *Radbruch*, Rechtsphilosophie S.40; *Lask* FS Fischer S.283.

1) Siehe etwa *Binder*, Rechtsnorm S.37 ff,47 f; *dens.*, Philosophie S.810 f,818 ff; *H. Mayer* AT (1953) S.59 Fn 29; *N. Hartmann* S.256; *Welzel*, Abhandlungen S.260 f; *Radbruch*, Rechtsphilosophie S.39 ff,43. Weil sich das Recht nach dem Verständnis *Kants* auf die Garantie *äußerer* Freiheit und die Herstellung des *äußeren* Friedens beschränkte (siehe dazu eingehend *Kühl*, Eigentumsordnung S.85 ff,163 ff), sollte es sich als *äußere* Gesetzgebung auch mit *äußerer* Befolgung begnügen und nur ein bestimmtes *äußeres* Verhalten beschreiben (siehe *Kant*, Metaphysik, Einleitung in die Metaphysik der Sitten III, S.20 ff; *Lask* FS Fischer S.273; *Radbruch*, Rechtsphilosophie S.36 ff; *Verdross* S.147; *H. Mayer* FS Engisch S.58; *Schnabel* S.290; *Salomon* ZStW 33[1912],21 f; *Coing* S.36).

2) Vgl. etwa *Freisler* DStR 1936,197 f; *Klee* GA 1933,323; *Kerrl*, Denkschrift S.4; *Gallas* FS Gleispach S.51,65; *H. Mayer* DStR 1938,76 f,100; *Welzel*, Abhandlungen S.105, 228 ff; auch *Schwinge/Zimmerl*, Wesensschau S.58.

3) *Schaffstein*, Verbrechen S.5 ff; *Gallas* FS Gleispach S.51 ff,65; anders *Klee* DStR 1936,-14; zur Treuepflicht gegenüber der Volksgemeinschaft siehe vor allem *Freisler* DStR 1936,193 ff, insbes. S.197; vgl. a. *H. Mayer* DStR 1938,78; *Hardwig* MSchrKrim 1961,196 f.

4) So noch *Binder*, Philosophie S.811. Siehe auch *Radbruch*, Rechtsphilosophie S.43.

5) So etwa *Gallas* FS Gleispach S.65.

6) *Schaffstein* DStR 1935,105; krit. *Klee* aaO; dagegen wiederum *Freisler* DStR 1936, 197 ff.

zu dem einlenkenden Aufsatz *Schaffsteins* im Jahre 1937[1] den Akzent vollständig vom Rechtsgutsangriff auf die Pflichtverletzung verlagerte, während andere eine Pflichtverletzung ohne gleichzeitige Verletzung oder Gefährdung eines Rechtsguts für nicht denkbar hielten, weil jede Pflicht nur wegen eines (Schutz-) Werts bzw. Rechtsguts bestehen sollte[2].

Schaffstein verstand unter Pflichtverletzung demnach zunächst *nicht* die subjektiv gefaßte Normverletzung im Sinne *Bindings*[3], sondern die Verletzung einer allgemeinen, sittlich-ethischen Pflicht[4] und auch *H. Mayer* definierte sie als "Verletzung der völkischen Sittenordnung"[5]. Im Gegensatz zu *Schaffstein* hielt *Mayer* jedoch die Definition des Verbrechens als Rechtsgutsverletzung nur für unvollständig, nicht hingegen für prinzipiell falsch[6]. Er erkannte aber, daß das Strafrecht zum Schutz des einzelnen Guts immer zu spät kommt[7] und nahm deshalb an, daß die unmittelbare Funktion der staatlichen Strafe nicht im Rechtsgüterschutz, sondern in der Aufrechterhaltung der "völkischen Sittenordnung", d.h. in der Garantie der Geltung von Normen zu sehen sei[8]. Auch *Gallas* bemühte sich in Auseinandersetzung mit der *Kieler Schule* um einen die Alternative zwischen Rechtsgutsverletzung und Pflicht-

---

1) *Schaffstein* DStR 1937,334 ff.

2) Vgl. etwa *Klee* DStR 1936,1 ff; *Maurach* DStR 1936,123 f; *dens.*, DStR 1938,1; *Gallas* FS Gleispach S.67 f; ähnlich *H. Mayer* DStR 1938,78 ("Der Gesichtspunkt des unerträglichen Beispiels ist also der übergreifende und befaßt das Moment der Rechtsgutsverletzung in sich."),84; *ders.*, StrafR (1936) S.96; auch *Schwinge/Zimmerl*, Wesensschau S.67 unter Verweis auf *Binding* und *Hold v. Ferneck*. Zum ganzen eingehend *Amelung*, Rechtsgüterschutz S.216 ff.

3) Vgl. etwa *Schaffstein*, Verbrechen S.12,20,29 ("Verletzung der völkischen Gemeinschaftspflicht"); auch *v. Gemmingen* DStR 1935,108.

4) Vgl. a. *Gallas* FS Gleispach S.68; *H. Mayer* StrafR (1936) S.64; *dens.*, DStR 1938,98; *Langer*, Sonderverbrechen S.85; *Blauth* S.67 f.

5) *H. Mayer* StrafR (1936) S.71,96,161 f; *ders.*, DStR 1938,99; *ders.*, AT (1953) S.50,55; ebenso *Schaffstein*, Verbrechen S.20; *ders.*, ZStW 57(1938),301; vgl. a. *v. Gemmingen* DStR 1935,111. Allerdings verstand *H. Mayer* Recht und Sittlichkeit mehr als *Schaffstein auch* als Norm (DStR 1938,78).

6) *H. Mayer* StrafR (1936) S.195; *ders.*, AT (1953) S.55.

7) *H. Mayer* StrafR (1936) S.97; *ders.*, AT (1953) S.51.

8) Vgl. *H. Mayer* StrafR (1936) S.97,195; *dens.*, AT (1953) S.54 f.

verletzung überwindenden Standpunkt und definierte das Wesen des Verbrechens mit dessen "Gemeinschaftswertwidrigkeit" als einem die "Interessewidrigkeit", die "Pflichtwidrigkeit" und den "Mangel an Gemeinschaftsgesinnung" umfassenden, einheitlichen Begriff[1]. Da jedoch das Recht nach nach seiner Auffassung die verbindliche Kraft aus der dem Volk als "biologisch-geistiger Einheit und Wirklichkeit innewohnenden Sittenordnung" schöpfen[2] und damit die Gemeinschaftswerte in der "völkischen Sittenordnung" begründet sein sollten[3], bezeichnete die personale Wendung des Verbrechens auch hier - ebenso wie *Schaffstein* und *H. Mayer* - die sittliche Verfehlung im Sinne einer "Verletzung der völkischen Sittenordnung"[4]. Zwar bestehe die Aufgabe des Strafrechts nach wie vor im Schutz gewisser "für die Gemeinschaft besonders bedeutsamer Werte"[5], jedoch verschob auch *Gallas* mit der Überwindung des liberal-individualistischen Denkens und der Ausrichtung des Rechts am Gemeinschaftsgedanken[6] letztlich den unmittelbaren strafrechtlichen Schutz von den Rechtsgütern auf die "völkische Sittenordnung"[7].

Im Grunde genommen wurde damit hinsichtlich der materiellen, an der Funktion des Strafrechts ausgerichteten Definition des Unrechts der Blick eindeutig auf den Täter gelenkt, der sich als Person *gegen die Rechtsordnung auflehnt*[8]: Aus der von *Schaffstein* behaupteten Identität von Strafrecht und Sittlichkeit folgte die Einheit von rechtlicher und sittlicher Wertung[9]; be-

---

1) *Gallas* FS Gleispach S.67 ff.

2) *Gallas* FS Gleispach S.65; vgl. a. *H. Mayer* StrafR (1936) S.64; *Schaffstein*, Verbrechen S.18; *dens.*, ZStW 57(1938),301.

3) *Gallas* FS Gleispach S.66.

4) Auch *Langer*, Sonderverbrechen S.91 weist auf die enge Verwandtschaft des Verbrechensverständnisses bei *Gallas* und *H. Mayer* hin.

5) *Schaffstein* DStR 1935,98; *ders.*, 1937,336; auch *H. Mayer* DStR 1938,78.

6) Vgl. dazu eingehend *Schaffstein*, Verbrechen S.5 ff,9; *dens.*, DStR 1937,340; auch *Gallas* ZStW 60(1941),378; *Welzel*, Abhandlungen S.105.

7) *Gallas* FS Gleispach S.69; *Schaffstein*, Verbrechen S.7; *ders.*, ZStW 55(1936),29 f.

8) *Lampe*, Unrecht S.38; vgl. a. *Welzel* Lb S.187, der das Verbrechen als sozialunerträgliche Verletzung der Gemeinschaftsordnung definierte.

9) *Dahm/Schaffstein* S.8; *Schaffstein*, Verbrechen S.7,18; *ders.*, DStR 1935,102,105; *ders.*, ZStW 55(1936)19,31,33 f; *ders.*, ZStW 57(1938),301; siehe auch *Freisler* DStR 1936,195 f.

stand die Pflichtverletzung in der sittlichen Verfehlung (dem Widerspruch gegen die "völkische Sittenordnung") war sie zugleich auch ein individuell sinnhafter Widerspruch gegen das *Recht*, sc. die Desavouierung einer *rechtlichen* Norm[1]. Und auch *H. Mayer* vertrat die Auffassung, daß das Strafrecht der sittlichen Pflicht die Bedeutung einer Rechtspflicht verleihen[2] und damit das Verbrechen zur Verletzung einer Rechtspflicht machen sollte[3]. Ein konstituierendes Moment der Widerrechtlichkeit im Strafrecht war demnach "die auch subjektive *Wendung gegen das Recht*"[4], die aber über eine bloße "Unbotmäßigkeit gegen die Norm"[5] hinausging[6].

Die Betonung des Verbrechens als Negation des Rechts (sc. als schuldhafte Mißachtung rechtlicher Verpflichtung) war jedoch - wie wir gesehen haben - keineswegs neu: Bereits *Hegel* verstand das Verbrechen nicht "als die Hervorbringung eines Übels, sondern als *Verletzung des Rechts als Rechts*"[7]. Insoweit führte die Kritik der klassischen Verbrechenslehre durch Revision des Blickwechsels vom Normwiderspruch zur Rechtsgutsverletzung zum *Hegelianischen Rechtsdenken* zurück, zu dessen Überwindung der naturalistische Positivismus einst gerade angetreten war[8]. Kern dieser Angriffe auf das

---

1) Ein Unterschied zwischen ethisch Unerlaubtem und Unrecht bestand also nicht (*Schaffstein* ZStW 55[1936],23); Rechtswidrigkeit und Pflichtwidrigkeit waren verschmolzen (*Schaffstein*, Verbrechen S.20).

2) Zum Verhältnis zwischen Sittenordnung und Rechtsordnung vgl. *H. Mayer* StrafR (1936) S.64,224; auch *dens.*, AT (1953) S.54.

3) *H. Mayer* DStR 1938,98 f.

4) *H. Mayer* StrafR (1936) S.225. Auch *Klee* als entschiedener Gegner einer Verabsolutierung des Pflichtverletzungsaspekts kennzeichnete "das Verbrechen als Rechtsverletzung, als Bruch der Rechtsordnung" (DStR 1936,6,16). Anders hingegen bezog *Freisler* die Pflichtverletzung allein auf den Treuegedanken (DStR 1936,195 ff; krit. dazu *H. Mayer* DStR 1938,99 f).

5) Vgl. *Binding*, Normen I S.82,96,98; dazu *Rudolphi*, Unrechtsbewußtsein S.49 ff.

6) *H. Mayer* AT (1953) S.55.

7) *Hegel*, Grundlinien § 83/Zusatz (S.144), § 90/Zusatz (S.147), § 95 (S.149), § 97 und Zusatz (S.151 f), § 99 (S.154); *Köstlin*, Neue Revision S.32; *A. Merkel*, Abhandlungen S.42 (Verneinung des Rechts); dazu eingehend *Jakobs* AT 6/3; 1/21. Siehe auch *Schütze*, Theilnahme S.64,80 ("Der ewig gleiche Gegenstand des Verbrechens ist die Rechtsordnung, lediglich gegen diese wird es begangen. Aber freilich: *an* dem Leben, an der leiblichen Integrität, an der Freiheit u.s.f. der Rechtsgenossen. Denn diese zunächst betroffenen Güter sind die Durchgangspuncte des verbrecherischen Handelns, nicht deren eigentliches endliches Object").

8) *Schaffstein* betonte in einer frühen Schrift auch selbst, daß es sich bei dem neuen Rechts-

Rechtsgutsverletzungsdogma war also im Grunde genommen die durch eine andere Definition der Grundbedingungen sozialer Koexistenz bedingte Verschiebung der ***unmittelbaren*** Garantiefunktion des Strafrechts von den Rechtsgütern auf die "völkische Sittenordnung" (bzw. die damit identische Rechtsordnung), in der sich schon die auch heute wieder zunehmend geläufige Unterscheidung von Rechtsgut und Strafrechtsgut abzuzeichnen begann[1].

Ein funktionaler Zusammenhang zwischen dieser, dem Gedanken der sog. positiven Generalprävention verhafteten Fixierung der Aufgabe des Strafrechts und der materiellen Unrechtsdefinition zeigte sich insbesondere in der Strafrechtslehre *H. Mayers*: Verbrecherisch sei diejenige Handlung, die das unerträgliche Beispiel einer Mißachtung der völkischen Sittenordnung gebe und dadurch ***deren Geltung in der äußeren Welt in Frage stelle***[2]. Diese objektive Bedeutung verleihe dem Verbrechen der subjektive Wille, wie er in der äußeren Handlung zutage trete[3]. Das Strafrecht schütze also nicht das "konkrete besondere Interesse" bzw. "Verbrechensobjekt"[4]. Vielmehr stelle die Strafe Orientierungspunkte des sittlichen Handelns auf, indem sie das unerträgliche Beispiel sanktioniere. Auf diese Weise festige, forme und bilde das Strafrecht die völkische Sittenordnung, indem es das Gemeinschaftsurteil mit bilde, welches im Regelfall in und durch die einzelnen Menschen handle[5]; - das Strafrecht schütze, indem es die Sittenordnung einpräge[6].

Der hier angeschnittene Aspekt fand sich in ähnlicher Form - und vor allem:

---

denken "nicht so sehr um neue Erkenntnis als um ein grundsätzliches Bekenntnis" zur Tradition *Hegels* handelt (vgl. *Dahm/Schaffstein* S.4 f) und auch *H. Mayer* war *Hegelianer* (vgl. StrafR (1936), Vorwort; AT (1953), Vorwort; *Amelung*, Rechtsgüterschutz S.161). Siehe auch *Welzel*, Abhandlungen S.237; *Gallas*, Beiträge S.21.

1) Siehe dazu vor allem *Jakobs* AT 2/1 ff; *Kindhäuser*, Strafe S.23.

2) *H. Mayer* StrafR (1936) S.195; zust. *Gallas*, Beiträge S.15.

3) *H. Mayer* StrafR (1936) S.54.

4) *H. Mayer* StrafR (1936) S.97.

5) *H. Mayer* DStR 1938,106.

6) *H. Mayer* StrafR (1936) S.97. Letztlich blieb *H. Mayers* Schutzgutslehre freilich widersprüchlich und dogmatisch unfruchtbar, weil er den Unterschied zwischen dem Zustand der Normgeltung und dem "Erfolgssachverhalt" nicht in Form einer Gegenüberstellung von Schutzobjekt und Tatobjekt festhielt (vgl. *Amelung*, Rechtsgüterschutz S.163 f).

ohne Rekurs auf die Sittenordnung - auch bei *v. Gemmingen*, der ausdrücklich den Blick auf die *Geltungsseite des Rechts* lenkte[1]: Das Wollen des Verbrechers widerspreche den Anforderungen des Rechts und dieser "Angriff gegen das Recht"[2] *erschüttere die Rechtsgeltung*[3]. Diese Erschütterung sei unabhängig vom Vorhandensein einer Gefahr oder gar vom Eintritt eines Schadens in der Außenwelt, denn sie werde vermittelt durch den Eindruck, den die verbrecherische Tat innerhalb der Gemeinschaft hinterlasse, nicht aber durch ihre Wirkung auf das "äußere Substrat rechtlicher Regelung"[4]. Befreit man diesen Ansatz von seinen ideologisch begründeten, gesinnungsstrafrechtlichen Intentionen, so erweist sich der darin steckende dogmatische Erkenntniswert insbesondere bei der Erklärung des untauglichen Versuchs[5]. "Der untaugliche Versuch ist in aller Regel geltungswidrig. Er reizt als schlechtes Beispiel[6], er beunruhigt die Umwelt, er untergräbt jenes *Vertrauen*, ohne das das Füreinander der Volksgenossen ... nicht möglich ist". Der "lächerliche Versuch" hingegen bleibt straflos, weil hier die Rechtserschütterung fehlt: "Niemand nimmt das Geschehene ernst"[7].

Wie *H. Mayer* brachte auch *v. Gemmingen* seine Verbrechenslehre in einen funktionalen Zusammenhang mit dem Zweck der Strafe: "Die Reaktion gegen das Verbrechen kann auch den Zweck einer ... Stützung des Geltungsphänomens haben. Der Rechtsbewährungsgedanke hat nicht nur seine hegelianisch-

---

1) *V. Gemmingen* DStR 1935,109; *ders.*, Rechtswidrigkeit S.8 ff.

2) *V. Gemmingen* DStR 1935,108.

3) Siehe dazu *v. Gemmingen*, Rechtswidrigkeit S.20 ff,36 ff; vgl. a. *H. Mayer* StrafR (1936) S.195; *dens.*, DStR 1938,105; Sch/Sch-*Lenckner* Vor § 13 Rn 56.

4) *V. Gemmingen* DStR 1935,109; ähnlich Sch/Sch-*Lenckner* aaO; vgl. a. Sch/Sch-*Eser* Vor § 22 Rn 23.

5) Krit. *Stratenwerth* SchwZStr 79(1963),249. Vgl. aber Sch/Sch-*Eser* Vor § 22 Rn 23, der ebenfalls auf den im Versuch manifestierten Geltungsangriff abstellt; ebenso Sch/ Sch-*Lenckner* Vor § 13 Rn 56; Maurach-*Gössel* AT/2 40/40; SK-*Rudolphi* Vor § 22 Rn 13. Siehe auch *Klee* DStR 1936,3, nach dessen Auffassung beim untauglichen Versuch nur der "Angriff auf die Friedensordnung" bzw. die "abstrakte Gefährdung der Rechtsordnung" bestraft werden sollte.

6) Vgl. a. *Schaffstein* DStR 1937,337; *H. Mayer* StrafR (1936) S.195 ff; *dens.*, DStR 1938, 78,88; *v. Gemmingen*, Rechtswidrigkeit S.38.

7) *V. Gemmingen* DStR 1935,109; ähnlich *Welzel* Lb S.193.

dialektische, sondern auch seine praktisch-utilitaristische Seite. Erst unter dem Gesichtspunkt einer *Wiederherstellung des eingetretenen Geltungsschadens* gewinnt die Reaktion Sinn"[1]. Gegenstand strafrechtlicher Reaktion war damit auch der die Erschütterung des Vertrauens in die Rechtsordnung bewirkende Angriff auf die Rechts*geltung*. Der maßgebliche Verbrechens*erfolg* wurde nicht mehr nur durch eine - wie auch immer definierte - Rechtsgutsbeeinträchtigung, sondern auch durch die Geltungsschwächung begründet, die jeder (bekannt gewordene) Normwiderspruch einschließlich des Versuchs hervorruft. Zwar stellte *v. Gemmingen* auf der Wirklichkeitsseite des Rechts als Angriffsobjekte die *"Geltungswirklichkeit"* und das "äußere Substrat rechtlicher Regelung" zunächst noch alternativ *nebeneinander*[2], jedoch deutete sich auch hier bereits eine Differenzierung zwischen Rechtsgut und Strafrechtsgut an. Geschütztes Strafrechtsgut war aber nicht - wie bei *H. Mayer* - die Sittenordnung, sondern das Recht selbst als "konkrete Ordnung" in einem "gegenüber dem 'Substrat rechtlicher Regelung' erweiterten", auch die "Rechtsgeltungssubstanz" umfassenden Sinn[3].

ccc. Die Unrechtskonzeption Hans Welzels

Wie schon bei *H. Mayer* zeigt sich auch am Beispiel *Welzels*, daß die Kritik am naturalistischen Positivismus und die Forderung nach einer Ethisierung des Strafrechts keineswegs allein aus den Reihen der Nationalsozialisten stammte. *Welzel* scheint zwar den Begriff der Pflichtverletzung nicht sonderlich geschätzt zu haben[4], jedoch unterscheidet sich seine Unrechtskonzeption in ihren wesentlichen Zügen nicht von der Betrachtung des Verbrechens als Pflichtverletzung; - auch er interpretierte das Verbrechen als sozialunerträgliche Verletzung der Gemeinschaftsordnung[5]. Allerdings ging er beim Entwurf seines Strafrechtssystems den umgekehrten Weg wie *Schaffstein*, nämlich über

---

1) *V. Gemmingen*, Rechtswidrigkeit S.39 f.

2) *V. Gemmingen*, Rechtswidrigkeit S.20.

3) *V. Gemmingen* DStR 1935,110. Der Schutz des Geltungsphänomens bedeutete insoweit - anders als bei den Anhängern des Pflichtverletzungsgedankens - den Schutz der *äußeren* Verbindlichkeit des Rechts i.S. seiner Machtgeltung.

4) Siehe aber *Welzel* Lb (1947) S.3.

5) *Welzel* Lb S.187.

den Ansatz bei der Handlungslehre.

Auch *Welzels* Konzept blieb aber keineswegs bei der bloßen Subjektivierung des Unrechts stehen. *Welzel* erkannte - ebenso wie *Dahm* und *Schaffstein*[1] - daß die von der *südwestdeutschen Schule* beeinflußte Lehre von der *teleologischen Begriffsbildung* den Kreis der strafrechtlich bedeutsamen Wertungen unzulässig verkürzte[2]. Denn diese Lehre bezeichnete den Begriff des einzelnen, isoliert gedachten Rechtsguts oder Schutzobjekts des jeweiligen Deliktstatbestands als den für die Bildung der Deliktsbegriffe bedeutsamen Wert[3]: "Aus der Fülle der konkreten Wertbeziehungen, die in einem Lebenstatbestand sich kreuzen, einander unterstützen oder widerstreiten und die im gesetzlichen Tatbestand ihre gegeneinander abgewogene Synthese gefunden haben, wird *eine* Wertbeziehung als 'das' Schutzobjekt herausgegriffen. Durch dieses Herausbrechen einer einzelnen Wertbeziehung aus der Fülle des Lebenstatbestandes und der damit notwendig verbundenen Transponierung zum abstrakten Wertbegriff wird die fundamentale Tatsache verdeckt, daß für die gesetzliche Normierung keinesfalls lediglich jene einzelne Wertbeziehung, sondern die Fülle der im konkreten Lebenstatbestand konvergierenden Wertbeziehungen maßgebend ist, die sowohl als unterstützende Neben- wie als widerstreitende Gegenwerte zum Wert des 'Schutzobjekts' hinzutreten. Erst alle diese Werte zusammen in ihrem konkreten gegenseitigen Verhältnis bestimmen Inhalt und Tragweite der gesetzlichen Normierung"[4]; - zwischen der Konstituierung des Rechtsguts bis zur fertigen Deliktsumschreibung liegt also noch ein sehr weiter Weg[5]. Anlaß der vielen weiteren, auf das güterkonstituierende Werturteil folgenden Wertungen ist insbesondere die Überlegung, daß eine allseitige Sicherung jedes schutzwürdigen Gegenstands zu einer völligen Kastration der Handlungsfreiheit führen müßte[6]. *Welzel* erkann-

---

1) *Dahm*, MSchrKrimPsych 22(1931),766; *Schaffstein* FS R.Schmidt S.55 f, 59 ff; *ders.*, DStR 1937,345 f.

2) *Welzel*, Abhandlungen S.102; vgl. a. *H. Mayer* DStR 1938,84,86 ff,90; *Amelung*, Rechtsgüterschutz S.180 f; krit. *Schwinge/Zimmerl*, Wesensschau S.69.

3) Zum teleologischen Rechtsgutsbegriff *Honigs*, *Grünhuts* und *Schwinges* vgl. *Rudolphi* FS Honig S.153.

4) *Welzel*, Abhandlungen S.102; *Schaffstein* FS R.Schmidt S.59 f.

5) *Schaffstein* DStR 1937,345; *Amelung*, Rechtsgüterschutz S.180.

6) *Schaffstein* FS R.Schmidt S.64 f; *Amelung*, Rechtsgüterschutz S.180 f; auch *Welzel*,

te, daß vor allem auch die Wertung der Handlungsart unterstützend oder widerstreitend zu dem Rechtsgutswert hinzutritt. Dazu zählt vor allem das Gegeninteresse an der menschlichen Betätigungsfreiheit. Dessen Berücksichtigung hat zur Folge, daß nicht jede beliebige Beeinträchtigung des Rechtsguts unter Strafdrohung steht, sondern nur die einer bestimmtgearteten Handlungsweise, z.B. bei Beeinträchtigung des Vermögens nur die betrügerische, erpresserische und treubrüchige Handlung[1].

Was *Welzel* damit in den Vordergrund rückte, war der soziale Bedeutungsgehalt der Handlung, die Betonung des Verbrechens als sozialem Phänomen[2]. Er hob hervor, daß das soziale Gemeinschaftsdasein eine *funktionale* Welt ist, in der alle Rechtsgüter notwendig und von vornherein in einem gegenseitigen Austausch von Wirkung und Gegenwirkung ("im Verkehr") miteinander stehen, sc. in lebendiger Funktion sind, in der allein sich ihr Dasein als soziale Lebensgüter erfüllt[3]. Die strafrechtlichen Tatbestandsbegriffe sind daher keine "kausalen Begriffe kausaler Rechtsgutsverletzungen", sondern *soziale Beziehungs- und Bedeutungsbegriffe*, d.h. Begriffe, deren Sinngehalt sich aus ihrer Funktion im sozialen Ganzen ergibt und die unendlich viel komplexer und bedeutungshaltiger sind als jene naturalistischen kausalen Begriffselemente[4]. Demgegenüber bleibt in der Definition des Verbrechens als Rechtsgutsverletzung (oder -gefährdung) Entscheidendes ungesagt; sie geht von jener nur der Beschauung gewidmeten "Museumswelt" aus, in der die Rechtsgüter prinzipiell vor jeder Beeinträchtigung gesichert sind und wo jeder Eingriff daher grundsätzlich Unrecht ist[5]. Diese Vorstellung ist aber für

---

Abhandlungen S.141,151.

1) *Welzel* aaO; vgl. a. *Dahm* MSchrKrimPsych 22(1931),766; *H. Mayer* DStR 1938,86 ff,90; *Kühl*, Beendigung S.51 f; *Schaffstein* FS R. Schmidt S.60, 64 f.

2) *Welzel*, Abhandlungen aaO S.124,141 f.

3) *Welzel*, Abhandlungen S.140,142 Fn 38; *Zielinski* S.124 Fn 152; *Donatsch* SchwZStr 1988,363.

4) *Welzel*, Abhandlungen S.151. Zu dem Spannungsverhältnis zwischen sachlogischer Begriffswelt und sozialer Bedeutungswelt in der finalen Handlungslehre und der späteren, steten Wandlung der ontologischen Ausgangsposition bis zur letztendlichen Trennung von Sein und Wert vgl. *Roxin*, Grundlagenprobleme S.90 ff; auch *Loos* S.504 ff.

5) Vgl. *Welzel*, Abhandlungen S.141,150 f.

die funktionale soziale Welt völlig unangemessen[1]. Die Behauptung, das Verbrechen sei durch seine Kennzeichnung als Rechtsgutsverletzung vollständig und richtig erfaßt, ist daher falsch, sofern man nicht bereits sämtliche bezeichneten Wertungen mit in den Rechtsgutsbegriff übernimmt[2].

Einen derart überdehnten Rechtsgutsbegriff hielt *Welzel* aber zu Recht für unbrauchbar[3]. Die Strafsanktion sollte daher nicht die Rechtsgüter, sondern die *Befolgung der Normen* schützen, so wie die Gemeinschaftsordnung als Ganzes durch die Gesamtheit der strafrechtlichen Bestimmungen geschützt werde[4]. *Welzel* lehnte es jedoch ab, die Normen selbst als Rechtsgüter zu bezeichnen. Rechtsgut war nach seiner Auffassung nicht schon das durch die *Strafe*, sondern erst das durch die Gebots- oder Verbots*norm* geschützte Objekt. Schutzobjekt der Strafsanktion des § 242 z.B. sei die Norm: "Du sollst nicht stehlen"; diese schütze aber ihrerseits nur das Eigentum und nicht ein darauf bezogenes Verhalten, das wiederum nur wegen des Eigentumsschutzes verboten werde. Zunächst nahm *Welzel* allerdings an, daß nicht alle Normen dem Rechtsgüterschutz dienten; vielmehr gebe es auch bloße Verbote unsittlichen Verhaltens[5]. Damit war für ihn "das sozialunethische Verhalten (und nicht die Rechtsgutsverletzung) ... der generelle Unwertgehalt aller Normen"[6].

Die Eliminierung des Rechtsguts aus der unmittelbar von der Strafe geschützten Wertebene führte *Welzel* zur Differenzierung der Werte in *Akt-* und *Sach-*

1) Vgl. *Welzel* aaO S.152.

2) Vgl. *Schaffstein* DStR 1937,345 f; *Amelung*, Rechtsgüterschutz S.181.

3) Ein teleologischer Rechtsgutsbegriff, der alle strafrechtsrelevanten Gesichtspunkte in sich vereinigt, ist verwirrend und überflüssig, weil für die Vielfalt der Zwecke eines Rechtssatzes bereits der Begriff der "ratio legis" existiert (*Dahm* ZStW 57(1938),233 f; *Mittasch* S.88 f; *Amelung*, Rechtsgüterschutz S.136 ff; eingehend *Schaffstein* FS R.Schmidt S.61 f). Zudem würde man sich, wenn man den Inhalt des an sich rein formalen Rechtsgutsbegriffs als durch Sinn und Zweck des einzelnen Strafrechtssatzes bestimmt sein ließe, statt wie üblicherweise den Zweck des Strafrechtssatzes durch seine Rechtsgüterschutzfunktion zu bestimmen, nur im Kreise herumdrehen (*Schaffstein* aaO S.61). Krit. auch *Rudolphi* FS Honig S.153 f.

4) *Welzel*, Abhandlungen S.137 f Fn 30.

5) Z.B.: "Du sollst nicht Blutschande treiben", § 173.

6) *Welzel*, Abhandlungen S.138 f, Fn 30.

verhaltswerte. Er sah im Anschluß an *Kant* und *N. Hartmann* nicht in dem erreichten *Erfolg*, sondern in der Art des *Akts* den ethischen Wert der Handlung. Die sittlichen Werte seien demnach *Aktwerte*, nicht bloße *Sachverhaltswerte*[1]. In der "Verletzung" der Norm liege der Handlungs-, in der des Rechtsguts der Erfolgsunwert; - oder, m.a.W., das Handlungsunrecht sei Geltungs-, das Erfolgsunrecht Güterschaden[2].

Materialer Gehalt der Strafrechtssätze sollte demnach nicht der Rechtsgüterschutz sein, sondern die Erhaltung der Aktwerte rechtlicher Gesinnung[3]. *Welzel* erkannte ebenso wie *H. Mayer*, daß die primäre Aufgabe des Strafrechts nicht im aktuellen Rechtsgüterschutz bestehen kann, weil das Strafrecht dazu gerade dort, wo es konkret in Aktion tritt, in der Regel zu spät kommt[4]. Die Aufrechterhaltung der rechtlichen Gesinnungswerte ziele hingegen über den bloßen aktuellen Nutzen oder Schaden hinaus auf die beständige rechtliche Gesinnung, die für die Gemeinschaft auch dann ein dauerhafter Gewinn bleibe, wenn der augenblickliche Vorteil oder Schaden längst vergessen seien[5]. "Diese Gesinnungswerte sind das stärkste Fundament, das den Staat und die Gemeinschaft trägt. Bloßer Rechtsgüterschutz hat eine nur negativ-vorbeugende, polizeilich-präventive Zielsetzung, während die zentrale Aufgabe des Strafrechts positiv-sozialethischer Natur ist"[6]. Die Rechtsgüterverletzung (=Sachverhaltsunwert) sollte damit nur ein unselbständiges, bedin-

---

1) *N. Hartmann* S.256 ff; *Welzel*, Abhandlungen S.226 f; *ders.*, Lb (1947) S.1.

2) Vgl. *Amelung* S.168.

3) *Welzel*, Abhandlungen S.228 f,232. Rechtliche Gesinnung i.d.S. umfaßte nach Auffassung *Welzels* weit mehr als nur moralische Beweggründe (aaO S.231 f,262): "Recht und Sittlichkeit unterscheiden sich also weder durch den Inhalt ihrer Pflichten noch durch ihre Verpflichtungsweise, sondern allein durch das subjektive Prinzip der praktischen Gesetzgebung, nämlich dadurch, daß Sittlichkeit Moralität fordern, aber das Recht bei der Erfüllung seiner Forderung sich mit Legalität begnügen muß" (aaO S.161; vgl. a. *Kant*, Metaphysik, Einleitung III, S.21; *H. Mayer* FS Engisch S.58; *Radbruch*, Rechtsphilosophie S.39). *Welzel* hielt es für einen Irrtum, den Gesinnungsbegriff weitgehend auf die moralische Gesinnung zu beschränken und deshalb anzunehmen, das Recht wende sich nicht an die Gesinnung. Es gebe daher auch eine "legale (rechtliche) Gesinnung, den beharrlichen Willen zur Erfüllung der Rechtspflichten" (aaO S.262).

4) *Welzel*, Abhandlungen S.263.

5) *Welzel*, Abhandlungen S.233.

6) *Welzel*, Abhandlungen S.263.

gendes Teilmoment innerhalb des umfassenderen Aktunwerts der Handlung sein[1]. Während *Welzel* zunächst noch davon ausging, daß eine solche Verknüpfung von Handlungs- oder Sachverhaltsunwert nicht notwendig sei[2], hielt er später den Schutz der Aktwerte für notwendig auf den Schutz der Rechtsgüter bezogen[3]. Indem das Strafrecht durch Strafdrohung und Bestrafung des wirklich betätigten Abfalls von den Grundwerten rechtlicher Gesinnung die unverbrüchliche *Geltung* dieser positiven Aktwerte vor aller Augen stelle, forme und festige es das sittliche Urteil und die rechtstreue Gesinnung der Bürger und hemme rechtsfeindliche Antriebe. Die wichtigste Aufgabe des Strafrechts sei mithin die sittenbildende Aufgabe, durch die das Strafrecht mit seinen Normen die bleibenden Werte rechtlichen Handelns in der Gemeinschaft als Richtschnuren des sittlichen Urteils und der rechtlichen Gesinnung aller Bürger aufrichte[4]. Mit dieser Verlagerung der unmittelbaren Schutzfunktion des Strafrechts von den Rechtsgütern auf die sittlich-ethischen Aktwerte rechtlicher Gesinnung zog auch *Welzel* die entsprechenden Konsequenzen für die Unrechtslehre: Das Verbrechen war seinem Wesen nach kein Rechtsgutsangriff, sondern die Verletzung elementarer sozial-ethischer Aktwerte; - sc.: Unrecht war eine *Pflichtverletzung*[5].

ddd. Der institutionelle Rechtsgutsbegriff

Auf dem Weg über den Rechtsgutsbegriff lenkten auch einige Neukantianer - allen voran der frühe *Erik Wolf* - den Blick auf die Geltungsseite des Rechts. Ausgangspunkt dieser Rechtsgutslehre war die Auffassung *Rickerts*, der die Güter als wertbehaftete Wirklichkeiten bezeichnete. Maßgeblich sollten aber - darin bestand der Unterschied zur Interessenlehre - allein die Werte der Kulturwirklichkeit sein[6]. Im Anschluß an *Rickert* definierte auch *Wolf* die Güter als Bindeglieder zwischen dem Reich der ideellen Werte und der Wirk-

---

1) *Welzel*, Abhandlungen S.147,228; dagegen Maurach-*Zipf* AT/1 17/5.

2) *Welzel*, Abhandlungen S.138, Fn 30, S.147.

3) *Welzel*, Abhandlungen S.229,232; *ders.*, Lb (1947) S.2 f.

4) *Welzel*, Abhandlungen S.231,235,238; *ders.*, Lb (1947) S.3; *ders.*, Lb S.2 f.

5) So *Welzel* Lb (1947) S.3; vgl. a. *Kamps* S.58.

6) *Rickert*, Kulturwissenschaft S.18.

lichkeit. Die Rechtsgutsverletzung sei deshalb zwar ein Ereignis in der Außenwelt, aber nicht in der "empirischen, bedeutungsfremden Welt der Natur", sondern in der sinnvollen Kulturwirklichkeit[1]. Als Ereignis in der Kulturwirklichkeit aber dürfe der Rechtsgutsverletzungserfolg nicht naturalistisch als substanzmäßige Schädigung eines körperlichen Objekts verstanden werden, sondern nur als normativ sinnhafter Rechtserfolg, sc. als "Ereignis innerhalb der Rechtswelt" bzw. als "Rechtslageänderung" (oder "Lageveränderung im Raum rechtlicher Willensbeziehungen")[2]. Erfolge im naturalistischen Sinne würden nicht am Rechtsgut, sondern an dessen - als Tatobjekt bezeichneten - empirischen Kultursubstrat eintreten; die Tatobjektsverletzung bilde lediglich das Indiz einer Rechtsgutsverletzung[3]. "Verhaltensweisen", - so schrieb *Wolf* - "die an Stelle staatlicher Integration staatliche Differentation bewirken, sind strafrechtlich relevante Willensakte und ihr Erfolg besteht in der Störung des Integrationsprozesses, in einem individualistischen 'schwarzen Korn der Verselbstung' innerhalb des lichten Stromes gemeinsamen Fühlens, Wollens, Handelns der rechtlich intendierten Staatsgemeinschaft"[4]. Dieses Zitat erinnert sehr an *Durkheims* Definition des Verbrechens als Bruch des Bands der "sozialen Solidarität", sc. als Verletzung der "starken und bestimmten Zustände des Kollektivbewußtseins" (i.S. der "Gesamtheit der gemeinsamen religiösen Überzeugungen und Gefühle im Durchschnitt der Mitglieder einer gleichen Gesellschaft")[5] und nahm bereits *Welzels* Kennzeichnung des personalen Unrechts als Abfall von den (kulturell verbreiteten) Aktwerten vorweg[6].

Dem Konzept *Wolfs* lag unausgesprochen eine institutionelle Auffassung vom strafrechtlichen Schutzobjekt zugrunde. Das Rechtsgut kennzeichnete hier im Prinzip jene Institution, der *Welzel* die Bezeichnung als Schutzobjekt versagen wollte, weil sie nur durch die Geltung von Aktwerten gewährleistet werden

---

1) *E. Wolf*, Typen S.16,35; ähnlich *Mittasch* S.87, der aber das Rechtsgut von vornherein als "etwas Immaterielles, Geltendes" verstand.

2) *E. Wolf*, Typen S.35,36; *Würtenberger* S.58.

3) *E. Wolf*, Typen S.49 ff; vgl. a. *Mittasch* aaO; *Salm* S.179 f.

4) *E. Wolf*, Typen S.36.

5) *Durkheim*, Teilung S.111,121,122.

6) *Amelung*, Rechtsgüterschutz S.151 f.

könne[1]. Denn als "Rechtslageänderung" bezeichnet man das Resultat einer Handlung, die die Tatbestandsmerkmale einer rechtsfolgenanordnenden Norm verwirklicht. Insoweit bedeutet der Rechtsgutsverletzungserfolg nichts anderes als eine Tatbestandsverwirklichung, die eine Sanktion nach sich zieht. *Wolf* schrieb auch ausdrücklich, daß bei *allen* Delikten der reine Rechtserfolg stets intransitiver Natur[2], d.h. von der gleichen Art wie bei den schlichten Tätigkeitsdelikten sei. Deren Unrechtsgehalt erschöpft sich aber nach herkömmlicher Auffassung im Normbruch[3]. Zudem dehnte *Wolf* auch den Erfolgsbegriff auf subjektive Tatbestandselemente aus[4].

Die Rechtsgutsverletzung bedeutete damit sachlich nichts anderes als einen Widerspruch gegen eine Norm und der Rechtsgutsbegriff näherte sich jenem Ausschnitt aus der staatlichen Normenordnung, den bereits *Schütze* als "Institut" und in Anlehnung an die *Hegelianer* als das eigentliche Angriffsobjekt des Verbrechens bezeichnet hatte[5]. *Wolfs* Vorbild *Rickert* definierte auch die

---

1) Siehe dazu eingehend *Amelung*, Rechtsgüterschutz S.185 f.

2) *Wolf*, Typen S.50.

3) *Amelung*, Rechtsgüterschutz S.151; Maurach-*Zipf* AT/1 20/27, 21/3. Allerdings hat Sch/Sch-*Lenckner* Vor § 13 Rn 56 f mit Recht darauf hingewiesen, daß auch beim schlichten Tätigkeitsdelikt ein "Erfolg" i.S. eines Normgeltungsschadens vorliegt. Gegen die Bezeichnung des Vollzugs der verbotenen Handlung als "Erfolg" *Stratenwerth* AT Rn 207; Maurach-*Zipf* AT/1 20/27.

4) *Wolf*, Typen S.44,45.

5) *Amelung* S.150,102. Nach Auffassung *Schützes* (Theilnahme S.64,80; Lb S.98) trifft jedes Verbrechen seinem Wesen nach mittelbar denselben Gegenstand, nämlich die *Rechtsordnung*, gegen die "der verbrecherische Einzelwille handelnd sich auflehnt; das juristische Object. Dieses aber wird niemals in seinem Wesen, niemals als Ganzes getroffen, sondern immer nur als äußere Erscheinung, immer nur in einem seiner Bestandtheile, auf einem derjenigen Einzelgebiete in welche die Rechtsordnung alle durchdringend aufgelöst gedacht werden kann", z.B. das Institut der Ehe, die Ehre, die Vermögenssicherheit, die Rechtspflege usf. Dieses "besonders betroffene juristische Object" ist aber immer noch "als abstractes gedacht". Das konkrete Verbrechen vermag demgegenüber nur die "concrete Erscheinung eines solchen Bestandteils der Rechtsordnung unmittelbar zu treffen". Das unmittelbare, "praktische Object" eines Delikts ist also ein "individuelles Rechtsverhältnis als strafrechtlich geschützter Bestandtheil der bestehenden Rechtsordnung", sc. "die Rechtsordnung, individualisirt in einem ihrer strafrechtlich geschützten Rechtsverhältnisse. *Gegen* jene, *an* diesem wird das Verbrechen begangen". *Schütze* unterschied aber noch vom Objekt des Verbrechens das "des blossen, äusseren Thatactes", z.B. den Leib des Erschlagenen oder die gestohlene Uhr.

sozialen Kulturüter als Institutionen und Verbände[1] und später fixierte *Wolf* selbst den obersten Zweck der Strafgesetzgebung auf die Erhaltung der sozialen Institutionen[2]. Institutionen sind aber keine Außenweltsgegenstände, sondern Normenkomplexe, sc. durch Normen geregelte Beziehungen handelnder Menschen[3]. Die Ge- und Verbote, die den Straftatbeständen zugrunde liegen, sind damit selbst Bestandteile der geschützten Institutionen. Allerdings werden nicht alle Normen, aus denen sich die Institutionen konstituieren, durch das Strafrecht sanktioniert. Zudem kann ein institutionelles Rechtsgut auch nur aus einer Norm bestehen[4].

Begreift man wie *Wolf* das Rechtsgut in einem institutionellen Sinne, dann bezeichnet die Rechtsgutsverletzung als Normwiderspruch nichts anderes als die Pflichtverletzung (Handlungsunwert)[5]. Es ist daher nur folgerichtig, wenn von *Wolfs* Schülern *Würtenberger* und *Salm* behauptet wird, daß in der Güterverletzung bereits ein subjektives, ein Pflichtverletzungs-Element oder ein Geltungsschaden liege[6]. "Verletzung" einer Institution bedeutet Übertretung einer institutionellen Norm unter Schwächung ihrer faktischen Geltung. Allerdings kann das einzelne Delikt nicht den Untergang der Institution bewirken; die Institution wird nicht verletzt, sondern nur abstrakt gefährdet, weil die Befolgung der institutionellen Norm auf Dauer nicht mehr sichergestellt ist. Schutz der Institutionen heißt also kontrafaktische Stabilisierung der Geltung institutioneller Normen durch Sanktionierung geltungsgefährdender Verstöße

---

1) *Rickert*, System S.330.

2) *E. Wolf*, Rechtsdenker S.714.

3) *Amelung*, Rechtsgüterschutz S.152,169,184,194 f,344; *Luhmann*, Institutionalisierung S.28; Bernsdorf-*Mühlmann* S.466 f. *Parsons*, Beiträge S.56,140 bezeichnet als Institution ein selbstverständlich als legitim angesehenes System von Erwartungsmustern, die das rechte Verhalten für Personen in bestimmten Rollen definieren; ihre Geltung wird sowohl durch die positiven Motive des Rollenträgers selbst, wie auch durch die Sanktionen anderer durchgesetzt. Institutionen sind also *normative Muster*, durch die definiert wird, welche Formen des Handelns oder welche sozialen Beziehungen in einer gegebenen Gesellschaft als angemessen, rechtmäßig oder erwartet betrachtet werden.

4) *Amelung*, Rechtsgüterschutz S.184.

5) *Amelung*, Rechtsgüterschutz S.152. Siehe auch *Schmidhäuser* AT (1984) 5/33; *dens.*, FS Engisch S.445; *Langer*, Sonderverbrechen S.307 f.

6) *Salm* S.183 f; *Würtenberger* S.65; ebenso *Langer*, Sonderverbrechen S.307; vgl. a. *Amelung*, Rechtsgüterschutz S.344.

gegen diese Normen. Die Sanktion hat dabei die Aufgabe, den Bestand der Institution auch für die Zukunft zu gewährleisten[1]. Damit überschneidet sich der institutionelle Rechtsgutsbegriff mit dem Pflichtverletzungsgedanken insoweit, als der Schutz des Strafrechts von den realen Außenweltsgegenständen auf die Geltung von Normen verlagert wird.

Das Rechtsgutsverletzungsdogma vermag auch - wenn überhaupt - allein in dieser Variante vor dem Gesetz zu bestehen. Denn der Besondere Teil des StGB enthält Tatbestände, bei denen es nicht um den Schutz materieller Rechtsgüter, sondern allein um die Reaktion auf Geltungsschäden, sc. um die Garantie der Geltung von Normen geht. - Beispiel: Als geschütztes Rechtsgut des § 267 wird die "Sicherheit und Zuverlässigkeit des Beweisverkehrs mit Urkunden" angegeben[2]. Folglich dient die Norm allein dem Schutz von *Vertrauen* als einem immateriellen Rechtsgut. Sie stellt den Versuch dar, die praktisch naheliegenden Täuschungsmöglichkeiten im Urkundsverkehr (Veränderung der Verkörperung und Herstellung einer neuen Verkörperung) auf die Ausnahme kriminellen Verhaltens zu reduzieren[3] und begründet dadurch erst das Vertrauen in die Echtheit von Urkunden[4]. Mit anderen Worten: Durch die Verbotsnorm werden hier entsprechende Verhaltenserwartungen institutionalisiert; Rechtsgut ist die Erwartung, daß die Norm befolgt wird. Die Enttäuschung dieser Erwartung, sc. die Rechtsgutsverletzung besteht also in der Übertretung der Norm unter Schwächung ihrer Geltung (Geltungsschaden); - Rechtsgutsverletzung und Pflichtverletzung sind damit identisch.

Das gleiche gilt für die Geldfälschungstatbestände. Sie sollen verhindern, daß falsches Geld in Umlauf gelangt, weil dadurch das Vertrauen der Bevölkerung in die Echtheit des umlaufenden Geldes und infolgedessen schließlich auch die für jedes Wirtschaftsleben unerläßliche Sicherheit und Funktionsfähigkeit des Geldverkehrs beeinträchtigt werden kann[5]. Geschütztes Rechtsgut kann damit im Grunde genommen nichts anderes sein als das Vertrauen,

---

1) *Amelung*, Rechtsgüterschutz S.185.

2) LK-*Tröndle* Vor § 267 Rn 2; Sch/Sch-*Cramer* § 267 Rn 1.

3) *Samson* JuS 70,370.

4) SK-*Samson* § 267 Rn 5.

5) SK-*Rudolphi* § 146 Rn 2; Sch/Sch-*Stree* § 146 Rn 1.

daß niemand falsches Geld in Umlauf bringt, m.a.W. die Erwartung, daß die jeweilige Norm befolgt wird. Auch hier geht es also nicht um die Vermeidung von materiellen Schäden, sondern von Normgeltungsschäden[1]. Diesen Vorgang mag man Rechtsgüterschutz nennen. Wenn aber als Rechtsgut eine Institution - d.h. hier: die "Sicherheit und Funktionsfähigkeit des Geldverkehrs" - genannt wird, besteht die Gefahr einer Kaschierung der Tatsache, daß die Aufgabe des Strafrechts insoweit letztlich allein in der Garantie der Geltung von Normen, d.h. in der Stabilisierung normativer Erwartungen besteht.

Ein weiteres Beispiel: Die Amtsdelikte sollen als "besonderes Rechtsgut" - neben anderem - die Ordnungsmäßigkeit der Amtsführung und damit auch das Staatsinteresse an der Rechtmäßigkeit von Verwaltung und Rechtspflege sowie das öffentliche *Vertrauen* in die Integrität des Staatsapparats schützen[2]. *Rudolphi* spricht im Zusammenhang mit der Körperverletzung im Amt sogar von einem *schlechten Beispiel*, das bei Häufigkeit sowohl das Amtsethos der Beamtenschaft als auch das Vertrauen der Bevölkerung in die Reinheit der Amtsführung zu erschüttern vermag[3]. Nach dieser Auffassung können die Amtsdelikte also im Grunde genommen allein die Geltung von Normen schützen, und zwar einerseits im Hinblick auf die Einübung in Rechtstreue durch die Normadressaten ("Amtsethos") und andererseits im Hinblick auf die Einübung in Normvertrauen durch Dritte. Es ist daher nur folgerichtig, wenn *Rudolphi* die durch die Amtsdelikte (neben anderen) zumindest auch geschützten Güter als die "*Institutionen* der staatlichen Verwaltung und Rechtspflege" bezeichnet. Darin liegt ein deutliches Bekenntnis zu einem institutionellen Rechtsgutsbegriff.

Überhaupt geht es überall dort, wo das Vertrauen in die Funktionsfähigkeit bestimmter sozialer Verkehrsbereiche wegen ihrer hohen Störanfälligkeit als "Rechtsgut" geschützt werden soll, im Grunde genommen immer um die Institutionalisierung oder Konsolidierung von Normbefolgungsvertrauen: In einem solchen mehr oder weniger abgrenzbaren Bereich komplexer sozialer

---

1) Die "Verletzung" einer Institution enthält nichts anderes, als einen (Norm-) Geltungsschaden, *Amelung*, Rechtsgüterschutz S.344.

2) LK-*Jescheck* Vor § 331 Rn 8; Sch/Sch-*Cramer* Vor § 331 Rn 1.

3) SK-*Rudolphi* Vor § 331 Rn 7.

Beziehungsgeflechte (Beispiele: Geldverkehr, Beweisverkehr mit Urkunden) sind die Teilnehmer darauf angewiesen, daß nicht jederzeit mit jedem beliebigen Verhalten anderer gerechnet zu werden braucht. Das Strafrecht übernimmt hier die Reduktion von Komplexität durch die Garantie bestimmter Verhaltensstandards, sc. durch die Stabilisierung entsprechender normativer Erwartungen. Die strafrechtlich relevanten Erfolge bestehen jedenfalls in solchen Bereichen immer in Geltungsschäden. Das Rechtsgutsverletzungsdogma läßt sich daher insoweit allenfalls bei institutioneller Bestimmung des Rechtsgutsbegriffs halten.

Zusammenfassend läßt sich also feststellen, daß der entscheidende Kern der Lehre vom "institutionellen Rechtsgutsbegriff" demjenigen der Pflichtverletzungslehre insoweit gleicht, als auch hier der Blick vom Schutz materieller Rechtsgüter weg auf den Schutz der *Geltung* von Normen gerichtet wurde. Es soll hier jedoch keine Auseinandersetzung um den Rechtsgutsbegriff geführt werden, so daß wir die Unterschiede zwischen institutionellen Rechtsgutstheorien und Pflichtverletzungslehre als zunächst einmal "rein terminologisches Problem"[1] abtun und nicht weiter verfolgen wollen.

ee. Resümee:

Halten wir als Ergebnis der Auseinandersetzung um den Pflichtverletzungsgedanken fest, daß Strafunrecht nicht durch einen äußeren Rechtsgutsangriff, sondern durch den Angriff auf die Geltung einer Norm konstituiert wird. Die Desavouierung einer Norm aber ist stets ein kommunikativer Akt. Somit kann das Faktum der Herrschaft über einen kausalen Rechtsgutsangriff kein per se maßgebliches Kriterium strafrechtlicher Zurechnung sein. Die funktionale Rekonstruktion des Straftatsystems unter Rekurs auf die Grundlagen der Pflichtverletzungslehre führt also zwangsläufig zu einer völligen Neuorientierung der Beteiligungsformenlehre. Aber nur auf diesen Grundlagen sind die Ansätze der Pflichtdeliktslehre überhaupt zu halten[2]. Freilich ist mit dieser Erkenntnis die hinter der Differenzierung zwischen Pflicht- und Herrschaftsdelikten stehende These, daß die Unrechtsbegründung und -zurechnung ein-

---

1) Vgl. *Schmidhäuser* FS Engisch S.445.

2) Siehe bereits oben S.132 ff.

schließlich der Fixierung der Beteiligungsformen nicht bei jedem konkret begangenen Delikt den gleichen Kriterien folgen kann, keineswegs falsifiziert. Eine endgültige Stellungnahme dazu kann jedoch erst nach Abschluß der strafrechtsdogmatischen Grundlagendiskussion erfolgen[1].

2. *Restriktiver Täterbegriff und Selbstverantwortungsprinzip*

Bevor wir uns der notwendigen Neuformulierung einer Straftat- und Beteiligungsformensystematik zuwenden, soll aber die Erörterung des restriktiven Täterbegriffs noch fortgeführt und mit einer kritischen Beleuchtung vor dem Hintergrund des Selbstverantwortungsprinzips zum Abschluß gebracht werden.

a. Die qualitative Differenz zwischen Täterschaft und Beihilfe

Der restriktive Täterbegriff, sc. die "simple Wahrheit, daß Täterschaft gleich Tatbestandserfüllung ist"[2], führt zwingend zu *qualitativen* Differenzierungen zwischen Täterschaft und Beihilfe. Denn wenn die Tat des Täters mit der Tatbestandsverwirklichung identifiziert wird, ist die Definition des Gehilfenunrechts zunächst einmal negativ: Beihilfe ist *keine* Tatbegehung (resp. Tatausführung)[3]. Für eine positive Umschreibung bleiben also nur zwei Alternativen: Entweder man rechnet dem Gehilfen das fremde tatbestandsmäßige Unrecht bloß zu, was zur klassischen, bereits bei *Pufendorf* angelegten Eigen-/Fremd-Dichotomie der Beteiligungsformen führt: Die Unterscheidung ist qualitativ. Oder man formuliert ein eigenes, selbst zu verantwortendes Gehilfenunrecht - eine Art Teilnehmerdelikt also -, das im Verhältnis zur fremden Tatbestandsverwirklichung jedoch ein aliud darstellt: Die Unterscheidung ist ebenfalls qualitativ. Freilich tritt die qualitative Differenzierung der Betei-

---

1) Siehe unten S.263 ff.

2) *Herzberg* ZStW 99(1987),51; LK-*Roxin* § 25 Rn 127; *Roxin* JA 79,520; *Gallas*, Beiträge S.143; *ders.*, Materialien 1 S.122; *Welzel*, Materialien 1, S.51; E 1909/Begr., S.299,304.

3) *Beling*, Grundzüge (10.Aufl.) S.89,92; *Schumann* S.43; ebenso E 1925/Begr., Materialien 3, S.25,27; Begr. des BMJ, Niederschriften, 2.Bd. AT, Anh. Nr.16, S.40 f; vgl. a. E 1909/ Begr., S.305 zu den Konsequenzen einer objektiven Unterscheidung zwischen Täterschaft und Teilnahme.

ligungsformen[1] keineswegs bloß im Gefolge des restriktiven Täterbegriffs, sondern auch im Gewand der subjektiven Täterlehre auf: Die Feststellung eines "animus auctoris" bzw. eines "animus socii" setzt die Existenz einer Tat voraus, die für diesen eine fremde, für jenen aber die eigene ist[2]. Anders ausgedrückt: Eine anhand der Eigen-/Fremd-Schablone vorgenommene Unterscheidung zwischen Täterschaft und Beihilfe geht mit dem bereits skizzierten Selbstverantwortungsprinzip Hand in Hand: Für seine Haupttat - sc.: die Tatbestandsverwirklichung - ist der Täter *unmittelbar selbst verantwortlich*, der Gehilfe aber nicht; für diesen bleibt die Haupttat vielmehr eine fremde Tat, für die er allenfalls (wenn überhaupt) mittelbar verantwortlich ist.

b. Selbstverantwortungsprinzip und Gehilfenunrecht

aa. Das Regreßverbot

Definiert man Strafunrecht mit der überkommenen Doktrin materiell als äußeren Rechtsgutsangriff, drängt sich die Anbindung des zur Markierung der qualitativen Differenz zwischen Täterschaft und Teilnahme herangezogenen Selbstverantwortungsprinzips an den äußeren Kausalverlauf geradezu auf: Selbstverantwortung bedeutet die eigene, unmittelbare (d.h. nicht intervenierte) Zuständigkeit für eine Rechtsguts- bzw. Rechtsgutsobjektsbeeinträchtigung[3]. Dies führt dann zwangsläufig zur bereits bekannten Interpretation der Beihilfe über den fehlenden *unmittelbaren* Zugriff auf den Erfolg bei Einschaltung eines vollverantwortlichen Dritten in den Kausalverlauf und damit zu den aufgezeigten Konsequenzen für die Bestimmung des spätest möglichen Beihilfezeitpunkts: Strafbare Beihilfe kann nur bis zum Abschluß der willensgesteuerten körperlichen Tätigkeit des Täters, d.h. bis zum beendeten Versuch der "fremden Haupttat" geleistet werden. Freilich haben die *Hegelia-*

---

1) Zu dem über die Eigen-/Fremd-Schablone fixierten, angeblichen sachlichen Gegensatz zwischen Täterschaft und Teilnahme vgl. nur *Gallas*, Materialien 1, S.121; *dens.*, Niederschriften, 2.Bd. AT, S.75; *Schäfer*, Niederschriften, 2.Bd. AT, S.75; Begr. des BMJ, Niederschriften, 2.Bd. AT, Anh. Nr.16, S.41; E 1909/Begr., S.302.

2) Siehe dazu etwa *Gallas*, Materialien 1, S.130. Diese Erkenntnis kommt auch im E 1909/ Begr., S.302 zum Ausdruck.

3) *Schumann* S.42.

ner diese Interpretation der Beihilfe selbst begünstigt, indem sie das von ihnen herausgearbeitete Selbstverantwortungsprinzip (und damit den Akzessorietätsgedanken) mangels geeigneten dogmatischen Instrumentariums auf der Kausalitätsebene untergebracht haben. Nachdem dieser "Notbehelf" gescheitert war, ist aber der Grundgedanke der *Hegelianer*, die Frage nach dem Unrecht der Beihilfe als ein Regreßverbotsproblem im weiteren Sinne zu behandeln[1], in der Folgezeit weitgehend in Vergessenheit geraten[2].

Nach konventioneller Doktrin soll die vermeidbare Verursachung den Verursacher immer etwas angehen, und zwar selbst dann, wenn das vermeidbar verursachende Verhalten durch ein Verhalten anderer Personen vermittelt wird[3]. Dieses Konzept - korrigiert allenfalls durch ein erlaubtes Risiko - entstammt dem überkommenen naturalistischen Strafrechtsdenken, das von der Vorstellung geleitet ist, Ursachenäquivalenz müsse bei gleich bemessener Vermeidbarkeit zu Zurechnungsäquivalenz führen[4]. Eine derartige "Zurechnungshypertrophie"[5] führt aber bei strenger Durchführung des Konzepts angesichts der unüberschaubaren Interdependenz aller Individuen in der hochkomplexen Industriegesellschaft des ausgehenden 20. Jahrhunderts zum Ersticken der Handlungsfreiheit[6]. Deshalb bedürfen die allein dominierenden

---

1) So etwa *Bloy* S.125. Auch *Baumann* AT (8.Aufl.) S.548 erwähnt den engen Zusammenhang zwischen Täterbegriffsproblematik und Regreßverbot: Enthielten die §§ 26,27 Strafausdehnungsgründe, so zeige das, daß das Gesetz beim Dazwischentreten eines Dritten den Regreß besonders gebieten müsse.

2) *Schumann* S.2 f m.w.N.

3) Vgl. *Jakobs* ZStW 89(1977),1; *Kamps* S.130 f; *Frisch*, Verhalten S.231 ff. Diese Auffassung gipfelt im Bereich der Teilnahme in der Lehre von der "Ergänzungsfunktion": Jede Mitwirkung, die nicht Täterschaft ist, sei als Teilnahme zu bestrafen (vgl. dazu *Langer*, Sonderverbrechen S.481 m.N.).

4) *Jakobs* ZStW 89(1977),2.

5) *Jakobs* aaO; *Schumann* S.4; *Frisch*, Verhalten S.232.

6) Schon *Hälschner*, Dt. StrafR S.317 f hat - wenn auch in anderem Zusammenhang - bemerkt: "Eine unbeschränkte Pflicht, jede Handlung zu unterlassen, aus der sich als möglich erkannte üble Folgen ergeben können, würde den Menschen zu absoluter Unthätigkeit verurtheilen, denn sein Handeln ist überall von Gefahren umgeben". Ebenso hat *Welp* S.286 auf das unübersehbare Ausmaß der Schmälerung individueller Betätigungsfreiheit bei Nichtbeachtung der Eigenverantwortlichkeit des unmittelbar Handelnden hingewiesen. Vgl. dazu a. *Wehrle* S.55; *Rudolphi*, Gleichstellungsproblematik S.166; *Arzt* NStZ 90,4.

Zurechnungsprinzipien Kausalität und Vermeidbarkeit im Bereich des Regreßverbots (im weiteren Sinne) einer dringenden Korrektur[1].

Entsprechende Lösungsansätze wurden bereits im vorigen Jahrhundert durch die Lehre von der Unterbrechung des Kausalzusammenhangs[2] und die Lehre vom Regreßverbot[3] zur Diskussion gestellt. Zwar sind diese Ansätze letztlich am mangelnden dogmatischen Instrumentarium ihrer Epoche gescheitert[4]. Jedoch gewinnt das Selbstverantwortungsprinzip als dahinter stehender Grundgedanke in der jüngeren Literatur wieder zunehmend an Bedeutung[5]. Die neuere Zurechnungsdogmatik erörtert die Abgrenzung von Verantwortungsbereichen[6] nunmehr vorwiegend unter den Topoi des Schutzzwecks der Norm[7], der Sorgfaltswidrigkeit[8] und der Garantenstellungen[9].

---

1) *Jakobs* ZStW 89(1977),3; *Schumann* S.4 und passim; *Meyer-Arndt* Wistra 89,281 ff; SK-*Rudolphi* Vor § 1 Rn 72 f; *Rudolphi*, Gleichstellungsproblematik S.135; *Stratenwerth* AT Rn 1162; *ders.*, FS Eb. Schmidt S.384 f.

2) *Luden*, Abhandlungen S.349 f; *Goltdammer* GA 15(1867),19; *v. Bar*, Lehre S.22 ff,65 ff; vgl. dazu auch *M.E. Mayer*, Causalzusammenhang S.93 ff,100 ff; *Hälschner*, Dt. StrafR S.370; *Wehrle* S.21 ff; *Bloy* S.126 ff.

3) *Frank*, StGB § 1 III 2a; *M.E. Mayer*, Causalzusammenhang S.100 ff; *H. Mayer* Lb (1967) S.73; *Otto* FS Maurach S.96 ff; *Lampe* ZStW 71(1959),614; *Naucke* ZStW 76(1964),406 ff (unter Anknüpfung an den Handlungsbegriff *Hegels*, vgl. ibid. S.430); siehe auch *Wehrle* S.33 ff; *Jakobs* ZStW 89(1977),5 ff; *Bloy* S.130 ff.

4) *Schumann* S.2 f; *Wehrle* S.23 ff, 34 ff; Sch/Sch-*Lenckner* Vor § 13 Rn 77; *Spendel* JuS 74,755; *Roxin* FS Tröndle S.177 f.

5) *Schumann* S.1 ff und passim; *Bloy* S.138 f; SK-*Rudolphi* Vor § 1 Rn 72; *Stratenwerth* AT Rn 1162; Sch/Sch-*Cramer* § 15 Rn 146; Sch/Sch-*Lenckner* Vor § 13 Rn 100 ff; *Lenckner* FS Engisch S.506; *Welp* S.274 ff,285; *Ebert/Kühl* Jura 79,570; *Kamps* S.141; *Otto* FS Tröndle S.157; *Wessels* BT/1 § 2 VIII; vgl. a. *Frisch*, Verhalten S.236 ff.

6) Siehe etwa *Stratenwerth* FS Eb. Schmidt S.390 ff; *Bloy* S.138; Sch/Sch-*Lenckner* Vor § 13 Rn 100; *Lenckner* FS Engisch aaO; *Jakobs* AT 7/56 ff; *ders.*, ZStW 89(1977),7,15,35; Sch/Sch-*Cramer* aaO; *Wolter*, Zurechnung (1981) S.344 f; Maurach-*Zipf* AT/1 18/46,49; *Welp* S.285, 314 f; *ders.*, JR 72,429; *Kamps* S.138 f,141; *Donatsch* SchwZStr 1988,364; *Hohmann/König* NStZ 89,308; *Wessels* BT/1 § 2 VIII.

7) SK-*Rudolphi* Vor § 1 Rn 72 f; *Rudolphi* JuS 69,555 ff; *Jakobs* AT 7/56 ff; Sch/Sch-*Lenckner* Vor § 13 Rn 100 ff; *Wolter*, Zurechnung (1981) S.343 ff; Maurach-*Zipf* AT/1 17/46,49,62; *Schünemann*, Unterlassungsdelikte S.212; *Wessels* BT/1 § 2 VIII. *Jakobs* ZStW 89(1977) betont, daß sich in der Lehre vom Normzweck das Regreßverbot verkappt wiederfinde. Gegen die Begründung eines Regreßverbots aus dem Schutzzweck der Norm *Otto* FS Maurach S.98; krit. auch *Spendel* JuS 74,755.

Unsere Rechtsordnung geht davon aus, daß der Mensch grundsätzlich zu freier Selbstbestimmung fähig ist und deshalb die positiven und negativen Konsequenzen seines Verhaltens selbst zu verantworten hat[1]. Aus diesem normativ fundierten *Selbstverantwortungsprinzip*, das eines empirischen Beweises weder bedarf, noch einem solchen überhaupt zugänglich wäre[2], folgt eine vor allem im Bereich des Regreßverbots (i.w.S.) relevante Abgrenzung der den einzelnen Individuen von Rechts wegen zugewiesenen Verantwortungsbereiche[3]. Danach fallen die Konsequenzen einer freien und selbst bestimmten Weltgestaltung prinzipiell in den Zuständigkeitsbereich des Gestaltenden und nicht in den eines bloßen Mitverursachers[4]. Der einzelne darf also in aller Regel nicht für das Fehlverhalten *anderer* - sc.: für *fremdes* Unrecht - verantwortlich gemacht werden[5]. Anders formuliert: Aus dem Selbstverantwortungsprinzip folgt ein grundsätzliches *Regreßverbot* auf Handlungen, durch die das enttäuschende Verhalten eines anderen bloß vermeidbar mitverursacht wird[6].

---

8) *Wehrle* S.50 f. *Welp* S.286 stellt auf die Pflichtwidrigkeit und die Sozialadäquanz ab. Zur Sozialadäquanz siehe *Jakobs* ZStW 89(1977),4 f.

9) *Jakobs* AT 7/56 ff; *ders.*, ZStW 89(1977),18 ff,35; SK-*Rudolphi* Vor § 1 Rn 72.

1) *Hälschner*, Dt. StrafR S.183 und passim; *Schumann* S.1; Sch/Sch-*Lenckner* Vor § 13 Rn 110; *Jescheck* AT S.367 f; SK-*Rudolphi* § 13 Rn 32, Vor § 19 Rn 1; *Hohmann/König* NStZ 89,308; *Stratenwerth* AT Rn 156; *ders.*, SchwZStr 79(1963),238; *Welzel* Lb S.143; *Dornseifer*, Rechtstheorie S.113; *Otto* FS Tröndle S.157. Vgl. a. *Bloy* S.139 f; *Welp* S.275,285.

2) *Schumann* S.1; *Jescheck* AT S.367 f; LK-*Jescheck* Vor § 13 Rn 66 f; SK-*Rudolphi* aaO; Sch/Sch-*Lenckner* aaO; auch *Bloy* S.278 f; *Armin Kaufmann*, Strafrechtsdogmatik S.271 ff. Das römische und deutsche Strafrecht hatten bereits seit der C.C.C. durchweg die menschliche Freiheit zur Grundlage (*Köstlin*, System S.136 ff; *Hälschner*, Preuß. StrafR S.102).

3) *Schumann* S.1; Sch/Sch-*Cramer* § 15 Rn 146. Die Begrenzung des Regreßverbots auf den Bereich fahrlässiger Mitwirkung an vorsätzlicher Tat ist sachwidrig (*Jakobs* AT 24/14,21; *ders.* ZStW 89[1977],6 ff; auch *Welp* S.299 Fn 56; offen *Stratenwerth* AT Rn 1165).

4) Vgl. *Schumann* S.1,6; *Welp* S.275 ff,285 f; *dens.*, JR 72,429; Sch/Sch-*Cramer* § 15 Rn 155; Sch/Sch-*Lenckner* Vor § 13 Rn 101 f; *Bloy* S.138; *Ebert/Kühl* Jura 79,570.

5) *M.E. Mayer*, Causalzusammenhang S.104; *v. Bar*, Lehre S.22; *Birkmeyer* S.116 ff; *Schumann* S.2,6 und passim; *Langer*, Sonderverbrechen S.483; SK-*Rudolphi* Vor § 1 Rn 72, § 13 Rn 32; Sch/Sch-*Cramer* § 15 Rn 146; *Stratenwerth* FS Eb. Schmidt S.392; Sch/Sch-*Lenckner* Vor § 13 Rn 101,102; *Lenckner* FS Engisch S.506; *Bloy* S.138; *Welp* S.285 f; *Ebert/Kühl* Jura 79,570; *Herzberg* GA 91,145,149 f; beschränkt auf den Bereich fahrlässiger Mitwirkung auch *Wehrle* S.54,58,61; *Spendel* JuS S.74,756; vgl. a. *Kamps* S.141 f.

6) Vgl. *Schumann* aaO und S.42; *Welp* S.275 ff,285; *Hälschner*, Dt. StrafR S.379; *Ebert/*

Wenn somit ein Verhalten nicht schon deshalb als Unrecht qualifiziert werden darf, weil es vermeidbar zur Mitursache eines Konflikts wird, für den ein anderer primär selbst zuständig ist, darf sich der Mitverursacher prinzipiell auf die Position zurückziehen, daß "nicht jeden alles angeht"[1]. Schneidet man das Selbstverantwortungsprinzip mit der konventionellen naturalistischen Doktrin auf eine Definition des Strafunrechts als äußeren Rechtsgutsangriff zu, entfaltet es - wie dargelegt - seine entscheidende Bedeutung vor allem im Bereich der Intervention des Kausalverlaufs zwischen einer Handlung (Körperbewegung) und einem tatbestandlichen Erfolg (Rechtsguts- bzw. Rechtsgutsobjektsbeeinträchtigung) durch einen Dritten. Wenn aber der bloß mittelbar verursachende Gehilfe für die Tatbestandsverwirklichung nicht selbst verantwortlich, die Tat also m.a.W. nicht "seine eigene" ist, bedarf seine strafrechtliche Haftung einer besonderen Begründung: Es geht um den Strafgrund der Teilnahme[2]. Die *Hegelianer* haben die durch das Selbstverantwortungsprinzip geschlagene Zurechnungslücke noch erkannt und sich bemüht, sie auf der Ebene des Willens als der subjektiven Grundlage ihrer Imputationslehre zu schließen: Wenn der Regreß grundsätzlich ausscheidet, sofern die Tatbestandsverwirklichung über einen fremden, vollverantwortlichen Willen interveniert wird, findet der Regreß statt, wenn der Mitverursacher sich den Entschluß des Täters "aneignet"[3], mit ihm "in ein Einverständnis über die Tat tritt"[4] bzw. sich "mit seinem Willen vereinigt"[5].

Kühl aaO. Die gegenteilige Auffassung *Roxins* (FS Tröndle S.180) beruht auf einem Zirkel und einer Vertauschung der Begründungslast. *Roxin* argumentiert wie folgt: Der Ersthandelnde schaffe u.U. eine erhebliche Gefahr der Tatbegehung. Die unerlaubte Gefahrschaffung aber sei es, die nach allgemeinen Grundsätzen die Erfolgszurechnung auslöse. Wenn sie es in Fällen des Regreßverbots nicht tun soll, bedürfe das einer besonderen Begründung. *Roxin* setzt damit die Unerlaubtheit der Gefahrschaffung axiomatisch voraus. Aber seit wann muß eigentlich die Straf*losig*keit von Verhaltensweisen besonders begründet werden und nicht deren Straf*bar*keit?

1) Vgl. dazu *Jakobs* ZStW 89(1977),30; *Wehrle* S.54; *Schumann* S.42 und passim; auch *Stratenwerth* FS Eb. Schmidt S.392.

2) *Schumann* S.42 f. Auch *Herzberg* GA 91,149 f betont, daß die strafausdehnenden Regelungen des § 27 wegen des Prinzips der Eigenverantwortung und Nichtanlastung fremden Unrechts "unter Druck stehen" und daß es unbefriedigend ist, die Strafausdehnung bloß unter Verweis auf die Entscheidung des Gesetzgebers zu begründen.

3) *Luden*, Abhandlungen S.349 f,366; ebenso *Birkmeyer*, Theilnahme S.129.

4) *Schütze*, Theilnahme S.275.

5) *Berner*, Theilnahme S.212; ebenso H. *Mayer* FS Rittler S.254 ff; ähnlich *Schumann* S.50

bb. Der Strafgrund der Beihilfe bei den Verursachungslehren

Unter dem Einfluß des naturalistischen Positivismus und der damit verbundenen Interpretation des Strafunrechts als äußerem Rechtsgutsangriff wurde das Feld der Teilnahmedogmatik seither weitgehend den verschiedenen Varianten der Verursachungslehren überlassen. Die Verabsolutierung der Rechtsgutsverletzung für den Unrechtsbegriff kommt vor allem in der reinen Verursachungslehre *Lüderssens* zum Ausdruck. Grundlage dieser Lehre ist die konsequent durchgeführte These der Verantwortlichkeit des Teilnehmers für *eigenes* Unrecht. Nicht das (fremde) Unrecht des Täters wird dem Teilnehmer zugerechnet, sondern die (mittelbare) Erfolgsverursachung durch den Teilnehmer selbst, und zwar die Verursachung desjenigen Erfolgs, der Erfolg der Tätertat ist. Da tatbestandliches Unrecht nur in den Deliktsbeschreibungen des Besonderen Teils vertypt sei, müßten die einzelnen Tatbestände folglich auch die Strafbarkeit des Teilnehmers begründen. Den gänzlich selbständigen Unrechtsgehalt der Teilnahme sieht *Lüderssen* darin, daß der Teilnehmer einen ursächlichen Beitrag zu einer Rechtsgutsverletzung beisteuere; - Teilnahme sei eine eigenständige, tatbestandsmäßige Form der Rechtsgutsverletzung[1].

Lüderssen vermeidet die damit nahegelegte Konsequenz eines mit dem Gesetz nicht zu vereinbarenden Einheitstätersystems[2] durch die Preisgabe der Äquivalenztheorie: Aus der ontischen Differenz der zur Rechtsgutsverletzung führenden Faktoren folge eine "Wertdifferenz" in der Weise, daß derjenige, der ein Rechtsgut selbst angreifen könne, prinzipiell schärfer hafte als derjenige, der dazu eines anderen bedürfe[3]. Akzessorietät sei daher nur i.S. einer faktischen Abhängigkeit von einem fremden Tatbeitrag zu verstehen[4]. Das Verhalten des Täters spiele für den Teilnehmer nur insoweit eine Rolle, als es Voraussetzung dafür sei, daß der Beitrag des Teilnehmers einen tatbestandsmäßigen Erfolg zeitige, d.h. für *Lüderssen*: als es den Kausalzusammen-

---

f, der den Gesichtspunkt der "Solidarisierung" hervorhebt.

1) *Lüderssen*, Strafgrund S.25,29,119 f,161 f,166.

2) Zur Kritik vgl. *Jakobs* AT 21/5 ff.

3) *Lüderssen* aaO S.136 ff; a.A. etwa *Bloy* S.202.

4) *Lüderssen* aaO S.25,119.

hang zwischen seiner eigenen Handlung und der Rechtsgutsverletzung herstelle[1].

Die Konsequenzen für die Lösung des Problems sukzessiver Behilfe sind jedenfalls beim Begehungsdelikt eindeutig: Zwar wird der selbst tatbestandsmäßig handelnde Teilnehmer ebenso wie der Täter für die (eigene) Erfolgskausierung bestraft. Das bedeutet jedoch nicht, daß (sukzessive) Beihilfe auch so lange geleistet werden könnte, wie die Tatbestandsverwirklichung andauert (d.h. bis zur Vollendung). Denn wer den letzten Kausalbeitrag leistet, haftet - weil er das Rechtsgut unmittelbar selbst angreifen kann - als Täter und die übrigen Mitverursacher infolge der faktischen Akzessorietät ihrer Beiträge bloß als Teilnehmer; - anders formuliert: Beihilfe ist allenfalls bis zum beendeten Versuch des Täters möglich. Für eine Sonderbehandlung der *Pflichtdelikte* bleibt insoweit wegen der Verabsolutierung der Rechtsgutsverletzung für den Unrechtsbegriff kein Raum. Demgegenüber ist die Lösung bei den *Unterlassungsdelikten* mangels Kausalität der Unterlassung[2] offen.

Nahe verwandt mit der reinen Verursachungslehre *Lüderssens* ist *Schmidhäusers* Lehre vom Teilnehmerdelikt[3]. Danach soll eine Akzessorietät in dem Sinne, daß die Rechtsgutsverletzung des Teilnehmers *von Rechts wegen* nur über den Haupttäter möglich sei, nicht existieren[4]. Weil der Teilnehmer *selbst* den Rechtsgutsanspruch verletze, sei das Teilnahmeunrecht vielmehr in seinem Handlungsunwert[5] von der Existenz einer Haupttat unabhängig[6], so daß dem Täterdelikt ein selbständiges Teilnehmerdelikt gegenübertrete[7]. Die Haupttat wird also nur mit der kausalen Erfolgsherbeiführung in Verbindung

---

1) *Lüderssen* aaO S.137 f,210; ebenso bereits *v. Buri* GS 22(1870),36. Krit. zur Lehre *Lüderssens Jakobs* AT 22/4 f; SK-*Samson* Vor § 26 Rn 11; *Bloy* S.176 ff; *Schumann* S.44 ff.

2) Siehe dazu statt vieler *Jakobs* AT 29/15 ff.

3) *Schmidhäuser* AT (1975) 14/58 Fn 3 (S.534); *M.-K. Meyer* GA 1979,253,255 f.

4) *M.-K. Meyer* GA 1979,255.

5) Zum Begriff des Handlungsunwerts bei *Schmidhäuser* vgl. *dens.* AT (1984) 5/33 sowie eingehend FS Engisch S.443 ff.

6) *Schmidhäuser* AT (1975) 14/56 f,77; *ders.*, AT (1984) 10/9; *M.-K. Meyer* GA 1979,255, 260 f.

7) *Schmidhäuser* AT (1975) 14/56 f; *M.-K. Meyer* GA 1979,252 ff; *Sax* ZStW 90(1978), 927 ff.

gebracht; sie sei bloß Strafwürdigkeitsmoment in dem Sinne, daß durch sie *der faktische Schadenseintritt vermittelt* werde[1]. Der Unterschied zur reinen Verursachungslehre *Lüderssens* besteht in der Anerkennung des restriktiven Täterbegriffs[2]: Zwar sei auch das Teilnehmerdelikt tatbestandsmäßig, aber nur infolge der Kombination der Vorschriften über die Strafbarkeit der Teilnahme mit den Strafvorschriften des Besonderen Teils[3].

Für den spätest möglichen Beihilfezeitpunkt ergeben sich gegenüber der Konzeption *Lüderssens* keine abweichenden Konsequenzen: Zwar ist das Teilnahmeunrecht in seinem Handlungsunwert von der Existenz einer Haupttat unabhängig, weil der Teilnehmer einen eigenen Rechtsgutsangriff unternimmt. Da die Beihilfe jedoch durch die Vermittlung der Kausalität über die Haupttat gekennzeichnet sein soll, bleibt ihr Anwendungsbereich auf die Fälle eines bloß intervenierten Zugriffs auf den tatbestandlichen Erfolg reduziert: Beihilfe kann allenfalls bis zum beendeten Versuch des Täters geleistet werden.

Im krassen Gegensatz zu *Lüderssen* und *Schmidhäuser* erklärt die *Unrechtsteilnahmetheorie*, die auch unter den Bezeichnungen "modifizierte Unrechtsteilnahmetheorie"[4], "Förderungs- oder Verursachungstheorie"[5] bzw. "akzessorietätsorientierte Förderungs- oder Verursachungstheorie"[6] firmiert, das Unrecht ausschließlich aus dem Akzessorietätsprinzip. Danach soll der Gehilfe die im Deliktstatbestand enthaltene Norm, sc. das allgemeine Gebot zur Achtung der Rechtsgüter nicht selbst verletzen[7]. Beihilfe sei vielmehr die

---

1) *Schmidhäuser* AT (1975) 14/57,62,77; *ders.*, AT (1984) 10/9; auch *Sax* aaO S.941 f.

2) *Schmidhäuser* AT (1984) 10/71.

3) Die *Erweiterung* der Einzeltatbestände des Besonderen Teils durch die Teilnahmevorschriften soll eine bloße Konsequenz der Gesetzestechnik sein (*M.-K. Meyer* GA 1979,256 f; *Schmidhäuser* AT [1984] 10/10).

4) Maurach-*Gössel* AT/2 50/57.

5) *Jescheck* AT S.620; Sch/Sch-*Cramer* Vor § 25 Rn 22.

6) *Lackner* Vor § 25 Anm.4; *Wessels* AT § 13 IV 1; vgl. a. *Schumann* S.45.

7) *Jescheck* AT (3.) S.558; *Rudolphi* ZStW 78(1966),92; *Stratenwerth* MDR 53, 720; *ders.* AT Rn 858; *Otto* JuS 82,558; *ders.*, FS Lange S.207 f. Anders allerdings Maurach-*Gössel* AT/2 47/29 ff, nach dessen Auffassung der Teilnehmer zwar normwidrig handeln und das auch ihm gegenüber geschützte Rechtsgut selbst angreifen soll, der aber das *strafbare* Unrecht des Teilnehmers ausschließlich aus dem Akzessorietätsprinzip erklärt.

Mitverursachung der Haupttat, aus der sie auch allein ihren Unrechtsgehalt beziehe[1]. Dem Teilnehmer wird also mit dem tatbestandlichen Unrecht auch der Rechtsgutsangriff des Täters zugerechnet, während es für seinen eigenen Tatbeitrag nicht darauf ankommen soll, ob er einen Rechtsgutsangriff darstellt.

Die Unrechtsteilnahmetheorie präjudiziert freilich nicht, wie das täterschaftlich *selbst* zu verantwortende Unrecht, das dem Gehilfen als *fremdes* Unrecht zugerechnet werden soll, zu bestimmen ist. Konsequenzen für den spätest möglichen Beihilfezeitpunkt hängen damit von der jeweiligen Definition des Haupttatunrechts sowie von der jeweiligen Täterlehre ab. Rechnet man mit der herkömmlichen Lehre den tatbestandlichen Erfolg zum Unrecht, kann jede Mitverursachung des täterschaftlichen Erfolgsunwerts prinzipiell zur Haftung wegen Beihilfe führen; Beihilfe ist dann grundsätzlich bis zum Eintritt des tatbestandlichen Erfolgs möglich. Daran ändert sich nichts, wenn man mit *Jakobs* von einer "erfolgsbezogenen Unrechtsteilnahme" spricht und Beihilfe als einen eigenen Angriff auf ein Gut durch das Bewirken einer täterschaftlichen Tat definiert[2]. Zu einem anderen Ergebnis gelangt man allerdings, wenn man mit den Radikal-Finalisten den Erfolg aus dem Unrecht verbannt und unter dem Rubrum "objektive Strafbarkeitsbedingungen" firmieren läßt[3]; - dann ist Beihilfe als Unrechtsteilnahme von vornherein allenfalls bis zum beendeten Versuch denkbar[4]. Wenn allerdings das Selbstverantwortungsprinzip und der daran gekoppelte Täterbegriff auf die Aspekte der Eigenhändigkeit oder der Entscheidungsherrschaft reduziert werden, ergibt sich aus der Unrechtsteilnahmetheorie eine Bestätigung der Lösung *Rudolphis*. Die Unrechtsteilnahmetheorie besagt somit per se für den spätest möglichen Beihilfezeitpunkt recht wenig.

---

1) Sch/Sch-*Cramer* aaO; *Jescheck* aaO; *Lackner* aaO; *Maurach* AT (4.) S.680; Maurach-*Gössel* AT/2 50/57; *Gallas*, Beiträge S.119; *Wessels* aaO; *Rudolphi* ZStW 78(1966),93,96, 98; *Stratenwerth* MDR 53,720; ähnlich *Welzel* Lb S.112,115. Für die Vertreter objektivistischer Unrechtslehren *Mezger*, StrafR (2.Aufl.) S.439; *Baumann/Weber* S.569, sowie für die Beihilfe auch *Trechsel* S.107 ff. Vgl. a. *Bloy* S.256, der die mit dieser Lehre verbundene Verschiebung des vom Teilnehmer übertretenen Verbots kritisiert.

2) *Jakobs* AT 22/7 ff.

3) *Zielinski* S.143; *Armin Kaufmann*, Strafrechtsdogmatik S.153,160 f; *Horn* S.79; *Mir Puig* FS Jescheck S.343 ff; *Schöne* GS Hilde Kaufmann S.654; *Lüderssen* FS Bockelmann S.183.

4) Darauf hat bislang allein *Stratenwerth* FS Schaffstein S.192 Fn 57 hingewiesen.

Die Verfechter der Lehre vom akzessorischen Rechtsgutsangriff schließlich definieren Teilnahme als (mittelbare) Verletzung eines - auch gegenüber dem Teilnehmer geschützten - Rechtsguts[1] und insoweit als originäres Unrecht. Da das Gesetz aus Gründen der Tatbestandsbestimmtheit Rechtsgüter jedoch nicht gegen beliebige Beeinträchtigungen schützen könne, werde diese mittelbare Verletzung nur als Mitverursachung einer tatbestandsmäßigen und rechtswidrigen Haupttat erfaßt und sei insofern zugleich auch abgeleitetes Unrecht[2]. Die Synthese von reiner Verursachungslehre und Unrechtsteilnahmegedanken[3] führt hier zu einer Art Doppelnatur der Beihilfe: Abgeleitete Elemente des Haupttatunrechts und eigener Rechtsgutsangriff werden als zwei voneinander unabhängige Grundlagen des Teilnahmeunrechts additiv zusammengesetzt[4]. Dennoch dürften die Konsequenzen für den spätest möglichen Beihilfezeitpunkt wie bei der Unrechtsteilnahmetheorie auch insoweit allein vom Unrechtskonzept und von der Interpretation des Selbstverantwortungsprinzips (sc. von der Täterlehre) abhängen. Soweit hier das Verbrechen als äußerer Rechtsgutsangriff gedeutet wird, bleibt schließlich für eine Sonderbehandlung der Pflichtdelikte wiederum kein Raum.

Die skzizzierten Varianten der Verursachungslehren deuten Strafunrecht - sofern nicht allein auf den Gedanken der Unrechtsteilnahme rekurriert wird - allesamt als Rechtsgutsangriff und sind deshalb mit der Kritik des Rechtsgutsverletzungsdogmas erledigt. Das gilt insbesondere für den Formenkreis der reinen Verursachungslehren. Die These, daß jede Form der Kausierung einer Rechtsgutsbeeinträchtigung prinzipiell eigenes Unrecht des Verursachers

---

1) Ebenso *Bloy* S.252,255,263; Maurach-*Gössel* AT/2 47/29 ff: Die Norm sei ein allgemeines Gebot zur Achtung der Rechtsgüter. Dagegen verstoße jeder, der an einer Beeinträchtigung des von der Norm geschützten Rechtsguts vermeidbar mitwirke. Daher handle der Teilnehmer zwar nicht tatbestandsmäßig, aber doch normwidrig. *Gössel* erklärt aber das *strafbare* Unrecht des Teilnehmers allein aus dem Akzessorietätsprinzip. Demgegenüber sieht *Stratenwerth* AT Rn 858 ff in der Teilnahme einen Angriff auf das tatbestandlich geschützte Rechtsgut *ohne* eigene Normwidrigkeit des Gehilfen. Krit. dazu *Bloy* S.252,256.

2) LK-*Roxin* Vor § 26 Rn 1-7,17; SK-*Samson* Vor § 26 Rn 14 f; *Vogler* FS Heinitz S.299 ff,309; *Stratenwerth* AT Rn 856 ff, der seine Lehre aber als "Unrechtsteilnahmetheorie" bezeichnet; ebenso *Otto* FS Lange S.205,207 f; *ders.*, JuS 82,558.

3) LK-*Roxin* Vor § 26 Rn 17; vgl. a. *M.-K. Meyer* GA 1979,264; *Schumann* S.45; *Bloy* S.253.

4) Krit. *Bloy* S.253 f.

begründe, führt zu einem ad infinitum reichenden Zurechnungsregreß. Eine solch enorme Haftungsausdehnung ließe sich allein unter Verweis auf die angebliche Rechtsgüterschutzaufgabe des Strafrechts begründen. Jedoch läßt sich mit dem Güterschutzargument ohnehin erst beim strafbewehrten Verbot jeder Regung mit Ausnahme von Rettungsmaßnahmen nicht noch mehr fordern[1]. Zudem: Für eine allein am Rechtsgüterschutzgedanken, sc. am Ausbleiben tatbestandlich beschriebener Erfolge (Rechtsguts- bzw. Rechtsgutsobjektsbeeinträchtigungen) orientierte Zurechnungsdogmatik ist es zwar konsequent, vermeidbare Kausierungen strikt zu verbieten; jedoch ist eine derart intensive strafrechtliche Reaktion wegen der Kastration der Handlungsfreiheit weder erwünscht, noch auch - wie der Blick auf die unechten Unterlassungsdelikte lehrt - erforderlich: Hier erfolgt eine Zurechnung nicht bei jedem Vermeidefähigen, sondern unterbleibt, wenn der Erfolgseintritt Folge der den Rettungsfähigen nichts angehenden Welt, sc. der Rettungsfähige nicht Garant ist[2].

Das mit der Garantenstellung angesprochene Regreßverbotsproblem wird aber von den reinen Verursachungslehren durch die Konstruktion des eigenen Unrechts aller Mitverursacher[3] schlicht umgangen. Gänzlich unproblematisch wäre der Strafgrund bloß intervenierter Mitverursachung allein bei einem Rekurs auf den kausal-extensiven Täterbegriff[4]. Diese Lösung scheitert aber nach herrschender Auffassung nicht zuletzt an der mit ihr verbundenen Auflösung der Tatbestandsbestimmtheit[5]. Soweit jedoch von einem restriktiven Täterbegriff ausgegangen wird, erübrigt sich eine Begründung der Strafbarkeit der "an sich" nicht tatbestandlich erfaßten bloßen Mitverursachung keineswegs[6]. Selbst wenn Akzessorietät bloß als Konsequenz der Gesetzestechnik verstanden wird, bleibt doch die Haupttat jedenfalls Strafwürdigkeitsmoment. Damit ist vor allem zugestanden, daß es eine (positiv-) *rechtliche* Abhängig-

---

1) *Jakobs* ZStW 89(1977),12 f; vgl. a. *Amelung*, Rechtsgüterschutz S.241. Gegen *Jakobs* ohne überzeugende Begründung *Kamps* S.137 f.

2) *Jakobs* ZStW 89(1977),18 f.

3) Vgl. etwa *Schmidhäuser* AT (1984) 10/9 f.

4) *Schumann* S.46.

5) *Jakobs* AT 22/5; vgl. a. oben S.76 ff.

6) *Schumann* S.46.

keit (Akzessorietät) der Beihilfe gibt. Es wird aber nicht begründet, warum ein bloß mittelbar kausales und akzessorisches, aber nicht i.e.S. tatbestandsmäßiges Verhalten *überhaupt* strafwürdig sein soll, wenn *ein anderer* selbst verantwortlich einen rechtlich mißbilligten Erfolg verursacht. Der Unwertgehalt einer bloßen Mitverursachung der Tatbestandsverwirklichung ist nicht schon damit erklärt, daß diese von extensiv verstandener Täterschaft zur Teilnahme herabgestuft und als akzessorisch im Sinne einer durch einen Dritten vermittelten Wirksamkeit bezeichnet wird. Denn vom Standpunkt eines restriktiven Täterbegriffs aus läßt sich über diesen eventuellen Unwertgehalt nur die negative Feststellung treffen, daß er nicht derjenige der Täterschaft sein kann, jedoch keine positive Aussage darüber machen, worin er überhaupt besteht und wieso er den Grad strafrechtlich relevanten Unrechts erreicht[1]. Die Frage nach dem *Grund* akzessorischer Haftung wird aber seit den *Hegelianern* regelmäßig nicht mehr gestellt, sondern - offenbar unter dem alles rechtfertigenden Vorwand des Rechtsgüterschutzes[2] - ohne weiteres extensiv erledigt. Weil sich im Prinzip mit dem Zweck des präventiven Rechtsgüterschutzes alles legitimieren läßt[3] und deshalb die Annahme eines Regreßverbots damit ohnehin nicht vereinbar ist[4], erscheint dies auch durchaus konsequent. Offenbar hat das in der zweiten Hälfte des 19. Jahrhunderts in das Strafrecht eingebrochene naturalistische Denken, unter dem die Zurechnung zur blanken naturgesetzlichen Kausalität degenerierte[5], der Strafrechtsdogmatik in einem solchen Maß ihren Stempel aufgedrückt, daß es heute noch schwer fällt, sich von den eingefahrenen Konzepten zu lösen. Das Problem des Regreßverbots ist aber seit unserer Diskussion über die vom Strafrecht zu garantierenden Grundbedingungen sozialer Koexistenz wegen der Preisgabe des Rechtsgüterschutzdogmas wieder offen[6].

---

1) *Schumann* S.47.

2) So exempli causa *Otto* FS Lackner S.719.

3) *Amelung*, Rechtsgüterschutz S.250,257 ff und passim; *Jakobs* ZStW 97(1985),752 f; *Schaffstein* FS R. Schmidt S.60,64 f.

4) Dies betonen etwa *Schünemann*, Unterlassungsdelikte S.211 und *Herzberg*, Unterlassung S.305.

5) Vgl. dazu *Bloy* S.100 f; *Maurach* AT (4.Aufl.) S.225 f; *Schünemann*, Einführung S.21; *Welzel*, Abhandlungen S.51 ff.

6) Siehe oben S.134 ff.

Gegen die Konstruktion eines über die kausale Rechtsgutsbeeinträchtigung definierten selbständigen Teilnehmerdelikts spricht aber schließlich auch und vor allem, daß bereits ein Verhalten *im Vorfeld* der Externalisierung (der Tatbestandsverwirklichung) als Unrecht bezeichnet werden muß. Dies folgt zwingend aus dem Versuch, die Haftung eines nicht selbst oder durch ein Werkzeug Ausführenden *ohne Akzessorietät*, sc. ohne *Zurechnung* der von einem *anderen* realisierten Ausführungshandlung zu begründen[1]. Eine im internen Bereich liegende Verhaltensabstimmung mehrerer Personen, die eo ipso noch keine Außenwirkung hat, sollte indes in einem freiheitlichen Staat nicht verboten und als Unrecht definiert werden[2]; aber bei einem Verzicht auf Akzessorietät bleibt nur der Weg, Verbrechensverabredung oder Verbrechensförderung durch Rat oder Tat oder anderes internes Verhalten als soziale Störung zu bezeichnen: Das Tatprinzip wird mißachtet. Eine Beteiligung im Vorfeld der Tatbestandsverwirklichung kann daher allenfalls den *Grund* dafür bilden, das Ausführungsverhalten jedem der Beteiligten *zuzurechnen*, ist aber selbst noch keine soziale Störung.

Diesem Einwand können die Unrechtsteilnahmetheorie und die durch Akzessorietätserwägungen modifizierte Verursachungstheorie zwar dadurch entgehen, daß sie kein eigenständiges Teilnehmerdelikt konstruieren, sondern dem Teilnehmer bloß *fremdes* Unrecht zurechnen. Aber eine Erklärung dafür, *warum* entgegen dem doch weitgehend anerkannten Selbstverantwortungsprinzip (und dem daraus abzuleitenden Regreßverbot) überhaupt für *fremdes* Unrecht gehaftet werden soll, findet sich nirgends. Vielmehr begnügt man sich stets damit, mit der Benennung des Kausalitätserfordernisses und der Akzessorietät als Straf*grund* der Teilnahme schlicht deren tatbestandliche *Voraussetzungen* zu benennen, und zwar ohne eigenständigen Aussagegehalt darüber, was es überhaupt rechtfertigen könnte, den Teilnehmer am fremden Unrecht der Haupttat partizipieren zu lassen[3]. Es ist daher völlig zutreffend, wenn gelegentlich behauptet wird, daß diese Lehren letztlich gar nichts er-

---

1) Den gleichen Fehler hat bereits *Kohler* gemacht: Er bezeichnete die "akzessorische Natur der Teilnahme", sc. die "Haftung des einen für die Tat des anderen", als "verkehrt" (GA 58[1911],2) und interpretierte dafür die Handlung im Vorfeld als "mildere Form der Verbrechensbegehung" (aaO S.15 f).

2) *Jakobs* GS Armin Kaufmann S.283.

3) *Schumann* S.43,46 f.

klären können[1]. Schließlich vermag auch vom Ansatz des Unrechtsteilnahmegedankens aus eine befriedigende Erklärung der Extranenteilnahme am echten Sonderdelikt nicht zu gelingen.

Es bleibt somit festzuhalten, daß die diversen Varianten der Verursachungslehren den Strafgrund der Teilnahme entweder gar nicht oder doch zumindest nicht dogmatisch befriedigend zu erklären vermögen.

cc. Die Teilnahmelehre Bloys

Der gleiche Einwand ist schließlich auch gegenüber der Teilnahmelehre *Bloys* zu erheben. *Bloy*, der die Beteiligungsformen als Zurechnungstypen konstruiert, unterscheidet mehrere Ansatzpunkte zur Bildung von Zurechnungskategorien und trennt die *allgemeinen*, für jede Beteiligungsform geltenden Zurechnungsprinzipien von den *speziellen*, die die jeweilige Beteiligungsform typisieren sollen[2]. Das spezielle Strukturelement der Straftat sei der im Tatbestand beschriebene Unrechtstypus, verstanden als das in den Delikten des Besonderen Teils vertypte Täterunrecht, und dieses spezielle Strukturelement sei der gemeinsame, identische Bezugspunkt aller Beteiligungsformen[3]. Da die übergreifende, für alle Beteiligungsformen maßgebliche Zurechnungsstruktur durch den *personalen Zusammenhang* zwischen dem Beteiligten und dem tatbestandsmäßigen Geschehen gebildet werde, könnten sich die Zurechnungstypen der Täterschaft und Teilnahme nur in der Art dieses Zusammenhangs unterscheiden, der bei der Täterschaft als ein *direkter*, bei der Teilnahme hingegen als ein *indirekter*, durch die Person des Täters vermittelter, gekennzeichnet sei[4]. Daher werde das vertypte Unrecht als Zurechnungsobjekt dem Täter als *eigenes*, dem Teilnehmer als *fremdes* Unrecht zugerechnet[5].

---

1) SK-*Samson* Vor § 26 Rn 12; *Bloy* S.205; *Schumann* S.46.

2) *Bloy* S.256 f.

3) *Bloy* S.249 f.

4) *Bloy* S.313 f.

5) *Bloy* S.250.

Zu den allgemeinen, im Hinblick auf die Beteiligungsform neutralen Zurechnungskategorien rechnet *Bloy* den Rechtsgutsangriff, die Pflichtverletzung, den Erfolg, die Kausalität sowie die objektive Erfolgszurechnung[1]. Täterschaft und Teilnahme seien durch einen gemeinsamen Angriff auf dasselbe, durch eine Norm des Besonderen Teils geschützte Rechtsgut ausgezeichnet und nur durch die Art dieses Angriffs, d.h. durch verschiedene Handlungsunwerte zu unterscheiden. Der Rechtsgutsangriff des Teilnehmers werde über den Täter geführt, sei also nicht selbständig[2]. Einen eigenen Rechtsgutsangriff unternehme der Teilnehmer lediglich in dem Sinne, daß er in eigener Person eine gegen ein Rechtsgut gerichtete Handlung vollziehe, obwohl das Rechtsgut auch ihm gegenüber einen Achtungsanspruch erhebe. Auch die Pflichtwidrigkeit sei als sozial-ethischer Aspekt des Unrechts eine allgemeine Zurechnungsvoraussetzung. *Bloy* versteht also die hinter den Tatbeständen des Besonderen Teils stehenden Normen extensiv und bezieht den restriktiven Täterbegriff allein auf die *Strafbarkeit* der Normübertretung. Täter und Teilnehmer sollen miteinander - aber jeder für sich - gegen dieselbe Verhaltensnorm verstoßen (sc. sich gegen den Achtungsanspruch eines Rechtsguts wenden), wobei nur die *Art und Weise* dieses Verstoßes verschieden sei[3].

Wenn somit als *spezielle* Zurechnungsprinzipien für die Unterscheidung zwischen den Beteiligungsformen allein die Modalitäten des Angriffs auf das geschützte Rechtsgut in Betracht kommen, die als Charakterisierungen des Handlungsvollzugs den Handlungsunwert betreffen sollen[4], könne Täterschaft - ebenso wie auch Teilnahme - nur personal erklärt werden[5]; die täterschaftskonstituierenden Merkmale beträfen damit allein das Handlungsunrecht[6]. Indes hält *Bloy* die Definition eines Täter-"begriffs", der für alle Delikte gültige, d.h. unabdingbare Voraussetzungen enthält, nicht für möglich. Vielmehr sei der Stellenwert der täterschaftsbegründenden Kriterien variabel

1) *Bloy* S.256 f,265 ff,269 f,283,289.

2) Daher könne auch die Haupttat insgesamt für die Teilnahme nicht die Funktion einer Erfolgskomponente haben, sondern nur deren Handlungsunwert betreffen, vgl. *Bloy* S.184,190.

3) *Bloy* S.263.

4) *Bloy* S.184,206.

5) *Bloy* S.184,205 f.

6) *Bloy* S.265.

und nur innerhalb der einzelnen Deliktsarten - Herrschaftsdelikte, Pflichtdelikte und gemischte Pflicht- und Herrschaftsdelikte - festgelegt. Demnach sollen es die Tatherrschaft und/oder die Sonderpflichtverletzung sein, die den jeweils unterschiedlich geprägten personalen Kontakt des Täters zum gesamten Tatgeschehen herstellten[1]. Tatherrschaft sei also stets personengebunden und begründe einen spezifischen Handlungsunwert[2].

Während beim Täter die Zurechnung auf Prinzipien beruhe, die das tatbestandliche Unrecht erst konstituierten und somit die Existenz des tatbestandlichen Unrechts von der Person des Täters abhänge, werde dem Teilnehmer das schon unabhängig von seiner Person - nämlich durch den Täter - verwirklichte Unrecht über das Akzessorietätsprinzip zugerechnet[3]. Die absolute Strafwürdigkeit der Teilnahme knüpfe - vermittelt durch Akzessorietät - an den Handlungsunwert der Täterschaft an. An die Stelle des eigenen Kontakts zum gesamten Tatgeschehen trete der *personale Kontakt zum Täter*. Tatherrschaft (bzw. Sonderpflichtverletzung) und Akzessorietät seien also polar aufeinander bezogene, Typus und zugehörigen Gegentypus eines Rechtsgutsangriffs verkörpernde Zurechnungskriterien[4]. Damit übernehme die Akzessorietät bei der Teilnahme eine Doppelfunktion: Sie ersetze bei der Zurechnung des tatbestandlichen Unrechts der Herrschaftsdelikte die Tatherrschaft, bei den reinen Pflichtdelikten die Sonderpflichtverletzung sowie bei den gemischten Pflicht- und Herrschaftsdelikten entweder das eine, das andere oder sogar beide Elemente[5].

Zwar hat sich *Bloy* zur Frage des spätest möglichen Beihilfezeitpunkts nicht geäußert, jedoch ist die Lösung des Problems bereits vorgezeichnet: Die vom Teilnehmer ausgehende Handlungswirkung setze beim *Handlungsunrecht des Täters* an, das sein eigenes Handlungsunrecht konstituiere; - m.a.W.: Die Wirkung der Gehilfenhandlung müsse sich in der Täter*handlung* realisiert haben. Da hierin der direkte *personale Kontakt* zwischen Teilnehmer und Täter zum

1) *Bloy* S.256 f,314 f.

2) *Bloy* S.204,206; ebenso *Gallas*, Beiträge S.99.

3) *Bloy* S.250 f.

4) *Bloy* S.319.

5) *Bloy* S.192,202,212,316; zusammenfassend S.243.

Ausdruck gelange, hänge von dem fremden, durch den Täter verwirklichten Handlungsunwert schon der gehilfeneigene Handlungsunwert ab[1]. Der Haupttäter entscheide, ob der Gehilfenbeitrag überhaupt zum Bestandteil eines Verbrechens werde[2].

Leistet also der Gehilfe seinen Tatbeitrag zeitlich erst nach Abschluß der Täterhandlung (i.S. von Körperbewegung), d.h. *nachdem* der Handlungsunwert der Haupttat bereits vollständig verwirklicht ist, dann kommt der "direkte personale Kontakt" zwischen Teilnehmer und Täter nicht mehr zustande. Hier realisiert sich der Gehilfenbeitrag nicht in der Täter*handlung*, sondern bloß in dem dadurch angelegten Kausalverlauf sowie gegebenenfalls im Erfolgseintritt. Zudem hängt es in diesem Stadium der Tatbestandsverwirklichung nicht mehr vom Haupttäter ab, ob der Gehilfenbeitrag überhaupt zum Bestandteil eines Verbrechens wird. Der Kontakt des Hinzutretenden zum tatbestandlichen Unrecht wird also hier nicht durch die *Person* des Täters vermittelt. Kann somit ein Tatbeitrag nach Abschluß der Täterhandlung mangels Akzessorietät keinen teilnahmespezifischen Handlungsunwert begründen, ist nach *Bloys* Konstrunktion Beihilfe allenfalls bis zum beendeten Versuch des Haupttäters möglich, und zwar sowohl bei den Herrschafts-, als auch bei den Pflichtdelikten.

Bloy führt die Aufspaltung des Unrechtsbegriffs über die überkommene Trennung in Handlungs- und Erfolgsunwert[3] hinaus weiter fort und konstruiert ihn als ein diffuses Konglomerat beziehungslos aneinandergereihter Versatzstücke. Daneben versteht er Handlungsunwert und Pflichtverletzung nicht mehr als kongruente Begriffe, sondern stellt der Pflichtverletzung den "personalen Kontakt" zur Tatbestandsverwirklichung bzw. zum Täter als weitere abgesonderte personale Zurechnungskategorie zur Seite. Es ist auch nicht ersichtlich, warum *Bloy* zwischen den Zurechnungskategorien Rechtsgutsangriff und Pflichtverletzung überhaupt differenziert. Denn die Pflichtverletzung soll durch den Verhaltensnormbruch, d.h. durch die Verletzung des Achtungsanspruchs eines geschützten Rechtsguts begründet werden, so daß Pflichtverletzung und Rechtsgutsangriff letztlich ein und dasselbe sind. Welche *eigen-*

1) *Bloy* S.285 ff.

2) *Bloy* S.378.

3) Siehe dazu jüngst wieder *Mir Puig* GS Armin Kaufmann S.262 ff.

ständige Bedeutung der Pflichtverletzung für den Unrechtsbegriff als sozialethischer Komponente *neben* dem Rechtsgutsangriff zukommen soll, bleibt dabei völlig im Dunkeln.

Schließlich läßt die Teilnahmelehre *Bloys* entscheidende Fragen unbeantwortet. Das gilt insbesondere für die bereits angerissene Pflichtdeliktsproblematik und deren Integration in das konventionelle Gefüge der Normentheorie. Das Verhältnis der täterschaftsbegründenden Sonderpflichtverletzung zur sog. sozialethischen Komponente der Pflichtverletzung sowie zum Rechtsgutsangriff wird auch nicht ansatzweise gelöst. Zudem setzt *Bloy* die Akzessorietät als handlungsunwerts- und strafwürdigkeitsbegründenden Faktor einfach voraus, um sie aus sich selbst heraus zu erklären[1]. Die Frage nach dem "*Warum*" der Akzessorietät, d.h. danach, *warum* der Teilnehmer für *fremdes* tatbestandliches Unrecht verantwortlich gemacht wird und sein Kontakt zum Täter einen Unwert begründet, wird hingegen erst gar nicht aufgeworfen; - anders ausgedrückt: Der Strafgrund der Teilnahme bleibt völlig offen. Insoweit bringt seine Lehre gegenüber den von ihm abgelehnten Theorien keinerlei Gewinn. Als Grund für die Haftung des Gehilfen können daher an sich nur der eigene Rechtsgutsangriff und Normbruch (Verletzung des Achtungsanspruchs) sowie die eigene Erfolgskausierung in Betracht kommen. Dann aber begeht der Gehilfe materiell eigenes Unrecht und es besteht kein Unterschied zu *Schmidhäusers* Lehre vom Teilnehmerdelikt. Wieso dem Gehilfen dann bloß fremdes Unrecht zugerechnet werden soll, bleibt letztlich vollkommen unklar. Die an der Lehre vom akzessorischen Rechtsgutsangriff kritisierte Vermengung abgeleiteter (akzessorischer) und eigener Unrechtselemente der Beihilfe treibt *Bloy* also mit seiner eigenen Zurechnungslehre noch auf die Spitze.

---

1) Symptomatisch für diese weit verbreitete verkürzte Teilnehmerdogmatik etwa *Bockelmann*, Untersuchungen S.31: "Die Teilnahme ist notwendig akzessorisch, d.h. abhängig vom Dasein einer Haupttat. Diese Akzessorietät ist kein 'Produkt des Gesetzgebers'. Sie liegt in der Natur der Sache (sic!). Beihilfe sowohl wie Anstiftung setzen begrifflich ein 'Etwas' voraus, wozu sie geleistet werden". Ähnlich *Jescheck* SchwZStr 71(1956),236; *Lange*, Täterbegriff S.4.

dd. Die Teilnahmelehre Schumanns

Auch der Teilnahmelehre *Schumanns* liegt die aus der Tatherrschaftslehre und dem restriktiven Täterbegriff folgende qualitative Differenzierung der Beteiligungsformen zugrunde. *Schumann* kritisiert, daß die Verursachungstheorie den Akzent einseitig auf den als Rechtsgutsbeeinträchtigung verstandenen Erfolgsunwert lege, obwohl der Kern strafrechtlichen Unrechts heute überwiegend im Handlungsunrecht gesehen werde[1]. Das Handlungsunrecht der Teilnahme erschöpfe sich damit in dem durch die Vorsätzlichkeit der Mitverursachung begründeten Intentionsunwert. Die Teilnahme unterscheide sich insoweit nur noch durch den Mangel täterschaftlichen Handlungsunrechts von der Täterschaft. Der Gedanke, daß die Teilnahme statt des täterschaftsbegründenden einen *eigenständigen*, über die Vorsätzlichkeit der Mitverursachung hinausgehenden und etwa an bestimmte Begehungsweisen der Beihilfe gebundenen Handlungsunwert aufweisen könnte, sei der Verursachungstheorie hingegen fremd[2]. Sofern Vorsatz gegeben sei, könne vielmehr jedes beliebige erfolgskausale Verhalten Teilnahme sein[3].

Weil sich aber die Strafwürdigkeit der Teilnahme nicht mit der Verursachung ihres in der tatbestandsmäßigen, rechtswidrigen Rechtsgutsverletzung bestehenden Erfolgs und dem darauf bezogenen Vorsatz erklären lasse, könne der besondere, die Haftung des Gehilfen rechtfertigende Grund nur darin liegen, daß die Teilnahmehandlung *als solche* schon einen besonderen Aktunwert beinhalte[4]. Dieser besondere Handlungsunwert liege darin, daß die Teilnahmehandlung für die Rechtsgemeinschaft ein "unerträgliches Beispiel" darstelle[5]. Der von *Schumann* im Anschluß an *H. Mayer*, *Welzel* und *Otto*[6] verwendete Begriff des Akt- oder Handlungsunwerts soll damit zugleich auch als Sachverhaltsunwert ein Moment der Sozialschädlichkeit beinhalten. Denn

---

1) Ähnlich *M.K. Meyer* GA 79,259 f; *Otto* FS Lange S.208.

2) *Schumann* S.48.

3) LK-*Roxin* Vor § 26 Rn 5.

4) *Schumann* S.49.

5) *Schumann* S.49 ff; zust. *Stein* S.115 insoweit, als dieser Aspekt des Teilnehmerverhaltens die Strafbedürftigkeit begründe und damit die Sanktionsnormen legitimiere.

6) *Welzel* Lb S.1 ff; *H. Mayer* AT (1953) S.54 f; *Otto* ZStW 87(1975),558 ff; *ders.* FS Lange S.208 f.

für die Beurteilung einer Handlung als sozialschädlich sei die Verletzung oder konkrete oder abstrakte Gefährdung eines Rechtsgutsobjekts weder das einzige noch ein notwendiges Kriterium. Gemeinschaftsinteressen würden - darüber hinaus und unabhängig davon - bereits dadurch verletzt, daß eine Handlung als "betätigter Abfall von den Grundwerten rechtlicher Gesinnung"[1] eine Gefahr für die sozial-psychologische Geltungskraft des Rechts[2] bilde und geeignet sei, das Gefühl gesicherten Rechtsfriedens zu erschüttern, d.h. ein für die Gemeinschaft "unerträgliches Beispiel" abgebe.

Die Definition des Strafgrunds der Teilnahme über einen solchen Handlungsunwert sei - so führt *Schumann* aus - keineswegs ohne Vorbild. Bereits *Welzel* habe den inneren Grund für die Strafbarkeit des Gehilfen in der Förderung einer sozial unerträglichen Tat gesehen und deshalb die Beihilfe selbst als eine sozial unerträgliche Handlung bezeichnet[3]. Noch deutlicher komme dieser Gedanke in *H. Mayers* Charakterisierung der Teilnahme als "betätigter Willensvereinigung" zum Ausdruck[4]. Das, was die Teilnahme zu einem unerträglichen Beispiel für die Rechtsgemeinschaft werden lasse, sei die Solidarisierung mit fremdem Unrecht. Der sozial unerträgliche Handlungsunwert der Beihilfe werde also dadurch begründet, daß der Gehilfe sich durch seinen vorsätzlichen Beitrag mit fremdem vorsätzlichem Unrecht solidarisiere[5], sich mit der fremden Tat gemein mache[6] und dadurch die sozial-psychologische Geltungskraft des Rechts erschüttere.

---

1) *Welzel* Lb S.3; *Otto* FS Lange S.208 f.

2) *H. Mayer* AT (1953) S.55.

3) *Welzel* Lb S.115; *ders.* ZStW 61(1942),213; ähnlich *Otto* FS Lange S.208 f. Vgl. a. *Bloy* S.209, der Täter- wie Teilnehmerunrecht als "Schädigung der sozialen Vertrauensgrundlage der Rechtsgesellschaft" definiert.

4) H. *Mayer* FS Rittler S.254 ff. Freilich ist dieser Gedanke wesentlich älter. Bereits *Luden*, Abhandlungen S.349 f,366 sah den positiven Zurechnungsgrund der Beihilfe in der "Aneignung des Entschlusses des Urhebers". Vgl. a. *Berner*, Theilnahme S.212, der zwar im Gegensatz zu *Luden* die Aneignung einer fremden Absicht ablehnte, aber doch die Teilnahme als ein "Verhältniß von Wille zu Wille, eine Willensvereinigung" interpretierte. Ähnlich das Kriterium bei *Schütze*, Theilnahme S.275: Der Gehilfe müsse "zu dem Thäter in ein ... Einverständnis über die That treten".

5) Siehe auch *Vogler* FS Heinitz S.309,313; *Bloy* S.285,320,344.

6) *Schumann* S.50 f.

Angesichts dieser Definition des Unrechts als Geltungsangriff erscheint das Problem des spätest möglichen Beihilfezeitpunkts gegenüber den am Rechtsgutsangriff orientierten Teilnahmelehren vordergründig betrachtet in einem anderen Licht. Der eingetretene Erfolg ist - soweit zurechenbar - Manifestation (objektive Fixierung) der Mißachtung des Verbots oder Gebots[1]. Die Erschütterung, die die Geltung der Norm durch ihre Nichtbefolgung erleidet, wird also durch den eingetretenen Erfolg mitbestimmt[2]. Weil der Erfolgseintritt eine intensivere Geltungsschädigung für die Norm vermittelt als ein erfolgloses Handlungsprojekt, erhöht er - soweit es um die Geltung der Norm geht - das Unrecht[3]; - anders formuliert: Der Erfolg ist Teilmoment des Handlungsunwerts[4]. Eine Solidarisierung mit dem "unerträglichen Beispiel" kann daher jedenfalls grundsätzlich bis zum endgültigen Erfolgseintritt stattfinden; - insoweit ist die Möglichkeit sukzessiver Beihilfe bis zur Vollendung theoretisch durchaus denkbar. Allerdings bleibt fraglich, ob eine Solidarisierung nach dem beendeten Versuch nicht gegebenenfalls zur (mit-) täterschaftlichen Haftung führen muß. Daher ist die Abgrenzung von Täterschaft und Beihilfe für die Bestimmung des spätest möglichen Beihilfezeitpunkts auch insoweit von Bedeutung. Reduziert man das Selbstverantwortungsprinzip (und damit den Täterbegriff) auf die Aspekte der Eigenhändigkeit oder der Entscheidungsherrschaft, ergeben sich aus der Teilnahmelehre *Schumanns* hinsichtlich des Problems der sukzessiven Beihilfe keinerlei neue Konsequenzen.

Grundlage der Teilnahmelehren *H. Mayers* und *Schumanns* ist die - jedenfalls partielle - Überwindung des Rechtsgutsverletzungsdogmas und die Definition des Verbrechens als Pflichtverletzung i.S. eines Angriffs auf die Geltung des Rechts. Die unmittelbare Schutzfunktion des Strafrechts wird verdoppelt und einerseits auf die Rechtsgüter sowie andererseits auf ein integratives Medium - die Sittenordnung bzw. die sozial-psychologische Geltungskraft des Rechts - verlagert. Auf diese Weise führt *Schumann* eine Differenzierung zwischen

---

1) *Zielinski* S.209,213,266; Sch/Sch-*Lenckner* Vor § 13 Rn 56; *Jakobs* JZ 88, 519.

2) Siehe dazu *Krümpelmann*, Bagatelldelikte S.93; *Krauß* ZStW 76(1962),63; *Streng* ZStW 92(1980),652 f; *Stein* S.84,89,98,109,110.

3) *Würfel* S.48 f; *Schaffstein* FS Welzel S.562 Fn 16; *Amelung*, Rechtsgüterschutz S.280; eingehend *Timpe*, Strafmilderungen S.99 f.

4) *Welzel*, Abhandlungen S.147,228; *Schumann* S.49; *Stratenwerth* MDR 53,720.

Rechtsgut und Strafrechtsgut herbei[1]. Der Pflichtverletzungsgedanke gewinnt damit eine von den überkommenen personalen Unrechtskonzepten abweichende, über die bloße Subjektivierung des Unrechts hinausgehende Bedeutung; insoweit ist die Pflichtverletzung keineswegs identisch mit dem rein rechtsgutsbezogenen Handlungsunwert der überkommenen Lehre. *Schumannn* formuliert das in aller Deutlichkeit: Der Sachverhaltsunwert, um den es hier gehe und der den Handlungs*unwert* der Verwerflichkeit eines Verhaltens in den Rang eines die Rechtsgemeinschaft interessierenden Handlungs*unrechts* erhebe, sei identisch mit demjenigen, in dem die sog. Eindruckstheorie[2] das strafrechtliche Unrecht des untauglichen Versuchs begründet sehe[3]. Im Gegensatz zu *H. Mayer* ordnet aber *Schumann* die Pflichtverletzung nicht dem Schuldbereich (sog. "Korrumpierungs-" oder "Schuldteilnahmetheorie"), sondern dem Unrecht zu und entgeht damit dem Gegeneinwand der gesetzlich angeordneten limitierten Akzessorietät.

Zwar ist es *Schumann* entgegen den sonst weitgehend vorherrschenden Teilnahmelehren gelungen, mit der *eigenen* Konterkarierung der Normgeltung durch den Gehilfen einen echten Strafgrund der Beihilfe anzugeben, ohne dabei in den naturalistischen Bereich der reinen Verursachungslehren abzugleiten. Jedoch vermag auch sein Konzept insgesamt nicht zu überzeugen. Das gilt zunächst für die Doppelung der strafrechtlich geschützten Objekte - Rechtsgüter einerseits und Normgeltung andererseits -, deren Verhältnis zueinander letztlich ungeklärt bleibt. Insoweit fehlt es insbesondere an einer Integration der Teilnahmelehre in den Rahmen eines in sich geschlossenen Unrechtskonzepts. Aus der Doppelung der Schutzobjekte ergibt sich nämlich als zwingende Folge eine Doppelung der Angriffsrichtung: Unrecht ist materieller Rechtsgutsangriff und immaterieller Geltungsangriff zugleich. *Schumann* fixiert aber das vom Täter selbst zu verantwortende Unrecht zunächst einmal mit Hilfe des restriktiven Täterbegriffs und des Tatherrschaftsgedankens. Insoweit wird das für die angeblich qualitative Differenz zwischen Täterschaft und Teilnahme bedeutsame Selbstverantwortungsprinzip lediglich auf der Ebene des äußeren kausalen Rechtsgutsangriffs untergebracht; - allein

---

1) Vgl. a. *Jakobs* AT 2/1 ff; *Kindhäuser*, Strafe S.23.

2) Siehe Sch/Sch-*Eser* Vor § 22 Rn 23; *Roxin* JuS 79,1; Sch/Sch-*Lenckner* Vor § 13 Rn 56; Maurach-*Gössel* AT/2 41/40 ff; SK-*Rudolphi* Vor § 22 Rn 13; *Jescheck* AT S.462 f m.w.N.

3) *Schumann* S.50.

diese Ebene ist dem Faktum Tatherrschaft überhaupt zugänglich. Während nunmehr die Begründung des Gehilfenunrechts auf dieser Ebene ausgeschlossen bleibt, wird der Regreß insoweit nur auf der immateriellen Ebene des Geltungsschadens begründet. Wenn sich aber Strafunrecht aus den *beiden* Komponenten des Geltungs- *und* des Rechtsgutsangriffs zusammensetzen soll, steht damit die Begründung des Unrechts der Behilfe bloß auf einem Bein: Von der Zurechnung des Rechtsgutsangriffs ist und bleibt der Gehilfe wegen des Regreßverbots verschont. Mit dem Ansatz *Schumanns* ließe sich der Strafgrund der Beihilfe perfekt also nur unter einer völligen Akzentverlagerung der Unrechtslehre vom Rechtsgutsangriff auf den Geltungsangriff begründen.

Doch auch unabhängig davon sind Zweifel an dieser Konzeption angebracht. Denn soweit *Schumann* mit Hilfe des Kriteriums des durch Solidarisierung gesetzten "unerträglichen Beispiels" ein eigenes Unrecht der Beihilfe begründet, gehört sein Ansatz in den weiteren Formenkreis der Lehre vom Teilnehmerdelikt und ist damit in gleicher Weise dem Einwand ausgesetzt, daß wegen des Verzichts auf Akzessorietät bereits ein Verhalten *im Vorfeld* der Tatbestandsverwirklichung als soziale Störung bezeichnet und mit einem strafrechtlichen Unwerturteil belegt werden muß[1].

ee. Ergebnis und weiterer Ausblick

Wer mit Hilfe des an die formale Tatbestandsverwirklichung (sc. den restriktiven Täterbegriff) gekoppelten Selbstverantwortungsprinzips versucht, eine qualitative Differenz zwischen Täterschaft und Beihilfe zu konstituieren, begibt sich in das Dilemma, den Haftungsregreß auf den insoweit nicht (selbst) verantwortlichen Gehilfen besonders begründen zu müssen. Die soeben skizzierten Versuche, den Strafgrund der Beihilfe plausibel zu erklären, sind sämtlich gescheitert: Eine bloße Zurechnung *fremden* Unrechts ist - jedenfalls grundsätzlich - mit dem *Selbst*verantwortungsprinzip nicht zu vereinbaren[2] und die Deklaration des Gehilfenunrechts zum eigenen Unrecht führt

---

1) Vgl. oben S.174.

2) Siehe statt vieler bereits *M.E. Mayer*, Causalzusammenhang S.104; *Langer*, Sonderverbrechen S.483 hat diesen Befund auf einen ebenso einfachen wie zutreffenden Nenner gebracht:

mindestens partiell zu einer unzulässigen Vorverlagerung des strafrechtlichen Unwerturteils in das Vorfeld der sozialen Störung, sc. in den von strafrechtlicher Kontrolle freizuhaltenden Bereich des forum internum der einzelnen Individuen[1].

Damit drängt sich die Frage auf, ob das Selbstverantwortungsprinzip insoweit nicht an das falsche Bezugsobjekt geknüpft wird. Möglicherweise markiert es gar keine an den Tatbestand gekoppelte qualitative Differenz zwischen Täterschaft und Teilnahme, sondern die Grenze zwischen strafrechtlicher Haftung und Nichthaftung für eine Tatbestandsverwirklichung überhaupt; - anders ausgedrückt: Vielleicht ist das Regreßverbot kein spezifisches Problem der Beihilfe, sondern ein Moment der *allgemeinen* Zurechnungslehre. Wenn das zuträfe, wäre der Haftungsgrund bei Täterschaft und Beihilfe identisch und eine *besondere* Begründung des Regresses auf den Gehilfen entbehrlich.

Die Annahme, daß eine qualitative Differenz zwischen Täterschaft und Beihilfe auf der Tatbestandsebene nicht existiert, wäre freilich zwingend mit der Preisgabe des restriktiven Täterbegriffs verbunden. Zugleich müßte das Akzessorietätsprinzip anders interpretiert werden, seine Bedeutung als Spezifikum der Teilnahme i.w.S. verlieren und sich zu einem allgemeinen Zurechnungsprinzip wandeln. Das Phänomen der Akzessorietät würde also m.a.W. nicht mehr die Zurechnung *fremden* ("Haupttat-") Unrechts (sc. einer *fremden* Tatbestandsverwirklichung), sondern die Zurechnung der Tat überhaupt bezeichnen. Weiterhin könnte die Beihilfe nicht mehr durch den fehlenden unmittelbar-kausalen (d.h. über die willensgesteuerte körperliche Tätigkeit des Täters intervenierten) Zugriff auf die Tatbestandsverwirklichung definiert werden. Das würde bedeuten, daß eine Beteiligung in Form der Beihilfe jedenfalls grundsätzlich auch noch nach dem beendeten Versuch bis zur endgültigen Vollendung denkbar wäre. Wegen dieser möglichen Konsequenzen soll das Selbstveranwortungsprinzip bei arbeitsteiliger Deliktsorganisation im folgenden einer eingehenden Analyse unterzogen werden.

"Eine Zurechnung fremden Unrechts gibt es nicht". Zu den Besonderheiten der Pflichtdelikte siehe unten S.298 ff.

1) Siehe dazu eingehend *Jakobs* GS Armin Kaufmann S.283.

Bereits bei der Mittäterschaft zeigt sich, daß das Selbstverantwortungsprinzip nicht auf die *eigene* Beteiligung jedes einzelnen, sc. auf den individuellen Eigenanteil an der Tat, sondern allein auf die arbeitsteilig durchgeführte Tatbestandsverwirklichung *insgesamt* bezogen werden kann. Denn die Mittäter stimmen ihr Verhalten so aufeinander ab, daß sie gemeinsam *ein*[1] Delikt organisieren; - ihre Organisationsakte werden also zu *einer* Tat *verbunden*, was zu einer gegenseitigen Abhängigkeit der geleisteten und noch zu leistenden Tatbeiträge führt[2]. Aber weil bei der Mittäterschaft zwingend weniger zu leisten ist als bei der Alleintäterschaft, ist keiner der Beteiligten für das Ganze *allein* zuständig und selbst verantwortlich; hier gibt es m.a.W. keine *eigene* Tat jedes einzelnen, sondern nur eine gemeinschaftliche, d.h. einem *Kollektiv* zuzurechnende Tat[3]. Eine normative Bewertung und Zurechnung auf der Ebene der isoliert betrachteten Einzelbeiträge ergibt auch jedenfalls bei geteilter Ausführung gar keinen Sinn, weil jeder einzelne Beitrag für sich nicht den deliktischen Gesamtsinn ausmacht[4].

Historisches Vorbild für die Zurechnung des arbeitsteilig realisierten Delikts zu einer personalen Gemeinschaft[5] sind - wenigstens im Bereich der Mittäterschaft - die Miturheberlehre *Köstlins*[6] und die Täterlehre *Welzels*[7]. Insbe-

---

1) *Berner*, Theilnahme S.165; *Hälschner*, Dt. StrafR S.365; *Köstlin*, System S.256,270; *Perten* S.88.

2) *Jakobs* AT 21/3; *Gallas*, Beiträge S.105; *Timpe* JZ 90,97 f; siehe auch BGH NJW 91, 1068. Es ist ein Widerspruch in sich, wenn BGH NJW 89,2826 einerseits behauptet, daß Mittäterschaft nicht akzessorisch sei, aber andererseits ausführt, daß bei arbeitsteiliger Tatbegehung ein Mangel im objektiven Tatbestand durch die Zurechnungsnorm des § 25 II ausgefüllt werde, soweit das Zusammenwirken auf gegenseitigem Einverständnis beruhe.

3) Anders etwa *Gallas*, Beiträge S.78: "Der Mittäter begeht die strafbare Handlung *selbst* und unterscheidet sich vom Regelfall des Alleintäters nur dadurch, daß er dies zusammen mit anderen tut". Ebenso *Maurach* AT (4. Aufl.) S.645: "Der Mittäter ist ... Täter, d.h. direkter Urheber *seiner* Straftat". Siehe zur Mittäterschaft bereits oben S.117 ff.

4) Es ist somit falsch, wenn gelegentlich behauptet wird, daß jeder einzelne Tatbeteiligte nur nach *seinem* Unrecht zu beurteilen sei (so etwa *Langer*, Sonderverbrechen S.482).

5) Maurach-*Gössel* AT/2 5 ff,26,29,31,43 verwendet den Begriff der *Personengesamtheit*. *Otto* FS Lange S.204 beschreibt die Mittäterschaft dadurch, daß "in einem bestimmten Geschehen mehrere Personen als eine *Einheit* erscheinen".

6) *Köstlin*, System S.334 ff. Eine beschränkte Vergleichbarkeit besteht auch mit der frühen

sondere *Köstlin* bemühte sich darum, der Miturheberschaft eine zentral auf die Gemeinschaft der zusammenwirkenden Beteiligten bezogene Deutung zu geben: Die *Einheit der Absicht* bedinge die *Einheit der Tat* und daraus ergebe sich die *solidarische Verantwortlichkeit* der Miturheber[1]. Subjektive Grundlage der Imputation bei der Miturheberschaft war also nach *Köstlins* Auffassung zunächst nicht der jeweilige, in eine Handlung umgesetzte individuelle Wille der einzelnen Miturheber, sondern der Gesamtwille der Miturhebergemeinschaft. Bei der sog. "zufälligen Miturheberschaft"[2] sollte das "Band der Willenseinheit" durch die wechselseitig wahrgenommene physische Tätigkeit, sc. dadurch entstehen, daß die Beteiligten sich gegenseitig "wissentlich in die Hände arbeiten"[3]. Hier richteten die Miturheber ihre physische Tätigkeit in der "gegenseitigen Erkenntnis der gleichen in Handlung ausbrechenden Absicht" so ein, daß sie als *Glied der Gesamttätigkeit gemäß dem einen* - wenn auch nicht ausgesprochenen und organisierten - *Willen* erscheine. Beim Komplott als der Verabredung mehrerer zur gemeinschaftlichen Ausführung eines Verbrechens[4] sollten sich die Beteiligten dagegen ausdrücklich oder durch konkludente, der Ausführung vorangehende Zeichen oder Handlungen dazu *vereinigen*, "den gemeinsamen Willen *als einen Gesammtwillen* durch gemein-

---

Komplottlehre *Berners* (Theilnahme S.393 ff) und *Hälschners* (Preuß. StrafR S.384 ff; *Hälschner* hat die Lehre vom Komplott jedoch später aufgegeben, vgl. *dens.*, Deutsches StrafR S.424 f und *dens.* GS 25[1873],93).

7) *Welzel*, Abhandlungen S.169 ff; *ders.* SJZ 47,645 ff; ähnlich ist die Konzeption von Maurach-*Gössel* AT/2 49/5 ff und *Bockelmann* AT S.187 f. Die Zurechnungsstrukturen entsprechen insoweit der von *Flume* entwickelten Lehre zur Gesellschaft bürgerlichen Rechts als Personengemeinschaft. Die Gemeinschaft der Mittäter ist freilich keine Gesellschaft im Rechtssinne; denn eine solche ist nicht anzuerkennen, wenn sie gegen ein Verbotsgesetz verstößt oder wenn der Gesellschaftszweck sittenwidrig ist (vgl. *Flume* S.19). Bereits *Stübel* S.33 bezeichnete das "Complott" als eine Gesellschaft.

1) *Köstlin*, System S.335.

2) Zur Unterscheidung zwischen "zufälliger und komplottirter Miturheberschaft" vgl. a. *Berner*, Theilnahme S.11,104. Gegen den Begriff der "zufälligen" Miturheberschaft *Schütze*, Theilnahme S.199 f; auch *Hälschner* GS 25(1873),93.

3) *Köstlin*, System S.337,347.

4) *Köstlin*, System S.338 f; *Hälschner*, Preuß. StrafR S.384. Nach Auffassung *Köstlins* sollte hier freilich zu dem Moment der identischen Absicht noch das weitere der "wechselseitigen Anstiftung" hinzukommen (aaO S.339,343,349) und sich außerdem die Haftung auch auf der Vollendung nachfolgende Akte erstrecken (aaO S.339).

schaftliche oder Einem oder Einigen mit Uebernahme gemeinschaftlicher Verantwortung übertragene physische Thätigkeit *zur Ausführung zu bringen*". Das Besondere dieser Begehungsform liege in der wechselseitigen Anerkennung der ursprünglich isolierten Absichten als identischer und in der demgemäß erfolgenden "*Konstituierung eines Gesammtwillens*", durch den "für alle in diesem Gesammtwillen vereinigten Einzelwillen auch der infolge der Gesammtabsicht hervorgebrachte Erfolg zum *Gesammterfolg*" werde, den die Beteiligten *solidarisch zu vertreten* hätten[1].

In durchaus vergleichbarer Weise deutete *Welzel* die Mittäterschaft auf der Grundlage des Begriffs der "finalen Tatherrschaft". Die Besonderheit der Mittäterschaft sollte nach seiner Auffassung darin bestehen, daß die Tatherrschaft über die *deliktisch einheitliche Tat* nicht bei einem Einzelnen, sondern *bei mehreren gemeinsam* liege. Ebenso wie die unrechtmäßige Handlung per se eine auf der zweckgerichteten Durchführung des Handlungsentschlusses beruhende *Einheit mehrerer ineinandergreifender Teilakte* (und nicht bloß deren *Summe*) sei, müsse auch die Mittäterschaft als die auf mehrere Personen verteilte Durchführung zweckhaft ineinandergreifender Teilakte eines *von allen getragenen gemeinschaftlichen Handlungsentschlusses* gedeutet werden[2]. Der Tätigkeitsakt jedes Beteiligten bilde mit denen der übrigen wegen des vom gemeinsamen Handlungsentschluß gegebenen Zweckzusammenhangs *ein einheitliches Ganzes*: Ein jeder sei nicht bloß Täter eines Teils - denn dieser habe keine selbständige Funktion -, sondern Mit-Täter am Ganzen; darum hafte er auch als Mittäter an der ganzen Tat[3]. Weil aber *die Tat als Ganze*

---

1) *Köstlin*, System S.342 ff. Ähnlich *Hälschner*, Preuß. StrafR S.386. Auch *Hälschner* sah den Unterschied zur zufälligen Miturheberschaft, bei der das komplette Verbrechen ebenfalls formell jedem voll zugerechnet werden sollte (aaO S.376), in der Konstituierung der gemeinsamen Absicht. Während die gemeinsame Absicht beim Komplott durch eine der Tat vorausgehende Übereinkunft gebildet werde (aaO S.384), beruhe bei der "zufälligen Miturheberschaft" die Gemeinsamkeit der Absicht darauf, daß jeder Urheber sich selbst als solcher betrachte und die Tätigkeit der anderen als die seiner Teilnehmer ebenso benutze, wie er auch ihnen wiederum als Teilnehmer diene (aaO S.381; diesen Aspekt bezog *Hälschner* - nachdem er die Komplottlehre aufgegeben hatte - auf die Mittäterschaft überhaupt, GS 25[1873],112 f,116 f).

2) Bereits *Köstlin*, System S.256 hatte festgestellt, daß der Begriff der Handlung eine Mehrheit der zu ihrer Hervorbringung zusammenwirkenden Subjekte nicht ausschließt.

3) *Welzel*, Abhandlungen S.169.

die Tat aller zusammen sei und jeder bei Vornahme seines Teilakts nicht nur *seinen* Willen zur Tat, sondern gleichzeitig auch den der übrigen Beteiligten mit durchführe, sollte es auf das Maß der Beteiligung - wie schon bei *Köstlin*[1] - nicht ankommen[2]: Auch der bloß Vorbereitende oder Helfende sei Mittäter, wenn er Mitträger des gemeinsamen Tatentschlusses sei[3].

Die Interpretation der Mittäterschaft durch *Köstlin* und *Welzel* ist im Ansatz zutreffend: Danach handelt die kollektive Einheit der Mittäter als Organisationseinheit der in der personalen Gemeinschaft verbundenen Personen[4]. Personale Gemeinschaft bedeutet, daß die kollektive Einheit als Gruppe handelt; die Gruppe ist *als solche* das Handlungssubjekt[5], dem der Konflikt zugerechnet wird. Das Kollektiv ist aber nicht etwa eine außer den Personen der Gemeinschafter noch bestehende Wesenheit. Die Gruppe sind vielmehr die Beteiligten selbst, die zu einem bestimmten Zweck - der gemeinsamen Pro-

---

1) *Köstlin*, System S.335,346.

2) *Welzel*, Abhandlungen S.170 f; vgl. a. *Bockelmann* AT S.188; Maurach-*Gössel* AT/2 49/26, 32,33.

3) *Welzel* SJZ 47,650; *ders.*, Lb S.110 f. Ebenso *Sturm* Prot. V, 91.Sitzung v. 14.12.67, S. 1824: "Beim Mittäter kommt es nicht darauf an, in welchem Umfang der einzelne Tatbeteiligte am äußeren Tatgeschehen mitgewirkt hat. Der Mittäter braucht kein Tatbestandsmerkmal in eigener Person zu verwirklichen. Er kann sich auch nur an einer Vorbereitungshandlung beteiligt haben. Wesentlich für die Mittäterschaft ist allein, daß sich die Mittäter zur gemeinschaftlichen Tatbegehung verbunden haben und jeder seinen Tatbeitrag als Teil der Gesamttat leistet". - Allerdings hat *Welzel* die Kriterien für das Vorliegen eines gemeinsamen Tatentschlusses i.d.S. - insbesondere für eine Unterscheidung zwischen der Übereinkunft der Mittäter von dem auch zwischen Täter und Gehilfen i.d.R. bestehenden gegenseitigen Einverständnis (vgl. *Stratenwerth* AT Rn 813) - nicht weiter entwickelt. Vgl. dazu aber *Bockelmann* AT S.187.

4) Bereits das Reichsgericht (RGSt 15,295 [303]) hat diesen Befund - wenn auch im Gewand der animus-Theorie - im Grundsatz durchaus treffend umschrieben: Mittäterschaft ist gekennzeichnet durch die "durch den Plan entstandene *Organisation* aller Teilnehmer *zu einem einheitlichen Ganzen*, welche jeden einzelnen und dessen Thätigkeit mit den übrigen und deren Mitwirkung innerlich auf gleiche Stufe stellt, weil nunmehr das wesentliche in dem Ineinandergreifen der Thätigkeit aller besteht". Auch *Stratenwerth* behandelt die Mittäter als *Einheit* (AT Rn 810): "Die Tatherrschaft liegt ... in den Händen des '*Kollektivs*' als solchem; der einzelne Mittäter ist an ihr, als *Glied des Kollektivs*, lediglich beteiligt" (AT Rn 807; zust. Maurach-*Gössel* AT/2 49/5). Ähnlich definiert *Gallas* Mittäterschaft als *kollektive Leistung* mit verteilten Rollen (Beiträge S.103 f; zust. *Jescheck* SchwZStr 71[1956],234).

5) Vgl. *Flume* S.55 ff,60 ff,68 f; auch Maurach-*Gössel* aaO; *Otto* FS Lange S.204.

duktion eines Delikts - vereinigt sind; - anders ausgedrückt: Die Gruppe ist als Handlungssubjekt nichts anderes als die Mitglieder der Gruppe in ihrer Verbundenheit. Es gibt aber eine Handlungs- und eine Haftungszuständigkeit[1] für alle Beteiligten zusammen in ihrer Verbundenheit, sc. für das Kollektiv als personale Gemeinschaft[2].

Das bedeutet zunächst, daß nur für die Personengemeinschaft als Organisationseinheit gehandelt wird; wer als Mittäter die Gemeinschaft vertritt, vertritt nicht teilweise sich selbst und teilweise andere, sondern - soweit es sich nicht um einen Exzeß handelt - ausschließlich die von ihm als Träger repräsentierte kollektive Einheit[3]. Aber nicht nur die unmittelbare Handlungszuständigkeit, sondern auch die unmittelbare Haftungszuständigkeit endet bei der kollektiven Einheit als der Gruppe der Gemeinschafter: Die Haftung des einzelnen Beteiligten hinsichtlich der Handlungen der Organisationseinheit kann nur über die Mitgliedschaft in der Gruppe begründet werden[4].

Konstituierendes Element der personalen Gemeinschaft der Mittäter[5] ist der gemeinsame Zweck, der in der *gemeinsamen* Produktion eines bestimmten Delikts besteht[6]. Wenn sich ein Delikt aus isolierbaren Abschnitten aufbaut und die einzelnen Abschnitte von verschiedenen Personen je allein vollzogen werden, so haften die Beteiligten nur dann als Mittäter für das Ganze, wenn sie sich zum Zweck der Erreichung des Gesamten verbinden. Denn erst der gemeinsame Zweck definiert einzelne Beiträge als Teil des Ganzen[7].

---

1) Insoweit läßt sich durchaus von einer "*solidarischen* Verantwortlichkeit", von einer solidarischen Haftung eines jeden Mittäters für das Ganze sprechen (*Berner*, Theilnahme S.392; *Köstlin*, System S.335).

2) Vgl. a. die Konzeption der Gesamthand der BGB-Gesellschaft bei *Flume* S.56.

3) Vgl. a. *Flume* S.62,68,69; *Welzel*, Abhandlungen S.170 f.

4) Vgl. a. *Flume* S.61; *Welzel*, Abhandlungen S.171: "Die Tat als Ganze ist die Tat aller zusammen".

5) Vgl. a. *Flume* S.12,38 f hinsichtlich der Gesellschaft bürgerlichen Rechts.

6) Siehe bereits *Stübel* S.33: "... ein Complott ist eine Gesellschaft. Eine Gesellschaft setzt einen gemeinschaftlichen oder solchen Zweck, den alle Glieder derselben haben, schon voraus. Man siehet dabei auf den nächsten Zweck. Dieser betrifft in einem Complotte die Vollbringung eines bestimmten Verbrechens".

7) *Jakobs* AT 21/42; *Welzel*, Abhandlungen S.169; *Köstlin*, System S.335.

Bei diesem gemeinsamen Zweck geht es freilich weder um die individuellen Zwecke eines jeden Beteiligten, noch um das Versprechen eines jeden, zugleich auch die Zwecke der anderen zu fördern[1]. Er ist also kein Eigen- oder Fremdzweck, sondern ein überindividuell dem Kollektiv als personaler Gemeinschaft, sc. den Beteiligten in ihrer Verbundenheit zugehöriger und damit wirklich gemeinschaftlicher Zweck. Weil jeder bei seinem Handeln individuelle Zwecke setzt (auch dann, wenn sie altruistisch motiviert sind), ist es für den Bestand der Organisationseinheit ohne Bedeutung, welche Eigenzwecke die einzelnen Mittäter für sich selbst verfolgen. Der Zweck kann auch dann ein gemeinschaftlicher sein, wenn ein Beteiligter für seinen Beitrag zur Förderung des Zwecks (materiell oder ideell) gar nichts erhält und von jeder Gewinnbeteiligung ausgeschlossen ist. Die Motive und individuellen Interessen der Beteiligten müssen somit als konstituierendes Element der Organisationseinheit außer Betracht bleiben[2]. Das persönliche Gewinninteresse des Beteiligten steht auf einer Stufe mit allen sonst denkbaren individuellen Interessen, die für die Beteiligung am Kollektiv im Einzelfall bestimmend gewesen sein mögen, als Individualzwecke jedoch hinsichtlich des gemeinsamen Zwecks irrelevant sind.

Da der gemeinsame Zweck überindividuell dem Kollektiv zugehörig ist, sind auch die etwa vorhandenen sonstigen individuellen Willensrichtungen der Beteiligten, insbesondere der sog. "animus auctoris" bzw. "animus socii" ohne Bedeutung. Der Wille zur Tat "als eigener" oder "als fremder" ist ohnehin keine psychische Realität; es kommt nicht vor, daß ein Beteiligter darüber reflektiert und wenn sie vorkäme, wäre eine solche Reflexion für die Zurechnung im Strafrecht irrelevant[3]. Das gilt insbesondere im Bereich der Bege-

---

1) Vgl. a. *Flume* S.38 f,41 ff zum gemeinsamen Zweck der Personengesellschaft.

2) Ebenso *Stübel* S.31 ff für das Komplott und *Flume* S.43 für die Personengesellschaft. Zur Interessentheorie als Variante der subjektiven Theorie vgl. statt vieler *Welzel* SJZ 47,647; *Gallas*, Beiträge S.93 f.

3) *Welzel* SJZ 47,646; *Cramer* FS Bockelmann S.392 f; *Schwalm*, Niederschriften, 2. Band AT, S.89. Der Richter legt i.d.R. bei der Frage, ob eine Tat als eigene oder fremde anzusehen ist, ohnehin eine auch die objektiven Gegebenheiten berücksichtigende Ganzheitsbetrachtung zugrunde (*Schwalm* aaO; Begr. des BMJ, Niederschriften, 2. Band AT, Anhang Nr.16, S.39; *Welzel* aaO S.646 f; *Jescheck* SchwZStr 71[1956],232; E 1962/Begr., BT-Drucks. IV/650, S.147; *Sturm* Prot. V, 91.Sitzung v. 14.12.67, S.1822; vgl. exempli causa BGH NStZ 88,507).

hung durch eine Gemeinschaft: Ein einzelner Gemeinschafter kann die Tat noch so sehr als eigene oder fremde wollen, so wird sie doch dadurch weder zur eigenen, noch zur fremden, sondern bleibt stets eine *gemeinsame*, d.h. dem Kollektiv als Handlungssubjekt zugerechnete Tat.

Historisch wurde die unter dem gemeinsamen überindividuellen Zweck verbundene Gemeinschaft der Mittäter aber letztlich niemals wirklich als das eigentliche Handlungs- und Zurechnungssubjekt der Tatbestandsverwirklichung akzeptiert. Vielmehr wurde die gemeinschaftliche Tatbegehung regelmäßig zwischen den Polen Alleintäterschaft und Beihilfe zerrissen und parallel dazu die täterschaftliche Zurechnung nach der auf *Pufendorf* zurückgehenden Eigen-/Fremd-Schablone[1] auf die Ebene der *einzelnen* Beteiligten verschoben. Diese - an das isolierte einzelne Individuum gekoppelte und spätestens seit *Köstlin* offenbar als Axiom gehandelte - Dichotomie der Beteiligungsformen bedingt somit eine *zweiaktige* täterschaftliche Zurechnung der Tat, nämlich einerseits (anders läßt sich die Haftung für das Ganze wegen des Verantwortungsprinzips nicht begründen) zum Kollektiv als dem handelnden Subjekt und andererseits auf einer weiteren, individuellen Ebene zur imaginären Beteiligungsform einer Quasi-Alleintäterschaft, auf der die kollektive Gesamtleistung dann doch wieder (subjektiv und/oder objektiv) in das Prokrustesbett der "eigenen Tat" jedes einzelnen Beteiligten gezwängt werden soll. Aber weder die eigene Tat (genauer: der eigene Tat*anteil*) noch die fremde Tat (genauer: der fremde Tat*anteil*) eines Individuums ist eine kollektive Leistung. Eine weitergehende Zurechnung nach den Kriterien "eigen" und "fremd" ergibt auf dieser Ebene keinen Sinn, weil sie stets nur zur isolierten Betrachtung der einzelnen Beiträge jedes Beteiligten und zur Aufspaltung der einheitlichen Tat in eigene (bzw. fremde) Tat*anteile* führen kann; - die Zurechnung des *Ganzen* ist auf der Grundlage dieser Kategorien jedenfalls ausgeschlossen[2].

Grundlage dieser überkommenen Deutung der mittäterschaftlichen Tatbegehung ist die Behauptung, daß der allgemeine Täterbegriff bei der Beurteilung

---

1) Vgl. etwa Maurach-*Gössel* AT/2 47/34 f, 50/2: Täterschaft sei die Begehung eigener Tat, Teilnahme die Förderung fremder Tat. Ebenso *Otto* FS Lange S.206,207 und passim.

2) Zur Kritik der *subjektiven* Täterlehre vgl. insoweit auch Maurach-*Gössel* AT/2 49/8.

jedes *einzelnen* Beteiligten den Ausgangspunkt zu bilden[1] und jeder einzelne Mittäter isoliert betrachtet der sog. "Zentralgestalt des handlungsmäßigen Geschehens" so weit wie möglich zu gleichen habe[2]. Mittäterschaft soll also - und so verlangt es der restriktive, formal-objektive Täterbegriff - über eine Aufwertung jedes einzelnen Teilbeitrags zur Quasi-Tatbestandsverwirklichung definiert werden.

Zwei Begründungen sind denkbar. Zum einen wird darauf abgestellt, daß das Gesetz auf die gemeinschaftliche *Begehung* der Tat abhebe[3]. Aber dieses Argument zieht nicht: Die Betonung ließe sich mit gleicher Berechtigung auch auf das Wort "*gemeinschaftlich*" legen; - die formal-objektive Forderung, wonach jeder Mittäter *selbst* gleich einem Alleintäter die Tat *begehen* müsse, ist dem Gesetz jedenfalls ebensowenig zu entnehmen wie den Gesetzesmaterialien. Zum anderen könnte mit der "Tatbestandsbezogenheit" des Täterbegriffs argumentiert werden[4]. Jedoch setzt auch diese Begründung das zu Begründende - warum nämlich jeder einzelne Beteiligte für sich die Tat quasi selbst begehen muß, um (Mit-) Täter zu sein - bereits voraus. Mit welcher Berechtigung aber die Forderung nach einer tatbestandsbezogenen Interpretation jedes Teilbeitrags erhoben wird, bleibt angesichts des Faktums im Unklaren, daß ohnehin nur die einheitliche Tat als Ganzes - sc. die kollektive Leistung der Mittäter in ihrer gemeinschaftlichen Verbundenheit - eine Tatbestandsverwirklichung bedeutet. Allein diese kollektive Leistung der Gemeinschaft ist daher an dem Gebot der Tatbestandsbestimmtheit zu messen. Bei der Frage nach denjenigen, die für das Werk als Beteiligte zuständig sind, geht es dann nur noch um die *Zurechnung* des im jeweiligen Tatbestand ver-

---

1) *Stratenwerth* AT Rn 808; siehe aber *Welzel*, Abhandlungen S.170.

2) *Roxin* TuT S.278. *Roxin* spricht daher auch ausdrücklich von der eigenen "Tatherrschaft *des* Mitwirkenden" (aaO S.275). Bei dieser überkommenen Interpretation der Mittäterschaft hält aber jeder einzelne Mittäter nur seinen *eigenen* Tatanteil "in Händen" und hat auf den Anteil der übrigen Mittäter möglicherweise überhaupt keinen Einfluß (*Cramer* FS Bockelmann S.400 f). Es geht also insoweit gar nicht um eine Beherrschung des Gesamtgeschehens, als die die Tatherrschaft im übrigen verstanden wird. Anders freilich die Konzeption von Maurach-*Gössel* AT/2 49/5 ff, der das Kollektiv (d.h. die Personengesamtheit) als Träger der Tatherrschaft ansieht. Der einzelne ist dann nicht selbst Tatherr, sondern bloß Teilhaber an der kollektiven Tatherrschaft.

3) *Stratenwerth* aaO; ebenso i. Erg. *Herzberg* JZ 91,856.

4) Siehe dazu *Rudolphi* FS Bockelmann S.369 ff.

typten Konflikts.

Schon bei der Mittäterschaft haftet also der einzelne Beteiligte nicht für den von ihm selbst inszenierten Tatanteil, sondern ihn trifft darüber hinausgehend eine solidarische Kollektivhaftung für das Ganze[1]. Insofern ist es irreführend, überhaupt von "Selbst"-Verantwortung zu sprechen: "Selbst" verantwortlich für die Tatbestandsverwirklichung ist nicht der einzelne, sondern die Gemeinschaft aller Beteiligten. Wenn es aber bei der mittäterschaftlichen Haftung ohnehin nicht um die Verantwortung für den eigenen Anteil geht, fehlt auch jegliche Berechtigung, für diesen Anteil eine Quasi-Alleintäterschaft zu fordern, d.h. ihn an formal-objektive Momente - insbesondere: die eigenhändige Ausführung - zu binden. Es läßt sich eben nicht begründen, warum der einzelne Beteiligte nur dann als Mittäter zuständig sein soll, wenn er dem angeblich für *ihn* maßgebenden "Leitgesichtspunkt der Zentralgestalt des handlungsmäßigen Geschehens soweit wie möglich gerecht wird"[2]. Das einzelne Individuum ist von diesem der Alleintäterschaft entlehnten sog. "Leitgesichtspunkt" um so weiter entfernt, je mehr Arbeitsteilung stattfindet. Die "Zentralgestalt" kann daher bei arbeitsteiliger Deliktsverwirklichung nur *das Kollektiv*, niemals aber der einzelne selbst sein[3].

Die mit dem restriktiven Täterbegriff postulierte Identifizierung der Täterschaft mit der Tatbestandsverwirklichung (sc. der Definition des Täters als Subjekt der Deliktsbeschreibungen des Besonderen Teils) ist somit jedenfalls im Bereich arbeitsteiliger Ausführung nicht zu halten[4]: Der einzelne Mittäter

---

1) Wenn aber das Ganze ohnehin über das Kollektiv jedem einzelnen an diesem Kollektiv Beteiligten in vollem Umfang zugerechnet wird, besteht insoweit auch kein praktisches Bedürfnis, dem eigenhändig bzw. letzten final Handelnden den Konflikt noch ein zweites Mal - nämlich als eigenen - (zur Alleintäterschaft) zuzurechnen.

2) So aber statt vieler *Roxin* TuT S.278; krit. *Welzel*, Abhandlungen S.170.

3) Bereits *Hälschner* GS 25(1873),107 ff hat sich gegen die Auffassung ausgesprochen, daß im Bereich der Mittäterschaft eine isolierte Beurteilung jedes einzelnen Beitrags im Hinblick darauf zu erfolgen habe, ob dieser bereits für sich allein einen täterschaftlichen Beitrag darstelle. Siehe auch Maurach-*Gössel* AT/2 49/4,6,24 ff.

4) Das war für den Reformgesetzgeber selbstverständlich; der restriktive Täterbegriff blieb insoweit stets auf die Alleintäterschaft limitiert (vgl. Begr. des BMJ, Niederschriften, 2.Bd. AT, Anh. Nr. 16, S.39; E 1962/Begr., BT-Drucks. IV/650, S.146 f,149; *Sturm*, Prot. V, S.1822; *Horstkotte*, Prot. V, S.1826). A.A. etwa LK-*Roxin* Vor § 25 Rn 12, § 25 Rn 26.

hat per definitionem weniger zu leisten als die komplette Tatbestandsverwirklichung und ist daher in der Regel in den Tatbeständen keineswegs beschrieben. Wenn sich also Täterschaft und Beihilfe nicht durch die Vornahme einer Tatbestandsausführungshandlung unterscheiden, kann eine *qualitative* Differenz jedenfalls nicht auf der formalen Ebene des Tatbestands fixiert werden[1].

Aber auch der *Gehilfe* verbindet seine eigene Organisation mit einer fremden und ist auf diese Weise an der arbeitsteiligen Tatbestandsverwirklichung beteiligt. Für eine *qualitative* Unterscheidung zwischen Täterschaft und Beihilfe zur Beschränkung der kollektiven vollen Zuständigkeit eröffnen sich daher theoretisch nur zwei Möglichkeiten. Die erste Alternative, für die sich insbesondere *Welzel* ausgesprochen hat, besteht darin, den gemeinsamen, d.h. wechselseitigen Tatentschluß der Beteiligten zum alleinigen (subjektiven) Grund für die Einbeziehung des einzelnen in das Kollektiv zu erheben[2]. Dann haftet einerseits jeder am Entschluß Beteiligte für jede - wie auch immer geartete - objektive Mitwirkung als Mittäter, während andererseits für die Beihilfe nur die Fälle unerkannter Mitwirkung an der Tatbestandsverwirklichung ohne wechselseitigen Entschluß verbleiben.

Diese Lösung erscheint freilich willkürlich und wenig plausibel. Denn auch derjenige, der eine bloß einseitige Verhaltensabstimmung durch Einpassung vornimmt, verknüpft mehrere Beiträge zu einem übergreifenden, arbeitsteilig realisierten sozial relevanten Zweck und übernimmt für diesen Zweck die volle Verantwortung[3]. Zudem wird der Bereich mittäterschaftlicher Haftung zu Lasten des Bereichs der Beihilfe enorm ausgedehnt. Schließlich führt der Ausschluß der Beihilfe aus der an das Kollektiv geknüpften Verantwortung für die Tatbestandsverwirklichung wiederum zu dem bislang nicht gelösten Problem, daß der Regreß auf den Gehilfen (sc. dessen Strafbarkeit) dann besonders begründet werden muß.

Die zweite Alternative einer qualitativen Differenzierung zwischen Täter-

---

1) Diese Feststellung versteht sich für diejenigen, die für eine mittäterschaftliche Haftung auch die Vornahme von "Vorbereitungs- oder Beihilfehandlungen" genügen lassen, ohnehin von selbst.

2) *Welzel* SJZ 47,650; *ders.*, Lb S.110 f; ebenso BGH NJW 89,2826.

3) Zur Einpassung bei der Mittäterschaft vgl. *Jakobs* AT 21/41 ff.

schaft und Beihilfe wurde insbesondere von *Köstlin* verfochten, nach dessen Auffassung Teilnahme *überhaupt* (d.h. einschließlich Beihilfe) "stets eine auf die Einheit einer That bezogene ... Gemeinschaft verschiedener Willen involvirt". Wenn aber Teilnahme durch "das bewußte Zusammenhandeln auf ein Ziel" und die dadurch konstituierte "Willensverbindung" gekennzeichnet ist[1], wird die Zurechnung der Tat bei Mittäterschaft *und Beihilfe* gleichermaßen primär über das Kollektiv begründet. Für eine *qualitative* Unterscheidung zwischen Miturhebern und Gehilfen verbleibt damit nur der Weg über die subjektive Täterlehre: Jeder Miturheber müsse die Eigenschaft eines Urhebers mitbringen[2], d.h. die *Absicht*, das Verbrechen *als seine Tat* zu verwirklichen[3]. Indem *Köstlin* aber innerhalb der für das Delikt verantwortlichen personalen Gemeinschaft noch qualitativ zwischen den einzelnen Beteiligten differenzierte, führte er letztlich doch wieder die Konstruktion einer *eigenen* Tat jedes einzelnen Miturhebers herbei, die es aber - wie bereits dargelegt - in diesem Bereich nicht gibt.

Sowohl *Welzel* als auch *Köstlin* hatten jedoch bereits erkannt, daß bei arbeitsteiliger Deliktsverwirklichung auf der Ebene der Zurechnung im Grunde genommen nicht zwischen Täterschaft und Beihilfe unterschieden werden kann: Wenn mehrere Beteiligten ihre Organisationskreise so aufeinander abstimmen, daß sie gemeinsam (als Kollektiv) *ein* Delikt organisieren, haften alle im gleichen Rang, wenn auch möglicherweise zu unterschiedlichen "Quoten"[4]. Die naheliegende Konsequenz, auf eine qualitative Unterscheidung zwischen Täterschaft und Beihilfe überhaupt zu verzichten, zogen *Welzel* und *Köstlin* indes nicht.

Einen in diese Richtung zielenden Ansatz hatte allerdings zu Beginn des 19. Jahrhunderts bereits *Stübel* entwickelt. Nach seiner Auffassung sollte sich die *Zurechnung der Tat* prinzipiell auf *jeden* Mitwirkenden erstrecken: "Ist ein Verbrechen vollbracht worden, so wird die verbrecherische Eigenschaft einer dazu wirkenden Handlung an sich schon durch die Wirkung derselben begründet. Der Unterschied der Vorbereitung und des Beginnens oder des Ver-

---

1) *Köstlin*, System S.270 f; ebenso *Hälschner*, Preuß. StrafR S.321 ff,375.

2) *Köstlin*, System S.335,339.

3) *Köstlin*, System S.257,339.

4) *Jakobs* AT 21/3.

suchs der Handlungen, in welchem das Verbrechen besteht, kommt blos bei Beurtheilung der Größe der Strafbarkeit in Betrachtung[1]... Wer nun aber dazu wirklich mitgewirkt hat, der ist Mittäter des Verbrechens, seine Theilnahme mag eine nahe, oder eine entfernte seyn"[2]. Weil *Stübel* somit überhaupt jeden, der zur Verübung des Verbrechens irgend etwas beiträgt, als Mittäter bezeichnete[3], blieben für die Beihilfe allein die Fälle übrig, in denen einem Mitwirkenden besondere Tätereigenschaften oder Absichten fehlten[4]. Allerdings ist bei dieser enormen Ausdehnung des Bereichs mittäterschaftlicher Haftung doch zu beachten, daß nach Auffassung *Stübels* die "objective Strafbarkeit, welche sich unter Anderem auf die Art und Größe der Mitwirkung beziehe" ebenso wie die "subjektive" Strafbarkeit verschiedene Abstufungen zulassen sollte[5]. - Modern ausgedrückt: Bei arbeitsteiliger Deliktsverwirklichung zeichnen sich die Teilnehmer durch verschiedene Schuldquanten aus, die wiederum unterschiedliche Haftungsquoten bedingen.

Aus der vorstehenden Analyse arbeitsteiliger Deliktsverwirklichung ergeben sich damit folgende Konsequenzen:

(1) Ein qualitativer Unterschied zwischen Täterschaft und Beihilfe existiert auf der Ebene des Tatbestands grundsätzlich nicht[6], und zwar weder in formal-objektiver Hinsicht noch im Bereich der Zurechnung. Der restriktive Täterbegriff ist ein Irrtum.

(2) Das Verantwortungsprinzip und die dadurch fixierte qualitative Differenz zwischen mehreren Mitverursachern wird von der Ebene der mit dem Eigen/Fremd-Schema verknüpften Abgrenzung zwischen Täterschaft und Beihilfe auf die Ebene der Abgrenzung zwischen strafbarer Beteiligung überhaupt sowie strafloser Mitwirkung (Regreßverbot) verschoben. Damit geht das Verantwortungsprinzip in Form der Regreßverbotslehre in der *allgemeinen*

---

1) *Stübel* S.65 ff.

2) *Stübel* S.81.

3) *Stübel* S.103 f.

4) *Stübel* S.85 ff.

5) *Stübel* S.98 ff; ebenso *Abegg* JbLit 9(1828), 63 f; *ders.*, System S.39.

6) Zu den Besonderheiten bei den eigenhändigen und Sonderdelikten siehe unten S.298 ff.

Zurechnungslehre auf. Bei arbeitsteilger Deliktsverwirklichung gibt es regelmäßig weder eine jeweils eigene Tat eines jeden (Mit-) Täters, die für jeden Gehilfen eine fremde darstellt, noch jeweils eigene Taten der einzelnen Gehilfen, sondern bloß *eine* Tat, die allen, nicht qua Regreßverbot ausgeschlossenen Beteiligten als Kollektiv zugerechnet wird. - Anders formuliert: Die arbeitsteilig zu einem Delikt verschachtelte kollektive Leistung begründet - soweit nicht das Regreßverbot eingreift - die gemeinsame Verantwortung aller daran Beteiligten; Tat und Zurechnung der Tat sind für alle Beteiligten identisch. Insoweit bezeichnet das Verantwortungsprinzip zunächst allein die Frage danach, *wer* haftet. Erst auf einer zweiten Stufe ist zu fragen, wer von den am Kollektiv Beteiligten *wie* haftet. Die Tatbestände beschreiben - jedenfalls grundsätzlich - nicht den Täter, sondern legen bloß fest, was eine (ggf. auch von mehreren Beteiligten realisierte) soziale Störung (Tat) ist.

(3) Der Verzicht auf den restriktiven Täterbegriff bedeutet unter den skizzierten Bedingungen keinen Verlust, sondern eine Erweiterung an Tatbestandsbestimmtheit und Rechtsstaatlichkeit[1]. Denn der restriktive Täterbegriff ist als scheinbar haftungsbeschränkender Faktor[2] generell nur für solche Lehren bedeutsam, die Unrecht bloß als kausale oder vorsätzlich-kausale Rechtsgutsbeeinträchtigung definieren. Eine sinnvolle und wesentlich weiterreichende Haftungsbegrenzung kann aber durch eine normative Zurechnungslehre - und hier insbesondere: durch das Regreßverbot[3] - besser geleistet werden: Nicht der Täterbegriff, sondern die Unrechts- und Zurechnungslehre sind restriktiv, und zwar radikaler als je zuvor: Allein die Tatbestandsverwirklichung wird als soziale Störung (Unrecht) anerkannt und zugleich der Kreis derer, denen Unrecht überhaupt zuzurechnen ist, erheblich dezimiert.

(4) Die sich in den Strafrahmen widerspiegelnde unterschiedliche Strafwürdigkeit der Beteiligungsformen führt zu einer rein quantitativen Differenzie-

---

1) Mit der Anerkennung von Pflichtdelikten hat man den Anwendungsbereich des restriktiven Täterbegriffs ohnehin schon stark eingeschränkt.

2) Der restriktive Täterbegriff wirkt deshalb nur *scheinbar* haftungsbeschränkend, weil er regelmäßig bloß als Vorwand zur Kaschierung des *außerhalb* des Bereichs der Täterschaft bestehenden schier endlosen Zurechnungsregresses und des insoweit herrschenden Begründungsdefizits herzuhalten hat.

3) Siehe dazu eingehend unten S.278 ff.

rung zwischen Täterschaft und Beihilfe[1]. Während die Haftung dem Grunde nach für alle Beteiligten gleich ist, sind die Haftungsquoten verschieden: Die einen werden mit der vollen Täterstrafe, die anderen bloß mit der obligatorisch gemilderten Gehilfenstrafe belegt. Täterschaft und Beihilfe bezeichnen also nicht die Zurechnung an sich, sondern bloß die jeweilige Haftungsquote als Teilmoment der Zurechnung; es handelt sich um in die Zurechnung integrierte und zu unterschiedlichen Beteiligungsformen vertypte Strafzumessungserwägungen, die sich am jeweiligen Quantum der Beteiligung orientieren.

Aufgrund dieser Feststellungen wird deutlich, daß das Selbstveranwortungsprinzip in seiner bislang vertretenen Form für das Problem der sukzessiven Beihilfe nicht relevant ist. Der spätest mögliche Beihilfezeitpunkt hängt - jedenfalls im Bereich der allgemeinen Verhaltensorganisation[2] - allein von dem noch näher zu konkretisierenden Regreßverbot sowie von der ebenfalls noch präziser zu umschreibenden quantitativen Differenz zwischen Täterschaft und Beihilfe ab. Die Konkretisierung des Regreßverbots setzt jedoch eine Fixierung von Grund und Grenzen strafrechtlicher Haftung voraus und mündet damit zwangsläufig in einer Erörterung der vom Strafrecht zu garantierenden Grundbedingungen sozialer Koexistenz sowie den daraus zu ziehenden Konsequenzen für die Unrechtslehre. Auch die angedeutete quantitative Differenzierung der Beteiligungsformen erfordert zunächst eine Bestimmung des maßgeblichen Bezugsobjekts der Quantifizierung, sc. des Unrechts als Gegenstand strafrechtlicher Haftung.

d. Pflichtdeliktslehre und Normativierung der Beteiligungsformenlehre

Schließlich ist das herkömmlich zur Markierung der qualitativen Differenz zwischen Täterschaft und Teilnahme herangezogene Selbstverantwortungsprinzip auch noch aus einem weiteren Grund neu zu formulieren. Bezieht man die strafrechtliche Verantwortung mit der überkommenen Doktrin auf den äußeren Verlauf eines materiellen Rechtsgutsangriffs, ergibt sich eine

1) Siehe dazu unten S.284 ff.

2) Zu den Besonderheiten bei den eigenhändigen und eigentlichen Pflichtdelikten siehe unten S.298 ff.

zwangsläufige Inkompatibilität des Prinzips mit der Pflichtdeliktslehre: Denn jedenfalls hier ist Täterschaft nicht an die naturalistisch-eigenhändige bzw. zwecktätig gesteuerte und faktisch beherrschte Vornahme einer im Tatbestand beschriebenen rechtsguts- bzw. rechtsgutsobjektsbeeinträchtigenden Handlung, sondern an die Desavouierung einer rechtlich begründeten (institutionellen) Pflicht geknüpft. Soweit die Pflichtdeliktslehre im Grundsatz akzeptiert wird, muß also die Teilnahmelehre ohnehin von der formalen Ebene des Tatbestands verlagert und eine Normativierung des Verantwortungsprinzips vorgenommen werden. Auch insoweit setzt die Begründung einer normativen Beteiligungsformenlehre in erster Linie eine strafrechtsdogmatische Grundlagendiskussion voraus.

C. Teilnahmesystem und Normentheorie

Bevor wir uns der sich nunmehr endgültig als unvermeidbar herausgestellten strafrechtsdogmatischen Grundlagendiskussion zuwenden, wollen wir uns jedoch noch mit den normentheoretisch fundierten Ansätzen der Beteiligungsformendogmatik und ihren Konsequenzen für das Problem der sukzessiven Beihilfe beschäftigen. Denn der Versuch, eine qualitative Differenzierung zwischen Täterschaft und Teilnahme herbeizuführen, wird nicht bloß auf Tatbestands-, sondern auch auf Verhaltensnormebene unternommen.

I. Vorbemerkungen zur Normentheorie

Die Normentheorie ist die dogmatische Grundlage der heute vorherrschenden personalen Unrechtslehren[1]. Ausgangspunkt ist eine präventiv-polizeiliche Deutung des Strafrechtssystems: Es sollen ganz bestimmte negativ bewertete Sachverhalte vermieden werden[2]. Da sich die Gesellschaft nach der immer noch nahezu unangefochtenen naturalistischen Strafrechtsdoktrin vorrangig über Rechtsgüter definieren soll, handelt es sich bei diesen negativ bewerteten Sachverhalten um Rechtsgutsbeeinträchtigungen: Aufgabe des Strafrechts

---

1) Gegen eine personale Unrechtskonzeption immer noch *Baumann/Weber* AT S.259; dagegen *Krauß* ZStW 76(1964),33 f; vgl. a. *Gössel*, Alte und neue Wege S.131.

2) Vgl. etwa *Armin Kaufmann*, Normentheorie S.69 ff.

sei - so lautet das Axiom - der präventive Rechtsgüterschutz[1].

Prävention bedeutet Vorbeugung und Verhütung[2]. Die Wirkungsweise von Präventionsstrategien zielt also notwendig in Richtung Zukunft[3], und zwar in Form von Verhaltensbefehlen[4], Drohungen und Verhaltensmanipulationen individueller (Spezialprävention) oder kollektiver (Generalprävention) bzw. zwingender (Abschreckung) Art[5] bis hin zu besonderen prophylaktischen Maßnahmen wie Sicherungsverwahrung, Führerscheinentziehung oder Berufsverboten; jedenfalls wird bei präventiv-gefahrenabwehrender Strafrechtsdeutung die Strafe vornehmlich als Zwangsmotivierungsinstrument definiert und die Subjektivität zu einem motivierungsbedürftigen Antriebsobjekt herabgesetzt[6].

Die konventionelle Normentheorie, wie sie in *Armin Kaufmann* ihren hervorragenden Verfechter gefunden hat, geht auch im Anschluß an die Imperativentheoretiker folgerichtig davon aus, daß Prävention durch Verhaltenssteuerung erfolgt. Dies führt zu einer prinzipiell subjektivistischen Fassung der rechtsgüterschützenden Verhaltensnormen (=Bestimmungsnormen, Imperative); - die Norm befehle dem Willen, und zwar zunächst ohne Rücksicht auf eine soziale Bedeutung der Willens*verwirklichung*[7]. "Ein Verbot an den

---

1) Vgl. statt vieler *Rudolphi* FS Honig S.159,164 f; *dens.* FS Jescheck S.570; *dens.*, Zweck S.70 f; *Roxin*, Grundlagenprobleme S.13 ff; *Stein* S.78.

2) Siehe *Mir Puig* GS Armin Kaufmann S.253 f,256; *Kniesel* ZRP 89,329; *Stein* S.78,97.

3) *Armin Kaufmann*, Strafrechtsdogmatik S.264.

4) Siehe exempli causa *Mir Puig* GS Armin Kaufmann S.253 f: "Wenn ... die Funktion des Strafrechts die (begrenzte) Verbrechensprävention zu sein hat, muß die strafrechtliche Norm versuchen, zur Unterlassung deliktischer Verhaltensweisen zu motivieren. Die Verhütung von sozialschädlichen Erfolgen durch Strafnormen kann allein erreicht werden, wenn diese zur Unterlassung derjenigen motivieren, die solche Erfolge verursachen können". Vgl. a. *dens.*, aaO S.256: "Ein Recht, das seine Funktion im Schutz von Rechtsgütern sieht, muß jene Handlungen zu *verhindern* suchen, die ex ante als verletzungsfähig erscheinen können".

5) Siehe insbesondere *Rudolphi*, Zweck S.70 ff; *dens.*, FS Jescheck S.569 f; *Roxin*, Grundlagenprobleme S.13 ff. Vgl. auch *Schlüchter* GA 1988,124: "Hat der Staat strafrechtlich sanktionierte Rechtsbrüche abzuwenden, so muß er so weit wie möglich auf ein straffreies Leben der Bürger hinwirken". Krit. *Köhler* S.13 ff.

6) Vgl. *Köhler* S.14.

7) Siehe bereits *Bierling*, Prinzipienlehre I S.178 ("Es liegt im Begriff der Rechtsnorm als

Schnee, sich zur Lawine zu ballen, wäre" - wie *Kaufmann* es formuliert hat - ebenso sinn- und zwecklos wie "ein Verbot an die Füchse, Gänse zu stehlen"[1]. Etwas fordern und erwarten könne die Norm vielmehr nur von einem Subjekt, das zwecktätig sein Kausalwerden auf die Zukunft einzustellen vermag[2]. Demnach könnten Normen sich nicht an blinde Kausalfaktoren ("Kausierungsverbote sind sinnlos"), sondern nur an den finalen Willen wenden, sc. nur menschliche Handlungen gebieten oder verbieten und nicht weiter reichen als die Fähigkeit des Menschen, in Geschehensabläufe steuernd einzugreifen[3]. Der Erfolg i.S. von Gefährdung oder Verletzung kann deshalb nach

---

Norm, daß sie als Voraussetzung des bezweckten äußeren Verhaltens zunächst etwas Innerliches, eben ein Wollen in der bestimmten Richtung fordert. Rechtswidrig ist daher schon der bloße Wille, der sich wider eine Rechtsnorm richtet, selbst wenn er zu keinem rechtswidrigen Thun führt."); und *Hold v. Ferneck*, Rechtswidrigkeit S.289, unter Berufung auf *Lammasch* ("Als Motiv kann das Recht keine andere Function üben, als Menschen zu Handlungen oder Unterlassungen zu determinieren. Und nachdem der Erfolg außerhalb der Handlung liegt, da der Handelnde nur die zahllosen zum Eintritte des Erfolges führenden Bedingungen completiert, lautet die Norm nicht: Du sollst nicht bewirken, sondern nur: Du sollst nicht zu bewirken versuchen. Nur das Bewirkenwollen, nur das Versuchen, als das allein Psychische an der That, ist es, dem der Staat mit psychischen Mitteln entgegenwirken kann." In Wahrheit sei demnach immer nur der Versuch verboten.). Für eine Deutung der Normen (auch) als Imperative in neuerer Zeit *Armin Kaufmann*, Normentheorie S.196,199 ff,230 f; *Maurach* AT (4.Aufl.) S.219 ff; Maurach-*Zipf* AT/1 19/4 ff; *Gössel* FS Bruns S.43 ff; Maurach-*Gössel* AT/2 42/18 ff; *Kamps* S.56 f; *Krauß* ZStW 76(1964), 34; *Schöne* GS Hilde Kaufmann S.650 f; *Krümpelmann* S.95; *ders.*, FS Jescheck S.318; *Hirsch* ZStW 93(1981),849,854 f; SK-*Samson* Vor § 32 Rn 3; *Lampe*, Unrecht S.110; *Kühl*, Beendigung S.57 f; *Jescheck* AT S.212 f; *Rudolphi*, Zweck S.69; *Stratenwerth* SchwZStr 79(1963),247 f; *Horn* S.70 f; *Lüderssen* FS Bockelmann S.182; *Gallas* FS Bockelmann S.156 und passim; *Zielinski* S.121 f,126; *Blauth* S.64; *Tiedemann* S.194 ff; *Stein* S.66 f und passim.

1) *Armin Kaufmann*, Normentheorie S.105; vgl. a. *v. Gemmingen*, Rechtswidrigkeit S.23; *Schaffstein* ZStW 57(1938),312; *Gössel* FS Oehler S.100; *dens.*, Alte und neue Wege S.131.

2) *Welzel*, Abhandlungen S.114,129; *ders.*, Lb S.37; *Armin Kaufmann* aaO S.106; *Zielinski* S.121,143; *Lüderssen* FS Bockelmann S.197; *Stratenwerth* SchwZStr 79(1963),245; *Otto* ZStW 87(1975),560; *Gössel* FS Bruns S.46; Maurach-*Gössel* AT/2 42/18; SK-*Rudolphi* Vor § 1 Rn 18; *Rudolphi*, Zweck S.76; *ders.*, FS Maurach S.70; *Paeffgen* S.111.

3) *Binding*, Normen I S.108; *ders.*, Normen IV S.341; *Armin Kaufmann* Normentheorie S.105 ff; *ders.*, Strafrechtsdogmatik S.17 f,153 f; *Welzel* Lb S.37; *ders.*, Naturrecht S.244; *Stratenwerth* AT Rn 142; *ders.*, SchwZStr 79(1963), 245 ff; *ders.*, FS Schaffstein S.182 f; *Gallas*, Beiträge S.31, Fn 41; *ders.*, FS Bockelmann S.156,158; *Wolter*, Zurechnung (1981) S.25,47; *Lüderssen* FS Bockelmann S.182; *ders.*, ZStW 85(1973),292; *Schöne* GS Hilde Kaufmann S.650,654,664; *Rudolphi* FS Schröder S.80; *ders.*, FS Jescheck S.571; *ders.*, Zweck

konventioneller Normentheorie nicht zur Verbots- bzw. Gebotsmaterie gehören[1].

II. Der Ansatz Rudolphis

Auf dieser normentheoretischen Grundlage hat insbesondere *Rudolphi* die Behauptung begründet, daß akzessorische Beihilfe nur dann in Betracht komme, wenn die Kausalität des Tatbeitrags für den tatbestandsmäßigen Unrechtserfolg durch das (i.S. von Körperbewegung verstandene) Haupttäterverhalten vermittelt werde. Ausgangspunkt seiner Teilnahmelehre ist die These, daß der Gehilfenbeitrag gerade und allein deshalb den tatbestandsmäßigen Unrechtserfolg mitbewirke, weil er das den tatbestandsmäßigen Erfolg in objektiv zurechenbarer Weise kausierende Haupttäterverhalten seinerseits in objektiv zurechenbarer Weise mitverursache[2]. Diese Formulierung läßt eine Affinität *Rudolphis* zur Lehre vom akzessorischen Rechtsgutsangriff mit ihrem beziehungslosen Nebeneinander abgeleiteter Elemente des Haupttatunrechts einerseits und eigener (Mit-) Verursachung der Rechtsgutsbeeinträchtigung andererseits vermuten. Allerdings wird nachfolgend deutlich, daß Beihilfe gerade nicht als Angriff auf das hinter den Normen des Besonderen Teils stehende Rechtsgut zu verstehen sein soll. Vielmehr interpretiert *Rudolphi* nicht nur die Tatbestände, sondern auch die dahinter stehenden Verhaltensnormen restriktiv und deutet dementsprechend § 27 als *eigenständige Verhaltensnorm* mit einer inhaltlich von den an den Täter addressierten Normen verschiedenen Verbotsmaterie[3]. Seine Lehre steht damit der Unrechtsteil-

---

S.72,76,79; SK-*Rudolphi* Vor § 1 Rn 17; *Gössel* FS Bruns S.45 f; *ders.*, Alte und neue Wege S.131; Maurach-*Zipf* AT/1 16/25; *Hirsch* ZStW 93(1981),846 ff; *Schünemann*, Einführung S.37; *Dornseifer*, Rechtstheorie S.99; *Horn* S.71; *Zielinski* S.117,121,126,138, 143; *Mir Puig* FS Jescheck S.342; *ders.*, GS Armin Kaufmann S.253 ff,260 f; *Krümpelmann*, Bagatelldelikte S.95; *Germann* S.128 f; *Kamps* S.62; *Otter* S.196; *Krauß* ZStW 76(1964),34; *Suarez Montes* FS Welzel S.383.

1) *Hold-Ferneck*, Versuch S.12; *Wolter*, Zurechnung (1981) S.25,131; *Horn* S.71; *Lüderssen* FS Bockelmann S.182 f; *Mir Puig* FS Jescheck S.342,345; *ders.*, GS Armin Kaufmann S.260 f; *Stratenwerth* SchwZStr 79(1963),245f; *Stein* S.81. A.A. *Gössel*, Alte und neue Wege S.134, der (freilich ohne Begründung) die Rechtsgutsbeeinträchtigung und damit auch den Erfolg als deren Teil selbst für normwidrig hält.

2) *Rudolphi* FS Jescheck S.567,569.

3) Ebenso *Stein* S.31 f. A.A. Maurach-*Gössel* AT/2 47/29 f; *Bloy* S.252,255 f,263: *Bloy*

nahmetheorie nahe[1].

Für die Definition des Gehilfenunrechts soll nach Auffassung *Rudolphis* primär die Frage entscheidend sein, ob als Tatbestandsverwirklichung des Haupttäters i.S.d. § 27 lediglich das tatbestandsmäßige *Verhalten* oder auch der Eintritt des tatbestandsmäßigen Gefahr- oder Verletzungs*erfolgs* der Haupttat zu verstehen sei. Ausgehend von einem (der überkommenen Differenzierung zwischen Handlungs- und Erfolgsunwert entsprechenden) erfolgskupierten Handlungsbegriff[2] gelangt *Rudolphi* zu der bereits dargelegten These, daß eine akzessorische Teilnahme nur dann in Betracht komme, wenn sie den tatbestandsmäßigen Unrechtserfolg der Haupttat über das tatbestandsmäßige *Verhalten* des Haupttäters mitbewirke. Aus diesem Grund sei Teilnahme nach Abschluß des tatbestandsmäßigen Täter*verhaltens* nicht mehr möglich[3].

Im Rahmen der normentheoretischen Diskussion dieser These setzt *Rudolphi* bei der weiteren These an, daß die Verhaltensnorm des § 27 ihre Legitimation allein aus der vom Haupttäter übertretenen Verhaltensnorm beziehe. Daher könne das Verbot des § 27 immer nur die Unterstützung des verhaltensnormwidrigen Täterverhaltens zum Gegenstand haben[4]. Die an den Täter

---

kritisiert, daß, sofern das vom Teilnehmer übertretene Verbot nicht mehr mit dem vom Täter übertretenen identisch sei, den §§ 26,27 nicht die Funktion zukommen könne, die Strafbarkeit der Übertretung eines bereits vorhandenen Verbots auf den Teilnehmer auszudehnen. Angesichts einer solchen Aufstellung eines neuen Verbots würde das tatbestandliche Unrecht *in seinem konkreten Gehalt* seine Bedeutung für den Teilnehmer verlieren. Er würde bestraft, weil der Täter etwas Verbotenes getan habe, wobei es keine Rolle mehr spiele, worin das Täterunrecht bestehe. Mit der Destillation des neuen Verbots werde auch ein neues Rechtsgut geschaffen, das es schützen solle. Das Verbot, gegen das der Teilnehmer verstoße, laute: Du sollst Dich nicht an fremder Verbotsübertretung beteiligen. Unter diesen Umständen sei nicht mehr einzusehen, weshalb die Strafe, die den Teilnehmer treffe, aus dem Strafrahmen des Delikts entnommen werden solle, das der Täter begehe. Der Verstoß gegen ein allgemeines Verbot, sich nicht an fremdem Unrecht zu beteiligen, müsse vielmehr einem eigenen Strafrahmen unterstellt werden.

1) So auch bereits *Rudolphi* ZStW 78(1966),93,96,98.

2) Vgl. dagegen bereits *Hälschner*, Deutsches StrafR S.185,275 f.

3) *Rudolphi* FS Jescheck S.569.

4) *Rudolphi* aaO S.572; ebenso bereits *Stratenwerth* MDR 53,720.

adressierten Verbote enthielten aber stets nur Verbote objektiv gefährlicher Handlungen. Folglich werde durch § 27 allein die Unterstützung der vorsätzlichen und rechtswidrigen Risikoschaffung durch den Täter verboten[1]. Beihilfe sei somit stets dadurch gekennzeichnet, daß sie den tatbestandsmäßigen Unrechtserfolg der Haupttat durch Tatbeiträge mitbewirke, die die Gefährlichkeit des Haupttäterverhaltens mitbegründet hätten[2] und nur solange möglich, wie der Täter den Gefährlichkeitsunwert seines Verhaltens noch nicht voll verwirklicht habe[3]. Habe der Täter bereits sein unerlaubt gefährliches Verhalten und damit auch die Verwirklichung des Gefährlichkeitsunwerts abgeschlossen, sei eine akzessorische Beihilfe nicht mehr denkbar. Weil die Beihilfe in diesen Fällen nicht mehr das Risiko schaffen könne, daß der Haupttäter die ihm verbotene gefährliche Handlung vornehme, fehle ihr sowohl der ihr eigene Gefährlichkeitsunwert als auch der erforderliche Intentionsunwert. Der Unwert einer erst nach Abschluß des tatbestandsmäßigen Haupttäterverhaltens erfolgenden Einwirkung auf das vom Haupttäter ausgelöste Kausalgeschehen könne daher prinzipiell nicht mehr aus dem Unrecht der Haupttat hergeleitet werden. Einem solchen Verhalten könne vielmehr lediglich ein eigenständiger (sc. nicht akzessorischer) Unrechtsgehalt zukommen, soweit es selbst das volle Unrecht des in Betracht kommenden Straftatbestands ergebe und damit allen Erfordernissen einer Nebentäterschaft genüge[4].

Wenn aber einerseits die Beihilfe eine Mitverursachung des tatbestandlichen Unrechts der Haupttat voraussetzt[5] und andererseits diese Mitverursachung nur bis zum Abschluß des bestimmungsnormwidrigen Verhaltens des Täters möglich sein soll, wird im Ergebnis das tatbestandliche Unrecht der Haupttat

---

1) Hier kommt deutlich zum Ausdruck, daß der Teilnehmer das allgemeine Gebot zur Achtung der Rechtsgüter nicht selbst verletzen soll, sondern daß sich sein normwidriges Verhalten und damit sein Unrecht entsprechend der Unrechtsteilnahmetheorie aus der Mitverursachung der - insoweit freilich auf den Handlungsunwert reduzierten - Haupttat ergebe.

2) Dieser Schluß ist allerdings nur zum Teil folgerichtig. Denn die Mitbewirkung des tatbestandlichen Erfolgs ist offensichtlich nach *Rudolphis* Auffassung von der Verbotsmaterie des § 27 nicht erfaßt. Wie die insoweit überraschende Evolvierung des Erfolgs zum Bestandteil des Gehilfenunrechts vor sich gehen soll, wird nirgends erklärt.

3) *Rudolphi* aaO S.572 f.

4) *Rudolphi* aaO S.576.

5) *Rudolphi* aaO S.569.

auf die i.S. des Handlungsunwerts verstandene Pflichtverletzung[1] reduziert[2]. *Rudolphi* operiert hier - sowohl im Hinblick auf die Haupttat als auch im Hinblick auf die Teilnahme - mit einer Normlogik, in der für Erfolge i.S. objektiver Rechtsguts- bzw. Rechtsgutsobjektsbeeinträchtigungen kein Raum ist. Er betont zwar, daß die Beihilfe auch durch eine Mitbewirkung des tatbestandlichen Erfolgs gekennzeichnet sei, geht aber weder unter dem Aspekt der Teilnahmelehre noch unter dem der Normentheorie darauf ein, auf welche Weise denn der von der Norm offenbar nicht erfaßte Erfolg in das Unrecht des Gehilfen involviert werden soll. Damit offenbart sich das grundsätzliche Dilemma der überkommenen, auf die Prävention von Rechtsgutsbeeinträchtigungen zugeschnittenen Normentheorie: Versteht man die Verhaltensnormen als Imperative, führt das zwangsläufig zur Aufspaltung der Handlung in eine Körperbewegung und einen Erfolg, d.h. zur Trennung von Handlungsunwert (Pflichtverletzung) und Erfolgsunwert (Rechtsguts- bzw. Rechtsgutsobjektsbeeinträchtigung). Der Standort äußerer Erfolge im Normgefüge aber liegt dabei völlig im Dunkeln. Das führt nicht selten dazu, daß ihre Bedeutung für das Unrecht normlogisch überhaupt nicht mehr begründet werden kann[3].

Grundlage dieser allein von der sog. "radikal-subjektiven" finalistischen Unrechtslehre eingestandenen Konsequenz ist die Identitätsthese *Armin Kaufmanns*: Danach soll der Gegenstand der Norm mit dem Gegenstand eines zugehörigen Werturteils identisch sein[4]. Unrecht erschöpfe sich allein in der Realisierung des Gegenstands der Bestimmungsnorm, der Nichterfüllung des Tun-Sollens der Pflicht[5]. Da ein Verbot aber nicht weiter greifen könne, als zwecktätiges Handeln möglich sei[6], erlösche die Verbotseffizienz immer und endgültig dort, wo der Mensch alles getan habe, was er zur Erreichung seines

---

1) Vgl. dazu etwa *Stein* S.81,88.

2) Dezidiert a.A. *Rudolphi* aaO S.561, der die Auffassung vertritt, daß das dem Täter zurechenbare tatbestandsmäßige Geschehen sich nicht in dem tatbestandsmäßigen Verhalten erschöpfe, sondern darüber hinaus auch die Gefährdung und Verletzung des geschützten Rechtsguts umgreife.

3) So ausdrücklich *Stein* S.81 f.

4) *Armin Kaufmann*, Normentheorie S.75; *Zielinski* S.136; *Horn* S.71 f; *Mir Puig* FS Jescheck S.343; *Krauß* ZStW 76(1964),34; krit. *Stratenwerth* SchwZStr 79(1963),248.

5) *Zielinski* S.127,142; vgl. a. *Mir Puig* FS Jescheck S.343.

6) *Armin Kaufmann*, Normentheorie S.106 f; *Mir Puig* FS Jescheck S.342.

Ziels unternehmen zu müssen glaubte. Verboten werden könnten deshalb nur Handlungen, nicht Erfolge, und auch nur erfolgs*gerichtete* Handlungen (Versuche), nicht erfolg*reiche* Handlungen[1]. Damit soll allein der Handlungsunwert das Unrecht konstituieren; - "Unrecht ist der pflichtwidrige finale Akt und nur er"[2].

Allerdings wird die Frage nach der inhaltlichen Bestimmung des Handlungsunrechts nicht selten vernachlässigt; - und das - wie wir sehen werden - aus gutem Grund. Die Anwort *N. Hartmanns*, auf den sich der frühe *Welzel* ebenso wie *Zielinski* und andere Finalisten[3] regelmäßig zu beziehen pflegten, war insoweit freilich eindeutig: Der sittliche Wert des Akts hänge allein an seinem Zweck, sc. an seiner Intentionsrichtung selbst[4]. Im Gegensatz dazu hob *Welzel* noch die soziale Bedeutung der Handlung als realer Erscheinung des sozialen Lebens hervor und bezeichnete sie als *sich objektivierende Willensäußerung*[5]. Ebenso definiert *Horn* den Akt als die *in äußeres Geschehen umgesetzte*, rechtsgutsverletzungsbezogene Finalität[6]. Demnach sei die Pflichtverletzung (Handlungsunwert) erst mit dem beendeten Versuch perfekt[7].

---

1) *Horn* S.71; *Lüderssen* FS Bockelmann S.182 f; *Mir Puig* FS Jescheck S.342,345; *ders.*, GS Armin Kaufmann S.254,264; insoweit auch *Krümpelmann*, Bagatelldelikte S.95; *Stratenwerth* SchwZStr 79(1963),245 f; *Stein* S.81. Siehe bereits *Hold-Ferneck* Versuch S.12 ("Der Erfolg ist nicht verboten. Das Recht kann den Erfolg nicht verbieten, weil er die Handlung des Täters nicht zur einzigen Bedingung hat. Man darf daher nicht zwei Normen konstruieren, deren eine die Vollendung, deren andere den Versuch verbietet, sondern nur *eine* Norm, und zwar eine Versuchsnorm"). Das übersieht *Gössel*, wenn er (Alte und neue Wege S.134) Rechtsgutsbeeinträchtigung und Erfolg selbst als normwidrig bezeichnet.

2) *Zielinski* S.143; *Armin Kaufmann*, Strafrechtsdogmatik S.153,160 f; *Horn* S.79; *Lüderssen* FS Bockelmann S.183; *Mir Puig* FS Jescheck S.343 ff; *ders.*, GS Armin Kaufmann S.262 Fn 14, S.263 f; *Dornseifer* GS Armin Kaufmann S.434; *Schöne* GS Hilde Kaufmann S.654; *Schaffstein* FS Welzel S.561 f (für fahrlässige Delikte); vgl. a. bereits *Germann* S.128 f,146 f sowie *Krauß* ZStW 76(1964),60,62.

3) *Suarez Montes* FS Welzel S.382.

4) *N. Hartmann* S.257,261,266; ebenso *Rudolphi* FS Maurach S.55.

5) *Welzel*, Abhandlungen S.124 f,141 f; ebenso *Stratenwerth* MDR 53,719.

6) *Horn* S.73,78; ebenso *Mir Puig* FS Jescheck S.344; auch *Schöne* aaO S.654.

7) Vgl. *Horn* S.80 f; ebenso *Schöne* aaO; auch *Stratenwerth* SchwZStr 79(1963),248 f; *ders.*, FS Schaffstein S.178 Fn 9; *Krauß* ZStW 76(1964),34; *Gallas* FS Bockelmann S.161; *Wolter*, Zurechnung (1981) S.27.

Es ist aber nicht nachzuvollziehen, warum nur der *objektivierte* Wille und nicht schon die Intention per se den vollen Handlungsunwert begründet, wo doch die Bestimmungsnorm im Sinne ihrer präventiv-verhaltenssteuernden Funktion zu inhaltlich richtigem Wollen motivieren und daher nicht an einen Sachverhalt, sondern nur an den menschlichen Willen, die Intention, anknüpfen kann[1]. Konsequent ist deshalb allein die radikale Subjektivierung des Handlungsunwerts durch *Zielinski*. Bezieht sich die Normmaterie einzig auf den Finalzusammenhang[2], dann wird - bei Aufrechterhaltung der Identitätsthese - die Wertwidrigkeit des Akts allein durch seine Intention begründet und das wiederum bedeutet: *Handlungsunrecht* ist identisch mit der tatbestandstypischen Finalität (*Intention*)[3], d.h. ein bloßer Intentionsunwert[4]. Ebenso bestimmte auch *Armin Kaufmann* den durch die Pflichtverletzung gekennzeichneten personalen Aspekt des Unrechts nur nach subjektiven Kriterien. Denn allein der Sinn, den der Täter im Tatvorsatz seiner Tat gebe, soll das Wertungssubstrat des Normwidrigkeitsurteils bestimmen; selbst der abergläubische Versuch sei also Unrecht[5]. Mit der Vorsätzlichkeit der Verwirklichung des objektiven Tatbestands liege die ganze Tatbestandsmäßigkeit vor[6]. Unrecht ist damit aber nichts anderes als ein internes Ereignis zwischen Pflichtsubjekt und Norm, bar jeglicher sozialen Relevanz. Insoweit besteht eine deutliche Parallele zum Subjektivismus des nationalsozialistischen "Willensstrafrechts", der im *Willen* die eigentliche Gefahrenquelle für die Rechtsordnung zu sehen pflegte[7]. Niemand wird den Normentheoretikern die

---

1) Siehe *Horn* S.71; *Zielinski* S.121,126,136 f; *Suarez Montes* aaO S.383; *Schöne* aaO S.650; *Germann* S.128 f; *Mir Puig* GS Armin Kaufmann S.253 f,256; *Dornseifer* GS Armin Kaufmann S.434; *Hold v. Ferneck*, Rechtswidrigkeit S.289.

2) *Zielinski* S.137; *Schöne* aaO S.650; vgl. a. *Germann* S.128 f,145 f Fn 76, Lit.2). Das ist bei imperativischer (d.h. auf Motivation der Adressaten angelegter) Interpretation der Verhaltensnormen zwingend.

3) *Zielinski* S.120 f,124,136,137,139,143,266; vgl. a. *Mir Puig* FS Jescheck S.341.

4) *Suarez Montes* FS Welzel S.382; ebenso früher *Rudolphi* FS Maurach S.55,59,64,65; wie hier die Interpretation bei *Gallas* FS Bockelmann S.155.

5) Vgl. *Armin Kaufmann*, Strafrechtsdogmatik S.160 ff; *Zielinski* S.129,266; *Suarez Montes* aaO S.381,383. Zur Kritik eingehend *Jakobs* GS Armin Kaufmann S.271 ff.

6) *Armin Kaufmann* FS Jescheck S.261; vgl. a. *Suarez Montes* aaO ("Für die Tatbestandsmäßigkeit des Versuchs bedarf es eindeutig keines objektiven Moments, das erst erlauben würde, das Verhalten mit der Welt des Realen, Existierenden, der Rechtsgüter in Verbindung zu setzen".); *Germann* S.145 ff; anders *Schöne* GS Hilde Kaufmann S.654.

7) Siehe etwa *v. Gemmingen*, Rechtswidrigkeit S.108,110 f; auch bereits *Germann* S.145,

Eskamotierung des Tatprinzips unterstellen[1], aber ohne Fraktur im System hat bislang noch niemand von ihnen erklärt, warum, und wenn ja, welche Bedeutung die Objektivierung der Intention für das Unrecht hat. Die allein wegen des Tatprinzips (de internis non judicat praetor!) strafrechtlich relevante *Betätigung* des Vorsatzes läßt sich danach im Grunde genommen ebenso wie alle anderen "Erfolge" nur unter der Rubrik "objektive Strafbarkeitsbedingungen" erfassen. Es bleibt also dabei: Die Pflichtverletzung ist für die in eine präventiv-verhaltenssteuernde Funktion des Strafrechts eingebettete und auf den extremen Finalismus hinauslaufende Normentheorie ein subjektivierter, d.h. sich allein im Kopf des Täters abspielender Rechtsgutsangriff. Der Täter wird - wie bei der subjektiven Versuchstheorie des Reichsgerichts[2] - hauptsächlich zum "System mit gefährlichem Innenleben", zum "Rechtsfeind" gestempelt. Die "äußere Handlung" verliert die Eigenschaft, selbst soziale Störung (Unrecht) zu sein; sie ist nur noch äußerlicher Anlaß, die subjektive Tatseite aufzurollen[3].

Wenn aber allein der Sinn, den der Täter im Tatvorsatz seiner Tat gibt, das Wertungssubstrat des Normwidrigkeitsurteils bestimmt, und so selbst der abergläubische Versuch als Unrecht gewertet wird, dann ist der Horizont der Norm nicht mehr das Medium, in dem sich Gesellschaft ereignet[4]. Anders ausgedrückt: Der Sinn, den der Täter seiner Tat gibt, muß nicht mit dem ihr von der Gesellschaft unterstellten Sinn identisch sein. Normen, die nur auf den individuellen Sinn der Adressaten abstellen, fehlt die Offenheit zur Gesellschaft, sc. ein sozialer Bedeutungsgehalt. Etwas anderes gilt nur in Gesellschaften oder Gruppen mit totaler intellektueller Konformität oder grenzenloser Akzeptanz der möglicherweise irrealen Vorstellungen der Mitglieder untereinander. Beispiel: "Totbeten" oder "Verhexen" mag in religiösen Gruppen oder Sekten als Unrecht gedeutet werden, nicht aber in der gegenwärtigen,

---

153; *Bierling*, Prinzipienlehre I S.178; *Hold v. Ferneck*, Rechtswidrigkeit S.289 (unter Berufung auf *Lammasch*).

1) Vgl. *Mir Puig* FS Jescheck S.344; *Germann* S.182 Fn 9.

2) Vgl. *Jakobs* ZStW 97(1985),759.

3) BGHSt 1,59(60) zieht von der subjektiven Versuchslehre des RG selbst die Parallele zum "Willensstrafrecht".

4) Dazu und zum folgenden eingehend *Jakobs* GS Armin Kaufmann S.273 ff. Vgl. a. bereits die Kritik von *Roxin*, Grundlagenprobleme S.82 f.

säkularisierten Gesellschaft: Hier gilt ein solches Verhalten als nicht ernstzunehmender Wahn. Den Wahn dem Normwidrigkeitsurteil unterwerfen heißt aber nichts anderes als Unmoral zum Unrecht deklarieren. Damit schießt das Strafrecht über seine unbestrittene Aufgabe, die elementaren Grundbedingungen menschlichen Zusammenlebens zu regeln, weit hinaus. Eine so verstandene normentheoretisch fundierte Unrechtslehre drückt keine rechtlich-sozialen Bedeutungsgehalte mehr aus; - die "Welt des Rechts" ist nicht mehr die "Welt des sozialen Daseins"[1].

Obwohl die präventive, zukunftsgerichtet-verhaltenssteuernde Funktion des Strafrechts logisch folgerichtig zu der hier abgelehnten radikal-subjektivistischen Deutung der Verhaltensnormen führt, ist immer wieder versucht worden, das Moment der (objektiven) Risikoerhöhung in die Materie der Verhaltensnorm zu integrieren und damit - insoweit unter Beibehaltung der Identitätsthese - den Handlungsunwert um eine objektiv-soziale Komponente zu erweitern. Nach Auffassung von *Gallas* etwa sollen die Normen, die menschliches Verhalten regeln, *zwei* Seiten aufweisen: Als Imperative oder Bestimmungsnormen verstanden hätten sie die präventiv-rechtspolitische Funktion, in Verbindung mit den dazu gehörigen Sanktionsandrohungen generell motivierend auf die Rechtsgenossen zu wirken. Daneben drückten sie als Bewertungsnormen der Begehung der von ihnen verbotenen Handlungen den Stempel der rechtlichen Mißbilligung (Nicht-tun-sollen) auf[2] und begründeten damit den für das Unrecht konstitutiven Handlungsunwert. Das unrechtsbegründende Normwidrigkeitsurteil knüpfe also an die Wertmaßstäbe setzende Rolle der Norm an. Deshalb lasse sich die Beschränkung des unrechtsbegründenden Handlungsunwerts auf den Intentionsunwert der Tat nicht aus der imperativischen Dimension der Verhaltensnormen herleiten[3]. Strafrechtliches Unrecht sei *Tat*unrecht und nicht nur Manifestation tatbereiten Willens. Verboten i.S.

---

1) Anders noch *Welzel*, Abhandlungen S.153; *Roxin*, Grundlagenprobleme S.107. Zu dem allmählichen Zurückdrängen des die soziale Bedeutungswelt betonenden Ansatzes innerhalb der finalen Handlungslehre und dem Eindringen ontologisch-naturrechtlicher Gedankengänge vgl. *Roxin* aaO S.90 ff.

2) Ebenso *Stein* S.67.

3) *Gallas* FS Bockelmann S.158. Das Argument sticht nicht: Wenn der motivierende Imperativ - quasi spiegelbildlich - zugleich das sollwidrige Verhalten bewertet, ist die imperativische Dimension der Verhaltensnorm auch allein maßgeblich für den Inhalt der Verhaltensnorm als Bewertungsnorm.

eines rechtlichen Unwerturteils sei die deliktische Handlung nicht als Ausdruck von Rechtsungehorsam, sondern wegen der mit ihr verbundenen *realen* Chance einer Rechtsgutsverletzung[1]. Die gesetzlichen Straftatbestände gingen von der normalen Gestalt der Handlung als einer "final-kausalen Sinneinheit", d.h. davon aus, daß das willensgesteuerte äußere Verhalten (die "Körperbewegung") des Täters seinen deliktischen Tatentschluß nicht nur bekunde, sondern auch realisiere. Daher sei auch die durch die tatbestandliche Norm verbotene Handlung als eine "final-kausale Sinneinheit" und damit als ein "Inbegriff subjektiver und objektiver Merkmale" zu verstehen[2]. Am Maßstab der Verbotsnorm als *Bewertungs*norm gemessen, gründe sich der Handlungsunwert folglich auf die *Realisierung* der deliktischen Intention. Damit sei bei Tätigkeitsdelikten die Verwirklichung des Deliktstatbestands und bei Erfolgsdelikten die Erhöhung des Risikos für den Eintritt des Deliktserfolgs verbunden[3].

Was den *untauglichen Versuch*[4] betrifft, sieht sich *Gallas* freilich dazu gezwungen, mit seinen Hypothesen zu brechen und in das Lager der Subjektivisten überzuschwenken. Bei dieser Deliktskonstellation sollen die objektiven Handlungsmerkmale ganz oder zum Teil nur in der Vorstellung des Täters existieren, so daß sich der Unwert der Tat nicht auf die "Realisierung", sondern nur auf die "Betätigung" des deliktischen Tatentschlusses gründe. Der untaugliche Versuch stelle den *Sonderfall* eines schon an der Unrealisierbarkeit des Tatplans scheiternden Vorhabens der Intentionsrealisierung dar, dem das Gesetz - in § 22 auch die bloße Betätigung eines deliktischen Tatentschlusses als Tat*ansatz* wertend - einen "Handlungs*versuchs*unwert" zuschreibe; - m.a.W.: der untaugliche Versuch setze nur einen Intentionsunwert voraus[5].

Wie *Gallas* ist auch *Rudolphi* der Auffassung, daß die strafrechtlichen Verbote

---

1) *Gallas* aaO S.159; ebenso *Wolter*, Zurechnung (1981) S.25.

2) *Gallas* aaO S.159,161.

3) *Gallas* aaO S.160.

4) Die herkömmliche Unterscheidung zwischen tauglichem und untauglichem Versuch ist freilich weder auf der Grundlage der subjektiven noch auf der Grundlage der Eindruckstheorie möglich (*Armin Kaufmann* FS Jescheck S.253).

5) *Gallas* aaO S.159.

stets nur Verbote objektiv gefährlicher Handlungen enthielten ("Gefährdungsverbote"). Die dem Täter zurechenbare normwidrige Gefährlichkeit seines Verhaltens, d.h. der "objektive Gefährlichkeitsunwert" seines Verhaltens, mache ein wesentliches Element des Handlungsunwerts aus. Konstitutive Elemente des normwidrigen Verhaltens, sc. des Handlungsunrechts, seien daher grundsätzlich der "objektive Gefährlichkeitsunwert" des Verhaltens und der Intentionsunwert als subjektives Unrechtselement[1]. Folglich kann auch *Rudolphi* den untauglichen Versuch nur noch unter Verweis auf dessen Ausnahmecharakter erklären. Dabei wird die Strafbarkeit nicht mehr mit dem Argument des präventiven Rechtsgüterschutzes, sondern - wie schon bei *v. Gemmingen*[2] - mit dem Pflichtverletzungsgedanken begründet: § 22 stelle auch den objektiv ungefährlichen Versuch unter Strafe, um den rechtserschütternden Eindruck zu neutralisieren, der von dem auf Vornahme einer tatbestandsmäßigen, d.h. objektiv gefährlichen Handlung gerichteten und betätigten Vorsatz ausgehe[3]. Diese Begründung legt es an sich nahe, das Unrecht hier nicht als Rechtsguts-, sondern als Geltungsangriff zu definieren. *Rudolphi* zieht diese Konsequenz jedoch nicht, sondern bestimmt das Unrecht ungeachtet seines Strafgrunds auf der rechtsgutsbezogenen Ebene der Verhaltensnorm und ist dabei wie *Gallas* zu einer extrem subjektivistischen Deutung gezwungen: Da dem untauglichen Versuch ein "objektiver Gefährlichkeitsunwert" nicht zukomme, werde dessen Normwidrigkeit (i.e.: Handlungsunwert) *allein* durch das subjektive Element des *Intentionsunwerts* begründet[4].

Schließlich geht auch *Wolter* davon aus, daß die deliktische Handlung nur wegen der mit ihr verbundenen *realen* Chance einer Rechtsgutsverletzung verboten sei[5]. Die Verhaltensnorm soll daher modifiziert werden: Auch den Verletzungsstraftaten lägen stets Gefährdungsverbote bzw. Gefahrminderungsgebote zugrunde, dem Täter sei es also verboten, ein adäquates und

---

1) *Rudolphi*, Zweck S.81 f; *ders.*, FS Jescheck S.572.

2) Siehe oben S.148.

3) *Rudolphi*, Zweck S.77 Fn 12; *ders.*, FS Jescheck S.572 Fn 31.

4) *Rudolphi*, Zweck S.82. Vgl. aber auch SK-*Rudolphi* Vor § 22 Rn 5a, wonach selbst beim tauglichen Versuch das unrechtskonstitutive Merkmal allein im "subjektiven Handlungsunwert" bestehen und sich der "objektive Gefährlichkeitsunwert" allein auf das Unrechts- und Schuld*quantum* auswirken soll.

5) *Wolter*, Zurechnung (1981) S.25,116; *ders.*, Zurechnung (1984) S.106.

rechtlich mißbilligtes Risiko zu schaffen[1]. (Damit setzt sich *Wolter* freilich in Widerspruch zu seiner eigenen normentheoretischen Prämisse, wonach Gefährdungen ebensowenig verboten werden können wie Verletzungen[2].) Dennoch soll die Herbeiführung eines adäquaten, rechtlich mißbilligten Risikos aber - obwohl durch die Verhaltensnorm verboten - nicht zum Handlungsunwert gehören. Vielmehr sei die Verhaltensnormverletzung - und darin besteht der Unterschied zu *Gallas* und *Rudolphi* - bereits dann komplett, wenn der Täter kein *wirkliches*, sondern nur ein *vermeintliches* Risiko für ein Tatobjekt schaffe[3]. Unrecht im Sinne der Verhaltensnorm sei "objektives Unrecht eines Subjekts"[4], eine objektiv-subjektive Sinneinheit von Handlung und Gefährlichkeit. Die Schaffung eines *vermeintlichen* Risikos begründe das objektiv-subjektive Handlungsunrecht i.S. eines "Handlungsversuchsunwerts"[5].

Wenn der Täter ein solches Risiko nicht nur vermeintlich, sondern wirklich herbeiführe, soll sich nicht nur die auf Motivation angelegte, sondern auch die Wertmaßstäbe setzende Seite der Norm offenbaren[6]: Bereits die Bedrohung des Rechtsgutsträgers sei als mißbilligendes Werturteil und (primäre) Erfüllung der Bewertungsnorm zu begreifen, weil schon aus der Gefährlichkeit der Handlung ein Schutzanspruch des Rechtsgutsträgers erwachse[7]. Das "objektive Gefährlichkeitsunrecht" sei daher als "primäres Erfolgsunrecht" ebenso von der *Bewertungsnorm* erfaßt wie das "objektive Erfolgsunrecht" als "sekundäres Erfolgsunrecht"[8].

Die Unsicherheit *Wolters*, die aus dem Spannungsverhältnis zwischen der an sich von ihm erkannten subjektivistischen, d.h. Erfolge i.S. objektiver Gefährdungen und Verletzungen nicht erfassenden Qualität der Bestimmungsnormen und dem damit nicht kompatiblen Postulat objektiver Gefährdungsverbote

---

1) *Wolter*, Zurechnung (1981) S.35,37.

2) *Wolter*, Zurechnung (1981) S.25.

3) *Wolter*, Zurechnung (1981) S.25.

4) *Wolter*, Zurechnung (1981) S.46.

5) *Wolter*, Zurechnung (1981) S.50,132.

6) *Wolter*, Zurechnung (1981) S.37.

7) *Wolter*, Zurechnung (1981) S.28.

8) *Wolter*, Zurechnung (1981) S.49 f,132.

resultiert, zeigt sich noch deutlicher in einem späteren Aufsatz. Unter ausdrücklicher Berufung auf *Rudolphi* hält er seine Forderung, die strafrechtlichen Verbote enthielten nur Verbote *objektiv gefährlicher* Handlungen, nunmehr konsequent durch. Der untaugliche Versuch stelle insoweit eine Ausnahme dar[1]: Verboten sei jedenfalls *nur* die Schaffung eines *wirklichen* Risikos. Das Verhaltensunrecht werde regelmäßig vom Risikounrecht überlagert. Erst beides zusammen konstituiere das vollständige sog. *Handlungsunrecht* und damit die Verbots- bzw. Gebotsnorm[2]. Damit gibt *Wolter* seine zuvor skizzierte Auffassung preis und schwenkt scheinbar auf das Konzept *Gallas'* und *Rudolphis* ein. Wenig später revidiert er jedoch seine Ausführungen und proklamiert wieder seine Lehre vom "primären Erfolgsunwert": Der Risikounwert gehöre zur dem strafrechtlichen Erfolgstatbestand immanenten Schutz- und Gewährleistungsnorm (Bewertungsnorm) für den Rechtsgutsträger[3].

Wolters Einordnung des untauglichen Versuchs entspricht dem Schwanken zwischen seinen beiden verschiedenen normentheoretischen Modellen: Zwar lasse sich beim untauglichen Verletzungsversuch kein objektiv geeignetes Verletzungsrisiko ausmachen[4], jedoch soll die Verhaltensnorm - so *Wolters* ursprüngliche Version - lediglich versuchsbegründendes, tatsächlich oder *vermeintlich* risikoschaffendes Verhalten verbieten[5]. Der beendete untaugliche Versuch manifestiere grundsätzlich den vollumfänglichen Verstoß gegen die Verhaltensnorm[6], begründe also den ganzen Handlungsunwert[7]. Damit wird *Wolters* mehrfach vorgetragene Behauptung, die deliktische Handlung sei wegen der mit ihr verbundenen *realen* Chance der Rechtsgutsverletzung verboten[8], erneut revidiert.

---

1) *Wolter*, Zurechnung (1984) S.105.

2) *Wolter*, Zurechnung (1984) S.106.

3) *Wolter*, Zurechnung (1984) S.107.

4) *Wolter*, Zurechnung (1981) S.65,77. Ob allerdings zwischen tauglichem und untauglichem Versuch sinnvoll nach der Gefährlichkeit (für ein Gut) differenziert werden kann, erscheint zweifelhaft (*Armin Kaufmann* FS Jescheck S.253 f).

5) *Wolter*, Zurechnung (1981) S.35, auch S.251.

6) *Wolter*, Zurechnung (1981) S.79.

7) Vgl. *Wolter*, Zurechnung (1981) S.132.

8) *Wolter*, Zurechnung (1981) S.25,116; *ders.*, Zurechnung (1984) S.106.

Obwohl mit der vermeintlichen Risikoschaffung der volle Verhaltensnormverstoß und damit auch der volle objektiv-subjektive Handlungs(versuchs)unwert vorliegen soll[1], sucht *Wolter* nach weiteren Kriterien für die Begründung auch objektiven Unrechts und wird mit dem Pflichtverletzungsgedanken schließlich fündig. Die Tat, die bei besserer Einschätzung der tatsächlichen Verhältnisse durch den Täter, vor allem aber bei objektiv-fiktiver Nachahmung ernstlich gefährlich gewesen wäre, vermittle immerhin den nachhaltigen "Eindruck der Gefährlichkeit". Insofern vermöge "die Täterhandlung jedenfalls den Rechtsfrieden zu stören und das geschützte Rechtsgut mittelbar anzutasten"[2].

Die mit einem außergewöhnlich geringen realen Verletzungsrisiko behaftete oder abergläubische Handlung stuft *Wolter* dagegen weder als Realisierung objektiven noch als Realisierung subjektiven Handlungsunrechts ein[3]. Diese nicht näher begründete Behauptung mag insoweit richtig sein, als der "Eindruck der Gefährlichkeit" fehlt. Jedoch hält der Täter auch in diesen Fällen subjektiv seinen Wahn für realisierbar und vollzieht folglich ein vermeintlich risikoschaffendes Verhalten. Auch insofern liegt also mit dem beendeten Versuch die volle Verhaltensnormwidrigkeit - und d.h. wiederum: der volle objektiv-subjektive Handlungsunwert - vor. Ebenso wie die extremen Subjektivisten müßte *Wolter* damit an sich den abergläubischen Versuch als Wahn einer Tat zum strafbaren Unrecht erklären.

Läßt sich aber der untaugliche Versuch wenigstens noch ohne Friktionen in *Wolters* erste Normensystemvariante einordnen, gerät er bei seinem zweiten normentheoretischen Konzept in die gleichen Schwierigkeiten wie *Gallas* und *Rudolphi*. Ist nämlich nur die Schaffung eines *wirklichen*, nicht aber die eines *vermeintlichen* Risikos durch die Verhaltensnorm verboten, muß der untaugliche Versuch, der allein die Störung des Rechtsfriedens ohne meßbare Gefährlichkeit für ein konkretes Rechtsgut enthalten soll, eine *Ausnahme* vom Postulat der "Gefährdungsverbote" darstellen. Er verwirkliche lediglich einen "objektiv-subjektiven Verhaltensunwert" insoweit, als der Täter irrig ein Risiko schaffen wolle ("Intentionsunwert") und er diesen untauglichen Plan

---

1) *Wolter*, Zurechnung (1981) S.50,65,132.

2) *Wolter*, Zurechnung (1981) S.78 f.

3) *Wolter*, Zurechnung (1981) S.114.

objektiv ins Werk setze[1]. Der untaugliche Versuch begründe damit nur einen hinter dem Handlungsunrecht zurückbleibenden "Handlungsversuchsunwert"[2].

Gegenüber diesen, von dem System *Armin Kaufmanns* und *Zielinskis* abweichenden normentheoretischen Unrechtskonzeptionen sind eine Reihe von Einwänden zu erheben. Weil die Gefährlichkeit einer Handlung (i.S. von Erfolgsgeeignetheit) nur in dem äußeren Geschehen bestehen kann[3], wird die Pflichtverletzung (Verhaltensnormbruch) als Handlungsunwert von *Rudolphi* und *Gallas* sowie in *Wolters* zweitem Konzept partiell objektiviert und über den objektiven Rechtsgutsangriff bestimmt. Das Schaffen eines objektiven Risikos[4] stellt aber - wie jede Objektivierung einer normwidrigen, auf die Erfolgsherbeiführung bezogenen Intention - bereits einen Erfolg dar[5]. Folglich wird der im "objektiven Gefährlichkeitsunwert" bestehende "Erfolgsunwert" der Handlung zum Bestandteil des Handlungsunrechts. Allerdings ist dann fraglich, warum die Verhaltensnormmaterie überhaupt nur bis zum (Zwischen-) Erfolg der objektiven Gefährdung (Risikoschaffung) und nicht bis zum (endgültigen) Erfolg der Rechtsguts- (bzw. Rechtsgutsobjekts-) Verletzung reichen soll. Es ist eine kaum plausible Friktion, wenn die objektiv durch den Täter ins Werk gesetzte "Rechtsgutsgefährdungsgradiente"[6] auf der Höhe der Herbeiführung des objektiven Gefährlichkeitsunwerts ("Schaffen eines rechtlich mißbilligten Risikos") abgebrochen und um ihren Rest kupiert wird.

Der normentheoretische Hintergrund ist freilich eindeutig: Prävention funktioniert - abgesehen von der Anwendung unmittelbaren Zwangs - nur über die Psyche der Normunterworfenen. Präventive und damit auf Motivation angelegte Verbote und Gebote können sich also nur an menschliches Verhalten wenden, das die Wirklichkeit planvoll zu gestalten vermag. Damit sind sie

---

1) *Wolter*, Zurechnung (1984) S.105.

2) *Wolter*, Zurechnung (1984) S.106; anders Sch/Sch-*Lenckner* Vor § 13 Rn 56.

3) *Welzel*, Abhandlungen S.112 f; auch *Rudolphi*, Zweck S.81 spricht von der durch die Verhaltensnorm mißbilligten Gefährlichkeit des *äußeren* menschlichen Verhaltens.

4) Vgl. SK-*Rudolphi* Vor § 1 Rn 62.

5) Siehe dazu eingehend *Paeffgen* S.112 f; *Lüderssen* FS Bockelmann S.197.

6) Siehe *Paeffgen* S.112 f,115,124 Fn 319.

in ihrer Reichweite auf die Fähigkeit des Menschen, in Geschehensabläufe steuernd einzugreifen, beschränkt; Erfolge i.S. des Verlusts oder der Gefährdung von Rechtsgütern können nicht zum Gegenstand ihrer Regelungsmaterie erhoben werden[1]. Wenn aber die Bestimmungsnorm - auch soweit man sie mit *Gallas* in ihrer bloßen (spiegelbildlichen) Umkehrung als Bewertungsnorm auffaßt - den Eintritt des objektiven tatbestandlichen "Enderfolgs" der Rechtsguts- bzw. Rechtsgutsobjektsbeeinträchtigung nicht erfassen kann, ist es normlogisch ebenso ausgeschlossen, den Eintritt des objektiven "Zwischenerfolgs" der Schaffung eines rechtlich mißbilligten Risikos zur Verhaltensnormmaterie zu rechnen. Die objektive Schaffung realer Risiken kann also nach herkömmlicher Interpretation der Bestimmungsnormen nicht verboten sein. An diesem Befund vermag auch *Gallas'* Verweis auf die Eigenschaft der Handlung als "final-kausaler Sinneinheit" nichts zu ändern, zumal es sich bei seiner Argumentation ohnehin nur um ein ontologisches und daher für die Unrechtsbestimmung bedeutungsloses Postulat handelt. Wenn es überhaupt ein "objektives Gefährlichkeitsunrecht" i.S. *Gallas'* und *Rudolphis* gibt, dann kann dies nur als ein von *Wolter* sog. "primäres Erfolgsunrecht" von der Bewertungsnorm, nicht aber von der Bestimmungsnorm erfaßt sein[2]. Es erscheint auch kaum plausibel, daß die Bestimmungsnorm einerseits hinsichtlich ihrer motivatorischen, d.h. an den menschlichen Willen adressierten Komponente ein Verletzungsverbot beinhalten, andererseits aber auf der objektiven Verbotsseite nicht bis zur Verletzung, sondern nur bis zur objektiven Risikoschaffung reichen soll.

Die gleichen Einwände richten sich auch gegen das ursprüngliche Normensystem *Wolters*, soweit er die Verhaltensnormmaterie und damit den Handlungsunwert (hier: "Handlungsversuchsunwert") objektiv-subjektiv bestimmt. Denn die Schaffung eines bloß *vermeintlichen* Risikos ist als objektive Fixierung normwidriger Intention ebenso ein Erfolg wie die Schaffung eines *realen* Risikos[3]. Das gilt um so mehr, als *Wolter* zur Begründung auch objektiven Unrechts zusätzlich auf den "Eindruck der Gefährlichkeit" zurückgreift. Angesichts der herkömmlichen normentheoretischen Axiome kann der Erfolg

---

1) Siehe etwa *Stratenwerth* AT Rn 142; *Armin Kaufmann*, Strafrechtsdogmatik S.153 f; *Lüderssen* FS Bockelmann S.197; *Wolter*, Zurechnung (1981) S.25.

2) Vgl. *Wolter*, Zurechnung (1981) S.26,50,132 und passim.

3) Siehe *Paeffgen* S.112 ff; Sch/Sch-*Lenckner* Vor § 12 Rn 56 f.

einer vermeintlichen Risikoschaffung ebensowenig zur Verbotsmaterie gehören wie sonstige Erfolge. Solange man überhaupt Verbote von Erfolgen für sinnlos erachtet und die Verhaltensnormen präventiv-verhaltenssteuernd im Sinne nur willensmotivierender Imperative versteht, läßt sich eine objektive Komponente des Handlungsunwerts nicht begründen.

Abgesehen davon ließe sich auch - sofern die Verhaltensnormen i.S. von Verboten objektiv-realer Gefährdungen interpretiert werden - der *untaugliche Versuch* nicht mehr ohne Friktionen in das System integrieren. Erklärt man ihn wie *Gallas* und *Rudolphi* rein subjektivistisch und schreibt ihm nur einen Intentionsunwert zu, dann degeneriert Unrecht zum bloß internen Ereignis zwischen Norm und Pflichtsubjekt, so daß konsequenterweise auch der Wahn einer Tat Unrecht sein muß; - insoweit ergeben sich zunächst die gleichen Schwierigkeiten wie beim extremen Finalismus.

Darüber hinaus führt der untaugliche Versuch aber zu dem weiteren Problem, daß er offenbar nicht von den "objektiven Gefährdungsverboten" erfaßt ist; hier fehlt es an der objektiven Eignung der Handlung, das konkrete Tatobjekt und damit auch das Rechtsgut zu beeinträchtigen[1]. Das bedeutet: Entweder ist der untaugliche Versuch Unrecht ohne Normwidrigkeit oder es kommt zu einer Normendoppelung. Neben den herkömmlichen Gefährdungsverboten muß dann die Existenz weiterer, speziell auch die untauglichen Versuche verbietender Normen postuliert werden. Solche, i.S. *Armin Kaufmanns* zu verstehende Bestimmungsnormen würden freilich auch die real riskanten Verhaltensweisen erfassen, so daß ex ante taugliche Versuche doppelt normwidrig sein müßten. Soll hingegen das Unrecht des untauglichen Versuchs ohne Normwidrigkeit begründet werden, drängt sich die grundsätzliche Frage auf, warum dann Strafunrecht überhaupt noch als Normbruch definiert wird; - ein zwingender Grund ist jedenfalls nicht mehr erkennbar.

Soweit *Wolter* wie *Gallas* und *Rudolphi* an seinem Konzept der Verbote realer Risikoschaffung festhält und trotzdem einen "objektiv-subjektiven Verhal-

---

1) *Krümpelmann*, Bagatelldelikte S.72; *Jescheck* FS Wolf S.481 Fn 34; *Krauß* ZStW 76(1964),54; *Rudolphi* FS Maurach S.53; *Wolter*, Zurechnung (1981) S.25,65,77; Sch/Sch-*Lenckner* Vor § 13 Rn 11. Die Behauptung, durch den im untauglichen Versuch manifestierten Geltungsangriff werde das geschützte Rechtsgut gefährdet (Sch/Sch-*Eser* Vor § 22 Rn 23) läßt sich allenfalls bei einer institutionellen Bestimmung des Rechtsgutsbegriffs vertreten.

tensunwert" des untauglichen Versuchs konstruiert, stellt sich im Grunde das gleiche Problem. Da jedenfalls keine reale objektive Gefährdung vorliegt, handelt es sich entweder um Unrecht ohne Normwidrigkeit oder es kommt auch hier zu einer Normendoppelung. Soweit *Wolter* hingegen für die Verhaltensnorm bloß eine vermeintliche Risikoschaffung fordert, wird wiederum - wie oben dargelegt - der Wahn zum Unrecht aufgewertet.

Aber auch unabhängig von der Auseinandersetzung um die korrekte Definition von Bestimmungsnorm und Handlungsunwert läßt sich die strafrechtliche Relevanz des Erfolgs (hier: einer Rechtsguts- bzw. Rechtsgutsobjektsbeeinträchtigung) durch die normentheoretisch fundierten Unrechtslehren nicht mehr ohne Bruch mit ihrer funktionalen, dem Leitziel des präventiven Rechtsgüterschutzes verhafteten Grundlage erklären. Insbesondere kann nicht damit argumentiert werden, daß der Strafgesetzgeber mit der Forderung eines Erfolgs in Form einer Rechtsgutsverletzung oder -gefährdung bloß der rechtsstaatlich gebotenen Aufgabe des Strafrechts zum Rechtsgüterschutz Rechnung trage[1]. Denn im Interesse eines effektiven Rechtsgüterschutzes (sc. einer präventiv-polizeilichen Gefahrenabwehr) wäre es gerade umgekehrt geboten, den strafrechtlichen Schutz *vor* und unabhängig von dem tatsächlichen Erfolgseintritt anzusetzen und bereits die fehlerhafte, rechtsgüterfeindliche Willensbildung mit einem Unwerturteil zu belegen; das Warten auf die Rechtsguts- bzw. Rechtsgutsobjektsverletzung ist der behaupteten präventiv-schützenden Aufgabe des Strafrechts jedenfalls nur hinderlich[2].

Diese Feststellung wird insbesondere durch die *Klee'sche* Forderung nach einem "Gefährdungsstrafrecht"[3] belegt. Dabei handelte es sich um ein durch die Betonung der Willensstrafe gegenüber dem "Erfolgshaftungsrecht" *verschärftes Güterschutzrecht*: Anknüpfungspunkt der staatlichen Reaktion sei der Wille des Täters, der sich in gefährlicher Weise betätigt habe[4]. Nicht die Herbeiführung eines verletzenden Erfolgs, sondern allein die schuldhafte Gefährdung der Rechtsgüter sollte die strafrechtliche Verantwortlichkeit begründen ("Gefährdungsprinzip"). Deshalb verlangte *Klee* die Gleichstellung von

---

1) So aber *Rudolphi* FS Maurach S.70.

2) *Jakobs* ZStW 97(1985),752 f; vgl. a. *Dencker* StV 88,263 f.

3) *Klee* DJZ 1934, Sp.1309.

4) *Klee* DJZ 1934, Sp.1303.

Versuch und Vollendung durch verstärktes Schaffen von Unternehmensdelikten, während die Abstufung der Tatbestände nach der Schwere des verursachten Erfolgs entfallen sollte. "Die vorsätzliche Schuld" - so schrieb er - "erschöpft sich kriminalpolitisch und nach den Denkgesetzen in der bewußten Herbeiführung einer Gefahr, in der Vornahme von Handlungen, die erfahrungsgemäß geeignet sind, einen verletzenden Erfolg herbeizuführen"[1].

In einem funktional am präventiven Rechtsgüterschutz (Gefahrenabwehr) ausgerichteten Strafrechtssystem ist es also gerade nicht zu rechtfertigen, erst den erfolgreichen Rechtsgutsangriff mit einem Unwerturteil zu belegen. Überhaupt läßt sich mit dem Güterschutzargument erst dann nicht noch mehr fordern, wenn - mit Ausnahme von Rettungsmaßnahmen - jede Regung verboten wird[2]. Bei konsequenter Durchführung des Rechtsgüterschutzes müßten an sich sogar die gefährlichen Gedanken potentieller Täter und darüber hinaus die Quellen solcher Gedanken strafrechtlich bekämpft werden. Der Einwand, gefährliche Gedanken seien keine Störung des Soziallebens sowie der Vorhalt des Tatprinzips stammen bereits nicht mehr aus dem Argumentationsarsenal des Güterschutzes, sondern müßten extern rekrutiert werden[3].

---

1) *Klee* GA 1933,321. Es kommt daher wohl nicht von ungefähr, wenn die wegen der größeren Effizienz für den Rechtsgüterschutz gelobte (LK-*Tröndle* Vor § 267 Rn 14) Erweiterung der Strafzone des § 267 auf das Herstellen der Urkunde zur Zeit des Nationalsozialismus erfolgt ist, nämlich durch Verordnung vom 29.5.1943 (RGBl. I S.339; vgl.a. *Jakobs* ZStW 97[1985],757). Durch diese Verordnung wurde auch der Beteiligungsversuch (§ 30 n.F., früher § 49a) erheblich ausgedehnt. Die Parallele zum Willensstrafrecht kommt deutlich zum Ausdruck in BGHSt 1,59(60): "Es läßt sich zwar nicht verkennen, daß die neue Fassung des § 49a StGB vom 29. Mai 1943 als eine Hinneigung zum Willensstrafrecht angesehen werden kann. Dieser Umstand aber besagt allein noch nichts für die Annahme, es handle sich hier um nationalsozialistisches Gedankengut, das der heutigen Rechtsauffassung widerspreche. Auch die sogenannte subjektive Theorie des Reichsgerichts über den Versuch folgte willensstrafrechtlichen Gedankengängen und war dennoch von nationalsozialistischem Gedankengut nicht berührt".

2) *Jakobs* ZStW 89(1977),12 f; *Amelung*, Rechtsgüterschutz S.241 ("...ein zur äußersten Konsequenz getriebener Güterschutz wäre gerade von einem liberalen Standpunkt her problematisch. Wollte man die vom Gesetzgeber für schutzwürdig erachteten Güter nach allen Seiten sichern, so müßte dies zu umfassenden Verboten führen, die die menschliche Handlungsfreiheit schwer beeinträchtigen würden"); siehe auch *Schaffstein* FS R.Schmidt S.59 f,64 f sowie - zum Spannungsverhältnis zwischen Freiheit und Sicherheit aus polizeilicher Sicht - *Kniesel*, Die Polizei 91,185 ff.

3) Siehe auch *Jakobs* ZStW 97(1985),753.

Vor dem präventiv-funktionalen Hintergrund ihres Konzepts vermögen schließlich auch die normentheoretischen Begründungsansätze zur Einbeziehung des *tatbestandlichen* Erfolgs in das Unrecht nicht zu überzeugen. Stellvertretend für eine normentheoretisch fundierte "Synthese von Handlungs- und Erfolgsunwert im Unrechtsbegriff" unter Rekurs auf die Bewertungsnorm sei hier nur der Ansatz *Krümpelmanns* erwähnt, der ganz in der Tradition des typisch monistischen und zivilistischen Denkansatzes der Rechtsgüterschutzdoktrin steht. Mit Blick auf die "Einheit der Rechtswidrigkeit" zieht *Krümpelmann* für das Strafrecht eine Parallele zum Schadensersatzanspruch des Verletzten im zivilen Deliktsrecht[1]. Wenn auch der Zweck des zivilen Deliktsrechts gerade auf Schadensausgleich angelegt sei, müsse das Interesse[2] und seine Verletzung (= der konkrete Erfolg) doch ebenso auch im Strafrecht eine unentbehrliche Interpretationsgrundlage darstellen. Deshalb sei die Interessenverletzung - soweit sie zum Tatbestand gehöre - als Bestandteil des Unrechts anzuerkennen; Handlungs- und Erfolgsunwert seien gleichberechtigte Strukturen des Unrechts[3]. Strafunrecht ergebe sich auch aus der Verletzung der für die Genese der Bestimmungsnorm logisch vorausgesetzten Bewertungsnorm. Insoweit bestehe das Wesen des Unrechts in einem Widerspruch gegen die gestaltende Kraft des Rechts. Die Bewertungsnorm sei aber auch ein gewährender und verteilender Rechtssatz, der sich auf ein Rechtsgut beziehe und ebenfalls seine Adressatenseite habe, indem er das Rechtsgut jemandem zuordne[4].

Die Gewährung bzw. Zuordnung eines Rechtsguts selbst beinhaltet jedoch

---

1) *Krümpelmann*, Bagatelldelikte S.86 f. Siehe zur angeblichen Einheit der Rechtswidrigkeit auch bereits oben S.57 ff. Krit. *Lesch* NJW 89,2310 m.w.N.

2) *Krümpelmann* verwendet die Begriffe "Interesse" und "Rechtsgut" als Synonyme (Bagatelldelikte S.69), bedient sich aber im übrigen zur Bezeichnung des Begriffs "Rechtsgut" eines uneinheitlichen und vielfältigen Begriffsarsenals: "(Rechts-)Wert" (S.69,73), "rechtlich anerkannter und geschützter Sachverhaltswert" (S.77,83), "Institution" (S.68,70), "Rechtsinstitut" (S.71,77).

3) *Krümpelmann*, Bagatelldelikte S.89 ff. Vgl. dagegen *Klee* GA 1933,322, der auf der Grundlage eines verschärften Rechtsgüterschutzrechts das "rein zivilistische Denken" der Erfolgshaftung im Strafrecht kritisierte.

4) *Krümpelmann*, Bagatelldelikte S.95 ff; ähnlich *Paeffgen* S.120 f,131; *Gallas* FS Bockelmann S.162; *Wolter*, Zurechnung (1981) S.26 ff,37 f,48; insoweit nimmt *Rudolphi*, Zweck S.77 Fn 12 und *ders.*, FS Jescheck S.572 Fn 31 auf *Gallas* und *Wolter* Bezug.

noch keine Schutzfunktion. Deshalb läßt sich die Fiktion einer strafrechtlichen Gewährungsnorm nicht mit der vorgeblich präventiv-gefahrenabwehrenden Funktion des Strafrechts belegen. Es ist auch nicht zu erkennen, was die Fiktion von Rechtsgütergewährungsnormen im Strafrecht für einen Sinn haben sollte. Ein Schutz durch das Strafrecht kommt für das konkret verletzte Rechtsgut stets zu spät[1]. Die Rechtsgutsbeeinträchtigung ist ein Betriebsunfall, der das Versagen des Präventionssystems belegt. Das Strafrecht muß also offenbar ganz wesentliche Funktionen erst *nach* dem Rechtsbruch erfüllen, den es nicht hat verhindern können[2]. Welche Bedeutung aber sollte dabei einer Anspruchs- bzw. Gewährungsnorm zukommen? Soweit aufgrund deliktischen Verhaltens Schadensausgleich zu gewähren ist, fällt diese Regelungsaufgabe dem Zivilrecht zu[3]. Strafe kann auch den durch das Delikt eingetretenen Schaden am angegriffenen Rechtsgut weder heilen noch Schadensersatz zusprechen[4]. Eine strafrechtliche Gewährungsnorm könnte somit für den Verletzten als Surrogat für das beeinträchtigte Rechtsgut (bzw. Rechtsgutsobjekt) allenfalls einen Anspruch auf Genugtuung oder Rache begründen. Eine derartige Kompensation eingetretener Schäden wäre jedoch ein "Tribut an irrationales archaisches Rechtsdenken"[5], eine reine Vergeltung i.S. eines "Auge um Auge, Zahn um Zahn"[6]. In einem zweckrationalen Strafrechtssystem aber - und das Strafrecht ist eine Institution zur Erreichung bestimmter Zwecke[7] - bleibt für solche Momente kein Raum.

---

1) *H. Mayer* StrafR (1936) S.195; *ders.*, AT (1953) S.55; *Welzel*, Abhandlungen S.263; *Armin Kaufmann*, Strafrechtsdogmatik S.264; *Krümpelmann*, Bagatelldelikte S.84; *ders.*, FS Jescheck S.315; *Otto* ZStW 87(1975),560; *Timpe*, Strafmilderungen S.99.

2) *Stratenwerth* FS Schaffstein S.185 f; *Köhler*, Begriff S.15; *Lesch* NJW 89,2310.

3) Vgl. bereits *Schütze* Lb S.61: "Während der Schadensersatz die Ausgleichung der dem unmittelbar Verletzten zugefügten Schädigung bewirken soll und dem Privatrechte angehört, bezweckt die öffentliche Strafe Wiederherstellung der gebrochenen Rechtsordnung und zwar theils an deren unverbrüchlicher Herrschaft in der Aussenwelt (Aufrechterhaltung des Rechtszustandes) theils an deren innerer Herrschaft über die Willensacte der Subjecte (Beugung des oppositionellen Einzelwillens)".

4) *Jakobs* AT 1/9; *ders.*, Strafrechtliche Schuld S.75; *Binding*, Normen I S.374; *Horn* S.75; *Zielinski* S.215; *Lesch* aaO.

5) Vgl. *Zielinski* S.215; *Lüderssen* FS Bockelmann S.191.

6) *Lüderssen* FS Bockelmann S.197.

7) *Rudolphi* FS Jescheck S.569.

Es zeigt sich also, daß ein auf das Leitziel Prävention fixiertes funktionales Strafrechtskonzept mit den eingetretenen Erfolgen in der Außenwelt nichts mehr anzufangen weiß. Eine Normentheorie, die auf dem Präventionsgedanken basiert, muß deshalb letztlich immer auf den Subjektivismus der extremen Finalisten hinauslaufen. Das durch *Armin Kaufmann* und *Zielinski* konsequent auf dem Rechtsgüterschutzdogma errichtete normentheoretische System läßt systeminterne Manipulationen nicht mehr zu. Verhaltensnormwidrig ist also danach allein die tatbestandstypische Intention. Hält man sich das vor Augen, würde die These *Rudolphis*, daß das Verbot des § 27 immer nur die Unterstützung des verhaltensnormwidrigen Täterverhaltens zum Gegenstand haben könne, dazu führen, daß nur die Unterstützung der Intention des Haupttäters - also psychische Beihilfe - vom Verbot des § 27 erfaßt wäre.

Abgesehen davon wird aber die These, daß die Verhaltensnorm des § 27 immer nur die Unterstützung des verhaltensnormwidrigen Täterverhaltens zum Gegenstand haben könne, von *Rudolphi* nirgends begründet. Sie ist auch überhaupt nur sinnvoll, soweit man Unrecht mit den extremen Finalisten generell auf die Übertretung der Verhaltensnorm limitiert. Wenn aber die Beihilfe - wie *Rudolphi* annimmt[1] - auch einen Erfolgsunwert beinhaltet und dieser im Gefährlichkeits- und Erfolgsunwert der Haupttat bestehen soll, dann kann das Unrecht des Gehilfen keineswegs mit dem Bruch der aus § 27 abgeleiteten Verhaltensnorm identisch sein. Und weiter: Wenn der Haupttäter sein Unrecht nicht komplett aus der Übertretung der Verhaltensnorm bezieht, sondern dazu noch ein offenbar verhaltensnormextern begründeter Erfolgsunwert addiert wird, dann zwingt auch nichts mehr zu der Annahme, daß der Gehilfe sein *akzessorisches* Unrecht nur aus dem *normwidrigen Verhalten* des Täters beziehen kann[2].

Weiterhin hat *Rudolphi* auch die normentheoretischen Konsequenzen der Pflichtdeliktslehre nicht einmal angedeutet. Schließlich setzt er die akzessorische Haftung des Gehilfen schlicht als gegebenes Faktum voraus, ohne den Strafgrund zu erklären; - anders ausgedrückt: Die Durchbrechung des Re-

---

1) *Rudolphi* FS Jescheck S.575.

2) Es sei denn, man würde die Akzessorietät nur auf einen Teil des aufgespaltenen Haupttatunrechts - nämlich auf den Verhaltensunwert - limitieren. Dazu findet sich bei *Rudolphi* jedoch weder eine Begründung noch überhaupt eine Stellungnahme.

greßverbots auf der *Verhaltensnormebene* wird nicht legitimiert. Eine solche Legitimation wäre auch - soweit ein Verhalten im Vorfeld der sozialen Störung (Ausführung) als normwidrig und damit als (Gehilfen-) Unrecht bezeichnet werden soll - nicht möglich: In einem freiheitlichen Staat *darf* die interne Sphäre nicht interpretiert werden[1].

III. Die Beteiligungsformenlehre Steins

Ebenso wie *Rudolphi* bemüht sich auch sein Schüler *Stein* um eine normentheoretische Fundierung der Beteiligungsformendogmatik. Grundlage seines Ansatzes ist das angebliche verfassungsrechtliche Gebot einer ausschließlich am Rechtsgüterschutz orientierten zweckrationalen Rekonstruktion des gesamten Straftatsystems[2]. *Stein* unterscheidet "zwei Ebenen des rechtlichen Wertungsgefüges", nämlich erstens die eines für alle Rechtsgebiete einheitlichen Verhaltensnormensystems[3] und zweitens die Ebene der strafrechtlichen Sanktionsnormen, deren Funktion in der Prävention, d.h. in der Durchsetzung des Verhaltensnormensystems durch Verhinderung künftiger Verhaltenspflichtverletzungen und damit *mittelbar* im Rechtsgüterschutz bestehen soll[4]. Auf der Verhaltensnormebene gehe es um die Ausdifferenzierung eines i.S.d. Verhältnismäßigkeitsgrundsatzes ausgewogenen Systems von Verhaltenspflichten und Verhaltensfreiheit[5], wobei sich *Stein* hinsichtlich des Zwecks der Verhaltensnormen bzw. -pflichten nicht festlegt: Teils spricht er vom Schutz der im Anschluß an *Rudolphi* als "Funktionseinheiten" definierten Rechtsgüter[6], teils aber auch vom Schutz der materiellen Substrate, nämlich der Rechtsguts*objekte*[7]. Entsprechend unklar ist die Definition der Verbotsmaterie: Einerseits soll eine Handlung wegen der ihr innewohnenden Mög-

---

1) *Jakobs* GS Armin Kaufmann S.283.

2) *Stein* S.137.

3) *Stein* S.97.

4) *Stein* S.78,97 und passim; ebenso *Kindhäuser*, Strafe S.23 ff.

5) *Stein* S.70 f,223.

6) *Stein* S.69,78,97,209,210,240.

7) *Stein* S.222,224,225,263.

lichkeit der Rechtsgutsbeeinträchtigung[1], andererseits wegen der ihr innewohnenden Gefahr der Verletzung eines Rechtsguts*objekts* verboten sein[2].

Aufgrund einer sog. "Schuldidee" verficht *Stein* eine in ihrem überkommenen individual-psychologischen Konzept konsequente und damit radikal subjektivistische Normlogik: Die Verhaltensnorm wird als eine abstrakte Regel definiert, anhand derer zu ermitteln sei, in welchen Situationen für welche Personen welche Verhaltenspflichten entstünden[3]. Die spezifische motivierende Wirkung einer Verhaltenspflicht gründe sich darauf, daß sie zunächst eine bestimmte Verhaltensweise als rechtlich mißbilligenswert bewerte (Bewertungsfunktion) und sodann deswegen den Verpflichteten zur Meidung dieses Verhaltens auffordere (Bestimmungsfunktion)[4]. Mit dem Abschluß des pflichtwidrigen Verhaltens sei die maximale Tatschuld des konkreten Delikts verwirklicht; ob das Verhalten tatsächlich rechtsgutsbeeinträchtigende Folgen habe, berühre das verwirklichte Tatschuldquantum nicht. Denn das Tatschuldprinzip knüpfe an die dem Menschen zugesprochene Fähigkeit zu "freier", verantwortlicher Willensbildung und -betätigung an. Von dieser Fähigkeit könne man aber nur durch die Entscheidung über die Vornahme einer Handlung Gebrauch machen. Ebensowenig wie das Ausbleiben einer unwerthaften Folge (i.e.: einer Rechtsguts- bzw. Rechtsgutsobjektsbeeinträchtigung) den im Verhalten liegenden Unwert nachträglich wieder mindern könne, könne das tatsächliche Eintreten der unwerthaften Folge den in dem Verhalten liegenden Unwert erhöhen[5]. *Stein* spricht damit in aller Deutlichkeit aus, was bereits in den normentheoretischen Überlegungen *Rudolphis* ansatzweise zum Ausdruck gekommen und bislang nur von der radikal-finalistischen Schule *Armin Kaufmanns* ausdrücklich zugestanden worden ist: Daß sich nämlich nach überkommener Normlogik die Zugehörigkeit äußerer Erfolge zum Unrechtsbegriff nicht mehr begründen läßt. Im Gegensatz zu den Radikal-Finalisten gibt jedoch *Stein* das Dogma von der Identität zwischen Unrecht und Verhaltensnormwidrigkeit auf und begründet die Einbeziehung des Erfolgs in das

---

1) *Stein* S.67 f,81,84.

2) *Stein* S.66,85,109,210,221 f.

3) *Stein* S.67.

4) *Stein* S.67,242.

5) *Stein* S.81, der insoweit selbst auf seine sachliche Übereinstimmung mit den Lehren *Zielinskis* hinweist.

Unrecht auf einer zweiten Wertungsebene: Die erfolgsbedingte Unrechtssteigerung beruhe auf dem rein präventionsorientierten, der Sanktionsnormebene angehörenden Aspekt des durch den Erfolgseintritt bewirkten "vertrauenserschütternden Eindrucks auf die Allgemeinheit"[1].

Stein entfaltet seine Beteiligungsformendogmatik als Lehre vom Täter- bzw. Teilnehmerdelikt auf der Verhaltensnormebene[2]. Die normentheoretische Grundkonzeption führe zu einem "vollständig personalisierten Unrechtsbegriff", der Unrecht stets als in allen seinen Elementen von einer *konkreten Person* verwirklichtes Unrecht definiere[3]. Für das Verhaltensunrecht folge das aus dem Umstand, daß eine Verhaltenspflicht nur durch das verbotene *eigene* Verhalten des Pflichtadressaten verletzt werden könne. Gleiches gelte aber auch für das Erfolgsunrecht, denn die tatsächliche Beeinträchtigung eines Rechtsgutsobjekts dürfe nur dann die Strafbarkeit beeinflussen, wenn sie gerade auf einem Geschehensablauf beruhe, zu dessen Vermeidung das Verhalten verboten war. Wirkten also mehrere Beteiligte in strafbarer Weise an der Herbeiführung einer Rechtsgutsobjektsverletzung mit, so habe jeder von ihnen eine Täter- oder Teilnehmertat begangen[4]. Die Beteiligungsformen bezeichneten somit unterschiedliche Verhaltensweisen, die auf verschiedenartigen Wegen zu einer Rechtsgutsbeeinträchtigung führten und dementsprechend durch unterschiedliche Verhaltensnormen verboten seien[5]. Zwar sollen parallel zu den Täterverhaltensnormen auch die Teilnehmerverhaltensnormen nur Angriffe auf konkrete Rechtsguts*objekte* verbieten[6], so daß das Gemeinsame aller Beteiligungsformen eines bestimmten Deliktstyps in den übereinstimmenden Aspekten des *Risikos* der jeweils verbotenen Verhaltensweisen, d.h. stets im gefährdeten Rechts*gut* und gegebenenfalls auch in bestimm-

---

1) *Stein* S.84,89,98.

2) *Stein* S.222,246 f; zusammenfassend S.259 ff.

3) *Stein* S.98.

4) *Stein* S.88.

5) *Stein* S.67 f,93 f,98,221 f,247. Täterschaft und Beihilfe sollen sich aber nicht nur im Verhaltensunwert, sondern auch im Erfolgsunwert unterscheiden. Zwar seien die Erfolge als solche identisch, jedoch unterschieden sich die Erfolgsunwerte darin, daß sie aufgrund unterschiedlicher Kausalverläufe (unmittelbar oder vermittelt über eine Haupttat) einträten (*Stein* S.222).

6) *Stein* S.117,118.

ten tatbestandlich vorausgesetzten Modalitäten der drohenden Verletzung zu sehen sei[1]. Aber die Hilfeleistungshandlungen sollen sich eben von den täterschaftlichen Verhaltensweisen durch die ihnen innewohnende *Gefahr* unterscheiden, ***auf eine bestimmte Weise***, nämlich "über die Haupttat eines anderen" ein Rechtsguts*objekt* zu verletzen[2].

Die Beteiligungsformen erweisen sich somit nach Auffassung *Steins* als *Strukturelemente des Verhaltensnormensystems*[3]. Bei der Ausdifferenzierung von Verhaltensnormen sei der Grundsatz zu beachten, daß jede einzelne Verhaltenspflicht als Teil eines umfassenden, Verhaltensfreiheit einerseits und freiheitsbeschränkende rechtsgutsschützende Verhaltenspflichten andererseits in ein ausgewogenes Verhältnis bringenden Verhaltensnormensystems begründbar sein müsse[4]. Die Unterscheidung von Beteiligungsformen entlaste die Normadressaten entsprechend dem "Vertrauensgrundsatz" tendenziell davon, mögliches pflichtwidriges Verhalten anderer Personen in Rechnung stellen zu müssen[5]. Die in § 27 angeordnete Strafrahmenreduzierung beruhe auf der geringeren "Dringlichkeit"[6] der Gehilfenverhaltensnorm. Diese geringere "Dringlichkeit" ergebe sich aus einer Abwägung der für und gegen die Pflicht sprechenden Aspekte, weil in der Beihilfekonstellation das Verhal-

---

1) *Stein* S.93.

2) *Stein* S.85,263.

3) *Stein* S.257.

4) *Stein* S.259. Zum Verhältnis zwischen Handlungsfreiheit einerseits und Verhaltensverboten im Interesse des Rechtsgüterschutzes andererseits vgl. a. *Frisch*, Verhalten S.72 ff.

5) *Stein* S.260. Hier findet sich eine Andeutung des Regreßverbotsgedankens.

6) Zum Begriff der "Dringlichkeit" eingehend *Stein* S.75 ff. Den "Dringlichkeitsgrad" einer Verhaltenspflicht bestimmt *Stein* anhand des Gleichbehandlungsgrundsatzes und des Verhältnismäßigkeitsprinzips (S.224,248 f) sowie anhand des Menschenbilds des Grundgesetzes und des Vertrauensgrundsatzes (S.227 ff). Da die "Dringlichkeit" der Verhaltenspflicht als das Maß des Überwiegens der für die Pflicht sprechenden Aspekte definiert sei, müsse die Quantität des Verhaltensunwerts stets genau der "Dringlichkeit" der jeweils verletzten Verhaltenspflicht entsprechen. Je "dringlicher" also eine Verhaltenspflicht sei, um so höher sei der in ihrer Verletzung liegende Verhaltensunwert, und um so größer sei folglich auch die verwirklichte Tatschuld (S.81). Außerdem bestehe eine weitgehende Parallelität zwischen der Quantität der verwirklichten Tatschuld und dem Grad der Präventionsbedürftigkeit (S.83). Insoweit sei die "Dringlichkeit" auch für die Präventionsbedürftigkeit und damit für das Ob der Strafdrohung und die Strafhöhe relevant (S.83,244).

tensfreiheitsinteresse einen höheren Wert habe und die für die Pflicht sprechenden Aspekte weniger stark seien als in Täter- und Anstifterkonstellationen[1]. Die Gehilfenverhaltensnormen sollen begriffstechnisch gesprochen gegenüber Täter- und Anstifterverhaltensnormen sekundärer Natur sein und daher alle nicht von den Täter- oder Anstifterverhaltensnormen erfaßten verbotswürdigen Verhaltensweisen verbieten[2].

Die Antwort auf die Frage nach dem spätest möglichen Beihilfezeitpunkt[3] ist im Ergebnis praktisch mit derjenigen *Rudolphis* identisch: Wenn die Gehilfenverhaltenspflicht dadurch gekennzeichnet sein soll, daß der Normadressat bei seiner Verhaltensentscheidung die Möglichkeit pflichtwidrigen Verhaltens eines anderen zu berücksichtigen habe[4], dann muß die Gefährlichkeit der von den Gehilfenverhaltensnormen erfaßten Verhaltensweisen *durch das künftige pflichtwidrige Verhalten eines anderen vermittelt* werden, wobei dieses Verhalten des Vordermanns durch ein vollwertige Verhaltenspflicht verboten sei und er die vollständige Pflichtbefolgungsfähigkeit besitze[5]. Daraus folgt, daß Beihilfe jedenfalls nach dem Abschluß des pflichtwidrigen Haupttäterverhaltens, d.h. nach dem beendeten Versuch nicht mehr möglich ist.

Die Kritik an der Beteiligungsformenlehre *Steins* richtet sich zunächst gegen deren Grundlagen. *Stein* geht von der - nach der üblichen, individual-psychologischen Normlogik unvermeidbaren - Aufspaltung des Unrechtsbegriffs in einen Verhaltensunwert (Pflichtverletzung) und einen Erfolgsunwert (Rechtsguts- bzw. Rechtsgutsobjektsverletzung) aus. Er erkennt, daß sich die Einbeziehung des Erfolgs in den Unrechtsbegriff auf der Verhaltensnormebene nicht begründen läßt[6] und weicht daher insoweit auf die Sanktionsnormebene aus. Die Frage ist, ob aus dem Sanktionszweck ein primäres Strafrechtsgut der Normgeltung abgeleitet und die Unrechtsrelevanz des tatbestandlichen Erfolgs über den dadurch ausgelösten - genauer: intensivierten - Normgel-

---

1) *Stein* S.244,260.

2) *Stein* S.243.

3) Dazu *Stein* S.269 f.

4) *Stein* S.243,246.

5) *Stein* S.241.

6) Siehe auch *Mir Puig* GS Armin Kaufmann S.254,260 f,264.

tungsschaden begründet werden kann. Wenn aber diese Frage ohne weitergehende Konsequenzen für die Funktion der Verhaltensnorm bejaht und Unrecht dennoch weiterhin - zumindest partiell - als Verhaltensnormwidrigkeit gedeutet wird, wird der Unrechtsbegriff zwischen den beiden verschiedenen Zwecken der Sanktions- und der Verhaltensnormebene (hier: Rechtsgüterschutz, dort: Schutz der Normgeltung) zerrissen.

Das wird in der Arbeit *Steins* besonders deutlich. Den von ihm unterschiedenen Wertungsebenen der Sanktions- und Verhaltensnormen entsprechen zwei voneinander getrennte Ebenen der Unrechtsbegründung: Die erste, von ihm als "personal" bezeichnete Wertungsebene sei die der Pflichtverletzung als Verhaltensnormbruch. Diese Pflichtverletzung ist wie bei den Radikal-Finalisten zu einem bloß subjektivierten Rechtsguts- bzw. Rechtsgutsobjektsangriff degeneriert[1]. Die zweite Wertungsebene sei die der Normgeltung, auf der die Unrechtsrelevanz des Erfolgs begründet werden soll[2]. Diese Dichotomie der Zwecke und Wertungsebenen führt zugleich zu einer Vermehrung der beziehungslos nebeneinanderstehenden Angriffsobjekte, denn die Straftat ist nicht bloß Rechts*guts*- und Rechtsguts*objekts*angriff, sondern zugleich *Geltungs*angriff[3]. Dabei verkennt *Stein* keineswegs, daß bereits die Betätigung - genauer: die Objektivierung - einer normwidrigen Intention einen Geltungsschaden bewirken kann. Denn der Unterschied zwischen versuchtem und vollendetem Delikt soll nach seiner Auffassung im "unterschiedlichen vertrauenserschütternden Eindruck des Geschehens" bestehen[4], so daß sowohl der Verhaltensunwert als auch der Erfolgsunwert die "Sanktionsbedürftigkeit i.S.d. Generalprävention" begründe[5]. Aber dieser, auf dem Geltungsschaden

---

1) Vgl. etwa *Stein* S.210: "'Pflichtverletzung' ist die Verletzung einer (rechtlichen) Verhaltenspflicht. Und da der Zweck der Verhaltensnormen stets und ausschließlich im Rechts*güter*schutz liegt, ist 'Pflichtverletzung' nichts anderes als ein Angriff auf ein Rechtsguts*objekt*".

2) *Stein* S.89.

3) Diese Auffassung einer kumulativen Konstitution des Unrechts aus einem Rechtsgutsangriff *und* einem Angriff auf die sozial-psychologische Geltungskraft des Rechts ist mitunter auch zur Erklärung der Strafwürdigkeit der Anstiftung vertreten worden, vgl. etwa *Perten* S.145.

4) *Stein* S.98.

5) *Stein* S.109.

beruhenden Sanktionsbedürftigkeit mißt *Stein* eben - jedenfalls beim vollendeten Delikt - nur eine partiell unrechtskonstitutive Bedeutung zu. Daraus ergibt sich bei fortlaufendem deliktischen Geschehen eine Zäsur auf der Höhe des beendeten Versuchs: Was den Unrechtsbegriff anbelangt, tritt mit dem Abschluß des pflichtwidrigen Verhaltens ein Wechsel der Angriffsrichtung ein. Das *Unrecht* - bis dato als Rechtsguts- bzw. Rechtsgutsobjektsangriff qualifiziert - macht nunmehr eine wundersame Metamorphose zum Geltungsangriff durch, und das - wohlgemerkt - obwohl das Verhalten an sich bereits *vor* diesem Zeitpunkt regelmäßig einen Geltungsangriff darstellt.

Nicht zuletzt aufgrund dieser Ungereimtheiten erscheint es höchst problematisch, ob eine zweckrationale Rekonstruktion des Straf*tat*systems anhand zweier verschiedener Zwecke auf zwei unterschiedlichen Wertungsebenen durchgeführt werden kann. Da sich jedenfalls ein zweckrationales Straf*rechts*system (dessen Bestandteil die Straf*tat* ist) nur am *Strafzweck* ausrichten läßt, drängt sich vielmehr die Frage auf, ob nicht der Zweck der Sanktionsnormen auch auf die Konzeption der Normentheorie durchschlagen muß. Dies würde freilich auch auf dieser Ebene den Abschied vom Dogma des präventiv-polizeilichen Rechtsgüterschutzes voraussetzen. Das angeblich verfassungsrechtlich vorgegebene Gebot einer ausschließlich am Rechtsgüterschutz orientierten Strafrechtskonzeption ist ohnehin ein nicht begründbares Postulat[1]: Der Verfassung läßt sich für die zweckrationale Rekonstruktion eines Straftatsystems allenfalls eine Theorie der Sozialschädlichkeit entnehmen, weil insoweit der Zweck des Strafrechts auf die Sicherung der Grundbedingungen sozialer Koexistenz limitiert sein mag[2]. Welches aber diese jeweils zu garantierenden Grundbedingungen sind, läßt sich nicht an der Verfassung, sondern nur an den jeweiligen *gesellschaftlichen Verhältnissen selbst* ablesen[3].

Aber auch unabhängig von ihrer dogmatischen Grundlegung vermag die Teilnahmelehre *Steins* nicht zu überzeugen. Denn eine befriedigende Antwort auf

---

1) Schließlich hält *Stein* S.134 dieses Postulat nicht einmal selbst durch, wenn er strafbewehrte Verbote einer unsittlichen Verhaltensweise zur Sicherung eines geordneten Zusammenlebens prinzipiell akzeptiert.

2) So auch zunächst *Rudolphi* FS Honig S.159, der aber diese Grundbedingungen sodann fälschlich mit den Rechtsgütern identifiziert.

3) Siehe dazu eingehend unten S.239 ff.

nahmelehre *Steins* nicht zu überzeugen. Denn eine befriedigende Antwort auf die Frage, ***warum*** den Gehilfen das Verhalten eines anderen überhaupt "etwas angeht", er also bei seiner Verhaltensentscheidung die Möglichkeit pflichtwidrigen Verhaltens eines anderen zu berücksichtigen hat, sucht man letztlich vergebens. Im Hinblick auf die damit angesprochene Regreßverbotsproblematik konstatiert *Stein* lediglich einen gegenüber Täterschaft und Anstiftung erhöhten Wert des Verhaltensfreiheitsinteresses in der Beihilfekonstellation und infolgedessen eine geringere "Dringlichkeit" der Gehilfenverhaltensnormen[1]. Mit dieser durch die ***Reduzierung*** der "Dringlichkeit" bewirkten "***Entlastung*** des Adressatenkreises"[2] ist aber noch keine ***Begründung*** dafür abgegeben, warum die Berücksichtigung fremden Fehlverhaltens ***überhaupt*** "dringlich" sein soll, worin also m.a.W. der ***Grund*** für die prinzipielle ***Belastung*** des Adressatenkreises mit einer Verhaltenspflicht besteht. Eine Antwort auf die damit aufgeworfene Frage nach dem ***Strafgrund*** der Teilnahme[3], die infolge der Verlagerung der Beteiligungsformendogmatik von der Sanktions- auf die Verhaltensnormebene bei ***Stein*** zur Frage nach dem ***Verbotsgrund*** wird, läßt sich ohne weiteres den normentheoretischen Axiomen entnehmen: Danach sollen sich die Gehilfenverhaltensnormen ebenso wie die Täterverhaltensnormen letztlich aus dem Rechtsgüterschutz legitimieren. Allerdings erscheint das Güterschutzargument zur Definition des Bereichs strafrechtlich relevanten Verhaltens als wenig tauglich, weil sich damit - was *Stein* durchaus erkennt[4] - erst beim strafbewehrten Verbot jeder Regung mit Ausnahme von Rettungsmaßnahmen nicht noch mehr fordern läßt[5].

Gegen das Konzept *Steins* spricht schließlich auch der Umstand, daß er bereits ein Verhalten ***im Vorfeld*** der Externalisierung (sc. der Tatbestandsverwirklichung) als Verhaltensnormbruch und Unrecht definieren muß. Dies folgt zwingend aus seinem Versuch, die Haftung eines nicht selbst oder durch ein Werkzeug Ausführenden ***ohne Akzessorietät***, sc. ohne ***Zurechnung*** der von einem ***anderen*** realisierten Ausführungshandlung zu begründen[6]. Eine im in-

---

1) *Stein* S.244,260.

2) *Stein* S.245.

3) Siehe in diesem Zusammenhang insbes. *Schumann* S.42 f.

4) *Stein* S.70 f und passim.

5) *Jakobs* ZStW 98(1977),12 f; vgl. a. *Amelung*, Rechtsgüterschutz S.241.

6) Den gleichen Fehler hat bereits *Kohler* gemacht: Er bezeichnete die "akzessorische Natur

ternen Bereich liegende Verhaltensabstimmung mehrerer Personen, die per se noch keine Außenwirkung hat, darf indes - das wurde bereits mehrmals angesprochen - in einem freiheitlichen Staat nicht interpretiert und als Normwidrigkeit (Unrecht) definiert werden[1]; aber bei einem Verzicht auf Akzessorietät bleibt nur der Weg, Verbrechensverabredung oder Verbrechensförderung durch Rat oder Tat oder anderes internes Verhalten als soziale Störung zu bezeichnen: Das Tatprinzip wird mißachtet. Ein gemeinsames Zusammenwirken im Vorfeld der Tatbestandsverwirklichung kann daher - um es noch einmal zu betonen - nur den *Grund* dafür bilden, das Ausführungsverhalten jedem der Beteiligten *zuzurechnen*, ist aber selbst noch keine soziale Störung.

D. Ergebnis und weiterer Ausblick

Die bisher zurückgestellte strafrechtsdogmatische Grundlagendiskussion dreht sich um zwei Fragen, nämlich erstens um die Frage nach den durch das Strafrecht zu garantierenden konstitutiven Grundbedingungen sozialer Koexistenz sowie zweitens um die Frage nach dem Bezugspunkt einer funktionalen Konstruktion des Straftatsystems. Während im Bereich des Polizei- und des Strafverfahrensrechts die Trennung zwischen repressiver Strafverfolgung und präventiv-polizeilicher Tätigkeit offenbar recht geläufig ist und dabei die präventiven Funktionen des Staates dem materiellen Polizeirecht und nur die repressiven dem Straf(verfahrens)recht zugeschlagen werden[2], geht die überkommene naturalistische Dogmatik im Bereich des materiellen Strafrechts von einer präventiven Funktion des Strafrechts aus, die überwiegend auf den Schutz von Rechtsgütern (Gefahrenabwehr) fixiert wird[3]: Das Polizeirecht

der Teilnahme", sc. die "Haftung des einen für die Tat des anderen", als "verkehrt" (GA 58[1911],2) und interpretierte dafür die Handlung im Vorfeld als "mildere Form der Verbrechensbegehung" (aaO S.15 f).

1) *Jakobs* GS Armin Kaufmann S.283.

2) Siehe etwa *Drews/Wacke/Vogel/Martens* S.129,132 ff; *Roxin*, Strafverfahrensrecht S.218 f; *Geerds* Jura 86,8 m.w.N. in Fn 14; *Baumann* StV 86,494 ff; *Hassemer* ZRP 91,122; *Kniesel* Die Polizei 91,188; *Kniesel/Vahle* Rn 172 ff sowie insbesondere *Kniesel* ZRP 89,329 ff; *Prümm* VR 90,202. A.A. *Schwan* VerwArch 70(1979),121 ff und *Keller/Griesbaum* NStZ 90, 418, die dem Funktionieren der Strafverfolgung auch eine präventive Aufgabe zuschreiben.

3) Siehe statt vieler *Hassemer* ZRP 91,122.

wandert systemwidrig in das Strafrecht ein[1].

Bei präventiver Deutung des Strafrechts ist Strafunrecht - es geht ja um Vorbeugung und Verhütung - immer etwas Zukünftiges, das es zu vermeiden gilt und das es an sich nicht geben soll. Unrecht wird damit zum Betriebsunfall im Konzept: Das System Strafrecht hat versagt; es kommt mit seinem Schutz für das konkret verletzte Rechtsgut stets zu spät[2]. Zweck einer präventiven Sanktionierung ist es auch nicht, das Unrecht einer Rechtsgutsbeeinträchtigung ungeschehen zu machen; sie vermag den am angegriffenen Rechtsgut eingetretenen Schaden weder zu heilen noch Schadensersatz zuzusprechen[3]. Vielmehr geht es allein darum, *weiteres* Unrecht in Zukunft zu vermeiden. Die Sanktion beschäftigt sich also bei präventiver Deutung nicht mit der Bewältigung des eingetretenen Konflikts, sondern nimmt diesen nur zum Anlaß einer Reaktion, die ihren Nutzen erst in der Zukunft entfalten soll[4]. Damit ist die Straftat nur *Voraussetzung*, nicht aber *Grund* der Strafe. Überspitzt formuliert: Das Phänomen Unrecht ist ein Dokument dafür, daß das präventiv-polizeiliche System mit seinen Steuerungselementen (Verhaltensbefehlen, Drohungen etc.) versagt hat. Diese Bankrotterklärung des Systems wird nun zum Anlaß genommen, den fehlerhaft motivierten Versager zum Zweck des künftigen Funktionierens des Präventionsapparates in Anspruch zu nehmen - und dies obwohl auch noch feststeht, daß das Präven-

---

1) Krit. *Kniesel* aaO; *Kniesel/Vahle* aaO; siehe auch *Badura* JZ 64,338; *Köhler* S.2 f.

2) *H. Mayer* StrafR (1936) S.195; *ders.* AT (1953) S.55; *Welzel*, Abhandlungen S.263; *Armin Kaufmann*, Strafrechtsdogmatik S.264; *Krümpelmann*, Bagatelldelikte S.84; *ders.*, FS Jescheck S.315; *Otto* ZStW 87(1975),560; *Timpe*, Strafmilderungen S.99; vgl. a. *Köhler*, Begriff S.15; *Noll/Trechsel* S.14; *Prümm* VR 90,202.

3) *Jakobs* AT 1/9; *ders.*, Strafrechtliche Schuld S.75; *Binding*, Normen I S.374; *Horn* S.75; *Zielinski* S.215; *Maurach* AT (4.Aufl.) S.56; *Lesch* NJW 89,2310. Siehe auch *Schwan* VerwArch 70(1979),121: "Die Auslösung von Effekten, die nach dem Eintritt eines Schadens, in diesem Falle: nach Begehung einer Straftat, eintreten sollen, kann niemals Gefahrenabwehr sein, sondern immer nur Reparation, Schadensersatz oder eben Strafverfolgung. Gefahrenabwehr ist immer nur bis zum Augenblick des Eintritts eines Schadens möglich". Widersprüchlich *Hassemer* ZRP 91,122, der strafrechtliche Prävention einerseits als Gefahren*vorsorge* definiert, ihr aber andererseits auch eine "heilende Seite" abgewinnen will.

4) "Nemo prudens punit, quia peccatum est, sed ne peccetur". Vgl. auch *Welzel* Lb S.241; *Badura* JZ 64,338; *Armin Kaufmann*, Strafrechtsdogmatik S.264; *Maurach* AT (4.Aufl.) S.56 f,78; *Hassemer*, Einführung S.285; *Schwan* VerwArch 70(1979),122.

tionssystem in Zukunft weiter versagen wird[1].

In dieser Funktion aber ist die Strafe mit dem Gedanken des Schuldausgleichs[2] nicht zu vereinbaren[3], wobei hier unter Schuld die Verwirklichung des Schuldtatbestands beim Fehlen eines entschuldigenden Kontexts[4] und unter Schuldausgleich folgerichtig die Erledigung des *eingetretenen* sozialen Konflikts verstanden werden soll, so wie das in früherer Zeit bereits etwa *Hegel* und *v. Gemmingen* betont haben[5]. Der Widerspruch zum Schuldstrafrecht wird dadurch begründet, daß der einzelne für die Polizeifunktion des Staates instrumentalisiert[6] und zum Zweck der künftigen Gefahrenabwehr zur Disziplinierung *anderer* Normadressaten in Form von Abschreckung oder "Einübung in Rechtstreue" mißbraucht wird[7]. Aus diesen Gründen kann Unrecht in einem präventiv-polizeilichen Strafrechtskonzept keine funktional auf den Strafzweck bezogene Deutung erfahren.

---

1) Siehe dazu auch *Hassemer*, Einführung S.287 ff.

2) Siehe dazu *Roxin*, Grundlagenprobleme S.20 ff; *Welzel* Lb S.238; *Armin Kaufmann*, Strafrechtsdogmatik S.265 f und passim; *Dencker* StV 88,263.

3) Das kann hier nicht weiter vertieft werden. Siehe dazu etwa *Badura* JZ 64,338 ff m.w.N.; *Welzel* Lb S.241; *Armin Kaufmann* aaO; *Kniesel/Vahle* Rn 173; auch *Maurach* AT (4.Aufl.) S.56 f,59,76 f.

4) *Jakobs* AT 17/2; die rechtswidrige Tatbestandsverwirklichung ist also Element der Schuld, siehe *Armin Kaufmann*, Strafrechtsdogmatik S.152; *Stratenwerth* FS Schaffstein S.184.

5) Siehe oben S.137 ff und S.147 ff. Vgl. a. die These der Strafgerechtigkeit bei *Köhler* S.13 sowie insbesondere *Hälschner*, Deutsches StrafR S.13 f.

6) Siehe *Badura* JZ 64,344.

7) Vgl. a. *Welzel* Lb S.241; *Hassemer*, Einführung S.285 ff; *Köhler* S.14 f. Dabei ist auch zu bedenken, daß der strafende Staat mit derjenigen Gefahrenabwehr, die das Strafrecht *nach* der bereits eingetretenen Rechtsgutsbeeinträchtigung allein leisten könnte (und die sich insoweit überdies regelmäßig im Vorfeld konkreter Gefahren bewegen würde), den Täter (abgesehen von einigen besonderen Maßnahmen sowie dem Fall einer etwaigen Wiederholungsgefahr) regelmäßig als *Nicht-Störer* in Anspruch nähme (weil sich eine Polizeipflicht für *fremdes* Verhalten nur ausnahmsweise begründen läßt, vgl. *Drews/Wacke/Vogel/Martens* S.291,308 ff), obwohl eine solche Inanspruchnahme im *Polizeirecht* nur unter eng umgrenzten Voraussetzungen möglich wäre (siehe dazu *Drews/Wacke/Vogel/Martens* S.291). Die verfassungsrechtliche Brisanz einer solchen Instrumentalisierung des Strafrechts für die Gefahrenabwehr sei damit nur angerissen und soll hier nicht weiter vertieft werden.

Soll Unrecht dennoch ohne Preisgabe des Dogmas vom präventiv-polizeilichen Rechtsgüterschutz definiert werden, bleibt damit nur der Ausweg, seine Voraussetzungen aus dem ex-ante-Horizont der Vorbeugungs- und Verhütungssituation *vor* dem Eintritt des unerwünschten Sachverhalts heraus festzulegen. *Straf*unrecht wird dann also nicht über die Sanktionsnorm, sondern über die dem präventiven Rechtsgüterschutz dienende *außerstrafrechtliche* Verhaltensnorm gedeutet[1] und diese normentheoretische Interpretation des Unrechts führt bei konsequent funktionaler Konzeption zum Finalismus in der radikal-subjektivistischen Prägung *Armin Kaufmanns* und *Zielinskis*. Bereits *Stratenwerth*[2] hat deutlich gemacht, daß sich die Unrechtsrelevanz des Erfolgs bei einer bloß auf die rechtsgüterschützende Verhaltensnorm reduzierten strafrechtlichen Betrachtungsweise nicht begründen läßt und deshalb der insoweit verengte Blickwinkel des Finalismus zwangsläufig in eine Sackgasse der Entwicklungsgeschichte personaler Unrechtslehren führen mußte. Er hat daraus die Konsequenz gezogen und den Blick wieder auf das Medium gelenkt, dem die Väter der personalen Unrechtslehren in den Dreißigerjahren stets ihre besondere Aufmerksamkeit gewidmet hatten: Der *Geltungsseite des Rechts*. Das Strafrecht bekräftigt die Geltung der verletzten Norm und bildet damit ein geregeltes Verfahren zur Abwicklung schwerwiegender sozialer Konflikte. *Stratenwerth* kritisiert zu recht, daß das Strafrecht in den normlogischen Ableitungszusammenhängen demgegenüber stets nur in Gestalt von Verhaltensanweisungen an den tatgeneigten Einzelnen erscheint und damit komplexe Wirkungsprozesse auf einen potentiellen Motivationsvorgang reduziert werden. Die Straftat ist ein soziales Phänomen, zu dem nicht nur ein Täter, sondern zumeist auch ein Verletzter und die Allgemeinheit gehören. Leider hat *Stratenwerth* diese Gedanken jedoch nicht zur Errichtung eines Straftatsystems fortgeführt[3].

Es ist daher ein begrüßenswerter Schritt in die richtige Richtung, wenn neuerdings *Kindhäuser* im Anschluß an *Jakobs* die Definition des Strafunrechts vollständig von der Ebene rechtsgüterschützender Verhaltensnormen löst und an die Ebene der Sanktionsnormen bindet: Zwischen der Sanktionsnorm, die die Strafbarkeitsbedingungen festlege, und der rechtsgüterschützenden Verhal-

---

1) Siehe dazu statt vieler *Gössel*, Alte und neue Wege S.129 ff.

2) *Stratenwerth* FS Schaffstein S.185 f.

3) Krit. deshalb *Lüderssen* FS Bockelmann S.190; auch *Paeffgen* S.107 ff.

tensnorm gebe es keine vorher festgesetzte Harmonie und erst recht keine Identität[1]. Allein die strafrechtlichen Sanktionsnormen legten fest, in welchem Maße der Adressat hinsichtlich seines Könnens an das Sollen gebunden sei, indem sie sagten, unter welchen Bedingungen es pflichtwidrig und nicht entschuldbar sei, die Verhaltensnorm nicht als verbindliches Motiv handlungswirksam anerkannt zu haben. Dies sei dann der Fall, wenn das Verhalten eine erhebliche Abweichung vom geschützten Niveau hinreichend rechtstreuer Motivation ausdrücke. Die Sanktion werde somit nicht als spiegelbildliche Antwort auf eine vom Täter zu verantwortende Rechtsgutsbeeinträchtigung begriffen. Objektivierbare Seite der Schuld sei vielmehr die Einbuße an Geltung, die die Norm durch ihre Desavouierung erfahren habe[2].

Der Entwurf eines funktionalen Straftatsystems setzt also zunächst eine Antwort auf die Frage nach dem maßgeblichen Bezugspunkt für die Definition von Strafunrecht voraus: Soll Strafunrecht aus der ex-ante-Perspektive präventiv-rechtsgüterschützender *außer*strafrechtlicher Verhaltensnormen oder aus der repressiven Perspektive der Sanktion als der *im* Strafgesetz angeordneten Rechtsfolge bestimmt werden? Den Ausgangspunkt einer Antwort fixiert das verfassungsrechtlich vorgegebene Schuldprinzip: Strafe ist Ausgleich für verschuldetes Unrecht[3] und damit - bei funktionaler Betrachtung - zugleich Mittel zur Erledigung des *eingetretenen* Konflikts[4]. Diese Sicht vereint eine "absolute" und eine "relative" Begründung der Strafe; sie hat - wie *v. Gemmingen* zutreffend erkannte - nicht nur eine hegelianisch-dialektische, sondern auch eine praktisch-utilitaristische Dimension[5]. Eine funktionale Definition des Strafunrechts hat sich damit an dem repressiven Erledigungsmechanismus der Sanktion zu orientieren. Das bedeutet eine klare Absage an präventiv-polizeiliche Strafrechtskonzepte[6]. Zu begründen ist ein

---

1) *Kindhäuser*, Strafe S.23 ff.

2) Ebenso bereits *Amelung*, Rechtsgüterschutz S.361; *Jakobs* AT 2/5,22 (dort Fn 40) und passim.

3) *Armin Kaufmann*, Strafrechtsdogmatik S.265,273; *Maurach* AT (4.Aufl.) S.56 f,76 f,78; *Kniesel/Vahle* Rn 173.

4) Siehe auch vor allem *Hälschner*, Deutsches StrafR S.13 f.

5) *V. Gemmingen*, Rechtswidrigkeit S.39 f. Eine "absolute" Strafbegründungstheorie ist also nicht notwendig auch "zweckgelöst", vgl. *Köhler* S.14; *von der Linde* S.164 f,188 f.

6) Wie hier i.Erg. *Kniesel/Vahle* Rn 172 ff.

durchgängig zweckrationales System, das auf dem Gedanken des Schuldausgleichs aufbaut und bei dem die Funktion der Strafe, die Normentheorie, der Unrechtsbegriff sowie die Zurechnungslehre vollständig und ohne Friktionen aufeinander abgestimmt sind.

3. Teil: Zweckrationale Rekonstruktion des Straftatsystems

Jeder strafrechtliche Systementwurf muß seine Entscheidungen an der Funktion des Strafrechts in der modernen Gesellschaft ausrichten[1]. Zweck des Strafrechts ist - darüber dürfte Einigkeit herrschen - die Garantie der Grundbedingungen gesellschaftlicher Organisation[2]. Diese Grundbedingungen sozialer Koexistenz lassen sich jedoch - das ist der Kern der Auseinandersetzung um den Pflichtverletzungsgedanken - nicht zureichend über die Abgrenzung äußerer Handlungssphären - und d.h.: nicht über die Rechtsgüter - erfassen. Die Gesellschaft konstituiert sich nicht allein durch die Integrität von Individualinteressen, sondern erst durch den sozialen Kontakt von Personen[3], die ihre Rechtsgüter in andere Interessensphären einbringen und damit notwendig vielfach Gefährdungen oder gar der Preisgabe aussetzen. Aufgabe der Rechtsordnung kann daher nicht der absolute Schutz eines starren Güterbestands, sondern - soweit es überhaupt um Rechtsgüter geht - nur die Organisation des "In-Funktion-Seins", des *Umgangs* mit den Rechtsgütern sein. Diese Umgangsregeln sind als Grundbedingungen gesellschaftlicher Organisation auf ihre Verbindlichkeit angewiesen. Das Strafrecht übernimmt die Garantie dieser Verbindlichkeit und verbürgt damit Orientierung bei sozialen Kontakten[4]. Diese Funktion soll im folgenden näher analysiert und begründet werden.

---

1) Siehe dazu *Bringewat* S.13 ff,42 f.

2) Vgl. *Amelung*, Rechtsgüterschutz S.8,360; *Roxin*, Grundlagenprobleme S.12.

3) Siehe auch *Jakobs* ZStW 97(1985),753; *Radbruch*, Rechtsphilosophie S.36 ("... Zusammenleben ist nur dort, wo der Einzelne mit anderen Einzelnen handelnd in Beziehungen tritt"). *Stenger/Geißlinger* KZfSS 1991,247 bezeichnen es als "soziologische Trivialität", daß "gesellschaftliche Realität ein Produkt intersubjektiver Handlungen bzw. Handlungsketten ist".

4) Siehe dazu *Jakobs* AT 1/4 ff,2/19 ff.

A. Die normative Ordnung als integratives Subsystem der Gesellschaft

Handeln setzt das Erkennen von Tatsachen und ihre Interpretation sowie die Festlegung auf Alternativen innerhalb eines breiten Bereichs der Wahlfreiheit voraus. Menschliches Vorherwissen ist jedoch begrenzt; daher wirkt jedes Handeln in einen nur unsicher und unvollständig bekannten Weltzusammenhang hinein[1]. Entscheidungssituationen sind offen, komplex[2] und immer weiter problematisierbar[3]. Diesem Faktum steht jedoch nur ein sehr begrenztes Potential für aktuell-bewußte Wahrnehmung, Informationsverarbeitung und Handlung gegenüber[4]; - eine unvermittelte Konfrontation mit der äußersten Komplexität der Welt hält daher kein Mensch aus[5]. Wenn der Handelnde stets mit dem Eintritt aller ihm bekannten und noch unbekannten möglichen Folgen rechnen, d.h. sie einkalkulieren müßte, könnte er überhaupt nicht handeln. Er muß also in weitem Umfang darauf vertrauen, daß unbestimmt viele bekannte und noch unbekannte Möglichkeiten nicht eintreten[6]. Erwartungen ermöglichen die Selektion in einem weiteren, alternativenreicheren Horizont von Möglichkeiten, reduzieren also die Komplexität der Möglichkeiten des Erlebens und Handelns, so daß Menschen handlungsfähig werden[7]. Selektive, Komplexität und Kontingenz[8] abbauende Erwartungsstrukturen sind eine Lebensnotwendigkeit[9].

---

1) *Welzel* Lb S.36.

2) Komplexität bedeutet, daß es mehr Möglichkeiten des Erlebens und Handelns gibt, als aktualisiert werden können, d.h. praktisch: Selektionszwang, vgl. *Luhmann*, Rechtssoziologie S.31; *dens.*, Systeme S.47.

3) *Luhmann*, Ausdifferenzierung S.196.

4) *Luhmann*, Rechtssoziologie S.31.

5) *Luhmann*, Vertrauen S.1.

6) *Welzel* aaO.

7) *Röhl* S.404.

8) Kontingenz bedeutet, daß die angezeigten Möglichkeiten weiteren Erlebens auch anders ausfallen können, als erwartet wurde, d.h. praktisch: Enttäuschungsgefahr und Notwendigkeit des Sicheinlassens auf Risiken (*Luhmann*, Rechtssoziologie S.31; siehe auch *dens.*, Ausdifferenzierung S.209; *dens.*, Systeme S.47,152).

9) *Luhmann*, Rechtssoziologie S.53.

Die Gesellschaft ist ein soziales System[1], das von Zuständen und Prozessen sozialen Kontakts zwischen handelnden Einheiten gebildet wird, d.h. aus sinngemäß zusammenhängenden Handlungen (Ereignissen) besteht[2]. Eine Handlungssituation ist daher niemals eine nur individuelle, sondern stets eine soziale: In ihr treten neben dem Aktor auch andere Individuen auf, die selbst Aktoren in einem sozialen System sind und sich als solche ebenfalls am Handeln anderer Individuen orientieren[3]. Bei sozialen Kontakten erfahren sich die Partner also immer in zwei Rollen: Als Subjekte und Objekte der Interaktion[4]. Handeln ist folglich nicht bloß motivational bzw. subjektsbezogen, sondern stets auch extern (gesellschaftsbezogen) zu interpretieren.

Die moderne Gesellschaft ist aber im Hinblick auf Zahl, Verschiedenheit und Interdependenz möglicher Handlungen unkontrollierbar komplex[5]; auch *andere* Menschen können zu jedem Zeitpunkt sehr verschiedene Handlungen frei

---

1) Zum historischen Hintergrund der Systemtheorie und dem Wechsel vom Paradigma des Ganzen und seiner Teile zu dem der Differenz von System und Umwelt eingehend *Luhmann*, Systeme S.20 ff.

2) Vgl. *Parsons*, System S.15; *Luhmann*, Institutionalisierung S.28; *dens.*, Soz. Aufklärung III S.56; *dens.*, Ausdifferenzierung S.92; *dens.*, Systeme S.33; *Röhl* S.392. *Soziale Systeme* sind nichts anderes als intersubjektiv konstituierte Sinngebilde, die abgrenzbar sind von einer nicht dazugehörigen Umwelt. Die Umwelt erhält ihre Einheit erst durch das System und nur relativ zum System (*Luhmann*, Systeme S.36; *Deggau*, Autonomy S.133). Menschen sind selbst weder Teil noch Mitglied sozialer Systeme (*Teubner*, Introduction S.3), sondern gehören als Personen und Rollenträger zur Umwelt sozialer Systeme. Das elementare Geschehen, das Handlungen im Sinne von künstlich abgegrenzten, sinnhaft aufeinander beziehbaren Einheiten überhaupt erst konstituiert, ist Kommunikation. Die Gesellschaft ist also ein Kommunikationssystem (*Luhmann* aaO S.54,60,191 ff; *Teubner* aaO; *ders.*, Recht S.41; *Deggau* aaO S.128,132). Allerdings wirken an allen Effekten System und Umwelt zusammen; im Bereich sozialer Systeme bereits deshalb, weil für das Zustandekommen von Kommunikation das Bewußtsein psychischer Systeme erforderlich ist (*Luhmann* aaO S.40; *Teubner*, Recht S.31). Zudem bleibt alle Kommunikation qua Energiebedarf und Information von der Umwelt abhängig und ebensowenig ist zu bestreiten, daß jede Kommunikation über Sinnbezüge direkt oder indirekt auf die Systemumwelt verweist. Ein Kommunikationssystem ist deshalb nie autark (*Luhmann* aaO S.200).

3) *Parsons*, Aktor S.140 f; *Luhmann*, Ausdifferenzierung S.203 f.

4) Siehe dazu *Luhmann*, Soz. Aufklärung III S.51.

5) *Luhmann*, Ausdifferenzierung S.80.

wählen[1]. Orientierung bei sozialen Kontakten ist indes nur möglich, wenn nicht jederzeit mit jedem beliebigen Verhalten der anderen Menschen gerechnet werden muß. Wenn man mit seinen Mitmenschen überhaupt sinnvoll umgehen will, muß man deren Reaktion in bestimmten Situationen erwarten können, sonst würde jeder Kontakt zum unkalkulierbaren Risiko[2]. Allerdings kann das Verhalten des anderen nicht determiniert, sondern ebenfalls nur selektierend - d.h. durch seine Erwartungen gesteuert[3] - und damit unzuverlässig erwartet werden[4]. Dadurch werden die Kontingenz und Komplexität des Erwartungsfelds erheblich gesteigert[5]. Die doppelte Kontingenz[6] sozialer Situationen führt dazu, daß Verhalten abgestimmt werden[7] und man auch die Erwartungen des anderen erwarten können muß. Alles soziale Erleben und Handeln erhält somit doppelte Relevanz, nämlich einerseits auf der Ebene unmittelbarer Verhaltenserwartungen, in der Erfüllung bzw. Enttäuschung dessen, was einer vom anderen erwartet und andererseits in der Einschätzung dessen, was eigenes Verhalten für fremdes Erwarten bedeutet.

Aufmerksamkeit und Kommunikationschancen sind jedoch knapp. Erwartungen schichten sich zu unübersichtlichen Verwerfungen auf. Es ist nicht möglich, den vielfältig verschachtelten Aufbau der Erwartungsstrukturen im aktuell-gegenwärtigen Bewußtseinsraum nachzuvollziehen, so daß die faktisch

---

1) *Luhmann*, Vertrauen S.23 f; *ders.*, Rechtssoziologie S.33; *ders.*, Systeme S.152,171.

2) Vgl. *Jakobs* AT 1/4; *Röhl* S.239; *Stratenwerth* AT Rn 61.

3) Vgl. *Luhmann*, Ausdifferenzierung S.80.

4) *Luhmann*, Rechtssoziologie S.33; *ders.*, Institutionalisierung S.29; *ders.*, Ausdifferenzierung S.204 f; *Parsons*, Aktor S.141. Das Sicheinlassen auf Situationen mit doppelter Kontingenz wird als besonders riskant empfunden, siehe *Luhmann*, Systeme S.179.

5) Vgl. *Jakobs*, Aufgabe S.271; *Parsons*, Aktor S.140 f; *Luhmann*, Rechtssoziologie S.35 f; *dens.*, Ausdifferenzierung S.203 f.

6) Siehe dazu *Luhmann*, Rechtssoziologie S.32 ff; *dens.*, Ausdifferenzierung S.99,203 f. Die doppelte Kontingenz aller Interaktionen bezeichnet also folgendes Problem: Da alle Lebenssituationen des Menschen sinnhaft-alternativenreich vorgegeben sind, hat jeder Beteiligte die Möglichkeit, passende *oder* nicht passende Handlungen beizusteuern, sich erwartungsgemäß *oder* nicht erwartungsgemäß zu verhalten. *Beide* Seiten einer sozialen Beziehung müssen also dem Umstand Rechnung tragen, daß *beide* Seiten sich auch anders verhalten können als gewünscht bzw. erwartet wird, wenn für die Selektion der einen Handlung die andere Voraussetzung ist oder umgekehrt.

7) *Luhmann*, Systeme S.151,171.

gegebene Möglichkeit zu sinnvoller Orientierung bei weitem überfordert ist[1]. Gesellschaftliche Ordnung erfordert daher klare und deutliche *Integration*[2]. Die Integration hochkomplexer Selektionen setzt über den Moment hinausgehende, zeitlich dimensionierte Reduktionen voraus[3], die die Orientierung vereinfachen und gegen das Fehlerrisiko immunisiert sind, d.h. ihre strukturierende Funktion auch dann noch erfüllen können, wenn sie die Realität oder das Erwarten der Realität falsch interpretieren[4]. Solche Reduktionen werden durch die Existenz von generellen, nicht auf eine einmalige Situation beschränkten Verhaltensvorschriften ermöglicht, die verbindlich sind und damit bestimmte Selektionen des anderen vorzeichnen und erwartbar machen sowie die eigene Selektion erleichtern. Soziale Systeme stabilisieren daher objektive, gültige Erwartungen, nach denen "man" sich richtet. Mit der Orientierung an der Regel erübrigt sich nicht nur die Orientierung an konkreten Verhaltenserwartungen, sondern auch das aktuell-bewußte Nachvollziehen konkreter Erwartungserwartungen. Denn anonymisierte Verhaltenssynthesen ersparen es im Normalfall, sich die Verzahnung konkreter Erwartungen überhaupt ins Bewußtsein zu rufen. Sie fungieren als eine Art *symbolisches Kürzel* für die Integration der konkreten Erwartungen[5]. Die Orientierung an einer Regel mindert das Fehlerrisiko des Erwartens, weil der Aktor aufgrund der Regel davon ausgehen kann, daß derjenige, der abweicht, falsch handelt und die Diskrepanz folglich nicht eigenem, falschem Erwarten, sondern fremdem falschem Handeln zuzurechnen ist.

Normen haben also die Funktion, unmittelbare Verhaltenserwartungen und Erwartungserwartungen zu integrieren[6] und damit Komplexität und Kontingenz des Erlebnisfelds zu reduzieren sowie das Bewußtsein zu entlasten. Sie festigen einen engeren Ausschnitt des Möglichen als erwartbar und machen durch die Lösung des Problems der doppelten Kontingenz soziales Handeln

---

1) *Luhmann*, Rechtssoziologie S.34 ff.

2) *Parsons*, System S.21.

3) *Luhmann*, Institutionalisierung S.29.

4) *Luhmann*, Rechtssoziologie S.36.

5) *Luhmann*, Rechtssoziologie S.39.

6) *Luhmann*, Rechtssoziologie S.34.

erst möglich[1]. Die normative Ordnung ist somit die integrative Komponente eines sozialen Systems[2].

B. Die Verbindlichkeit rechtlicher Verhaltensnormen

Die Reduktionsleistung normativer Erwartungen ist von ihrer Verbindlichkeit abhängig. Denn die Erwartung regelhaftigen Verhaltens der anderen setzt voraus, daß die Regel gilt und beachtet werden soll. Grad und Umfang der Verbindlichkeit *sozialer* Normen sind jedoch angesichts der Knappheit von Anerkennung und realem Konsens in pluralistischen, differenzierten Gesellschaften begrenzt. Wenn die Überfülle der Möglichkeiten des Erlebens und Handelns schon das Aktualisierungspotential des Einzelbewußtseins überfordert, so erst recht das Potential zu gemeinsam-übereinstimmendem Erleben[3]. Folglich kann kein großes und komplexes soziales System bestehen und überleben, wenn nicht die Erfüllung existentieller Teile seiner normativen Ordnung *obligatorisch* ist[4]; es müssen also Verhaltensstandards *verbindlich* garantiert werden[5]. Dies geschieht durch die Institutionalisierung von Normen durch das Recht. Mit der Institutionalisierung werden Normen sozial generalisiert, d.h. von der faktischen Meinung einzelner unabhängig, weil man immer davon ausgehen darf, daß die jeweils nicht befragten "anderen" sie anerkennen. Recht ist - in Bezug auf die Institutionalisierung - generalisierter Konsens[6]. Aufgrund des mit der Generalisierung verbundenen absoluten Beachtungsanspruchs institutionalisierter Normen[7] kann in der Handlungssituation Konsens erfolgreich überschätzt und das regelhaftige Verhalten

---

1) Vgl. *Luhmann*, Systeme S.149.

2) Vgl. *Parsons*, System S.12,15.

3) Vgl. *Luhmann*, Institutionalisierung S.30; *dens.*, Rechtssoziologie S.67.

4) *Parsons*, System S.26; *Jakobs* AT 2/2; Maurach-*Zipf* AT/1 7/2; *Stratenwerth* AT Rn 5,63; vgl. a. *Max Weber* S.16.

5) *Jakobs*, Aufgabe S.271.

6) Siehe dazu *Luhmann*, Institutionalisierung S.30; *dens.*, Ausdifferenzierung S.215; *dens.*, Rechtssoziologie S.64 ff,94 ff.

7) *Jakobs*, Studien S.14.

anderer stabil erwartet werden[1]. *Geltung* bedeutet somit Kontingenzausschaltung im Bereich des normativen Erwartens[2]; das *Sollen* ist Ausdruck (Symbol) der Erwartung kontrafaktischer Geltung[3].

Die Reduktionsleistung normativer Erwartungen beruht auf der Abblendung von Alternativen, der Festigung eines engeren Ausschnitts des Möglichen als erwartbar. Sie täuschen über die wahre Komplexität der Welt, so daß sie notwendig Enttäuschungen ausgesetzt sind[4]. Im Recht geht es aber gerade darum, das Leben mit *unrealisierten* Erwartungen zu ermöglichen. Das Recht deckt das Festhalten und Weiterverfolgen von Erwartungen im Enttäuschungsfall, und zwar auch dann, wenn es immer wieder Menschen gibt, die anders handeln. Man braucht also nicht nachzugeben, wenn man im Recht ist. Die Rechtsnorm stellt sicher, was man - selbst bei widerstreitender kognitiver Lagebeurteilung[5] - erwarten kann und in welchen Hinsichten man bei enttäuschendem Verhalten nicht lernen und sich anpassen muß, sondern seine Erwartungen auch gegen die Tatsachen (kontrafaktisch) durchhalten darf[6]. Sie substituiert sich gleichsam selbst für die eventuell ausbleibende (oder ausgebliebene bzw. in Zukunft ausbleibende) Realität und setzt an die Stelle des *erwarteten* Verhaltens - sofern es ausbleibt - ein Verhalten des *Erwartenden*, nämlich expressives Bekenntnis zur Norm, Formulierung der Erwartung, symbolische Aktivitäten, Sanktionen. Die Substitution erfolgt durch Transposition der Norm auf die Ebene des Erwartens von Erwartungen. Ego sanktioniert nicht einfach ein Verhalten Alters, das er bewirken will, sondern er projiziert seine Erwartung in die als kontingent begriffene Situation Alters und sanktioniert sie als dessen Entscheidungsprinzip[7]. Auf der Steuerungsebene des Erwartens von Erwartungen kann die Wirklichkeit als kontingent (anders möglich) erfaßt, d.h. reales Verhalten als mögliches Verhalten behandelt werden.

---

1) Vgl. *Jakobs*, Aufgabe S.279; *dens.*, AT 2/2.

2) Vgl. *Luhmann*, Ausdifferenzierung S.217.

3) Siehe *Luhmann*, Rechtssoziologie S.43, auch ibid. S.38.

4) *Luhmann*, Rechtssoz. S.40 f; *ders.*, Ausdifferenzierung S.210 f; *Cohen* S.15 f.

5) *Jakobs* AT 1/6,56; vgl. a. *Luhmann*, Rechtssoziologie S.43.

6) *Luhmann*, Ausdifferenzierung S.73 f,84,89; *ders.*, Rechtssoziologie S.51; *Jakobs* ZStW 101(1989),517.

7) *Luhmann*, Ausdifferenzierung S.212; vgl. a. *dens.*, Rechtssoziologie S.50.

Wenn aber das Wirkliche anders möglich sein kann, dann auch das Mögliche[1]. Die Projektion erlaubt also ein "anmaßendes Überziehen" der realen Integriertheit des Handelns im Erwarten. Auf diese Weise wird erreicht, daß die normative Erwartung sich nicht bloß einer konformen oder abweichenden Realität gegenüber sieht, sondern diese ***überlagert.*** Ein solches Übergreifen im Erwarten von Erwartungen macht eine enttäuschungsfeste Stabilisierung von Strukturen trotz kontingenter Realität möglich[2].

C. Die Funktion der Strafe

Im Enttäuschungsfall entsteht für den Enttäuschten ein Konflikt ("kognitive Dissonanz")[3], in dem er reagieren muß und dazu gezwungen wird, seine Orientierungsmuster zu überprüfen[4]. Die Enttäuschung gefährdet die Kontinuität des Erwartens[5], droht damit die Reduktionsleistung der etablierten Erwartung aufzuheben und bringt die ursprüngliche Komplexität der Möglichkeiten und die Kontingenz des Auch-anders-handeln-könnens wieder zum Vorschein. Dieses Problem ist mit materialer Schadenskompensation nicht zu erledigen. Soll die Erwartung nicht aufgegeben werden, muß sie - wie bereits erwähnt - auf ihrer generalisierten Funktionsebene durch *symbolische Prozesse* der Darstellung des Erwartens und der Behandlung des enttäuschenden Ereignisses wiederhergestellt werden; - anderenfalls würde der Erwartende nicht mehr den Mut haben können, normativ und durchhaltewillig zu erwarten und die Orientierungsfunktion der Norm ginge verloren[6].

---

1) *Luhmann*, Ausdifferenzierung S.215.

2) *Luhmann*, Ausdifferenzierung S.212.

3) Siehe dazu *Killias* SchwZStr 1980,36 ff m.w.N.; *Röhl* S.204 f,238; *Parsons*, Aktor S.221; *dens.*, Enststehung S.12; vgl. a. *Wiswede*, Soziologie (1973) S.57.

4) *Luhmann*, Rechtssoziologie S.53; *ders.*, Funktionen S.251 ff; *Jakobs* AT 1/4 und eingehend *ders.*, Strafrechtliche Schuld S.72 ff; *Parsons*, Entstehung S.12 ff. Zu den Möglichkeiten der Enttäuschungsabwicklung siehe *Jakobs*, Schuld S. 9 f; *dens.*, Strafrechtliche Schuld S.72 ff; *Killias* aaO S.37 ff.

5) Vgl. a. *Cohen* S.17: "Abweichendes Verhalten zerstört ... das Vertrauen auf zukünftige Leistungen".

6) *Luhmann*, Rechtssoziologie S.53 f, auch S.58 f; *ders.*, Ausdifferenzierung S.212; *ders.*, Funktionen S.252; *Killias* aaO S.35 f.

Eine *individuelle* Enttäuschung ist zwar noch keine öffentliche Angelegenheit, die Anlaß für *staatliche* Reaktionen bieten könnte[1]. Durch den Bruch einer strafrechtlich garantierten Norm wird jedoch deren *Geltung* vom Täter für die Tatsituation bestritten[2], so daß ein *öffentlicher Konflikt* entsteht[3]. Jedes Delikt, das nicht heruntergespielt werden kann, tangiert gesamtgesellschaftliche Interessen, weil es normative Erwartungen der Gesamtgesellschaft enttäuscht und damit auch unbeteiligte Dritte frustriert[4]. Überdies kann auch die Konfliktverarbeitung im Bereich institutionalisierter Normen nicht der individuellen Auf- und Abregung durch den unmittelbar Enttäuschten überlassen werden. Das soziale System muß die Abwicklung von Erwartungsenttäuschungen betreuen und kanalisieren, um überhaupt die Möglichkeit zu kontrafaktischem, enttäuschungsgefaßtem, normativem Erwarten zu schaffen[5].

Die Legitimität der durch die Straftat gestörten Erwartung ist also *rechtlich garantiert*[6]. Sie muß folglich im Enttäuschungsfall nicht fallengelassen[7], sondern kann *kontrafaktisch durchgehalten* werden, indem nicht die Erwartung des Enttäuschten, sondern der Normbruch des Enttäuschenden als der maßgebliche Fehler definiert und demonstriert wird[8]. Die Abweichung kann neutralisiert werden, indem sie als *Faktum ohne Sollqualität* behandelt wird[9], resp. - mit den Worten *Hegels* - indem gezeigt wird, daß das für Recht vorge-

---

1) *Jakobs* AT 1/8.

2) *Jakobs* AT 1/9, Strafrechtliche Schuld S.75; *Zielinski* S.209,215; *Rudolphi*, Zweck S.72; *Amelung*, Rechtsgüterschutz S.361; *Neumann-Schroth* S.102.

3) *Jakobs* AT 1/8; *ders.*, Strafrechtliche Schuld S.75.

4) *Killias* aaO S.52; vgl. a. AK-*Zielinski* § 111 Rn 4 ("Durch jede Straftat ist immer auch die Allgemeinheit in ihrem Vertrauen in die Unverbrüchlichkeit des Rechts erschüttert").

5) *Luhmann*, Rechtssoziologie S.54; zur Funktion von Sanktionskoalitionen vgl. a. *Spittler* S.149. Die strafrechtliche Norm als sanktionsbewehrte Verhaltensforderung erhält ihre besondere Stabilität dadurch, daß *Dritte* (Sanktionssubjekte) eingreifen, um die Sanktionierung in eigene Hände zu übernehmen (*Röhl* S.207).

6) *Jakobs*, Schuld S.9; *Luhmann*, Rechtstheorie 17(1986),173; vgl. auch *Stratenwerth* AT Rn 5.

7) *Jakobs* AT 2/2; *Röhl* S.240.

8) *Jakobs* AT 1/6; *ders.*, Schuld S.10; *ders.*, ZStW 101(1989),517; *Killias* aaO S.43; *Luhmann*, Rechtssoziologie S.42,50; *ders.*, Funktionen S.254; *Bloy* S.249.

9) *Luhmann*, Rechtssoziologie S.57.

stellte und Geltung beanspruchende Verbrechen nicht gilt und nach wie vor das Recht maßgeblich ist[1]. Diese definitorische und demonstrative Funktion der Verarbeitung von Erwartungsenttäuschungen erfüllt die Strafe[2]; sie ist der auf Kosten des Täters vollzogene repressive *Widerspruch gegen den Normbruch*[3] der bewirkt, daß die Norm faktisch taugliches Orientierungsmuster bleibt[4].

Strafe will also durch die Mißbilligung der vorgenommenen normwidrigen Handlung die Geltung der vom Täter desavouierten Norm bestätigen und das allgemeine *Vertrauen in die Verbindlichkeit strafrechtlich garantierter Normen kontrafaktisch stabilisieren*[5]. Sie ist - was bereits *Hegel* und *Schütze* erkannten

---

1) *Hegel*, Vorlesungsnotizen S.201,355; *Hotho*, Vorlesungsnachschrift S.664; *Hälschner*, Deutsches StrafR S.6 f. Siehe auch insbesondere *Schütze* Lb S.38 f: "Grundlage ... des Staatsbegriffs ist das Dasein eines rechtlichen Gesammtorganismus, einer *Rechtsordnung*. Wo immer nun durch eine äussere Handlung des Einzelnen als Gliedes dieser Ordnung der Einklang mit dem Ganzen als thatsächlich gestört erscheinen kann ... da liegt auch für die Rechtsordnung ein möglicher Anlaß vor, ihren Anspruch auf unverbrüchliche ungestörte Geltung durch eine äussere Reaktion gegen jene Handlungsweise zu manifestieren und dadurch ihre Herrschaft aufrechtzuerhalten. ... Der einzelne, welcher alsdann wider die Strafordnung thatsächlich sich erhebt, seinen Willen in Widerspruch mit dem Ganzen durchzusetzen unternimmt, übertritt nunmehr ein Strafgesetz, fordert in diesem jene gesammte Strafordnung zu einem Kampfe heraus, in welchem er von rechtswegen unterliegen muß. Gleichwie ein elastischer Körper eben darin seine Spannkraft äußert, dass er jeden Eindruck, jeden Angriff zurückwirft, um die frühere Form und räumliche Ausdehnung wiederzugewinnen, so ist es eben die Lebenskraft und sozusagen Elasticität der Rechtsordnung, welche nothwendig und unwillkürliche wider den Angreifer reagiert, indem sie ihn in seine Grenzen fühlbar zurückschnellt und ihr eigenes Gebiet befreit. Diese unwillkürliche weil naturgemässe Reaction der Rechtsordnung wider den in die Aussenwelt getretenen oppositionellen Einzelwillen nennen wir Strafe; dieselbe ist demnach ein Rückstoss und ein fühlbares Übel. Gleichwie nun ferner die strafbare Handlung (das Verbrechen) ein Eingriff in die Rechtsordnung, so ist auch wiederum jene Reaction ein Eingriff in die Rechtssphäre des Verbrechers...".

2) *Achenbach*, Zurechnung S.144; *Killias* aaO S.43,57; *Dornseifer*, Rechtstheorie S.108; *Röhl* S.204 f.

3) *Hälschner* aaO; *Jakobs* AT 1/10; *Schöch* FS Jescheck S.1084; *Dornseifer* aaO; *Noll*, Begründung S.17 f; auch *Zielinski* S.215.

4) *Jakobs* AT 1/11; *Schöch* aaO; *Achenbach* aaO S.143 f; *Hassemer*, Einführung S.293,296; siehe auch *Luhmann*, Funktionen S.252; *Bloy* S.249.

5) Vgl. *Rudolphi*, Zweck S.71; *dens.*, FS Jescheck S.570; *Jakobs* AT 1/2,9 ff,15, 17/18; *dens.*, Strafrechtliche Schuld S.75; *Schöch* aaO; *Bringewat* S.43; auch *Armin Kaufmann*, Straf-

sowie in der Dreißiger Jahren häufig betont wurde - keine Reaktion auf eine Rechtsgutsverletzung (eine solche Reaktion ergäbe unter dem Aspekt des Schuldausgleichs keinen Sinn), sondern eine kompensierende Reaktion auf den durch den Normbruch ausgelösten Geltungsschaden[1]. Die Funktion der Strafe besteht daher nicht in der (künftigen) Prävention von Güterverletzungen, sondern in der repressiven Bestätigung der Normgeltung[2]. Die mit der Strafe bezweckte kontrafaktische Stabilisierung der Normgeltung impliziert lediglich einen symbolischen Akt, nämlich die Demonstration, daß die enttäuschte normative Erwartung richtig und das abweichende Verhalten fehlerhaft war. Es geht allein um die Verarbeitung der kognitiven Dissonanz, die durch die in dem kausalen Außenweltsgeschehen manifestierte Desavouierung der Norm ausgelöst wurde. Strafe ist damit ein symbolischer Widerspruch zur symbolischen Bedeutung der Straftat[3].

Die Aufgabe des Straf*rechts* richtet sich nach der Funktion der Strafe, besteht also in der Garantie der äußeren Verbindlichkeit (Geltung) von Normen. Der Zweck ist zugleich materielle Legitimation, denn kontrafaktisch stabilisierte normative Erwartungen sind für die Orientierung bei sozialen Kontakten unentbehrlich und damit elementare Grundbedingungen sozialer Koexistenz.

Die dem Dogma vom präventiv-polizeilichen Rechtsgüterschutz zugrundeliegende traditionelle und längst überholte Gesellschaftstheorie sah demgegenüber das Problem sozialer Ordnung in der Vermeidung oder Unterdrückung feindseliger, störender oder schädlicher Aktivitäten, die verhindern, daß andere in sozialen Beziehungen zu ihrem Recht kommen, ihre Bedürfnisse befriedigen bzw. sich wohl fühlen können[4]. Folglich hängt - so glaubte man - die Möglichkeit sozialer Koexistenz davon ab, daß eine Grenzlinie die

---

rechtsdogmatik S.275; *Stratenwerth* FS Schaffstein S.185; *dens.*, AT Rn 25; *Zielinski* S.215; *Schmidhäuser* AT (1975) 3/16; *Achenbach* aaO S.143; *Luhmann*, Funktionen S.252; *Hassemer*, Generalprävention S.36; *dens.*, Einführung S.292 ff.

1) *Jakobs* AT 1/2; *Neumann/Schroth* S.95; *Achenbach* aaO S.142 f.

2) Teilweise übereinstimmend *Jakobs* AT 1/11; vgl. a. *Stratenwerth* AT Rn 25.

3) Ebenso beschreibt *Baratta* KrimJ 84,133 die Funktion der Strafe nach der Theorie der sog. "positiven Generalprävention". Auch *Kindhäuser*, Strafe S.27 betont die symbolische Funktion der Strafe.

4) Vgl. *Luhmann*, Systeme S.164.

Sphären der Individuen scheidet[1]. Dafür waren "Sicherheit und Ordnung" die Leitformeln und "gute Polizey" das Mittel; - es kommt daher nicht von ungefähr, wenn insoweit die Aufgabe des Strafrechts auch heute noch mit der Gefahrenabwehr des Polizeirechts verglichen wird[2]. Für diese Auffassung gilt dann die Konstitution einer rechtlich politischen Ordnung oder ein ausreichender Wertkonsens als unerläßliche Vorbedingung für die Bildung sozialer Systeme. Weil diese Vorbedingung stets schon erfüllt ist, "legitimiert" sie nur noch die bestehende Ordnung. Das Grundproblem der Konstitution von Gesellschaft aber - und das ist für die Funktion des Strafrechts entscheidend - liegt danach in der Eliminierung des Schädlichen oder Nichtanpassungsbereiten[3]; - überspitzt: Soziale Ordnung bedeutet "Boykottierung des Boykottierens"[4].

Damit ist die Aufgabe des Strafrechts aus der präventiv-polizeilichen Sicht des Güterschutzdogmas definiert. Das Ergebnis wird dann häufig mit dem Verweis auf Resozialisierung, sc. auf die spezialpräventive Variante der Einübung in Rechtstreue verbrämt[5], womit aber letztlich nur das Individuum als solches eliminiert und an die herrschenden Vorstellungen zwangsangepaßt werden soll[6]; - so bleibt auch der funktionale Bezug zum präventiven

---

1) Etwa *Simmel* S.467 f; krit. gegenüber einer entsprechenden Fassung des Rechtsbegriffs *Stratenwerth* SchwZStr 1987,243 f. Der Zusammenhang zwischen der hier angesprochenen Interpretation der Gesellschaft und dem Rechtsgüterschutzdogma wird bei *Kindhäuser* GA 89,494 ff besonders deutlich.

2) *Rudolphi* FS Jescheck S.570; *ders.*, Zweck S.70 f. Kritisch dazu *Kniesel* ZRP 89,329 f; *Welzel*, Abhandlungen S.263; auch *Badura* JZ 64,338 spricht sich dagegen aus, daß der Strafrichter die Rolle der Polizei übernimmt.

3) Exemplarisch *Stein* S.78,97, der die Prävention als den Zweck der strafrechtlichen Sanktionsnormen mit der "Durchsetzung des Verhaltensnormensystems durch Verhinderung künftiger Verhaltenspflichtverletzungen" umschreibt. Die Strafe wird somit - was *Köstlin*, Neue Revision S.53 bereits *Feuerbach* vorgeworfen hat - als *Dressur* bestimmt. Vgl. a. *Dencker* StV 88,264; *Köhler* S.14.

4) Vgl. *Luhmann* aaO S.164 f.

5) Z.B. *Roxin*, Grundlagenprobleme S.24 f; *Rudolphi* aaO S.71 f; *Jescheck* AT S.61 definiert Resozialisierung als Erziehung zur *Anpassung* an die sozialen Leitbilder der Gemeinschaft.

6) Siehe etwa *Schlüchter* GA 1988,124. Insoweit kritisch auch *Roxin*, Grundlagenprobleme S.8.

Rechtsgüterschutz erhalten. Es ist sogar festzustellen, daß Prävention im herkömmlichen Sinne der Konsensproduktion (Einübung in Normtreue bzw. -anerkennung) - sei sie abschreckend, sozialpädagogisch oder individualpsychologisch, spezial- oder generalpräventiv verstanden - *generell* auf eine weitgehende zwangsweise moralische Uniformierung der Gesellschaft auf Kosten individueller Freiheit hinausläuft[1], und zwar gleich ob sie unter Rechtsgüterschutz oder *unmittelbarer* Verhaltensstabilisierung firmiert. Die Subjektivität wird dabei zu einem motivierungsbedürftigen Antriebsobjekt herabgesetzt[2]. Der Präventionsgedanke führt insoweit zu einer pathologischen Deutung abweichenden Verhaltens und versperrt den Blick auf die positive Funktion von Konflikten als Katalysatoren von Entscheidungsprozessen[3].

Grundlage des Güterschutzdogmas und der herkömmlichen Präventionskonzepte ist also - das wurde bereits angedeutet - eine überkommene Vorstellung von den Grundbedingungen sozialer Koexistenz. Dabei wird die Gesellschaft als eine Art "Rechtsgüter- und Handlungsfreiheits-Maximierungs-Institut" gedeutet. Diese traditionelle, der Gesellschaftstheorie *Kants* und des naturalistischen Positivismus verhaftete Auffassung krankt aber daran, daß sie das Problem der *doppelten Kontingenz* bislang vollkommen ignoriert hat. Ohne eine Lösung dieses Problems ist soziales Handeln aber nicht möglich[4]. Aufgrund der Komplexität von Situationen mit doppelter Kontingenz ist es ausgeschlossen, daß die Beteiligten einander wechselseitig vollständig verstehen[5]. Die Partner sozialen Kontakts sind hochkomplexe, sinnbenutzende

---

1) Vgl. bereits *Hälschner*, Deutsches StrafR S.13 f: "Wäre es die seiner Zwangsbefugniß gestellte Aufgabe des Staates, alles Unrecht so viel als möglich zu verhüten und zu verhindern, so würde er dieser Aufgabe nur durch volle Vernichtung aller Freiheit genügen und damit aufhören, ein sittlicher Organismus zu sein und sich in eine Zucht- und Zwangsanstalt zu verwandeln". Mit der Gewährung der Freiheit der Person, "welche die nothwendige Voraussetzung ihrer sittlichen Existenz und Entwickelung ist", wird "unvermeidlich auch die Möglichkeit des Unrechts gesetzt ... Diesem gegenüber kann die Aufgabe der Zwangsbefugnis des Staates in erster Linie also nur die sein, das Unrecht, wo es geschehen ist, aufzuheben, zu tilgen und das Recht wieder herzustellen". Siehe auch *Baratta* KrimJ 84,133.

2) *Köhler* S.14.

3) Vgl. *Luhmann*, Ausdifferenzierung S.97 ff; *Stratenwerth* AT Rn 68.

4) *Luhmann*, Systeme S.149.

5) *Luhmann* aaO S.171.

Systeme, die füreinander weder transparent noch kalkulierbar erscheinen; jeder Versuch, den anderen zu berechnen, würde zwangsläufig scheitern[1]. Wo immer man sich unter der Bedingung reziprok erfahrener doppelter Kontingenz trifft, kann eine Fortsetzung des Kontakts folglich allein über die Abstimmung selektiver Verhaltensbestimmungen und dies wiederum nur über Systembildung erreicht werden; - die soziale Ordnung entsteht also erst aufgrund der Problemlage doppelter Kontingenz[2].

Das bedeutet aber keineswegs, daß die Konstruktion der Ordnung von der *Berechnung und Kontrolle* der sozialen Komplexität abhängig wäre. Ein soziales System baut gerade nicht darauf auf und ist auch nicht darauf angewiesen, daß die doppelte Kontingenz erlebenden Systeme sich wechselseitig durchschauen und vorhersagen können. Das soziale System ist allein deshalb System, weil es keine basale Zustandsgewißheit und keine darauf aufbauenden Verhaltensprognosen gibt. Kontrolliert werden lediglich die *daraus folgenden* Ungewißheiten in Bezug auf das *eigene* Verhalten der Teilnehmer. Es geht also *nicht* um die *Determinierung* fremden Verhaltens zur Konformität durch jeweils wechselseitige Sanktionierung[3]. Vielmehr erfahren nur die Möglichkeiten *eigener Verhaltensabsicherung* eine Strukturierung durch die Systembildung[4]. Doppelter Kontingenz kann also - das wurde bereits eingehend erörtert - nicht über eine *unmittelbare* Verhaltensstabilisierung, sondern allein auf der Ebene des Erwartens von Erwartungen begegnet werden[5]. Nicht faktische Uniformierung in Form von Konsensproduktion, sondern kontrafaktische Stabilisierung normativer Erwartungen ist die elementare Grundbedingung sozialer Koexistenz; - damit ist die Aufgabe des Strafrechts lokalisiert.

---

1) Eingehend *Luhmann* aaO S.154 ff, der in diesem Zusammenhang treffend von "black boxes" spricht.

2) *Luhmann* aaO S.151,170,171 und passim. *Luhmann* bezeichnet doppelte Kontingenz als "autokatalytisch wirkendes Grundproblem" (ibid. S.172,173). Soziale Systeme bilden sich also nur dort, wo Handlungen verschiedener psychischer oder sozialer Systeme aufeinander abgestimmt werden müssen, weil für die Selektion der einen Handlung die andere Voraussetzung ist oder umgekehrt (ibid. S.161).

3) *Luhmann*, Ausdifferenzierung S.212; vgl. insoweit auch *Luhmanns* Kritik an *Parsons'* Lösung des Problems der doppelten Kontingenz (Rechtssoziologie S.33 Fn 13).

4) *Luhmann*, Systeme S.157 f.

5) *Luhmann*, Rechtssoziologie S.33 ff; *ders.*, Ausdifferenzierung S.204.

D. Das Strafunrecht

Die Bestimmung des (materiellen) Strafunrechts ergibt sich aus der Funktion der Strafe, enttäuschendes Verhalten als Fehler zu definieren resp. mit einem Unwerturteil zu belegen. Unrecht ist also eine Enttäuschung normativer Erwartungen Dritter, sc. ein Verhalten, durch das der Täter zum Ausdruck bringt, daß er sich nicht an die Norm hält und so die Negation der Normgeltung für die Tatsituation *demonstriert*[1]. Das bedeutet, daß es für die Erklärung des Unrechts nicht auf die Bewertung des *kausalen Außenweltsgeschehens* ankommt, sondern auf die *Bedeutung* des Außenweltsgeschehens für die *Geltung der Norm*[2]; - m.a.W.: Ein naturalistisch-materialer Verlauf ist - wenn auch vermeidbar gesteuert - *als solcher* für das Strafrecht stets belanglos, und zwar auch dann, wenn es sich dabei um einen Rechtsgutsangriff handelt[3]. Strafunrecht ereignet sich ebenso wie die mit der Sanktion bezweckte Wirkung nicht im Bereich der Güterschäden, sondern im Bereich der Geltungsschäden, d.h. auf einer immateriellen, demonstrativ-symbolischen Ebene[4].

Soziale Systeme heben durch Reaktion auf das Problem der doppelten Kontingenz von der physisch-chemisch-organisch-psychischen Realität ab und bilden eigene Elemente und Grenzen[5]. Die Gesellschaft ist als soziales System ein intersubjektiv konstituiertes, von einer nicht dazugehörigen Umwelt abgrenzbares[6] Sinngebilde, das aus sinngemäß zusammenhängenden Hand-

---

1) I.d.S. *Jakobs* AT 1/9, 15/21, *ders.*, Strafrechtliche Schuld S.75; *ders.*, GS Armin Kaufmann S.277 f Fn 20; *ders.*, ZStW 101(1989),519 f; *Kindhäuser*, Strafe S.23 ff,27; vgl. a. *Amelung*, Rechtsgüterschutz S.361; *Zielinski* S.209,215; *Neumann/Schroth* S.102; *Rudolphi*, Zweck S.72; *Stein* S.118. Dies entspricht im Grundsatz der Unrechtskonzeption der Hegelianer. *Köstlin* etwa bezeichnete Unrecht als Gegenteil des Rechts, d.h. die Aufhebung der Identität des besonderen Willens mit dem allgemeinen in der Sphäre des äußeren Daseins. Unrecht sei vollständiges wirkliches Unrecht (und damit Verbrechen) erst dann, wenn der besondere Wille sich im Gegensatz gegen den allgemeinen Willen wisse und diesen Gegensatz fordere (Neue Revision S.27 f; siehe auch *Abegg*, System S.35 f).

2) I.d.S. bereits *E. Wolf*, Typen S.16,35 f.

3) Siehe auch *Hälschner*, Dt. StrafR S.18 ff.

4) Treffend bereits *Berner*, Theilnahme S.43: "Daß das Verbrechen Rechtsverletzung ist, bildet nicht seine objective Seite, sondern seinen *specifischen Inhalt*, der in der ebensowohl *subjectiven* als *objektiven* Handlung *erscheint*". I.d.S. auch *Kindhäuser*, Strafe S.23 ff.

5) *Luhmann*, Systeme S.170.

6) Darüber besteht heute wohl fachlicher Konsens, *Luhmann*, Systeme S.35; zur Differenz

lungen besteht. Handlungen haben jedoch keine Dauer und müssen folglich unaufhörlich reproduziert werden; das Gesellschaftssystem würde schlicht zu existieren aufhören, wenn es die momentanen Elemente (Handlungen), aus denen es besteht, nicht mit Anschlußfähigkeit - d.h. mit *Sinn*[1] - ausstatten und so *reproduzieren* würde[2]. Es gibt also keine Elemente ohne relationale Verknüpfung; - Qualität gewinnen Elemente allein dadurch, daß sie relational in Anspruch genommen, sc. aufeinander bezogen werden[3].

Daraus folgt, daß die Elemente sozialer Systeme keinen substantiellen, ontologischen Charakter haben[4]. Die Einheit eines Elements - d.h. auch: einer Handlung in einem Handlungssystem - ist nicht ontisch vorgegeben. Sie wird vielmehr als Einheit erst durch das System begründet, das ein Element als Element für Relationierungen in Anspruch nimmt[5]. Zwar ließe sich auch fragen, was Elemente "sind". Dann würde man aber immer auf hochkomplexe Sachverhalte durchstoßen, die der Umwelt des Systems zugerechnet werden müssen. Jede in einem System verwendete Einheit muß jedoch durch dieses System selbst konstituiert sein und kann nicht aus dessen Umwelt rekrutiert

---

von Umwelt und System eingehend ibid. S.35 ff.

1) Das Phänomen *Sinn* erscheint in diesem Zusammenhang in Form eines Überschusses von Verweisungen auf weitere Möglichkeiten des Erlebens und Handelns (*Luhmann*, Systeme S.93; *ders.*, Rechtssoziologie S.31; *Deggau*, Autonomy S.132). Sinn bedeutet also insoweit nicht subjektives Meinen und kann nicht dahin ausgelegt werden, was konkret zu überzeugen sowie Erleben und Handeln zu motivieren vermag (*Luhmann*, Ausdifferenzierung S.292 f).

2) *Luhmann*, Systeme S.28; *Teubner*, Introduction S.3; *Deggau* aaO.

3) *Luhmann* aaO S.41 f; *Deggau* aaO S.129,131.

4) Vgl. a. *Stenger/Geißlinger* KZfSS 1991,248 ff; *Maturana*, Erkennen S.264: "...Realität ist: ein Bereich, der durch Operationen des Beobachters bestimmt wird ... Menschen können über Gegenstände sprechen, da sie die Gegenstände, über die sie sprechen, eben dadurch erzeugen, daß sie über sie sprechen".

5) Ein System, das die Elemente, aus denen es besteht, als Funktionseinheiten selbst konstituiert, wird als *selbstreferentiell* oder *autopoietisch* bezeichnet (*Luhmann* aaO S.59; *ders.*, Rechtstheorie 17[1986],176; *Teubner* aaO; *ders.*, Recht S.23 f [sowie S.28 ff zur Begriffsbildung]; *Deggau* aaO S.129). Aufgrund autopoietischer Geschlossenheit kann das System interne Offenheit (Aufgeschlossenheit) für Tatsachen, Zustände und Ereignisse seiner Umwelt entwikkeln. Systemintern gewinnen Ereignisse, die sich durch Umwelt bestimmen lassen, den Charakter von Informationen, d.h. von Selektionen aus einem Bereich anderer Möglichkeiten (*Luhmann*, Rechtstheorie 17[1986],171).

werden[1]. Element ist nur das, was *für ein System* als *nicht weiter auflösbare Einheit* fungiert, wenn es auch vielleicht - mikroskopisch betrachtet - ein hochkomplex Zusammengesetztes sein mag. *Elemente sind also Elemente nur für die Systeme, die sie als Einheit verwenden, und sie sind es nur durch diese Systeme*[2]. Folglich verdanken Handlungen ihre Einheit dem Relationsgefüge des sozialen Systems, in dem sie als Handlungen konstituiert werden[3]. Eine Handlung ist kein psychologischer, sondern ein soziologischer Tatbestand[4]; sie weiß sich nicht nur als Vollzug ihrer Intention, sondern auch als für Wahrnehmung bestimmt, als Dokumentation ihrer eigenen Intention[5]. Handlungen sind daher keine (Körper-)Bewegungen, sondern Entscheidungspunkte, an denen sich Beziehungsgeflechte restrukturieren[6]; als *Ereignisse* ändern sie sich nicht selbst, sondern anderes[7].

Das elementare Geschehen aber, das Handlungen als sinnhaft aufeinander beziehbare Einheiten überhaupt erst konstituiert, ist Kommunikation[8]. Außer-

---

1) *Luhmann* aaO S.51.

2) *Luhmann* aaO S.43,183; auch *Deggau* aaO S.129.

3) *Luhmann* aaO S.42 f,49 f.

4) *Luhmann*, Systeme S.44; *Welzel*, Abhandlungen S.130.

5) *Luhmann* aaO S.182.

6) Vgl. a. *Deggau*, Autonomy S.131: "The element (hier: Handlung in einem Handlungssystem) is at the same time one for another. It incorporates this relation into itself".

7) *Luhmann*, Temporalstrukturen S.38; auch *Teubner*, Introduction S.3 spricht von "events". Vgl. bereits *Hälschner*, Preuß. StrafR S.121 ("Die Handlung enthält [als wesentliches Moment] eine in der Außenwelt eingetretene Veränderung, einen äußeren Erfolg") sowie *dens.*, Deutsches StrafR S.185 ("Als Handlung aber bezeichnen wir die causal wirkende körperliche Bewegung eines Menschen, die auf einen bewußten Willensact als ihre Ursache zurückzuführen ist. Jede körperliche Bewegung, wie sie auch immer beschaffen sein möge, ist Ursache einer bestimmten Wirkung, ist als das Verursachende untrennbar mit dem Verursachten verbunden, ist der Anfangspunkt einer endlosen Reihe von Causalverhältnissen. Sofern diese Bewegung durch einen bewußten Willensact verursacht ist, also als das zu einer Handlung gehörende Moment erscheint, schließen wir das durch sie Verursachte, den Erfolg, bis zu einer weiterhin zu bestimmenden Grenze, mit ihr und dem sie verursachenden Willensacte zur Einheit der Handlung zusammen. In dieser Zusammenfassung des Erfolges mit der körperlichen Bewegung und dem Willensacte bezeichnen wir die Handlung als That").

8) *Luhmann*, Ausdifferenzierung S.92 f; *ders.*, Systeme S.54,192; *Deggau* aaO S.132. Kommunikation ist eine dreistellige Einheit aus (1) *Information* (Selektion aus einem Reper-

halb des Kommunikationssystems Gesellschaft gibt es keine Kommunikation[1]; das System ist das einzige, das diesen Operationstypus verwendet[2]. Das Gesellschaftssystem kann daher auch nur durch Kommunikation entscheiden, ob etwas Kommunikation ist oder nicht[3]. Wird Strafunrecht materiell als sozialrelevante Handlung definiert, kann es also kein naturalistisches Außenweltsgeschehen sein, sondern nur auf einer kommunikativen Ebene entstehen; - genauer: Unrecht als sozial relevantes Ereignis ist eine Mitteilung einer in dem naturalistischen Außenweltsgeschehen codierten Selektion (Information) des Täters, die auch als Anregung (Selektionsvorschlag) aufgegriffen und prozessiert, d.h. verstanden wird[4]. Normen sind generalisierte *symbolische Strukturen*, die nicht durch *Tatsachen*, sondern nur durch *Kommunikationen* tangiert werden können[5]. Eine äußere Rechtsgutsbeeinträchtigung belastet *als solche* allein die *Umwelt* des Systems, ist aber *per se* nicht sozialschädlich. Vielmehr ergibt sich eine *soziale* Störung erst daraus, daß das

---

toire von Möglichkeiten), (2) *Mitteilung* und (3) *Erfolgserwartung* (erst dadurch, daß die Anregung aufgegriffen, die Erregung prozessiert wird, kommt Kommunikation zustande. Das Verstehen ist also ein unerläßliches Moment des Zustandekommens von Kommunikation [*Luhmann*, Systeme S.198, 203]. *Deggau* aaO spricht insoweit von "information, communication and understanding"). Diese Zusammenfassung setzt Codierung, d.h. eine operative Vereinheitlichung von Information und Mitteilung voraus. Die Mitteilung muß der Information zur Mitteilung eine geeignete Zweitform geben, z.B. eine sprachliche Form (eingehend zum Kommunikationsbegriff *Luhmann*, Systeme S.193 ff). Vgl. a. *Deggau* aaO: "For information, a code of behaviour is chosen in which information ist communicated. Through understanding, a unity of the communication process then arises: B informs A through a communication; A understands this and can also distinguish between the two aspects".

1) Auch das Rechtssystem, das als gesellschaftliches Subsystem (bzw. funktionales Teilsystem der Gesellschaft) operiert (*Luhmann*, Rechtstheorie 17[1986],183; *Teubner*, Recht S.42 und passim), ist ein Handlungssystem (*Teubner*, Recht S.27).

2) *Luhmann*, Systeme S.60 f.

3) *Luhmann* aaO S.54.

4) Beispiel: Das physisch-organische Faktum eines toten Menschen ist kein Element des Kommunikationssystems Gesellschaft, sondern gehört allein dessen Umwelt an. Zu einem gesellschaftlichen Ereignis wird es nur über Kommunikation, d.h. es muß als Mitteilung einer Information aufgegriffen und prozessiert werden. Das gelingt nur über seine Integration in den umfassenderen Rahmen einer Handlung, - hier: einer Tötung.

5) *Luhmann*, Rechtssoziologie S.55. Vgl. a. *Hälschner*, Preuß. StrafR S.94: "... das Recht selbst ..., als eine Macht der sittlichen Welt, (ist) der Beschädigung durch die Wirkung der Naturgesetze schlechthin entzogen".

Außenweltsgeschehen als expressives Symbol für die Verneinung der Normgeltung kommunikativ bedeutsam wird und damit die Orientierungsfunktion der Norm beeinträchtigt[1]. Strafrechtliches Unrecht ist also kein äußerer Rechtsgutsangriff, sondern stets eine rechtsbezogene Kommunikation[2].

Daraus folgt, daß Strafunrecht auch durch den Eintritt des Erfolgs i.S. der naturalistisch verstandenen Rechtsgutsbeeinträchtigung konstituiert wird, sofern er eine kommunikative Relevanz für die Normgeltung besitzt. Die Erschütterung, die die Geltung der Norm erleidet, wird regelmäßig durch den Erfolgseintritt mitbestimmt[3]. Der Erfolgseintritt ist Bestandteil des codierten Ereignisses, durch das die Information des Täters - d.h. seine die Normgeltung für die Tatsituation bestreitende Selektion - mitgeteilt wird und gehört damit zur Handlung[4]. Die Rechtsgutsbeeinträchtigung kann also nur ein unselbständiges Teilmoment des Unrechts sein[5]. Einen Erfolgs- bzw. Sachverhaltsunwert im herkömmlichen Sinn gibt es nicht, weil die bloß kausale Erfolgsherbeiführung als naturalistisches Außenweltsgeschehen strafrechtlich bedeutungslos ist und deshalb per se kein Unwerturteil durch das Strafrecht verdient. Der *Erfolgsunwert* besteht vielmehr in einem *Normgeltungsschaden.* Bereits mit dem Versuch wird ein Erfolgsunwert begründet, denn auch ohne Vollendung kann in dem Verhalten des Täters zum Ausdruck kommen, daß

---

1) Das bedeutet nicht, daß diese Entmaterialisierung des Unrechtsbegriffs wieder zu der Neukantischen Unterscheidung von Sein und Wert führen müßte, denn alles Erwarten ist ebenso erfahrbare Realität (d.h. faktisch) wie seine Erfüllung und seine Nichterfüllung (*Luhmann*, Rechtssoziologie S.43, auch Systeme S.13). Zudem gibt es keine *objektiv gültige* Realität, vielmehr wird das Sein überhaupt erst durch Kommunikation konstituiert (vgl. *Maturana*, Erkennen S.264).

2) *Luhmann*, Rechtstheorie 17(1986),179; vgl. a. *Jakobs* JZ 88,520; *dens.*, ZStW 101 (1989), 519 f.

3) Vgl. *Krümpelmann*, Bagatelldelikte S.93; *Krauß* ZStW 76(1962),63; *Streng* ZStW 92 (1980), 652 f. Der Erfolgseintritt erhöht also das Unrecht, weil er eine intensivere Geltungsschädigung für die Norm vermittelt als ein erfolgloses Handlungsprojekt, siehe *Würfel* S.48 f; *Schaffstein* FS Welzel S.562 Fn 16; *Amelung*, Rechtsgüterschutz S.280; *Stein* S.84,98; eingehend *Timpe*, Strafmilderungen S.99 f.

4) *Hälschner*, Preuß. StrafR S.121; *ders.*, Deutsches StrafR S.185,275 f; *Berner*, Theilnahme S.180,190; *Paeffgen* S.116; *Jakobs* AT 6/75; *Schmidhäuser* AT (1984) 5/53 ff; *Luhmann*, Systeme S.182.

5) Vgl. a. *Welzel*, Abhandlungen S.147,228; *Schumann* S.49; *Stratenwerth* MDR 53,720.

er sich nicht an die Norm hält[1]; der Erfolgsunwert kann allerdings durch den Eintritt des tatbestandlichen Erfolgs noch gesteigert werden.

Auch der Begriff des *Intentionsunwerts* wird obsolet. Eine Intention läßt sich nur bei dem überkommenen imperativischen Normverständnis als Unwert begreifen, ist aber nach dem hier vertretenen Konzept *als solche* für das Strafrecht belanglos. Denn nicht objektiv fixierte Intentionen haben keinerlei kommunikative Bedeutung, können also nicht zu Enttäuschungen führen. Zum Unrecht gehört notwendig eine innere *und* eine äußere Seite, sc. eine kommunikativ relevante Manifestation des Subjektiven, die erst den Geltungsschaden bewirkt und die fraglose Verbindlichkeit des Sollens tangiert. Unrecht kann nicht in qualitativ verschiedene Einzelelemente zerlegt, sondern nur *ganzheitlich*, als - quantitativ abstufbare - *subjektiv-objektive symbolische Sinneinheit* verstanden werden[2].

Formelles Strafunrecht ist Tatbestandsverwirklichung. Die Straftatbestände des Besonderen Teils sind konditional programmierte Sanktionsnormen, die den strafrechtlich relevanten Konflikt - d.h. ein enttäuschendes Verhalten - beschreiben und damit zugleich die entsprechenden normativen Erwartungen definieren und vertypen. Gegenstand der vertypten Erwartungen sind in der liberalen, vorrangig durch ökonomische Interessen geprägten Industriegesellschaft des ausgehenden 20. Jahrhunderts regelmäßig - aber keineswegs zwingend - bestimmte Verhaltensweisen im Umgang mit Rechtsgütern. Im Strafrecht geht es jedoch nicht um Gütersicherheit, sondern nur um Erwartungssicherheit.

---

1) Vgl. *Jakobs* AT 25/4; *dens.*, GS Armin Kaufmann S.277. Das gilt auch für den sog. "untauglichen Versuch" im konventionellen Sinne.

2) Bereits *Köstlin* hob hervor, daß das "Gesammtwesen des Verbrechens" nur in der "lebendigen Einheit" objektiver und subjektiver Elemente liegen könne (Neue Revision S.39; ähnlich *Abegg*, System S.35 ff). Auch *Welzel*, der sein personales Unrechtskonzept auf der Handlungslehre aufbaute, bezeichnete die Handlung als "untrennbare Synthese objektiver und subjektiver Momente" (Lb S.110; *ders.*, SJZ 47,649; ebenso *Gallas*, Materialien 1, S.126).

E. Revision der Normentheorie

Nach der überkommenen präventiv-polizeilichen, sc. am Gedanken der Gefahrenabwehr orientierten Strafrechtsdogmatik wird die den Tatbeständen vorgelagerte Norm - wie wir gesehen haben - als ein auf Rechtsgüterschutz abzielender Imperativ verstanden, der nur einen Adressaten kennt, nämlich ein zu einem bestimmten Handeln oder Unterlassen zu motivierendes Subjekt[1]. Mit der Absage an eine präventiv-verhaltenssteuernde Strafrechtssystematik gilt es aber, zugleich auch einen radikalen Bruch mit den ontologisch-kategorialen Grundlagen der Normentheorie zu vollziehen und sich aus den eingefahrenen Bahnen einer naturalistischen Strafrechtsdogmatik zu lösen, deren Leistungsgrenzen allenthalben sichtbar werden:

Erstens kann die mit der an den Rechtsstab gerichteten, konditional programmierten Sanktionsnorm garantierte und tatbestandlich vertypte Norm nicht in dem traditionellen Sinn eines Imperativs verstanden werden, der qua Motivation den internen Willensbildungsprozeß seiner Adressaten manipulieren will: Sie zielt angesichts des Problems der doppelten Kontingenz gar nicht darauf ab, den einzelnen zu einem bestimmten Verhalten zu verpflichten. Das Sollen der strafrechtlich garantierten Norm wird also nicht durch ontologisch oder psychologisch vorgebene Qualitäten fixiert, sondern muß *funktional* gedeutet werden bleibt damit stets auf das Geltungsphänomen bezogen; es bezeichnet deshalb lediglich eine *äußere*, von der inneren Einstellung seiner Adressaten unabhängige Verpflichtung auf der projektiven Ebene des Erwartens von Erwartungen.

Zweitens apostrophiert Strafunrecht unter dem Aspekt "Normwidrigkeit" (Pflichtverletzung) keinen Verhaltensnormbruch im überkommenen Sinn des körperlichen Vollzugs (bzw. Nicht-Vollzugs) eines Verhaltens, das das Gegenteil des mit dem Sollen definierten Norm*inhalts* repräsentiert. Anders formuliert: Strafunrecht wird nicht schon per se durch die spiegelbildlich-negative Realisierung des normgegenständlichen Verhaltens begründet[2]. Die sanktionsrelevante Normwidrigkeit bezieht sich nicht auf den Norm*inhalt*, sondern auf die Norm*geltung* und bedeutet damit allein die Negation der

1) Krit. *Köhler* S.14; *Stratenwerth* FS Schaffstein S.185 f.

2) Siehe auch *Kindhäuser*, Strafe S.23 ff.

Norm, sc. das Bestreiten der äußeren fraglosen Verbindlichkeit (Geltung) der Norm für die Tatsituation. Diese Normwidrigkeit (Unrecht) wird als Handlung im System über Kommunikation und Zurechnung konstituiert. Entscheidend ist damit nur die kommunikative Relevanz eines Verhaltens für die Geltung der Norm ohne Rücksicht auf seine naturalistische Codierung. - Beispiel: § 324 garantiert und vertypt eine normative Erwartung, die sich inhaltlich auf einen bestimmten Umgang mit dem Gut Gewässer bezieht. Das generell-abstrakte Sollen dieser Norm wird durch ein Verhalten desavouiert, das Gewässerverunreinigung *bedeutet*. Ein Normwiderspruch kann deshalb (beim Vorliegen entsprechender Garantenpflichten) ebenso durch die Öffnung eines Schiebers und das Ablassen giftiger Chemikalien unter Überschreitung zulässiger Grenzwerte wie auch durch die Unterlassung begründet werden, bei automatisierter Einleitung von Abwässern den Schieber zu schließen, soweit Grenzwerte überschritten werden. Eine Unterscheidung zwischen strafrechtlichen Geboten und Verboten sowie zwischen Tun und Unterlassen ergibt also bei funktionaler Betrachtung sub specie Normgeltung keinen Sinn[1].

Drittens wird die strafrechtliche Normwidrigkeit - weil auf das Geltungsphänomen bezogen - grundsätzlich durch den Eintritt von äußeren Erfolgen mitbestimmt, soweit dadurch die Desavouierung der Norm objektiv manifestiert wird[2].

Viertens ist schließlich auch die These einer die Gesamtrechtsordnung umfassenden einheitlichen Norm- resp. Rechtswidrigkeit zu verabschieden. Die Begriffe der Norm- und Rechtswidrigkeit sind funktionsbestimmte Rechtsbegriffe. Es gibt daher keinen einheitlichen, für alle Rechtsgebiete gleichermaßen geltenden Unrechtsbegriff[3]. Materielles Strafunrecht ist eine enttäu-

---

1) Die normative Bedeutung einer naturalistischen Unterscheidung zwischen Begehung und Unterlassung wird ohnehin mit Recht bestritten (*Jakobs* AT 7/56, 28/1,4,13 f), seit man entdeckt hat, daß es im Zusammenhang eines Organisationskreises stets möglich ist, Handlungspflichten durch Unterlassungspflichten zu ersetzen, ohne daß sich deshalb das Verhalten zur sozialen Außenwelt ändern würde (siehe *Philips* S.140 ff; *Jakobs* JZ 84, 386). Wegen der normativ bedeutungslosen Konvertibilität von Begehung und Unterlassung wird der Organisationskreis von vornherein so definiert, daß er den zur Vermeidung von Schäden bei anderen erforderlichen Aufwand mit umfaßt (*Jakobs* AT 28/14).

2) Siehe dazu oben S.257 f.

3) Vgl. dazu auch *Kohte* AcP 185(1985),156 ff; *Günther* S.83 ff.

schende Kommunikation über die Verbindlichkeit einer *strafrechlich* (i.e.: qua *Sanktionsnorm*) garantierten normativen Erwartung. Der strafrechtlich relevante Konflikt wird also erst durch die Tatbestände des Besonderen Teils fixiert und vertypt. Damit setzt materielles Strafunrecht immer eine Tatbestandsverwirklichung voraus; es ist keine vor- bzw. außerstrafrechtlich begründete Normwidrigkeit, sondern ein spezifisch strafrechtlicher Sachverhalt. So bestätigt sich zugleich, was wir bereits im 1. Teil dieser Untersuchung herausgearbeitet haben: Die Beteiligung an einem tatbestandlich nicht mehr erfaßten Geschehen vermag keine genuin strafrechtliche Relevanz mehr zu entfalten.

4. Teil: Revision der Beteiligungsformensystematik und Lösung des Problems der sukzessiven Beihilfe

A. Stellungnahme zur Tatbestandsinterpretation

I. Die sog. Herrschafts- und Pflichtdelikte

Nach dem Abschluß der strafrechtsdogmatischen Grundlagendiskussion können wir uns nunmehr der Tatbestandsinterpretation zuwenden und zur Lehre von den Herrschafts- und Pflichtdelikten Stellung beziehen.

1. Vorbemerkungen

Aus den vorstehenden Darlegungen zur Normentheorie folgt, daß die Pflicht, deren Verletzung Strafunrecht begründet, kein individual-psychologisch determiniertes, auf Motivation zur Normbefolgung angelegtes Phänomen, sondern das absolute Sollen im Sinne einer *äußeren Verbindlichkeit* der Norm bezeichnet. Die Pflichtverletzung markiert somit als enttäuschende Kommunikation über die Geltung einer *strafrechtlich garantierten Norm* einen spezifisch strafrechtlichen Sachverhalt. Daraus ergeben sich folgende Konsequenzen: Erstens sind *außerstrafrechtliche* Pflichten im Sinne *Roxins* nicht *Gegenstand* der strafrechtlichen (sc. tatbestandlich fixierten) Pflichtverletzung[1], zweitens ist das *Tatherrschaftsprinzip* per se für die Zurechnung im Strafrecht nicht maßgeblich[2] und drittens ist *jedes* Strafunrecht als Desavouierung einer strafrechtlich garantierten Norm *gleichermaßen eine Pflichtverletzung.*

---

1) Ein Verstoß gegen außerstrafrechtliche Pflichten mag Unrecht begründen, ist aber jedenfalls kein *Straf*unrecht. Eine nur scheinbare Ausnahme gilt für Blankettatbestände, die - wie z.B. § 266 I, 2.Alt. - ausdrücklich auf außerstrafrechtliche Pflichten verweisen. Jedoch werden dabei die außerstrafrechtlichen Pflichten zum *Gegenstand* der normativen Erwartungen gemacht; verletzt wird daher auch hier allein die strafrechtliche, tatbestandlich fixierte Pflicht.

2) Dazu näher sogleich S.265 f.

Das bedeutet aber nicht, daß Unrechtsbegründung und -zurechnung bei jedem konkret begangenen Delikt den gleichen Kriterien folgen. Die für die Unrechtsbegründung maßgebliche strafrechtliche Pflicht apostrophiert jeweils nur das Geltungsphänomen einer bestimmten, strafrechtlich garantierten normativen Erwartung, ist also stets eine tatbestandlich vertypte Pflicht und hat damit bloß die Struktur einer generell-abstrakten Rahmenvorgabe ohne konkrete Verhaltensgestalt. Es ist eine Konsequenz der dezentralen Organisation des Strafrechts, daß sich die Normadressaten die konkrete Bedeutung der Pflicht im Einzelfall des sozialen Kontakts selbst ableiten müssen. Die generell-abstrakte, tatbestandlich fixierte Pflicht konkretisiert sich erst unter den besonderen Rahmenbedingungen der Handlungssituation zu einer ganz bestimmten Verhaltensgestalt. Verschiedene Aspekte der Unrechtsbegründung und -zurechnung können nur auf der Ebene solcher ***konkreter Pflichten*** sichtbar gemacht werden und sind damit allein von den sozialen und normativen Rahmenbedingungen abhängig[1]. Es gilt also, die insoweit maßgeblichen Kriterien aufzuzeigen und auf diese Weise die Leitprinzipien der Tatbestandsinterpretation zu fixieren.

2. Das Strafunrecht im Bereich der allgemeinen Verhaltensorganisation

Strafrechtlich garantierte normative Erwartungen beziehen sich regelmäßig darauf, daß Verhalten - meist im Umgang mit Rechtsgütern - in einer bestimmten Weise organisiert wird. Die im jeweiligen Einzelfall konkretisierte Pflicht wird in diesem Bereich der allgemeinen Verhaltensorganisation durch die Erwartung definiert, daß alle Personen ihren Organisationskreis (Zuständigkeitsbereich) in Ordnung zu halten und bestimmte unerwünschte Auswirkungen ihrer Organisationskreise zu vermeiden haben. Derartige Erwartungen sind unumgänglich, weil niemand alle Organisationskreise zusammen verwalten ***kann*** und wegen des Rechts auf je eigene Organisation auch niemand solche umfassenden Befugnisse ausüben ***darf***[2]. Die Möglichkeit der Personen

---

1) Um Mißverständnissen vorzubeugen, sei hier ausdrücklich darauf hingewiesen, daß damit nicht die Pflichten im Sinne *Armin Kaufmanns* gemeint sind. Eine konkrete Pflicht bezeichnet hier das Geltungsphänomen einer konkreten normativen Erwartung unter den Bedingungen eines konkreten Einzelfalls und drückt deshalb - ebenso wie die generell-abstrakte Pflicht - nur ein äußeres Sollen aus.

2) *Jakobs* AT 1/7.

zur freien Gestaltung (Organisationsfreiheit) ist hier die Grundlage der Zuständigkeit für diese Gestaltung (Folgenverantwortung). Organisationsfreiheit wiederum beinhaltet auch die Möglichkeit zur Arbeitsteilung: Zuständig für eine arbeitsteilig durchgeführte Organisation ist die Gemeinschaft der Beteiligten als Organisationseinheit[1].

Die zur Enttäuschung führende Art der Organisation ist zunächst immer vom *sozialen Kontext* der Tatsituation abhängig[2], und zwar unabhängig von der naturalistischen Unterscheidung zwischen Tun und Unterlassen. - Beispiel: Man soll kein Arsen in eine Suppe schütten, die für den Verzehr eines anderen bestimmt ist. - Oder: Man muß die vergiftete Suppe aus dem Verkehr ziehen, wenn man sie salzen wollte, aber Salz mit Arsen verwechselt hat und dies erkennt.

Allerdings wird eine Norm nicht durch Tatsachen, sondern nur durch Kommunikationen tangiert. Weil es für die Erklärung des Strafunrechts nicht auf die Bewertung des kausalen Außenweltsgeschehens ankommt, sondern auf die *Bedeutung* des Außenweltsgeschehens für die *Geltung der Norm*, kann auch die aktuell-faktische Beherrschung des Außenweltsgeschehens keine strafrechtlich relevante Bewertungsgrundlage sein. Es geht also immer nur um die kommunikative Relevanz eines Verhaltens im Hinblick auf die Verbindlichkeit einer Norm, nicht aber per se darum, daß ein Organisationskreis keinen güterbeeinträchtigenden Output hat. - Beispiel: Man soll kein Salz in die Suppe schütten, wenn man es für Arsen hält sowie Salz und Arsen nebeneinander in gleich aussehenden Dosen verwahrt und diese sodann verwechselt[3]. Wer trotzdem auf die beschriebene Weise hantiert, beherrscht keinen rechtsgutsbeeinträchtigenden Verlauf; der *strafrechtlich* bedeutsame Output des von ihm zu verantwortenden Organisationskreises besteht nicht in einer Güterbeeinträchtigung, sondern in einem Geltungsschaden. Die Pflichtverlet-

---

1) Siehe dazu eingehend oben S.186 ff.

2) Der Grund liegt darin, daß (soziales) Handeln immer in Situationen stattfindet. Siehe auch *Luhmann*, Temporalstrukturen S.38: "Es sind ... zunächst Handlungszusammenhänge, die den Sinn der einzelnen Handlung konstituieren, die ihn vereinzeln, die ihn zurechenbar machen ...". Überhaupt ist der Vorgang des Erkennens regelmäßig ein Prozeß der Wahrnehmung von Bedeutungen in Kontexten, d.h. in Relationen zu anderen Phänomenen. Der Kontext definiert den jeweiligen Sinn von Bedeutungen (*Stenger/Geißlinger* KZfSS 1991,252).

3) Vgl. *Jakobs* GS Armin Kaufmann S.272.

zung ist auf ihrer generell-abstrakten (sc. tatbestandlichen) Ebene keine faktisch beherrschte Rechtsgutsbeeinträchtigung, sondern ein Verhalten, das ein Bestreiten der Normgeltung für die Tatsituation *bedeutet*. Die Beherrschung eines rechtsgutsgefährdenden oder -schädigenden Verlaufs *kann* im konkreten Einzelfall eine Bedeutung für die Normgeltung haben, jedoch ist damit das Arsenal pflichtwidriger Verhaltensweisen keinesfalls erschöpfend beschrieben. Nicht einmal *jede* aktuell-faktische Beherrschung eines solchen Verlaufs hat eine Bedeutung für die Geltung der Norm; es wird nicht erwartet, daß jeden alles angeht, was er unmittelbar beherrscht. Das ist für den Tatmittler selbstverständlich, gilt aber auch außerhalb des Bereichs mittelbarer Täterschaft. Anders formuliert: Jemand kann eine kausale Gutsverletzung rein faktisch beherrschen und dennoch nicht pflichtwidrig handeln, weil er für einen eventuell durch die Gutsverletzung ausgelösten Geltungsschaden nicht zuständig ist[1]. - Beispiel[2]: In einem Industriebetrieb werden automatisch bei der Produktion anfallende Abwässer in einen Fluß eingeleitet. Zufällig bemerkt ein nicht mit der Überwachung des Produktionsprozesses betrauter Hilfsarbeiter, daß kurzfristig die zulässigen Grenzwerte überschritten werden. Er könnte ohne weiteres per Druck auf den neben seinem Arbeitsplatz befindlichen Knopf den Schieber schließen. Ein solches Tätigwerden wird jedoch von dem Arbeiter nicht verlangt, weil er für die Beherrschung des Produktionsablaufs und die Überwachung der Grenzwerte nicht verantwortlich ist. Vielmehr trifft die in § 324 vertypte normative Erwartung mit ihrer konkreten Pflicht im Einzelfall von vornherein nur den insoweit Zuständigen (d.h. einen Garanten). Eine Untätigkeit des Arbeiters würde somit die Geltung der Norm nicht tangieren. Offenbar ist also neben dem sozialen Kontext auch die *Rolle* von Bedeutung dafür, ob ein bestimmtes Verhalten einen strafrechtlichen (sc. auch zurechenbaren) Konflikt (Pflichtverletzung) auslöst.

Wandeln wir das Beispiel ab: Der Hilfsarbeiter hat jeweils zu bestimmten Zeiten per Knopfdruck einen Schieber zur Einleitung der bei der Produktion entstehenden Abwässer zu öffnen, wobei - wie er zufällig weiß - die zulässigen Grenzwerte teilweise überschritten werden. Auch hier ist der Arbeiter, der zwar die unmittelbare Einleitung faktisch beherrscht, aufgrund seiner völlig untergeordneten Eingliederung in den Organisationskreis eines anderen nicht

---

1) *Jakobs* GS Armin Kaufmann S.285.

2) Vgl. dazu auch *Rudolphi* FS Lackner S.865 ff.

für die Überwachung des Produktionsprozesses und die Einhaltung der Grenzwerte verantwortlich. Deshalb ist er in seiner Rolle konkret von der in § 324 garantierten normativen Erwartung nicht betroffen: Sein Tun hat keine kommunikative Relevanz für die Normgeltung und ist deshalb auch nicht pflichtwidrig[1].

Man wende dagegen nicht ein, daß der Arbeiter als letzter final und eigenhändig Handelnder sowie als faktischer Tatherr "Selbst-Begehender" i.S. des § 25 I, 1.Alt. sei und damit täterschaftliches Unrecht verwirkliche[2]. Denn ob das "Selbst-Begehen" im Sinne der formal-objektiven Theorie oder der faktischen Tatherrschaftslehre interpretiert werden und per se Unrecht begründen kann, ist gerade die Frage. Der Täterbegriff kann nicht an naturalistische Gegebenheiten angebunden, sondern nur *normativ* aufgefaßt werden[3]. Nach der hier vertretenen Auffassung wird Unrecht allein durch die (tatbestandsmäßige) Pflichtverletzung konstituiert. Mit Hilfe einer bestimmten Auslegung des § 25 I, 1.Alt. kann kein täterschaftliches Unrecht *ohne* Pflichtverletzung begründet und so die funktionale Straftatsystematik konterkariert werden[4].

Die Bedeutung der sozialen Rolle für die normativen Erwartungen[5] soll an folgendem Beispiel weiter verdeutlicht werden: Ein Kleinkind ist in ein Schwimmbecken gefallen und droht zu ertrinken. Die umstehenden Badegäste

---

1) Vgl. a. *Jakobs* GS Armin Kaufmann S.285.

2) A.A. *Rudolphi* FS Bockelmann S.369 und FS Lackner S.871, der allerdings konzediert, daß dieses Ergebnis "sicher nicht ganz zu befriedigen vermag". Es wird in der Tat dem Umstand nicht gerecht, daß die Vorgesetzten im Vergleich zu den die Tat ausführenden Arbeitern eine höhere Verantwortung für die ordnungsgemäße Beseitigung der betrieblichen Abwässer trifft. Das "unbefriedigende Ergebnis" läßt sich ohne weiteres vermeiden, wenn man die formal-naturalistische Täterlehre *Rudolphis* aufgibt und statt dessen das Urteil über die Beteiligungsformen (wie die Zurechnung im Strafrecht überhaupt) an einer normativ-sozialen Zuschreibung von Verantwortung ausrichtet.

3) *Cramer* FS Bockelmann S.396 f.

4) Vgl. a. *Jescheck* AT S.16: "Materiell enthält der Besondere Teil die Deliktsbeschreibungen und damit die für die Begründung des strafrechtlichen Unrechts konstitutiven Vorschriften, während der Allgemeine Teil in seinen das Unrecht betreffenden Bestimmungen (...) immer nur eine die Deliktstypen ergänzende Funktion, niemals aber selbständig unrechtsbegründende Bedeutung hat".

5) Siehe dazu *Jakobs* ZStW 101(1989),518.

sind ebenso faktisch zu seiner Rettung in der Lage wie der Bademeister. Dennoch wird von den Badegästen nur eine Mindestsolidartät, d.h. die Erfüllung der allgemeinen Hilfeleistungspflicht aus § 323 c erwartet. Demgegenüber ist der Bademeister in seiner konkreten Rolle dafür verantwortlich, daß in dem Becken grundsätzlich niemand durch Ertrinken zu Tode kommt; seine Untätigkeit würde also zur Enttäuschung der in § 212 vertypten normativen Erwartung führen.

Halten wir fest: Im Bereich der allgemeinen Verhaltensorganisation beziehen sich normative Erwartungen - soweit es überhaupt um Rechtsgüter geht - nicht auf die Vermeidung von Rechtsgutsbeeinträchtigungen, sondern stets nur auf einen bestimmten *Umgang* mit Rechtsgütern. Welcher Umgang konkret pflichtwidrig ist und zur Enttäuschung führt (sc. die Grenze des erlaubten Risikos), richtet sich nach der Bedeutung eines Verhaltens für die Normgeltung und das wiederum ist vom sozialen Kontext und von der Rolle abhängig.

3. Das Strafunrecht im Bereich institutionseingebundener Rollen

In bestimmten Rollen ergeben sich für den Umgang mit Rechtsgütern erhöhte Verhaltensanforderungen, die bis zu umfassender Fürsorge reichen können. Es handelt sich dabei um die Fälle der von *Jakobs* sog. institutionellen Pflichtenbindungen, bei denen es nicht bloß um die *allgemeine* Verhaltensorganisation im Umgang mit Gütern geht, sondern bei denen Güter zur *besonderen* Verwaltung in einen bestimmten Organisationskreis einbezogen sind. Bei institutionellen Pflichtenbindungen wird die Geltung der einzelnen, strafrechtlich garantierten Norm von der Geltung einer ganzen Institution flankiert[1]. Institutionen sind historisch gewachsene, dauerhafte, verselbständigte und rechtlich anerkannte, d.h. der Disposition des einzelnen entzogene Beziehungsformen der Gesellschaft. Solche Verbindungen von Lebenskreisen bestehen aus einem Komplex bestimmter Gestaltungsvorgaben, sc. aus verfestigten und standardisierten Umgangsregeln (Normen), die zu einer ständigen Reproduktion und Wiederholung von bestimmten Verhaltensmustern führen. Einige dieser Institutionen sind von demselben elementaren Gewicht wie

---

1) Vgl. a. *Jakobs* AT 28/15, 29/58.

Organisationsfreiheit und Folgenverantwortung: Das Eltern-Kind-Verhältnis und seine Surrogate, die Ehe, besonderes Vertrauen sowie - für genuin staatliche Pflichten - staatliche Gewaltverhältnisse, ferner "polizeiliche" Sorge für elementare Sicherheit und schließlich die Sorge für die Gesetzesbindung von Verwaltung und Rechtsprechung als Grundprinzip der Rechtsstaatlichkeit. Es handelt sich dabei um diejenigen gesellschaftlichen Beziehungsformen, zu denen jedenfalls generell keine Organisationsalternative besteht[1]. Derartige elementare Institutionen bleiben bei der Konkretisierung von Pflichten im jeweiligen Einzelfall einer bestimmten Handlungssituation nicht ohne Wirkung: Die konkreten Erwartungen (Normen), die mit dem Bestand der Institution verknüpft sind, führen daher bei institutionseingebundenen Rollen quantitativ zu gesteigerten Solidaritätspflichten; Aufmerksamkeit und Aufwand, deren Leistung zugunsten des einbezogenen Guts erwartet wird, sind erhöht. Damit führt jede Vernachlässigung der Fürsorge per se zur Enttäuschung und begründet unmittelbar täterschaftliches Strafunrecht[2]. - Beispiel: Die in die Institution Familie eingebundene Rolle des Vaters ist mit einer umfassenden Absicherung seines Sohnes gegen Tötung verbunden[3]. Wenn in dem vorgenannten Beispiel der Vater des in das Becken gefallenen Kleinkinds Rettungschancen verschlechtert oder gar vereitelt, so bedeutet ein solches Verhalten Töten und ist ebenso pflichtwidrig wie ein Nichthindern der Tötung seines Sohnes durch einen Dritten. - Oder: Wenn ein Vormund den Tresor seines Mündels nicht korrekt verschließt, damit ein Dritter daraus Geld entwenden kann, oder er einen Dritten dazu anstiftet, das Mündelvermögen in einer bestimmten Weise zu schädigen, bedeutet dieser Umgang mit dem Rechtsgut Vermögen eine Untreue und begründet unmittelbar (d.h. akzessorietätsüberspringend) täterschaftliches Strafunrecht.

4. *Resümee*

Im Ergebnis läßt sich somit zusammenfassen: Die Interpretation der tatbestandlichen Handlung kann grundsätzlich nicht per se an das Herrschaftsprinzip geknüpft werden. Der Gedanke des Herrschaftsprinzips beruht auf der

---

1) *Jakobs* AT 29/58.

2) Dazu eingehend unten S.298 ff.

3) Vgl. a. *Jakobs* AT 29/59.

überkommenen Charakterisierung des Verbrechens als naturalistischem Rechtsgutsangriff. Denn wenn Pflichten auf die Vermeidung (Prävention) von Rechtsgutsbeeinträchtigungen bezogen werden, kann Pflichtsubjekt nur derjenige sein, der den Rechtsgutsangriff als physisch-kausales Außenweltsgeschehen beherrscht[1].

Für die Erklärung des Unrechts kommt es indessen nicht auf die Bewertung des kausalen Außenweltsgeschehens (Rechtsgutsangriff) an, sondern auf die *Bedeutung* dieses Außenweltsgeschehens für die *Geltung der Strafrechtsnorm.* Normen können aber nicht durch Tatsachen, sondern nur durch Kommunikationen tangiert werden. Strafunrecht ereignet sich daher - ebenso wie die mit der Strafe bezweckte Wirkung - auf der immateriellen, demonstrativ-symbolischen Ebene der Normgeltung. Welche konkreten Verhaltensweisen im Einzelfall zur Erwartungsenttäuschung führen, wird durch Kommunikation und Zurechnung entschieden und ist vom *sozialen Kontext* sowie von der *jeweiligen Rolle des Betroffenen* abhängig. Danach richtet sich auch, ob und inwieweit die Herrschaft über einen Organisationskreis von Bedeutung ist.

II. Die eigenhändigen Delikte

Fraglich ist, ob sich für die Interpretation des Unrechts bei den sog. eigenhändigen Delikten[2] Besonderheiten ergeben. Über Grund und Grenzen dieses Deliktstypus besteht keine Einigkeit[3]; jedenfalls soll dabei die körperliche Vornahme eines verwerflichen Akts das Unrecht bilden[4], und zwar weil der Akt Indikator einer fehlerhaften Haltung zu höchstpersönlichen Verpflichtun-

---

1) Typisch für diese naturalistische Denkweise etwa *Bloy* S.193.

2) Von den eigenhändigen Delikten sind die positivrechtlich nur selbst begehbaren Delikte zu unterscheiden, z.B. § 132 (Amtsanmaßung) oder § 174 (sexueller Mißbrauch Schutzbefohlener), vgl. *Jakobs* AT 21/20.

3) Vgl. dazu eingehend *Roxin* TuT S.399 ff.

4) *Welzel* Lb S.106; *Stratenwerth* AT Rn 758; *Jescheck* AT S.240 f; *Mezger* StrafR (2. Aufl.) S.417 ff; *Maurach* AT (4.Aufl.) S.246 f; *H. Mayer* FS Rittler S.249.

gen oder Tabus sei[1].

Das Problem der eigenhändigen Delikte ist ein reines Problem des Besonderen Teils[2]. Gegenstand der in den betreffenden Tatbeständen vertypten normativen Erwartungen ist - soweit eigenhändige Delikte überhaupt anzuerkennen sind - jeweils nicht ein bestimmter Umgang mit Rechtsgütern, sondern eine bestimmte Haltung zu höchstpersönlichen Verpflichtungen oder Tabus, z.B. die persönliche Wahrhaftigkeit (§ 154), die persönliche sexuelle Naturgemäßheit (§ 173), die persönliche Gerechtigkeit (§ 336) oder die persönliche Treue gegenüber dem Land (§ 16 WStG)[3]. Deshalb kann nur der höchstpersönliche Normverstoß zur Enttäuschung führen. Ein Unterschied zu anderen Delikten besteht demnach nicht, soweit Unrecht auch hier ausschließlich durch die Pflichtverletzung (sc. durch die Desavouierung der Norm) konstituiert wird.

B. Die Bestimmung der Tat als Gegenstand der Beteiligung bei arbeitsteiligem Vorgehen

Weil Strafunrecht stets tatbestandlich vertyptes Unrecht ist, wird die konkrete Gestalt des enttäuschenden Verhaltens von allen deliktstypisierenden Tatbestandsmerkmalen mitbestimmt. Wenn also jemand ein Delikt allein organisiert und somit nur ein Informant auftritt, muß er selbstverständlich alle erforderlichen Teile der Information selbst in das Geschehen einbringen, oder - anders formuliert - alle Voraussetzungen einer Tat in eigener Person erfüllen. Das allein ist die idealtypische Fallkonstellation, auf die die Tatbestände des Besonderen Teils regelmäßig zugeschnitten sind: Soweit bloß einer handelt (oder unterläßt) sind *alle* deliktsspezifischen Merkmale zugleich Tätermerkmale; mit dem restriktiven Täterbegriff hat dieser Sachverhalt aber

1) *Jakobs* AT 21/19. Bei den eigenhändigen Delikten zeigt sich einmal mehr, daß die Tatherrschaft als Universalprinzip zur Abgrenzung von Täterschaft und Teilnahme ungeeignet ist (*Cramer* FS Bockelmann S.396).

2) *Jakobs* AT 21/22.

3) Vgl. *Jakobs* AT 21/21. Soweit es um höchstpersönliche Pflichten geht, ähnelt die Konstruktion dieser Delikte dem Blankettatbestand des § 266: Eine bestimmte Pflicht wird zum Gegenstand der normativen Erwartung gemacht, so daß auch hier einzig die Verletzung der strafrechtlichen, nicht aber der außerstrafrechtlichen Pflicht Strafunrecht begründet.

nichts zu tun.

Die Situation ist bei arbeitsteiligem Vorgehen mehrerer eine ganz andere: Die vollständige Tatbestandsverwirklichung, sc. Qualität und komplettes Quantum des Schadens für die Geltung einer bestimmten Norm ergeben sich - jedenfalls bei geteilter Ausführung - erst dadurch, daß die über den gemeinsamen Zweck verschachtelten Beiträge als Gesamtgeschehen kommuniziert, d.h. als *gemeinsame* Information der Beteiligten verstanden werden. Wenn sich aber der volle soziale Bedeutungsgehalt eines Geschehens im Hinblick auf die Geltung einer ganz bestimmten Norm nur aus der *Gesamttätigkeit* ergibt, kann auch die strafrechtliche Zurechnung der arbeitsteilig Zusammenwirkenden nicht an deren eigene Tätigkeiten, sondern allein an die Gesamttätigkeit als solche geknüpft werden. - Anders ausgedrdückt: Das Unrecht der Beteiligten ist die Gesamttätigkeit der Ausführung[1] und nur diese; - nicht der Täterbegriff, sondern der Unrechtsbegriff ist restriktiv.

Zwingende Voraussetzung für die Verschachtelung einzelner Beiträge zu einer kollektiven Gesamttätigkeit ist die Verfolgung eines überindividuellen gemeinsamen Zwecks[2]. Die Konstituierung des gemeinsamen Zwecks erfolgt aber keineswegs analog der Gründung einer BGB-Gesellschaft, d.h. durch Abschluß eines "Gesellschaftsvertrags"[3] i.S. eines *gegenseitigen* Entschlusses. Dies ist für die Behilfe seit jeher anerkannt (der Täter braucht um die Mitwirkung des Gehilfen nicht zu wissen[4]), gilt aber auch für die Mittäterschaft[5]; der sog. "gemeinsame Tatentschluß" ist also weder notwendige Grundlage der Zurechnung im allgemeinen noch per se hinreichendes Kennzeichen mittäterschaftlicher Haftung im besonderen.

---

1) Dies herausgearbeitet zu haben ist - wie wir sogleich sehen werden - das besondere Verdienst der *Hegelianischen* Strafrechtsschule.

2) Siehe oben S.189 ff.

3) *Hälschner*, Preuß. StrafR S.388 bezeichnete die vorangehende Übereinkunft der Teilnehmer zur Bildung eines Komplotts als "Vertrag". Ebenso *Berner*, Theilnahme S.403. *Bockelmann* AT S.187 zieht den Vergleich mit dem "Beschluß eines Komitees".

4) *Köstlin*, System S.280 f; *Schütze* Lb S.145; *Jakobs* AT 22/42; *Jescheck* AT S.626; Sch/-Sch-*Cramer* § 27 Rn 14; grundsätzl. auch LK-*Roxin* § 27 Rn 9.

5) Das kann hier nicht weiter vertieft werden. Siehe dazu *Jakobs* AT 21/41 ff. A.A. statt vieler *Roxin* JA 79,519.

Der verfehlte subjektivistische Ansatz der Gegenauffassung findet seine historische Wurzel offenbar in der subjektiven Imputationslehre der *Hegelianer*: Wenn die Verknüpfung der einzelnen Beiträge zu einer Gesamttätigkeit sowohl beim Komplott als auch bei der zufälligen Miturheberschaft die Herstellung eines "Gesamtwillens" erfordert und sich dieser wiederum aus den einzelnen, individual-psychologischen Absichten der Beteiligten konstituiert[1], erscheint als verbindendes Element und Grund der Zurechnung in der Tat ein gegenseitiger, gemeinsam gefaßter Entschluß. Jedoch ist der Handlungswille als psychisches Faktum eo ipso für die Verbindlichkeit einer Norm und damit für das Strafrecht überhaupt ohne jede Relevanz[2]. Zudem darf auch der auf das kausale Außenweltsgeschehen bezogene Handlungswille nicht mit der in dem Geschehen codierten Stellungnahme des Beteiligten zur Verbindlichkeit der Norm gleichgesetzt werden.

Der gemeinsame Zweck als Grund für die Verschachtelung einzelner Beiträge zu einem übergreifenden Ganzen kann daher mit Hilfe des sog. "Gesamtwillens" der *Hegelianer* nur dann korrekt definiert werden, wenn dieser "Gesamtwille" entpsychologisiert und auch im Sinne *Hegels* verstanden wird. Dann läßt sich aber das die Gesamttätigkeit herstellende Element nicht mehr als gemeinsamer Tatvorsatz deuten: Gemeint ist vielmehr der sich aus dem an und für sich seienden Allgemeinwillen verbesondernde Wille, der sich *in der Realität vorstellt* und einen Normgeltungsschaden hervorruft[3]. Die psychologisierende Interpretation dieses Willens als Tatvorsatz würde unweigerlich zu seiner Beziehung auf das kausale Außenweltsgeschehen und damit wiederum zum naturalistischen Zurechnungsmodell der Tatherrschaftslehre führen[4]. Strafunrecht ereignet sich jedoch nicht auf der Ebene des äußeren Kausalverlaufs. Daher geht es bei dem "Gesamtwillen" um nichts anderes als um die aus einem objektiv manifestierten Normwiderspruch[5] bestehende

---

1) Vgl. *Köstlin*, System S.334 ff; *Hälschner*, Preuß. StrafR S.375 ff; *Berner*, Theilnahme S.346 ff; auch *Schütze* Lb S.145,148 f.

2) Siehe auch *Hälschner*, Dt. StrafR S.18 ff.

3) Zur Straftheorie *Hegels* siehe oben S.137 ff.

4) Letztlich ist die *Hegelianische* Strafrechtsschule an dieser fehlenden Differenzierung zwischen Tatvorsatz und der im Kausalverlauf codierten Information über die Geltung einer Norm (sc. den sich verbesondernden Willen) auch zu Recht gescheitert.

5) Vgl. a. *Hälschner*, Dt. StrafR S.18 ff.

Information, so wie sie auch kommuniziert wird und zur Enttäuschung einer bestimmten Erwartung führt.

Folglich wird der gemeinsame Zweck als Grundlage der Zurechnung des Gesamtgeschehens durch eine kommunikativ relevante Verbindung der Organisationsakte mehrerer Beteiligter unter einen überindividuellen (d.h. über die einzelnen Beiträge hinausreichenden) Planzusammenhang konstituiert. Ein solcher Planzusammenhang kann aber nicht bloß durch *gegenseitiges* Einverständnis, sondern auch durch einseitige Einpassung von Beiträgen in einen übergeordneten Gesamtsinn hergestellt werden. Die Haftung des einzelnen Beteiligten reicht dabei freilich niemals weiter als der von ihm gekannte Planzusammenhang; - anders ausgedrückt: Der Zweck ist für den einzelnen ein gemeinsamer nur, soweit er ihn kennt[1].

Nicht anders ist aber die Involvierung von *Gehilfen*beiträgen in die Gesamttätigkeit zu erklären. Diese Existenz prinzipiell identischer Zurechnungsstrukturen bei den Teilnahmeformen Beihilfe und Mittäterschaft wurde im Ansatz schon von den *Hegelianern* erkannt, was anhand eines Zitats *Hälschners* erläutert werden soll. Demnach erfordert die Teilnahme *überhaupt* nicht nur eine "durch eine gleiche Absicht bestimmte und auf dasselbe Ziel wirkende Thätigkeit mehrerer Menschen ..., sondern vielmehr eine *gemeinsame, einheitliche Thätigkeit* derselben. Eine solche *Einheit* der sonst verschieden gestalteten Thätigkeit mehrerer Theilnehmer kann ihren Grund nur darin haben, daß sich die Theilnehmer nicht nur von einer gleichen, sondern von *derselben Absicht* bestimmen lassen, deren sie sich als einer gemeinsamen durch gemeinsame Thätigkeit zu verwirklichen bewußt geworden sind. Im anderen Falle würden sie nur äußerlich neben einander stehen, so daß jeder Handelnde als Urheber des von *ihm* Vollbrachten zu beurtheilen sein würde[2]... Die Gemeinschaft der Thätigkeit, welche die Voraussetzung der Theilnahme bildet, kann aber nur hervorgebracht werden durch die Gemeinschaft der Absicht,

---

1) Im Extremfall ist es denkbar, daß ein bestimmter, für eine konkrete Norm relevanter Zweckzusammenhang bloß von einer Person hergestellt wird oder dieser bloß eine Person etwas angeht. Dann liegt auch hier in Bezug auf seine Person eine kollektive Leistung vor, die aber nicht einem Kollektiv, sondern ihm allein zugerechnet wird.

2) *Hälschner*, Preuß. StrafR S.321; ebenso *Köstlin*, System S.270 ff.

welche die Thätigkeit der Einzelnen bestimmt"[1]. Im Fall der Beihilfe sollte diese Gemeinschaftlichkeit nach Auffassung der *Hegelianer* dadurch hergestellt werden, daß der Gehilfe sich den Willen des Täters aneigne[2], mit ihm in ein Einverständnis über die Tat trete[3] bzw. sich mit seinem Willen vereinige[4]; jedenfalls aber sei die Teilnahme durch Betätigung des "gleichen rechtswidrigen Willens" gekennzeichnet[5].

Versteht man auch insoweit die Absicht nicht individualpsychologisch als Tatvorsatz, sondern in dem soeben erläuterten Sinne *Hegels* als den sich verbesondernden, in der Realität vorgestellten und Geltung beanspruchenden Willen, wird sogleich deutlich, daß die Gehilfen in gleicher Weise wie die Täter für die über den gemeinsamen Zweck verschachtelte kollektive Gesamttätigkeit haften. Allerdings braucht der Täter - und insoweit besteht ein nicht zu überbrückender sachlicher Unterschied des hiesigen Konzepts zur *Hegelianischen* Teilnahmelehre - nicht notwendig Urheber des Normbruchs in dem Sinne zu sein, daß der sich verbesondernde Wille zuerst in seiner Person entstanden ist.

Die Frage nach den Voraussetzungen für die Herstellung eines gemeinsamen Zwecks, sc. nach den Bedingungen, unter denen einzelne Organisationsakte miteinander verschachtelt und als kollektive Leistung kommuniziert werden, ist nicht Gegenstand dieser Untersuchung; eine Antwort kann deshalb hier nur in einigen wesentlichen Zügen skizziert werden. Halten wir fest: Der gemeinsame Zweck entsteht durch eine *kommunikativ relevante* Verbindung der Organisationsakte mehrerer Personen. Deshalb ist ein gemeinsamer Entschluß[6] zwar ein Indiz, aber weder ein per se hinreichendes, noch ein zwingend erforderliches Attribut der Verknüpfung. Ein gemeinsamer Zweck kann nicht nur durch wechselseitige, sondern auch durch einseitige Einpassung von

---

1) *Hälschner* aaO S.322.

2) *Luden*, Abhandlungen S.349 f,366; ebenso *Birkmeyer*, Theilnahme S.129; dagegen *Berner*, Theilnahme S.8,207; *Hälschner*, Preuß. StrafR S.322 f.

3) *Schütze*, Theilnahme S.275.

4) *Berner*, Theilnahme S.212; *Köstlin*, System S.271; *H. Mayer* FS Rittler S.254 ff.

5) *H. Mayer* aaO S.255.

6) Vgl. dazu etwa BGH NStZ 91,281; LK-*Roxin* § 25 Rn 119; *Lackner* § 25, Anm. 2,b,aa.

Beiträgen konstituiert werden. Anders formuliert: Ein einzelner (oder ein Kollektiv) kann die Beiträge anderer Mitverursacher für sich in Dienst stellen und in einen übergeordneten Planzusammenhang integrieren; - die Assoziation der Beiträge reicht dann eben weiter als der Kreis der dafür verantwortlichen Assoziierten[1]. Eine solche einseitige Einpassung kann etwa durch Einwirkung auf den Handlungs*kontext* eines anderen oder durch direkte Einwirkung auf dessen Handlung erfolgen.

Weder die einseitige noch die wechselseitige Einpassung von Beiträgen in einen gemeinsamen Zweck setzt voraus, daß jeder Beteiligte jeweils für die Organisationsakte des (bzw. der) anderen zuständig ist. Dies gilt auch dann, wenn sich etwa ein Delikt aus isolierbaren Abschnitten der Ausführungshandlung aufbaut[2] und die einzelnen Abschnitte von verschiedenen Personen je allein vollzogen werden. Teilnahme ist keine wechselseitige Zuständigkeit für die einzelnen Beiträge, aus denen sich die Gesamttat zusammensetzt, sondern kollektive Zuständigkeit für das Ganze[3], und diese wiederum ist die *Konsequenz* der kommunikativ relevanten Verknüpfung von Organisationskreisen.

Die Frage nach der Herstellung des gemeinsamen Zwecks ist damit letztlich immer ein *hermeneutisches Problem*: Die Organisationskreise mehrerer Personen müssen derart miteinander verbunden werden, daß die daraus hervorgehende Ausführung als gemeinsame Weltgestaltung und Resultat arbeitsteiligen Zusammenwirkens kommuniziert wird[4]. Dabei geht es insbesondere um die Abgrenzung zum bloßen Vollzug verschiedener unverbundener Akte bei gleicher Gelegenheit sowie zum bloßen Ausnutzen einer von einem anderen Handlungssubjekt geschaffenen Situation. Diese Abgrenzung wird

1) Denjenigen Mitverursacher, der (aus welchem Grund auch immer) nicht unter dem gemeinsamen Zweck firmiert, geht die Gesamttätigkeit nichts an.

2) Etwa Raub aus Nötigung zum Zweck des Gewahrsamsbruchs und dieser wiederum zum Zweck der Gewahrsamsbegründung oder Diebstahl beim sukzessiven Diebstahl der Bände einer Bibliothek, vgl. *Jakobs* AT 21/42.

3) Siehe bereits oben S.272.

4) Hier können auch normativ fixierte Zuständigkeiten für eine fremde Organisation eine Rolle spielen; diese sind dann jedoch stets nur Indiz, nicht aber Bedingung für die Herstellung eines gemeinsamen Zwecks.

vor allem dann problematisch, wenn isolierbare Abschnitte der Ausführung einer möglichen kollektiven Gesamttat jeweils von verschiedenen Personen allein vollzogen werden. Mindestvoraussetzung für die Einpassung der einzelnen Akte in einen überindividuellen gemeinsamen Zweck ist hier - soweit nicht ohnehin eine Unterlassungslösung in Betracht kommt[1] - die Antizipation der Aktfolge vor dem ersten Akt der potentiell gemeinschaftlichen Ausführung in dem Sinne, daß der Deliktstyp bzw. das komplette Quantum der Tatbestandsverwirklichung schon vorher fixiert sein muß: Eine *nachträgliche* Verknüpfung bereits abgeschlossener isolierbarer Akte zu einem über den Sinn dieser einzelnen Akte hinausgehenden gemeinsamen Zweck ist unmöglich[2]. Soweit aber eine kommunikativ relevante Verbindung von Organisationskreisen vorliegt und dabei die isolierbaren Teile der in einem ganz bestimmten Tatbestand zusammengefaßten Aktfolge vor dem Vollzug des ersten Akts fixiert worden sind, wird jeder einzelne dieser Akte zur Definition des überindividuellen gemeinsamen Zwecks assoziiert. Anders ausgedrückt: Infolge seiner Integration in das kollektive Gesamtgeschehen prägt jeder einzelne Beitrag die Bedeutung dieses Geschehens mit.

---

1) D.h. eine Beteiligung am Unterlassen bzw. durch Unterlassen des Ersthandelnden. Zu den Unterlassungslösungen bei fehlender Antizipation der Aktfolge beim Raub siehe *Jakobs* JR 84,386 f sowie unten S.311 f.

2) Beispiel: A hat den B niedergeschlagen. C kommt hinzu, erkennt die günstige Gelegenheit und nimmt dem bewußtlosen B die Brieftasche weg. A steht daneben, unternimmt aber nichts. Die einzelnen Akte (Gewaltanwendung und Wegnahme) werden hier nicht in den übergeordneten Zweck eines gemeinschaftlichen Raubs eingepaßt, vielmehr wird eine Körperverletzung zu einem anschließenden Diebstahl ausgenutzt. Für eine Unterlassungslösung bleibt kein Raum: Eine Gewaltanwendung durch Unterlassen des A scheitert jedenfalls an seiner fehlenden Erfolgsabwendungsmöglichkeit und eine Ausnutzung der Wehrlosigkeit des B zur Wegnahme durch denjenigen, der für diese Lage zuständig ist (nämlich A), liegt nicht vor. Vgl. auch *Jakobs* aaO.

C. Zurechnung und Ermittlung der Haftungsquote bei Beteiligung mehrerer

I. Das Regreßverbot

Wir haben gesehen, daß die arbeitsteilig durchgeführte Tat einer aus mehreren Personen (im Extremfall: aus einer einzigen Person) bestehenden Organisationseinheit zugerechnet wird; - anders läßt sich die Verantwortung für die Gesamttätigkeit und damit auch die Anbindung der Haftung an die jeweiligen Straftatbestände nicht begründen. Die Zurechnung ist also bei Täterschaft und Behilfe identisch: Sowohl die Täter als auch die Gehilfen haben gemeinschaftlich als Kollektiv die Ausführung (Tatbestandsverwirklichung) zu verantworten. Eine qualitative Differenzierung zwischen allen Mitverursachern ergibt sich somit zunächst nur durch die Judikation über Verantwortung und Nichtverantwortung überhaupt, sc. über Mitgliedschaft im organisierenden Kollektiv und Nichtmitgliedschaft. Das Regreßverbot ist also kein Spezifikum der Beihilfe, sondern betrifft Täterschaft und Beihilfe gleichermaßen; - seine Funktion besteht darin, ganz allgemein die Grenzen der Zurechnung zu markieren.

Das Regreßverbot ist eine Konsequenz aus der Funktion des Strafrechts, Orientierung bei sozialem Kontakt zu verbürgen. Soziales Handeln setzt angesichts der Komplexität der Welt und der doppelten Kontingenz aller Entscheidungssituationen eine Strukturbildung voraus. Der Handelnde muß in weitem Umfang darauf vertrauen, daß unbestimmt viele bekannte und unbekannte Möglichkeiten nicht eintreten[1]. Dazu gehört insbesondere das Vertrauen auf das Ausbleiben normwidrigen Verhaltens Dritter[2]. Wir haben

---

1) *Welzel* Lb S.36.

2) Zutreffend insoweit *Roxin* FS Tröndle S.186 f: "Jedermann darf im Regelfall darauf vertrauen, daß andere keine vorsätzlichen Straftaten begehen. Dieser Satz ist zu begründen aus einer Abwägung zwischen menschlicher Handlungsfreiheit und den mit ihrer Ausübung häufig verbundenen gesellschaftlichen Vorteilen einerseits und den daraus resultierenden Gefahren andererseits, wie sie jedem erlaubten Risiko zugrundeliegt". Es ist auch richtig, wenn *Roxin* weiter bemerkt, daß die Straflosigkeit des Ersthandelnden nicht auf unvorsätzliches Verhalten beschränkt ist: "Denn ein erlaubtes Risiko ist unabhängig von der Einstellung des Handelnden zum Erfolge erlaubt; auch der nicht Vertrauende kann sich auf den Vertrauensgrundsatz beru-

gesehen, daß die durch das Strafrecht garantierten normativen Erwartungen kontrafaktisch ausgerichtet sind und daß die Strukturbildung insoweit wegen des Kontingenzproblems auf der projektiven Ebene des Erwartens von Erwartungen erfolgt. Die Berechtigung zum Vertrauen auf das Ausbleiben strafrechtswidriger Taten ist daher *normativ* und nicht statistisch-empirisch fundiert[1]. Die Rechtsnorm stellt sicher, was man erwarten kann, und zwar auch bei widerstreitender kognitiver Lagebeurteilung. Wenn aber das Strafrecht gerade garantiert, daß fremdes Fehlverhalten nicht in Acht genommen werden muß, kann es insoweit prinzipiell auch keine Verantwortung zuschreiben[2]; - anders ausgedrückt: Wenn das Strafrecht einerseits auch und gerade die kontrafaktische Orientierung durch normatives Erwarten deckt, indem es die Geltung einer Norm selbst bei widerstreitender kognitiver Lagebeurteilung garantiert[3], kann es andererseits eine Forderung zur Berücksichtigung normwidrigen Verhaltens anderer grundsätzlich nicht geben[4].

---

fen". Wenn die Funktion der strafrechtlichen Verhaltensnormen Rechtsgüterschutz sein soll, läßt sich die Auffassung *Roxins* freilich nicht halten (zum Widerspruch zwischen Güterschutz und erlaubtem Risiko siehe auch *Jakobs* AT 7/37). Die Abwägung zwischen Handlungsfreiheit und Rechtsgüterschutz muß vielmehr bereits Normgegenstand sein: Normzweck ist nicht Rechtsgüterschutz, sondern der Schutz von Umgangsregeln. Auf den Gegensatz zwischen der Handlungsfreiheit und der Berechtigung zur Verfolgung eigener Interessen auf der einen sowie der Distanzierungspflicht auf der anderen Seite weist *Meyer-Arndt* Wistra 89,281 hin.

1) *Bloy* S.139 f; *Stratenwerth* FS Eb. Schmidt S.392, Anm.31; vgl. a. *Schumann* S.16; *Frisch*, Verhalten S.237 f. Auch die für den Straßenverkehr entwickelte Lehre vom "Vertrauensgrundsatz" besagt nichts anderes, als die *Behauptung der Geltung der Straßenverkehrsnormen* (*Schumann* S.11, Fn 24).

2) In der Sache ebenso *Frisch*, Verhalten S.238. Allerdings geht die Polemik *Frischs* gegen die Konstruktion dieses Phänomens "im Gewand von Verhaltenserwartungen" (aaO Fn 34) am hiesigen Konzept gründlich vorbei, weil er völlig verkennt, daß es im Strafrecht nicht um sozialpsychologische, sondern um *normative* Erwartungen geht. Zudem übersieht *Frisch*, daß die Deduktion des Regreßverbots aus den Verhaltenserwartungen weder ein "Gewand" noch einen "unnützen Überbau", sondern eine funktionale Ableitung aus den strafrechtsdogmatischen Grundlagen darstellt. Eine sachliche Auseinandersetzung hätte daher allein auf der Ebene dieser Grundlagen zu erfolgen.

3) Diesen Aspekt übersieht *Roxin* FS Tröndle S.180 in seiner Kritik gegen *Welp* völlig.

4) Vgl. a. *v. Bar*, Lehre S.22: "In den Zusammenhang der Erfolge, welche an eine Handlung sich knüpfen, können nicht nur leblose Gegenstände, sondern auch Menschen eingreifen. Thun sie dies in einer nicht zu erwartenden, regelwidrigen Weise, so ist klar, daß höchstens sie die Ursache des schließlichen, durch ihr Eingreifen bedingten Erfolges sind, nicht aber derjenige, dessen Handeln sie als Voraussetzung ihres Handelns benutzten". Dies entspricht

Die Zurechnung - und damit auch das Regreßverbot - muß in den funktionalen Zusammenhang des Strafrechtssystems integriert, d.h. im Hinblick auf die Funktion der Strafe gedeutet werden und firmiert deshalb unter dem Zweck der Enttäuschungsabwicklung. Ihre Funktion besteht insoweit darin, aus einem ganzen Wust von Kausalfaktoren denjenigen als Verursacher zu isolieren, der für den Geltungsschaden verantwortlich ist und auf dessen Kosten deshalb die demonstrative "Negation der Negation" erfolgen soll (sofern nicht eine andere Konflikterledigung - z.B. Entschuldigung - in Betracht kommt). Es geht also m.a.W. um eine normative Problematik, nämlich "um die Zuordnung eines störenden Ereignisses zum Träger derjenigen Kosten, die zur Beseitigung der Störung notwendig sind"[1]. Die strafrechtliche Zurechnung wird damit immer vor dem Hintergrund des Geltungsschadens, nicht aber per se durch Kausalität, (Mit-) Gestaltung oder faktische Beherrschung des Kausalgeschehens, formal-eigenhändigen Vollzug einer (bzw. eines Teils der) sog. Tatbestandsausführungshandlung, objektive Risikoschaffung für ein Rechtsgut oder dergleichen begründet.

Für eine Konkretisierung des Regreßverbots bieten sich damit wiederum insbesondere die Grundlagen der *Hegelianischen* Teilnahmelehre[2] sowie die Vorarbeiten *Schumanns* zum Gehilfenunrecht[3] an, - nur eben erstens nicht auf die Beihilfe beschränkt und zweitens unter der bereits angesprochenen Akzentverlagerung von der individual-psychologischen Ebene des subjektiven, auf das kausale Außenweltsgeschehen bezogenen Wollens auf die kommunikativ-symbolische Ebene der Normgeltung. Es geht also um den Ansatz, daß der Haftungsregreß auf einen Mitverursacher allein dann zulässig ist, wenn sein Beitrag Ausdruck eines "Einverständnisses" bzw. einer "Solidarisierung"[4] mit dem Normbruch darstellt; - anders ausgedrückt: Der von einem Beteiligten in die Gesamttätigkeit eingebrachte Tatbeitrag darf nicht objektiv

---

auch dem sog. "Vertrauensgrundsatz", der besagt, daß rechtswidriges Verhalten anderer trotz Vorhersehbarkeit nicht in Rechnung zu stellen ist (LK-*Hirsch* § 230 Rn 6; *Jakobs* Lb S.174; *Stratenwerth* FS Eb. Schmidt S.390).

1) *Jakobs* AT 1/2.

2) Siehe oben S.273 ff.

3) Siehe oben S.180 ff.

4) *Schumann* S.50 f und passim.

neutral[1], sondern muß Indikator eines Normwiderspruchs sein; strafrechtliche Verantwortung setzt bei arbeitsteiliger Deliktsverwirklichung erst dort ein, wo ein Verhalten keine andere sozial sinnvolle Erklärung mehr zuläßt als diejenige, daß eine solidarische Assoziation mit den Organisationsakten anderer zur Desavouierung einer konkreten normativen Erwartung gewollt ist[2]. So lange ein Verhalten hingegen trotz Kausalität und Vorsatz noch sinnvoll als ubiquitär bzw. sozialadäquat interpretiert werden kann, geht den Handelnden der deliktische Ausgang nichts an[3].

Es liegt auf der Hand, daß damit wiederum insbesondere der *soziale Kontext* einer Handlung sowie die *soziale Rolle* des Handelnden für die Zurechnung eine zentrale Bedeutung gewinnen. Dabei sind im Hinblick auf den sozialen Kontext auch fremde Organisationslagen zu berücksichtigen: Es fällt schwer, sich von einem Normbruch zu distanzieren, wenn der Beitrag in einem Stadi-

---

1) Siehe dazu insbesondere *Meyer-Arndt* Wistra 89,281 ff; auch *Arzt* NStZ 90,4.

2) Siehe auch *Jakobs* AT 24/15. Ähnlich argumentiert *Stratenwerth* AT Rn 1164 hinsichtlich des Regreßverbots bei der unvorsätzlichen Mitwirkung an fremden Vorsatztaten.

3) Demgegenüber soll nach Auffassung von *Arzt* NStZ 90,3 ein vorsätzlich geleisteter kausaler Beitrag zu einem verbotenen Erfolg grundsätzlich keine übliche und erlaubte Geschäftstätigkeit sein (sondern strafbare Mitwirkung an Straftaten): "Der Drogist, der einer Frau Pflanzenschutzmittel verkauft, von der er weiß, daß sie damit ihren Mann umbringen will, ist Teilnehmer an einer vorsätzlichen Tötung. Mordteilnahme gehört nun einmal nicht zu seiner üblichen Geschäftstätigkeit". Der Zirkel ist evident: Natürlich ist Mordteilnahme keine ubiquitäre Verhaltensweise. Aber ob es sich überhaupt um Mordteilnahme handelt, ist gerade die Frage und diese soll anhand des Apekts der "Ubiquität" beantwortet werden. Kausalität und Vorsatz reichen eben für die Begründung strafrechtlicher Verantwortung nicht aus (so wohl auch *Arzt* aaO S.4). - Im Grundsatz wie hier *Meyer-Arndt* Wistra 89,287: "Das Gesetz geht davon aus, daß das bloße Wissen einer Person von der strafbaren Handlung eines anderen nicht selbst kriminelles Unrecht ist. Die 'Mitwisserschaft' ist kein Straftatbestand ... Es geht nicht an, auch diejenigen Personen unter 'Beihilfe' zu subsumieren, denen man bei natürlicher Betrachtung nur sagen kann, daß sie von der strafbaren Handlung gewußt hätten und - trotz dieser Kenntnis - ihre normalen geschäftlichen, freundschaftlichen usw. Kontakte aufrechterhalten hätten ... Die Grenze ist da zu ziehen, wo die Handlung des Dritten aufhört, tatspezifisch zu sein. Die Handlung des Dritten ist nicht mehr tatspezifisch, wenn sie sich auf ein Verhalten des Täters bezieht, das an sich legal ist und an sich auch ohne nachfolgende strafbare Handlung wirtschaftlich, sozial oder individuell sinnvoll bleibt. Fördert der Dritte nur solche nicht tatspezifische Handlungen, so ist sein Verhalten 'neutral', keine Beihilfe, und zwar weder psychisch noch physisch". Zum Zusammenhang zwischen dem Regelungszweck des Strafrechts, Erwartungen zu garantieren und dem Zurechnungsausschluß bei sozialadäquatem Verhalten siehe *Jakobs* AT 7/30.

um geleistet wird, in dem ein anderer bereits das Sonderrisiko einer Tatbestandsverwirklichung gesetzt, insbesondere die Schwelle zum Versuch überschritten hat. Diese Feststellung bedeutet aber keineswegs, daß dem Versuch die Funktion der Fixierung einer vorderen zeitlichen Grenze akzessorischer Beteiligung zukäme, denn auch die Art des Beitrags ist für die Attribution von entscheidender Bedeutung: Die Beschaffung von Sprengstoff oder einer abgesägten Schrotflinte im Vorfeld der Deliktsverwirklichung ist unter dem Gesichtspunkt der Ubiquität von Verhaltensweisen etwas anderes als die Beschaffung eines Küchenmessers oder einer Axt.

Roxin wirft den dem hiesigen Konzept ähnelnden Ansätzen *Jakobs'* und *Stratenwerths*[1] vor, daß deren Lösung deswegen nicht durchführbar sei, weil es Handlungen, deren Zweck bei objektiver Beurteilung *nur* in einer Deliktsförderung liegen könne, abgesehen von einigen Fällen vorsätzlicher Teilnahme nicht gebe[2]. Diese Kritik trifft jedenfalls die hier vertretene Auffassung nicht: Denn erstens geht es nicht darum, ob ein Verhalten *schlechthin* nur als Solidarisierung mit einem fremden Normbruch erklärt werden kann, sondern bloß darum, ob eine *andere* Erklärung *noch sinnvoll* ist. Und zweitens geht es auch nicht um eine generell-abstrakte Deutung von Verhaltensweisen unter Einbezug aller nur theoretisch denkbaren Alternativen, sondern um die Interpretation eines Verhaltens *im Zusammenhang mit einem ganz konkreten sozialen Kontext*[3].

Allerdings wird der auch über fremde Organisationslagen definierte Kontext

---

1) *Jakobs* AT 24/15; *Stratenwerth* AT Rn 1164.

2) *Roxin* FS Tröndle S.189 f.

3) Abgesehen davon ist die Argumentationsweise *Roxins* auch nicht nachvollziehbar: Wieso soll eigentlich, wenn die Grenzen des Regreßverbots im Extremfall (wie in anderen Bereichen auch) nicht leicht zu ziehen sein mögen, bloß aus diesem Grund im Zweifel *gegen* die Beschränkung der Strafbarkeit entschieden werden? - Nur am Rande sei schließlich noch vermerkt, daß *Roxin* an anderer Stelle selbst auf den Ansatz *Jakobs'* und *Stratenwerths* zurückgreift. Denn im Fall einer Flugzeugentführung sollen die Gegner der Entführer straflos bleiben, wenn die Entführer Passagiere umbringen, weil trotz einer Morddrohung Befreiungsversuche unternommen werden: "Der Grund für die Ablehnung einer Fahrlässigkeitszurechnung liegt darin, daß das Verhalten des Außenstehenden in solchen Fällen *seinem objektiven Sinn nach nicht als 'Förderung' fremder Tatgeneigtheit beurteilt werden kann* ... Zwischen einer objektiven Förderung durch den Ersthandelnden und einer willkürlichen Bedingungsverknüpfung durch den Vorsatztäter läßt sich deutlich unterscheiden" (FS Tröndle S.191).

stets von der sozialen Rolle des Mitverursachers überlagert. Denn normative Erwartungen sind immer Rollenerwartungen; für die Zurechnung ist somit primär dasjenige von Bedeutung, was von einem anderen in seiner Rolle erwartet wird[1]. Eine Rolle ist immer über den konkreten Kontext hinaus durch bestimmte Verhaltensstandards fixiert. Es ist also entscheidend, ob ein Verhalten auch unabhängig vom Kontext nur aufgrund standardisierter Rollenerwartungen erklärt werden kann. Ist das der Fall, dann ist das Verhalten stets auch objektiv neutral interpretierbar. Wer sich also objektiv noch im Bereich eines sozial anerkannten Rollenverhaltens bewegt, handelt grundsätzlich innerhalb einer deliktsfreien Zone, und zwar auch dann, wenn der fremde Organisationskreis, mit dem er den eigenen verbindet, bereits in einen enttäuschenden Kontext verstrickt ist[2]. Insoweit ist eine sukzessive akzessorische Beteiligung (gleich, ob in Form der Mittäterschaft oder Beihilfe) von vornherein ausgeschlossen. Es müßte als über § 323 c hinausgehendes Sonderopfer besonders begründet werden, warum der Träger einer bestimmten Rolle in einem ganz konkreten (nämlich einem deliktischen) Kontext zum Wechsel seiner Rolle gezwungen werden und sich nicht auch weiterhin auf seine Rolle

---

1) *Jakobs* ZStW 101(1989),518.

2) Beispiel: Es ist völlig zutreffend, wenn *Herzberg*, Unterlassung S.315 sagt, ein Verkäufer von Messern brauche sich nicht darum zu kümmern, "was selbstverantwortliche Menschen nach dem Kauf eines Messers vorhaben". Dieser Grundsatz gilt aber - entgegen *Herzberg* und *Roxin* (FS Tröndle S.196) - auch dann, "wenn vor seinem Laden eine Schlägerei stattfindet und nun einer der Beteiligten hereinstürzt und ein Messer kaufen will". Das Verhalten des Verkäufers ist mit seiner Rolle sinnvoll zu erklären und auf ein Verhalten des Täters bezogen, das an sich legal ist und auch ohne nachfolgende strafbare Handlungen sozial und individuell sinnvoll bleibt. Das klassische Beispiel zum Regreßverbot stammt von *Jakobs* AT 24/17: "Der Bäcker haftet ... nicht wegen Totschlagsteilnahme, wenn er beim Brötchenverkauf weiß, daß der Käufer das Produkt vergiften und sodann seinen Gästen servieren wird". Da *Roxin* FS Tröndle S.197 in seiner Polemik gegen das Regreßverbot *Jakobs* vorwirft, daß "solche Fälle weitgehend Schreckbeispiele sind, die im realen Leben nicht vorkommen", seien an dieser Stelle die Alltagsfälle aus der Praxis nachgeliefert: Der Apotheker darf einem erkennbar drogenabhängigen Kunden im Nachtdienst auch dann steriles Injektionsgerät (Einmalspritzen) verkaufen, wenn er damit rechnet, daß dieser die Spritzen zum Drogenkonsum verwenden wird; seine Strafbarkeit nach § 29 I Nr.10 BtMG scheitert am Regreßverbot. Und was geht es eigentlich den Bauherrn an, wenn der von ihm beauftragte Bauunternehmer - wie er weiß - Lohnsteuern und Sozialversicherungsbeiträge "spart"? Siehe zu den Fällen dieser Art auch *Meyer-Arndt* Wistra 89,281 ff, der seinen Beitrag - ganz im Gegensatz zur Behauptung *Roxins* - mit der Feststellung einleitet, daß Förderungshandlungen durch "neutrale Handlungen" *täglich* vorkommen.

berufen dürfen soll.

Die Lösung der oben[1] zum Regreßverbot angeführten Fälle ist damit bereits vorgezeichnet: Im Beispiel 3/1 haftet der Postbeamte C weder als Täter noch als Gehilfe, weil sich sein Kausalbeitrag zur Tötung des B im Rahmen seiner sozialen Rolle als Postbeamter objektiv sinnvoll erklären läßt. Sein als "Privatmann" erworbenes Sonderwissen um die tödliche Fracht belastet ihn nicht[2]. Das gleiche gilt im Beispiel 3/2: Sowohl das Verhalten der Sekretärin C als auch dasjenige des Büroboten D bewegt sich objektiv im Rahmen der in ihrer Rolle überlicherweise geleisteten Tätigkeiten. Beide können daher nicht als Gehilfen des Geschäftsführers A gem. §§ 85 I GmbHG, 27 zur Verantwortung gezogen werden.

II. Die quantitative Differenzierung zwischen Täterschaft und Beihilfe

Während die strafrechtliche Verantwortung von Tätern und Gehilfen nach Grund und Gegenstand identisch ist, sind die Haftungsquoten verschieden: Die einen werden mit der vollen, die anderen mit der obligatorisch gemilderten Strafe des jeweiligen Tatbestands belegt. Täterschaft und Beihilfe bezeichnen also in die Zurechnung integrierte und zu unterschiedlichen Beteiligungsformen vertypte Phänomene der Strafzumessung[3]. Die jeweilige Haftungsquote richtet sich bei arbeitsteiliger Deliktsorganisation grundsätzlich[4] nach dem *Umfang* der Beteiligung.

Auf die Ermittlung des insoweit maßgeblichen Beteiligungsquantums bleibt die hier entwickelte Unrechts- und Zurechnungslehre nicht ohne Einfluß. Infolge der Unterscheidung zwischen deliktischer Aussage (Desavouierung der Norm) und Informationsträger (dem naturalistischen Außenweltsgeschehen) ist die Differenzierung vollständig vom äußeren Kausalverlauf zu lösen und auf die kommunikativ-symbolische Ebene der *Bedeutung* dieses Verlaufs

---

1) Siehe S.75.

2) Zum Zusammenhang zwischen Rollenerwartungen und der Berücksichtigung von Sonderwissen siehe *Jakobs* GS Armin Kaufmann, S.275 ff.

3) Siehe bereits oben S.197 ff.

4) Zu den Ausnahmen siehe sogleich unten S.288 ff.

für die Verbindlichkeit der Norm zu verschieben. Die Bestimmung der Haftungsquote richtet sich also nicht nach der faktischen Gestaltung des Außenweltsgeschehens durch einen Beteiligten an sich[1], sondern nach dem Maß der kommunikativen Relevanz solcher Gestaltungen im Hinblick auf die Geltung der Norm; - anders formuliert: Entscheidend ist das Ausmaß der Festlegung des tatbestandsverwirklichenden Geschehens in seinem konkreten Verlauf für die Definition und/oder die objektive Fixierung des Normbruchs.

Täter sind danach im Gegensatz zu Gehilfen diejenigen Beteiligten, die das Delikt primär in dem Sinne gestalten, daß zwischen ihrem jeweiligen Beteiligungsquantum und demjenigen der anderen eine signifikante, d.h. nicht nur unerhebliche Differenz besteht. Bei der Bewertung kann und soll insoweit keine mathematische Exaktheit erzielt werden, weil die Quantifizierung nicht in Zahlen formulierbar ist. Die Grenzen sind vielmehr graduell und fließend. Daher ist es insbesondere auch nicht erforderlich, daß alle (Mit-) Täter exakt gleich viel gestalten, also jeweils einen Beitrag vom gleichen Maß der anderen Beiträge leisten müssen[2] (kleinere Abweichungen im Maß sind ohne Bedeutung). Eine graduell-fließende Differenzierung zwischen Täterschaft und Beihilfe begegnet auch keinen rechtsstaatlichen Bedenken, weil es insoweit nicht um Fragen der Tatbestandsbestimmtheit bzw. Festlegung der Strafzone geht und zudem im Zweifel auf die mildere Haftungsquote der Beihilfe zu erkennen ist.

Gestaltungen sind etwa - neben der maßgeblichen Entscheidung über den Erfolgseintritt[3] - die Festlegungen des Ausführenden, des Tatobjekts, der Intensität seiner Verletzung, des Mittels, des Planzusammenhangs und eventuell anderer Umstände, die zum konkreten tatbestandsverwirklichenden Geschehen gehören. Die Festlegung kann während des gesamten Vorbereitungs- und Versuchsstadiums bis hin zum Vollzug der Ausführungshandlung erfolgen; im Grenzfall stellt der Beteiligte nur noch die fertig beschickte "Deliktsmaschinerie" an[4]. Da das maßgebliche Beteiligungsquantum von der Festlegung des Code (i.e.: des äußeren Kausalverlaufs) auf die Definition

1) So aber *Jakobs* AT 21/49.

2) A.A. *Jakobs* AT 21/49.

3) Siehe dazu oben S.97.

4) *Jakobs* AT 21/49 f.

und/oder objektive Fixierung des Geltungsschadens rückgeschlossen werden muß, haben Beiträge, an denen die Enttäuschung *unmittelbar* abzulesen ist, regelmäßig ein stärkeres Gewicht als entferntere Beiträge. Die Feststellung *Welzels*, daß ein Minus in der objektiven Mitbeteiligung an der Ausführung durch das Plus der besonderen Mitbeteiligung an der Planung wettgemacht werden muß[1], ist daher im Grundsatz zutreffend.

Derjenige Beteiligte, dessen Akt den äußeren Erfolg *unmittelbar* herbeiführt, ist regelmäßig (Mit-) Täter. Denn der Normbruch erfährt gerade mit dem Erfolgseintritt eine besonders starke objektive Manifestierung[2], so daß der Tatbeitrag desjenigen, der mit der Vornahme seines Akts die letzte und damit unmittelbar maßgebliche Entscheidung für diesen Erfolgseintritt trifft, eine herausragende Signifikanz für den Geltungsschaden gewinnt. Der in diesem Sinne verstandenen Entscheidungsherrschaft kommt also für die Bestimmung des maßgeblichen normativen Gestaltungsquantums eine ganz besondere Bedeutung zu. Das besagt freilich nicht, daß die Entscheidungsherrschaft selbst den Grund und Maßstab der Quantifizierung abgäbe; vielmehr wird ihre strafrechtliche Relevanz nur durch ihren Bezug auf den Geltungsschaden begründet. Würde man etwa das Gestaltungsquantum desjenigen, der bloß per Knopfdruck die fertig beschickte "Deliktsmaschinerie" anstellt, am Maßstab seiner minimalen physisch-kausalen Mitwirkung messen, so würde dieses Quantum allenfalls zur Haftung wegen Beihilfe führen. Wenn aber der Beitrag nach seiner Relevanz für die Normgeltung bewertet wird, ist das Gestaltungsquantum enorm: Der Tatanteil führt zur Haftung des Beteiligten als (Mit-) Täter. Aus dem Gesagten ergibt sich, daß in unserem Beispiel 1/10[3] die Gestaltungen des A durch die Entscheidungsherrschaft der C aufgewogen werden und beide aufgrund ihrer damit in etwa vergleichbaren Gestaltungsanteile als Mittäter verantwortlich sind.

Die aufgezeigten Konsequenzen der Entscheidungsherrschaft treten auch dann ein, wenn ein arbeitsteilig durchgeführtes Delikt nicht bis zur Vollendung, sondern nur bis zum *beendeten Versuch* gelingt. Mit dem Ausbleiben des äußeren Erfolgs fehlt dieser samt dem dadurch verkörperten Maß des Gel-

---

1) *Welzel* Lb S.110.

2) Siehe bereits oben S.97 und S.257 f.

3) Siehe oben S.72.

tungsschadens dem Kollektiv *insgesamt* und damit schlechthin *allen* Beteiligten *gleichermaßen*; an dem Proportionsgefüge aller Gestaltungsanteile ändert sich also gar nichts. Auch hier ist (Mit-) Täter, wer den äußeren Erfolg *unmittelbar* herbeiführen soll: Die Entscheidung für den Erfolgseintritt fällt schon mit der Beendigung des Versuchs und gerade dieser Umstand begründet die besondere Relevanz des letzten Tatbeitrags in bezug auf die Verbindlichkeit der Norm.

Demgegenüber steht die unmittelbar maßgebliche Entscheidung beim *unbeendeten Versuch* noch aus[1]. Weil dem zuletzt realisierten Tatbeitrag hier die besondere, mit der Ausübung von Entscheidungsherrschaft verknüpfte normative Bedeutung fehlt, führt er nicht notwendig zur täterschaftlichen Haftung. Zwar wird das entscheidende Maß der Gestaltung auch insoweit regelmäßig durch die Nähe zur Ausführung mitbestimmt. Aber es ist im Extremfall durchaus denkbar, daß der Gestaltungsanteil des zuletzt handelnden Beteiligten dennoch deutlich hinter demjenigen anderer Tatbeteiligter zurückbleibt. Beispiel: A will einen Sprengstoffanschlag auf eine Runde hochkarätiger Politiker verüben. Er plant alles, baut eine Höllenmaschine, installiert sie am Konferenzraum und mietet eine Wohnung im gegenüberliegenden Gebäude. Zum fraglichen Zeitpunkt nimmt er B mit in die Wohnung, der mit dem Fernglas den Konferenzraum beobachten und ein Zeichen geben soll, sobald alle Politiker anwesend sind. Auf dieses Zeichen hin will A den Zündkontakt herstellen und die Bombe zur Explosion bringen[2]. Das Unternehmen läuft zunächst nach Plan, findet aber mit dem Zuruf des B ("Jetzt!") sein Ende, weil die konspirative Wohnung in diesem Moment von der Polizei gestürmt wird. Hier ist die unmittelbar maßgebliche Entscheidung für den äußeren Erfolgseintritt noch nicht gefallen; da der Anteil des A an der Festlegung des äußeren Verlaufs für die Definition und objektive Fixierung des Normbruchs wesentlich größer ist als derjenige des B, haftet jener täterschaftlich und dieser nur wegen Beihilfe.

---

1) *Armin Kaufmann*, Strafrechtsdogmatik S.244; *Jakobs* GS Armin Kaufmann S.277.

2) Hierin unterscheidet sich die Rollenverteilung von dem Fallbeispiel oben S.118.

III. *Qualitative Differenzierungen zwischen Täterschaft und Beihilfe*

Wenn auch bei arbeitsteiliger Deliktsorganisation die Abgrenzung von Täterschaft und Beihilfe grundsätzlich graduell-quantitativ verläuft, bleibt es doch dem Gesetzgeber unbenommen, bei der Formulierung einzelner Tatbestände des Besonderen Teils durch Einführung zusätzlicher qualitativer Kriterien aus besonderen Gründen die täterschaftliche Haftung auf den Kreis derjenigen Beteiligten zu begrenzen, die durch diese Merkmale qualifiziert sind oder das allgemeine Prinzip der quantitativen Differenzierung überhaupt durch andere Regeln zu ersetzen[1]. Zu den Delikten mit tätertypisierenden Merkmalen werden herkömmlich die Absichts-, Sonder- und eigenhändigen Delikte gerechnet.

1. *Überschießende Innentendenzen*

Nach heute wohl einhelliger Auffassung müssen bei *jedem* Täter stets die das Delikt typisierenden Merkmale vorliegen; das soll insbesondere für die besonderen Absichten (überschießenden Innentendenzen) gelten[2]. Dieses - offenbar als Axiom gehandelte und daher nirgends hinterfragte oder gar begründete - Postulat ist die praktisch zwingende Konsequenz des restriktiven Täterbegriffs, sc. der verfehlten Vorstellung, daß auch bei arbeitsteiliger Deliktsorganisation nur derjenige Beteiligte (Mit-) Täter sein könne, der den Tatbestand mit allen seinen Merkmalen in seiner Person verwirkliche. Wir haben jedoch bereits an anderer Stelle gesehen[3], daß die Tatbestände idealtypisch bloß auf die Konstellation des allein Handelnden, nicht aber auf diejenige arbeitsteiligen Vorgehens zugeschitten sind: Bei Mittäterschaft ist - sofern dafür überhaupt ein Anwendungsbereich reserviert sein soll - von jedem

---

1) Diese Kompetenz und Gestaltungsfreiheit des Gesetzgebers eskamotiert *Herzberg* NStZ 89,560, wenn er es als "Selbstverständlichkeit" bezeichnet, daß für eine im BT normierte Straftat auch gelte, was im AT zur Täterschaft bei Straftaten festgelegt sei. Freilich ersetzt das Attribut "selbstverständlich" ohnehin keine Begründung.

2) *Jakobs* AT 21/9; *Welzel* Lb S.77 ff; *Stratenwerth* AT Rn 825 i.V.m. Rn 754; SK-*Samson* § 25 Rn 52; Maurach-*Gössel* AT/2 49/111; *Jescheck* AT S.287; LK-*Roxin* § 25 Rn 114; *Roxin* JA 79,519; Sch/Sch-*Cramer* § 25 Rn 83; *Gallas* JZ 60,687; LK-*Ruß* § 242 Rn 79 bzgl. § 242; a.A. aber immerhin *Mezger* StrafR (2.Aufl.) S.428.

3) Siehe oben S.117 ff,194 f,271 f.

Täter zwingend weniger zu leisten als von einem Alleintäter. Daraus folgt, daß die formale Bindung des *objektiven* Tatbeitrags eines (Mit-) Täters an den Tatbestand bereits im Ansatz verfehlt ist: Die Vornahme einer Ausführungshandlung ist insoweit weder notwendige noch hinreichende Bedingung für die (Mit-) Täterschaft. Es ist dann aber nicht plausibel zu erklären, warum für die *überschießenden Innentendenzen* eine grundsätzlich andere Behandlung indiziert sein und die im übrigen abgelehnte formale Bindung jedes einzelnen Mittäters an den Tatbestand insoweit wieder eingeführt werden soll.

Wenn ein Tatbestand arbeitsteilig von mehreren Beteiligten verwirklicht wird, können deliktstypisierende subjektive Merkmale nicht auf die einzelnen Beteiligten, sondern nur auf die kollektive Organisationseinheit der Beteiligten bezogen werden. Denn *das* Handlungssubjekt, das hier mit der Deliktsbeschreibung des Besonderen Teils konfrontiert ist, ist die personale *Gemeinschaft aller Beteiligten* in ihrer Verbundenheit[1]. Eine deliktstypisierende überschießende Innentendenz muß also als *überindividuelle*, die Tat insgesamt prägende *Tendenz des Kollektivs* vorliegen.

Da das Kollektiv keine außer den Gemeinschaftern bestehende Wesenheit und insbesondere keine natürliche Person ist, kann diese Tendenz des Kollektivs freilich nicht als individual-psychischer Befund gedeutet werden. Vielmehr handelt es sich dabei um den objektivierten Planzusammenhang der Gesamttat, der erst durch die entsprechenden individual-psychischen Tendenzen der Tatbeiträge einzelner Beteiligter konstituiert wird. Ein Transfer subjektiver Merkmale in das Kollektiv findet also nicht etwa in Form einer blanken Metamorphose individual-psychisch begründeter Befunde statt. Wie subjektive Merkmale überhaupt nur durch ihre Objektivation bzw. Intersubjektivierung sozial relevant werden, vollzieht sich auch die Integration einer zunächst nur individuellen, deliktstypisierenden besonderen Absicht in den überindividuellen gemeinsamen Zweck eines Kollektivs nicht auf andere Weise als die Einpassung von Beiträgen überhaupt, nämlich durch eine kommunikativ relevante Verknüpfung von Organisationsakten, d.h. in Form von *Handlungen* (Kommunikationen). Soweit eine solche Verknüpfung vorliegt, verschmelzen alle Akte zu *einer* Gesamttat; jeder einzelne Tatbeitrag, der sich in der tatbestandsverwirklichenden Ausführung niederschlägt, prägt die ge-

---

1) Siehe oben S.189 f.

samte Tat[1] und gestaltet mit der ihm anhaftenden Tendenz auch den Planzusammenhang dieser Tat. Ein zunächst nur individual-psychisch begründeter Befund wird also mit der Kollektivveranstaltung stets *per Handlung* verbunden.

Voraussetzung für die Definition des *überindividuellen* Planzusammenhangs einer Kollektivveranstaltung durch den *individuellen* Planzusammenhang eines *einzelnen* Tatbeitrags ist die Integration dieses Beitrags in den gemeinsamen Zweck arbeitsteiliger Deliktsverwirklichung. Die Frage nach der *Herstellung* eines solchen gemeinsamen Zwecks, der durch eine deliktstypisierende überschießende Innentendenz gekennzeichnet ist, bezeichnet - wie sonst auch - ein *hermeneutisches Problem*[2]: Die Organisationskreise mehrerer Personen müssen derart miteinander verbunden werden, daß die daraus hervorgehende Ausführung als *gemeinsame, arbeitsteilig* durchgeführte Gestaltung der Welt kommuniziert wird.

Eine Antwort ist relativ einfach, soweit die gemeinsame Planung eine Arbeitsteilung in der Weise vorsieht, daß ein bestimmter Tatbestand mit allen objektiven *und* subjektiven Merkmalen komplett durch einen *einzigen* Beteiligten verwirklicht werden soll: Hier ist die Definition des gemeinsamen Zwecks durch das geplante Verhalten dieser Person vorgegeben, in das alle anderen Beiträge eingepaßt werden. Die Abgrenzung zum bloßen Vollzug verschiedener unverbundener Akte bei gleicher Gelegenheit sowie zum bloßen Ausnutzen einer von einem anderen Handlungssubjekt (mit) geschaffenen Situation erscheint jedoch dann problematisch, wenn isolierbare Abschnitte der Ausführung einer möglichen kollektiven Gesamttat jeweils von verschiedenen Personen allein vollzogen werden und nicht jede dieser Personen die geforderte deliktstypisierende überschießende Innentendenz aufweist oder gar Planung und Ausführung überhaupt auf verschiedene Personen verteilt sind[3]. Aber auch hier gelten die allgemeinen Regeln: Soweit eine kommunikativ relevante Verknüpfung von Organisationskreisen vorliegt, wird jeder einzelne, in das Gesamtgeschehen eingepaßte Akt einschließlich einer ihm etwa anhaftenden, individuell begründeten besonderen Absicht zur Definition des

---

1) Siehe oben S.277.

2) Siehe oben S.275 ff.

3) Siehe dazu auch *Jakobs* AT 8/39 ff.

überindividuellen gemeinsamen Zwecks assoziiert. Die einzelnen, miteinander verschachtelten Tatbeiträge werden als Gesamttat in einem kollektiven, durch die Gesamtheit aller integrierten Beiträge fixierten Kontext kommuniziert. Dieser kollektive Handlungskontext wird durch die Organisationslagen jedes einzelnen Beteiligten, d.h. nicht nur durch alle objektiven, sondern auch durch alle subjektiven Merkmale der einzelnen Beiträge mitbestimmt. Eine mit einem einzelnen Tatbeitrag in den kollektiven Handlungskontext eingebrachte überschießende Innentendenz, sc. ein zunächst bloß individuell begründeter Plan zur Anknüpfung weiterer Handlungen an das Gesamtgeschehen, wird durch die kommunikativ relevante Verbindung mit den Organisationskreisen der anderen Beteiligten zum objektivierten Planzusammenhang des Gesamtgeschehens, in dem dieses Geschehen interpretiert wird. Dabei wird der individuelle Haftungsrahmen jedes einzelnen - wie sonst auch - durch die Kenntnis des Planzusammenhangs und das Regreßverbot abgesteckt. Wer sich also in Kenntnis des individuellen Planzusammenhangs eines Dritten unter Durchbrechung des Regreßverbots auf eine kommunikativ relevante Verknüpfung seiner Organisation mit derjenigen des Dritten einläßt, kann sich von dem damit hergestellten Handlungskontext nicht mehr distanzieren und partiell aus dem Geschehen ausblenden: Ihn trifft - soweit nicht ein Exzeß begründet ist - die solidarische Kollektivhaftung für das gesamte Geschehen, das aus der deliktischen Kollusion hervorgeht[1].

Halten wird fest: Ebensowenig wie die *objektiven* deliktstypisierenden Merkmale eines Tatbestands von jedem einzelnen Beteiligten eigenhändig selbst und in vollem Umfang verwirklicht werden müssen, muß jeder einzelne Beteiligte die *subjektiven* deliktstypisierenden Merkmale selbst in das Geschehen

---

1) Soweit die Herstellung eines gemeinsamen Zwecks und das Vorliegen einer kollektiven Leistung wegen nicht übereinstimmender Absichten der Beteiligten verneint wird, bleibt derjenige, der die geforderte überschießende Innentendenz nicht aufweist, von der Zurechnung *überhaupt* ausgeschlossen; auch eine Haftung wegen Beihilfe läßt sich nicht begründen. - Beispiel: A und B stellen abredegemäß nach gemeinsamer Vorbereitung in arbeitsteiliger Ausführung einige "Blüten" her. A handelt ausschließlich mit dem Ziel, herauszufinden, ob die Herstellung täuschend echter Falsifikate gelingen wird, während B - was A bekannt ist - die "Probeexemplare" bereits in Verkehr bringen will. Wird hier die Herstellung eines gemeinsamen, durch die besondere Absicht des B geprägten Zwecks und damit eine Verschachtelung aller Beiträge zu einer kollektiven Tat nach § 146 I Nr.1 bestritten, haftet A weder als (Mit-) Täter, noch - weil sich auch insoweit die Zuständigkeit nur über eine kollektive Organisationseinheit begründen ließe - als Gehilfe.

einbringen[1]. Soweit ein Kollektiv handelt, reicht es daher prinzipiell aus, wenn eine besondere Absicht von *einem* Beteiligten eingebracht wird und damit der kollektiven Leistung insgesamt ihren spezifischen Planzusammenhang verleiht. *Delikts*typisierende überschießende Innentendenzen sind also grundsätzlich im Hinblick auf die Beteiligungsform neutral und voll akzessorisch: Es genügt, wenn ein Beteiligter (gleich ob Täter oder Gehilfe) sie aufweist und die anderen davon Kenntnis haben.

Welche Absichten bloß deliktstypisierend und welche darüber hinaus täterbeschreibend sind, ist eine Frage der Tatbestandsauslegung[2] und damit ein Problem des Besonderen Teils, das hier nicht weiter vertieft werden kann. Wir wollen uns vielmehr darauf beschränken, den hier entwickelten Ansatz exemplarisch anhand der §§ 263, 267 und 242 zu verdeutlichen.

Die Bereicherungsabsicht als Tatzweck des § 263 definiert den *Tattypus Betrug*[3]. Zwar ergibt sich aus der Entstehungsgeschichte der Vorschrift, daß der Gesetzgeber im subjektiven Tatbestand gerade das *zielgerichtete* Handeln im Hinblick auf den Vermögensschaden unter Strafe stellen wollte[4]. Daraus folgt aber noch nicht, daß auch nur derjenige Täter sein kann, der *selbst* eine entsprechende Zielvorstellung hat und daß beim Fehlen dieser Vorstellung allenfalls Beihilfe in Betracht kommt[5]. Denn bei arbeitsteiligem Vorgehen mehrerer Beteiligter handelt eben - wie dargelegt - nicht "*der* Täter", sondern eine Organisationseinheit als Kollektiv, so daß Handlung und Planung auseinanderfallen können. Die Tat der Organisationseinheit ist aber bereits dann als Betrug spezifiziert, wenn sie insgesamt im Kontext einer Bereicherungs-

---

1) Ob und inwieweit jeweils ein ganz bestimmter Tatbeitrag von der geforderten Tendenz getragen sein muß, ob etwa bei § 242 die Wegnahmehandlung eigenhändig von demjenigen vollzogen werden muß, der die Zueignungsabsicht selbst aufweist, ist jeweils eine Frage der Tatbestandsauslegung. Soweit ein Tatbestand kein eigenhändiges oder Pflichtdelikt vertypt, sondern Arbeitsteilung zuläßt, dürfte jedoch regelmäßig auch eine überschießende Innentendenz nicht zwingend an die eigenhändige Ausführung gekoppelt sein.

2) Vgl. a. *Gehrig* S.44.

3) *Gehrig* S 45 f; *Jakobs* AT 8/41; *Lackner* § 28, Anm. 2a; *Langer* FS Lange S.261 f; *Herzberg* GA 91,178.

4) *Gehrig* S.45; i.Erg. ebenso *Lackner* § 263, Anm. IX.

5) A.A. ohne Begründung *Gehrig* S.46.

absicht steht oder - anders formuliert - wenn die einzelnen Tatbeiträge unter einem Planzusammenhang verschachtelt werden, der auch durch das Ziel der Bereicherung eines Beteiligten oder eines nicht Beteiligten (Dritten) definiert ist. Allerdings setzt die Haftung jedes einzelnen die Kenntnis dieses Planzusammenhangs voraus[1]. Die Bestimmung der Haftungsquote, sc. die Differenzierung zwischen Täterschaft und Beihilfe folgt also bei § 263 den oben dargelegten allgemeinen Regeln (Mitgestaltung).

Auch die überschießende Innentendenz des § 267 ist (ebenso wie die des § 146) voll akzessorisch und nicht tätertypisierend. Die (Fälschungs-) Handlung ist durch einen bestimmten Planungszusammenhang (die Absicht, das Falsifikat zu gebrauchen) gekennzeichnet. Bei Arbeitsteilung unter mehreren Beteiligten können auch hier Handlung und Planung auseinanderfallen: Einer handelt (fälscht etwa verabredungsgemäß die Urkunde) und ein anderer plant die Weiterungen (beabsichtigt etwa den Gebrauch der Urkunde), wobei diese Weiterungen dem ersten gleichgültig sein mögen. Auch insoweit ist es grundsätzlich ausreichend, wenn ein Beteiligter die Fortführung im eigentlichen Sinn beabsichtigt und die anderen Beteiligten diesen Planungszusammenhang kennen[2]; - die Differenz zwischen Täterschaft und Beihilfe bleibt also rein quantitativ.

Die Zueignungsabsicht des § 242[3] ist schließlich ebenso zu beurteilen wie die Bereicherungsabsicht des § 263. Das leuchtet hinsichtlich der Enteignungskomponente ohne weiteres ein: Sie kennzeichnet eine bestimmte Art und Weise des Umgangs mit dem Gut Eigentum[4], so daß es im Prinzip genügt, wenn einer von mehreren Beteiligten insoweit den für § 242 typischen Planungszusammenhang festlegt. Demgegenüber erscheint die Aneignungs-

---

1) Siehe auch *Jakobs* AT 8/41, 23/20, der dasjenige, was an fremder Planung akzessorisch ist, schon bei der Interpretation des subjektiven Tatbestands berücksichtigen will: "Jeder Vorsatz plus Kenntnis fremder Planung, nicht aber erst Absicht im eigentlichen Sinn, erfüllen den subjektiven Tatbestand". Vgl. a. *Mezger* StrafR (2.Aufl.) S.427 f.

2) Siehe auch *Jakobs* AT 8/39; *Gehrig* S.92. A.A. etwa *Herzberg* GA 91,145.

3) Ob es sich dabei überhaupt um eine überschießende Innentendenz handelt oder nicht, ist streitig. Dagegen etwa *Welzel* Lb S.350; dafür etwa Maurach-*Schroeder* BT/1 33/10; LK-*Ruß* § 242 Rn 32; weitere Nachw. bei *Maiwald*, Zueignungsbegriff S.173 Fn 12. Siehe dazu auch bereits oben S.48.

4) Vgl. SK-*Samson* § 28 Rn 20; *Langer* FS Lange S.261 f.

komponente problematisch: So ist etwa *Jakobs* der Ansicht, daß das Sich-Zueignen ein Nur-Tätermerkmal darstelle[1]. Wegen der engen Fassung (*"sich"* zueignen) könne praktisch nur der Täter selbst Inhaber der "Absicht" sein, ohne daß dies an deren Strukturierung (jeder Vorsatz plus Kenntnis eines Planungszusammenhangs) etwas ändern würde. Diese Auffassung ist jedoch falsch und widerspricht der Lösung zu § 263: Dort ist der Planungszusammenhang der Handlung durch die Absicht typisiert, *sich* oder *einem Dritten* einen rechtswidrigen Vermögensvorteil zu verschaffen. Fällt bei Arbeitsteilung Planung und Handlung auseinander, so genügt es, wenn bloß einer der Beteiligten eine entsprechende Zielvorstellung aufweist. Die Bereicherungsabsicht ist also voll akzessorisch und nicht tätertypisierend. Das ist aber bei der Zueignungsabsicht nicht anders; - der einzige Unterschied besteht darin, daß die Variante der *Dritt*begünstigungsabsicht entfällt: Zumindest ein Beteiligter muß zu dem Zweck handeln, die Sache *sich selbst* zuzueignen.

Damit ist die Lösung des Beispiels 1/7[2] bereits vorgezeichnet: Knecht C vollzieht den Gewahrsamsbruch und steht durch die Übernahme der Ausführung dem Konflikt (Geltungsschaden) am nächsten, während Bauer A die Handlung, die Person des Ausführenden, das Tatobjekt und -Opfer sowie mit seiner Zueignungsabsicht den Planungszusammenhang der Wegnahme festlegt. Zwischen den auf den deliktischen Sinn bezogenen Gestaltungsanteilen beider läßt sich also kein signifikanter Unterschied feststellen: A und C sind Mittäter eines Diebstahls[3]. Interpretiert man demgegenüber die Zueignungsabsicht als tätertypisierendes Merkmal, ergibt sich folgende Lösung: Auch hier werden die Beiträge des A und des C über den gemeinsamen Zweck zu einer kollektiven Gesamttat verschachtelt. Zwar wären beide - wie dargestellt - wegen des in etwa gleichen Gestaltungsquantums an sich nach allgemeinen Regeln ebenfalls Täter, jedoch postuliert das Gesetz daneben ein zusätzliches qualitatives Moment, das dem C fehlt. Aus diesem Grund ist er bloß Gehilfe eines Diebstahls des A, an dessen Täterschaft sich aufgrund der fehlenden Qualifizierung des C nichts ändert. Soweit also eine deliktstypisierende Absicht zugleich als tätertypisierend interpretiert wird, ist eine sukzessive Beihilfe des letzten final Handelnden, dem dieses Merkmal fehlt, grundsätzlich

---

1) *Jakobs* AT 8/41, 23/20; ebenso SK-*Samson* § 28 Rn 20.

2) Siehe oben S.71.

3) Wie hier *Mezger* StrafR (2.Aufl.) S.428.

möglich. Insoweit ist die Frage nach der Möglichkeit sukzessiver Beihilfe ein reines Problem des Besonderen Teils.

2. *Sonder- und eigenhändige Delikte*

Auch die Sonder- und eigenhändigen Delikte werden herkömmlich als Delikte mit tätertypisierenden Merkmalen definiert[1].

a. *Die Abgrenzung zwischen Sonderdelikten ohne besondere Pflichtenbindungen und eigentlichen Pflichtdelikten*

Bei den Sonderdelikten i.w.S. ist zwischen Sonderdelikten ohne besondere Pflichtenbindungen und eigentlichen Pflichtdelikten zu unterscheiden[2]. Die Sonderdelikte ohne besondere Pflichtenbindungen sind durch eine tatbestandliche Beschränkung des Adressatenkreises auf bestimmte Personen gekennzeichnet, die aber nicht Träger besonderer Pflichten sind. Solche Personenbeschreibungen definieren entweder nur die *Situation*, in der tatbestandsmäßiges Handeln überhaupt oder in praktisch relevanter Weise möglich ist[3] oder aber den *Personenkreis*, der als einziger ein Gut in besonders leichter oder praktisch relevanter Art und Weise angreifen kann[4]. Bei diesen Merkmalen handelt es sich also um tatbestandliche Beschreibungen der Ausgestaltung eines Organisationskreises.

Demgegenüber wird bei den eigentlichen Pflichtdelikten[5] die *konkrete* Pflicht durch eine besondere Rolle des Adressaten fixiert, die aufgrund ihrer Einbindung in eine bestimmte Institution mit einer besonderen Erweiterung des

---

1) *Jakobs* AT 21/9; SK-*Samson* § 25 Rn 46 i.V.m. Rn 23 ff; *Roxin* JA 79,519; *Gallas* JZ 60,687.

2) Vgl. dazu *Jakobs* AT 23/24 f.

3) Beispiele: Die Stellung als Unfallbeteiligter in § 142; die Eigenschaft als Gefangener in § 121 oder als Mann in § 175.

4) Beispiel: Schiffsgefährdung (§ 297), unbefugter Gebrauch von Pfandsachen (§ 290), Vereiteln der Zwangsvollstreckung (§ 288).

5) Siehe dazu oben S.268 f.

Pflichtenkreises verknüpft ist. Solche institutionsgebundenen Sonderpflichten sind etwa die Amtspflichten bei den Amtsdelikten, zahlreiche Personen- und Vermögensfürsorgepflichten einzelner Tatbestände des Besonderen Teils (z.B. § 266), die Pflichten der §§ 174 ff gegen den Mißbrauch institutionell abgesicherter Stellungen, die Ehe oder das Eltern-Kind-Verhältnis[1].

b. Täterschaft und Beihilfe bei den Sonderdelikten ohne besondere Pflichtenbindungen

Weil es sich bei den besonderen Merkmalen der Sonderdelikte ohne besondere Pflichtenbindungen um Beschreibungen der Ausgestaltung eines Organisationskreises (sc. der tatbestandsrelevanten Situation im Bereich der allgemeinen Verhaltensorganisation) handelt, können diese Delikte durch Verknüpfung verschiedener Organisationskreise auch arbeitsteilig begangen werden. Diese Merkmale sind daher voll akzessorisch: Für die Konstituierung der einem Kollektiv als Organisationseinheit zugerechneten Gesamttat genügt es, wenn ein Beteiligter das Merkmal aufweist und die übrigen davon Kenntnis haben[2]. Folglich können diese besonderen Personenbeschreibungen nicht per se generell als tätertypisierende Merkmale klassifiziert werden. Vielmehr muß jeweils durch Auslegung des Tatbestands festgelegt werden, ob die jeweilige Personenbeschreibung zugleich ein *zusätzliches* Merkmal zur Limitierung des Täterkreises darstellt oder ob sich sogar die Definition der Haftungsquote unter Preisgabe der quantitativen Differenz zwischen Täterschaft und Beihilfe allein nach der Innehabung dieses qualitativen Merkmals richten soll. Das ist jedoch wiederum ein Problem des Besonderen Teils und kann daher an dieser Stelle nicht weiter vertieft werden.

Für unser Beispiel 1/2[3] ergeben sich damit folgende Lösungsmöglichkeiten: C vollzieht die Ausführungshandlung, während A die Planung und komplette Vorbereitung leistet und mit seiner Vermögenslage erst den für § 283 I Nr.1

---

1) *Jakobs* AT 23/25, 29/58. Vgl. a. Sch/Sch-*Cramer* Vor § 25 Rn 62.

2) Soweit die übrigen das Vorliegen des Merkmals nicht kennen, wird im Extremfall die Gesamttat nur demjenigen zugerechnet, der den überindividuellen Zweck definiert (siehe dazu oben S.274).

3) Siehe oben S.69 f.

erforderlichen Planzusammenhang ermöglicht. Zwischen den Gestaltungsanteilen des A und des C besteht somit keine signifikante Differenz, so daß beide an sich Mittäter wären. Interpretiert man aber die Vorschrift so, daß die Stellung als Schuldner ein tätertypisierendes Merkmal darstellt[1], und der Schuldner selbst die bezeichneten Vermögensgegenstände eigenhändig beiseite zu schaffen hat, ist der Tatbestand des § 283 I Nr.1 nicht erfüllt: A und C kommen ohne Bestrafung davon. Legt man die Vorschrift - was dem Wortlaut nach ohne weiteres möglich ist - hingegen so aus, daß zwar nur der Schuldner Täter sein kann, es sich im übrigen aber um ein reines Erfolgsdelikt handelt, haben A und C als zuständige Organisationseinheit arbeitsteilig einen Bankrott i.S. des § 283 I Nr.1 organisiert. Prinzipiell würden beide wegen ihrer in etwa gleichen Gestaltungsanteile als Täter haften. Da jedoch C die zusätzlich erforderliche Täterqualifikation nicht aufweist, ist er bloß Gehilfe des A, an dessen Täterschaft sich aufgrund der fehlenden Qualifizierung des C nichts ändert. Das gleiche Resultat ergibt sich schließlich dann, wenn man die Vorschrift so interpretiert, daß hier an die Stelle der üblichen quantitativen Differenzierung zwischen Täterschaft und Beihilfe allein eine qualitative Unterscheidung nach der besonderen Personenbeschreibung treten soll.

Analog dazu sind auch die Fälle 1/3, 1/4 und 1/5[2] zu lösen: Je nach Auslegung des jeweiligen Tatbestands (§§ 85 I GmbHG, 288, 142) haften entweder A und C jeweils als Mittäter oder C als Gehilfe des A oder aber keiner von beiden, weil der Tatbestand nicht erfüllt ist.

Halten wir also folgendes Ergebnis fest: Im Bereich der Sonderdelikte ohne besondere Pflichtenbindungen ist eine sukzessive Beihilfe des letzten final Handelnden grundsätzlich denkbar. Dabei gibt die Interpretation des jeweiligen Tatbestands den Ausschlag. Soweit ein reines Erfolgsdelikt vorliegt und die besondere Personenbeschreibung zugleich eine Tätertypisierung darstellt, bleibt eine sukzessive Behilfe des nicht Qualifizierten bis zur Vollendung möglich.

---

1) LK-*Tiedemann* Vor § 283 Rn 56, § 286 Rn 218 f; *Lackner* § 283, Anm. 2a.

2) Siehe oben S.70 f.

c. Täterschaft und Beihilfe bei den eigentlichen Pflichtdelikten

Die konkreten Pflichten im Bereich der allgemeinen Verhaltensorganisation haben einen nur-negativen Inhalt und erschöpften sich restlos in der Trennung von Organisationskreisen, sc. darin, daß enttäuschende Auswirkungen des eigenen Organisationskreises unterbleiben[1]. Bei den eigentlichen Pflichtdelikten geht es demgegenüber nicht um die Ausgestaltung von Organisationskreisen, sondern um die Enttäuschung normativer Erwartungen, die im konkreten Einzelfall der Handlungssituation mit einer Institution verknüpft und nur auf den Verwalter der Institution fixiert sind; die Geltung der strafrechtlich garantierten Norm wird hier von der Geltung einer ganzen Institution flankiert[2]. Durch solche Institutionen soll eine positive, über den bloßen Gutserhalt hinausgehende Beziehung garantiert oder zumindest ermöglicht werden (Beispiel: Eltern sind nicht hinreichend dadurch definiert, daß sie ihre Kinder nicht verhungern lassen und ein Beamter nicht dadurch, daß er unbestechlich ist)[3]. Soweit die sozialen und normativen Rahmenbedingungen, unter denen die Konkretisierung der tatbestandlich vertypten, generell-abstrakten Pflicht erfolgt, durch eine Institution von demselben elementaren Gewicht wie Organisationsfreiheit und Folgenverantwortung definiert sind, wird der konkrete Pflichtenkreis desjenigen, dessen Rolle in die Institution eingebunden ist, erweitert: Wer eine positive Beziehung herstellen soll, hat quantitativ erheblich mehr zu leisten als die bloße Trennung von Organisationskreisen; der von ihm zugunsten des einbezogenen Guts erwartete Solidaritätsaufwand ist gegenüber den bloß organisationsbezogenen Pflichten nur-negativen Inhalts enorm gesteigert.

Die Erweiterung des Pflichtenkreises bei institutionseingebundenen Rollen bedingt zunächst eine Verkürzung des Verhaltensspielraums. Aber erstens geht es bei den konkreten normativen Erwartungen in diesem Bereich ohnehin nicht um Organisationsfreiheit. Wer eine institutionseingebundene Rolle trägt, wird an den damit verknüpften Verhaltensmustern festgehalten und kann sich von dieser Rolle nicht mehr bzw. nur noch in bestimmter, zumeist formalisierter Weise (z.B. durch Scheidung, Adoptionsverfahren, Entlassung

---

1) Siehe dazu oben S.264 ff.

2) Vgl. dazu *Jakobs* AT 28/15 sowie oben S.268 f.

3) *Jakobs* AT 25/46.

aus dem Beamtenverhältnis) distanzieren. Zweitens erfolgt die Integration in eine institutionseingebundene Rolle in aller Regel freiwillig, etwa durch Eheschließung, Zeugung eines Kindes, Annahme einer Vormundschaft oder Begründung des Beamtenverhältnisses. Und drittens stehen der Erweiterung des Pflichtenkreises vielfach kompensierende Momente gegenüber. So wird z.B. das Maß der Gestaltungsfreiheit im von staatlicher Kontrolle freien Privatbereich erheblich ausgedehnt. Zudem sind die institutionellen Pflichten auf die Garantie des jeweiligen Standards limitiert, was sich bei den Organisationspflichten radikal anders verhält: Dort wird der maximal mögliche Aufwand erwartet, der im Extremfall sogar bis zur Selbstaufgabe reichen kann. - Beispiel: Wer durch eine sozial inadäquate Ausdehnung seines Organisationskreises eine Notwehrlage herbeiführt, hat für den Erhalt des bedrohten Guts notfalls den Verlust seines Lebens zu dulden (§ 32).

Weil es bei institutionseingebundenen Rollen nicht um Verhaltensorganisation geht, wird auch die Verantwortung insoweit nicht durch einen Organisationskreis, sondern durch einen höchstpersönlichen *Status* definiert[1], wobei unter Status ein institutionell abgesichertes Bündel von Beziehungen zwischen dem Verpflichteten und dem betreffenden Gut zu verstehen ist, aus dem die verletzte strafbewehrte Pflicht nur einen Ausschnitt darstellt[2]. Das bedeutet: Die Zuständigkeit kann zunächst nur durch die Verletzung einer institutionell abgesicherten Pflicht begründet werden, ist aber bei Verletzung dieser Pflicht, die nur den Inhaber eines bestimmten Status trifft, stets begründet[3]. Dabei ist die Beziehung des Intraneus zur Norm (d.h. auch: zum Tatbestand) immer *unmittelbar*. Da jeder Sonderpflichtige als Verwalter der Institution in seiner Rolle der betreffenden Norm *unvermittelt* gegenübersteht, führt sein *eigenes Verhalten* stets zu einer *eigenen*, kompletten *Tat*. Die Pflichtverletzung (Erwartungsenttäuschung) des Intraneus wird also dadurch begründet, daß er die über den bloßen Gutserhalt hinausgehende, positive, durch den höchstpersönlichen Status definierte Beziehung zum überantworteten Gut desavouiert bzw. gar nicht erst herstellt. Folglich wird alles, was durch die Pflichtverletzung kausiert wird, dem Intraneus (soweit sein Vorsatz reicht) unmittelbar zugerechnet, wobei es gleichgültig ist, ob es sich dabei um natürliche Ver-

---

1) *Jakobs* AT 7/70.

2) *Jakobs* AT 23/25.

3) *Jakobs* AT 21/2.

läufe oder um Verhaltensweisen Dritter handelt.

Bei einem eigentlichen Pflichtdelikt ist eine Arbeitsteilung zwischen Sonderpflichtigem und Extraneus also *faktisch* möglich. Soweit kein eigenhändiges Delikt vorliegt, muß auch die Ausführung (Tatbestandsverwirklichung) nicht allein vom Intraneus durchgeführt[1], sondern kann in Teilen von einem nicht selbst Verpflichteten übernommen werden[2]. Weil aber hier die Tat in der konkreten Tatsituation nicht durch die Ausgestaltung von Organisationskreisen, sondern nur über die besondere Rolle (i.e.: den höchstpersönlichen Status) des Intraneus definiert wird, bleiben die Rollen aller faktisch Beteiligten grundsätzlich getrennt: Ebensowenig wie die höchstpersönliche Pflicht des Intraneus ohne weiteres auf einen anderen übertragen werden kann (auch nicht teilweise), kann sie auch von einem anderen Beteiligten verletzt werden. Die *faktisch* arbeitsteilig durchgeführte Tat (Pflichtverletzung) ist wegen der Rollentrennung (Höchstpersönlichkeit der Pflicht) niemals eine kollektive Leistung (Gesamttat) einer aus mehreren Beteiligten bestehenden Organisationseinheit, sondern immer nur die *Tat des Sonderpflichtigen.* Es gibt also nur eine Tat des Intraneus, dem die Beiträge aller anderen Beteiligten zugerechnet werden und der deshalb immer *unmittelbar* und *allein* für *eigenes Unrecht* verantwortlich, d.h. stets Täter ist.

Soweit hier die Rollen der Beteiligten getrennt bleiben, funktioniert also auch das allgemeine Zurechnungsmodell nicht: Die Haftung Nicht-Qualifizierter kann nicht über eine kollektive Organisationseinheit (die ja als solche niemals Subjekt des höchstpersönlichen Status ist) begründet werden; Mittäterschaft[3] und Beihilfe sind somit nach allgemeinen Regeln unmöglich. Für eine akzessorische Beteiligung am eigentlichen Pflichtdelikt verbleiben daher nur drei Alternativen: Entweder ist sie überhaupt ausgeschlossen[4] oder der Extraneus begeht eine eigene Pflichtverletzung (selbständiges Teilnehmerdelikt) oder dem Extraneus wird das fremde Unrecht des Sonderpflichtigen

---

1) A.A. *Jakobs* AT 22/16.

2) Bsp.: Die unmittelbare Herbeiführung des Vermögensschadens bei § 266.

3) *Jakobs* AT 21/22.

4) *Schmidhäuser* AT (1970) 14/98 ff. Siehe auch *Langer*, Sonderverbrechen S.479 ff und *dens.*, FS Lange S.261 ff, der die Auffassung vertritt, daß sich die Teilnahme Extraner am Sonderdelikt erst aus § 28 ergebe.

zugerechnet. Die zweite Alternative ist wegen der Notwendigkeit, ein Verhalten im Vorfeld der sozialen Störung mit dem strafrechtlichen Unwerturteil zu belegen, sowie wegen des Fehlens entsprechender besonderer Teilnehmertatbestände nicht diskutabel. Und die dritte Alternative bedingt eine Durchbrechung des Selbstverantwortungsprinzips und scheint deshalb - bei vordergründiger Betrachtung - mit dem allgemeinen Regreßverbot zu kollidieren.

Dennoch steht das allgemeine Regreßverbot einer Zurechnung fremden Unrechts beim Pflichtdelikt nicht entgegen. Das Regreßverbot besagt, daß fremdes Fehlverhalten (auch kontrafaktisch) nicht in Acht genommen zu werden braucht. Deshalb gibt es grundsätzlich keine strafrechtliche Haftung für fremdes Unrecht. Dieser Grundsatz wird bei den eigentlichen Pflichtdelikten durchbrochen. Denn bei der Konkretisierung der generell-abstrakten Pflicht geht es hier nicht bloß um den Bereich der allgemeinen Verhaltensorganisation, d.h. um die generelle Orientierung bei sozialen Kontakten, sondern um mehr, nämlich um den Bestand und die Funktionsfähigkeit der elementaren Institutionen. Auch die Rolle des Nicht-Qualifizierten ist gegenüber der pflichterzeugenden Institution keineswegs neutral[1], weil die Rollengrenzen der Verwalter von Institutionen (Sonderpflichtigen) nicht zugleich Grenzen der Gesellschaft sind (vergleichbar den Grenzen einer strengstmöglichen Kaste: Was sich jenseits der Kaste ereignet, wäre Natur, nicht aber Gesellschaft). Ein solches Verständnis wäre für die betreffenden Institutionen unangebracht, weil es sich dabei um diejenigen gesellschaftlichen Beziehungsformen handelt, zu denen - jedenfalls generell - keine Organisationsalternative besteht und die damit unverzichtbar sind[2]. Der Nicht-Qualifizierte kann sich also nicht ohne weiteres auf den Standpunkt zurückziehen, daß ihn die Institution und damit auch das (fremde) pflichtwidrige Verhalten des Sonderpflichtigen nichts angehe. Ebenso wie die den normativen und sozialen Kontext der konkreten Tatsituation prägende Institution wegen ihrer elementaren sozialen Bedeutung den Pflichtenkreis des Intraneus erweitert, dehnt sie auch den Verantwortungsbereich des Nicht-Pflichtigen auf fremdes Fehlverhalten aus. Eine akzessorische Beteiligung am eigentlichen Pflichtdelikt ist also prinzipiell möglich, wobei sich die Durchbrechung des Regreßverbots nach den allgemeinen Grundsätzen richtet.

---

1) *Jakobs* AT 23/15.

2) *Jakobs* AT 29/58.

Zwar wird der Extraneus infolge der Rollentrennung durch die Norm nicht selbst verpflichtet, so daß ihm der Zugang zum tatbestandlich vertypten Unrecht überhaupt versperrt bleibt. Aber der Tatbeitrag des Nicht-Qualifizierten bildet den Grund dafür, ihm das *fremde* Unrecht des Sonderpflichtigen zuzurechnen. - Anders formuliert: Das Unrecht des Sonderpflichtigen ist das Unrecht des Nicht-Qualifizierten, der mangels eigenen Status niemals unmittelbar und voll zuständig (Täter), sondern immer nur Gehilfe sein kann. Weil aber - wie dargelegt - das Unrecht des Sonderpflichtigen auch bei faktischer Arbeitsteilung stets das ganze Unrecht der kompletten Tatbestandsverwirklichung einschließlich des Erfolgseintritts darstellt (auch hier wird der Geltungsschaden durch die stärkere objektive Fixierung mit dem Erfolgseintritt vergrößert), ist eine sukzessive Beihilfe des Extraneus bis zum Abschluß der Tatbestandsverwirklichung denkbar.

Für unser Beispiel 1/1[1] ergibt sich somit folgende Lösung: A haftet als Täter einer Untreue gemäß § 266 I, 2.Alt. Er hat die in § 266 I, 2.Alt. vertypte normative Erwartung wegen seiner besonderen Pflichtenstellung (Rolle) gleich mehrfach desavouiert: Durch die Verabredung mit C, die Nichtverschließung von Fenster und Tresor sowie auch durch die weitere Nichthinderung der Entwendung des Schmucks durch C. Aber auch die Entwendung des Schmucks ist Teil der ihm zuzurechnenden Pflichtverletzung, denn damit wird der Normbruch stärker objektiv fixiert und der Geltungsschaden noch vergrößert. C hat also durch sein Verhalten das Unrecht des A gefördert und haftet dafür wegen der institutionsbedingten Erweiterung seines Verantwortungsbereichs auf das Unrecht des Intraneus als Gehilfe.

In Fall 1/6[2] sind je nach Auslegung des § 348 zwei verschiedene Lösungen denkbar: Interpretiert man die Tat als reines Erfolgsdelikt, ist A Täter und C Gehilfe, verlangt man einen eigenhändigen Vollzug der Falschbeurkundung durch den Amtsträger, ist der Tatbestand nicht verwirklicht. Die Frage ist ein Problem des Besonderen Teils und braucht hier nicht entschieden zu werden.

---

1) Siehe oben S.69.

2) Siehe oben S.71.

d. Täterschaft und Beihilfe bei den eigenhändigen Delikten

Eigenhändige Delikte können nur anerkannt werden, wenn die Unwertigkeit der Handlung nicht aus den Veränderungen hergeleitet wird, die sie (zurechenbar) bewirken kann, sondern aus der sich im deliktischen Akt zeigenden persönlichen Insuffizienz des Täters[1]. Die Möglichkeit solcher - in der heutigen Gesellschaft sicherlich zweifelhafter - Deutungen ist jeweils eine Frage des Besonderen Teils[2]. Soweit eigenhändige Delikte i.d.S. existieren, ist eine *sukzessive* Beihilfe insoweit von vornherein nicht denkbar, weil die Ausführung hier per definitionem durch den Intraneus selbst erfolgen muß.

IV. Beihilfe durch und am Unterlassen

1. Unterlassen und allgemeine Verhaltensorganisation

a. Vorbemerkung

Mitunter wird behauptet, von Täterschaft oder Teilnahme könne man bei Unterlassungsdelikten überhaupt nicht sprechen, weil der Unterlassende niemals Tatherrschaft besitze[3]. Das Argument geht nach hiesigem Konzept ins Leere, weil die Tatherrschaft per se ohnehin kein taugliches Täterkriterium darstellt. Weiterhin wird die Konstruktion einer Beihilfe durch Unterlassen zuweilen auch unter Verweis auf die fehlende Kausalität der Beihilfe abgelehnt. Ein Mensch könne durch Unterlassen nicht kausal werden, also auch nicht durch Unterlassen ein Begehungsdelikt "fördern"[4]. Auch diese Begründung ist verfehlt, weil es beim täterschaftlichen Unterlassen ebenfalls keine Kausalität gibt, die Zurechnung also beim Unterlassungsdelikt überhaupt ohne das Moment der Kausalität auskommen muß[5]. Zudem setzt der Begriff des

---

1) *Jakobs* AT 21/21.

2) *Jakobs* AT 21/22.

3) *Grünwald* GA 1959,113.

4) *Armin Kaufmann*, Dogmatik S.295.

5) Das kann hier nicht weiter begründet werden. Siehe dazu und zu den maßgeblichen

"Förderns" nicht notwendig Kausalität voraus[1]. Beihilfe durch Unterlassen ist daher grundsätzlich möglich[2].

Auch die Möglichkeit der Beihilfe zum Unterlassen wird in der Literatur mitunter bestritten[3]. Denn beim Unterlassen soll es keine Tathandlung geben, die faktisch zu unterstützen wäre. Eine "Förderung" sei nur denkbar, wo ein Kausalvorgang ablaufe, aber beim Unterlassen gebe es ja - und dem ist zuzustimmen - keine Kausalität[4]. Hinter dieser Überlegung steckt das Axiom, daß das Unterlassen als Ausbleiben einer Handlung kein Ereignis, sondern das Fehlen eines Ereignisses sei. Wird ein so definiertes Unterlassen als Bezugspunkt genommen, so ist eine Beteiligung am Unterlassen in der Tat unmöglich, da sich dasjenige, woran teilgenommen werden soll, zumindest ereignet haben muß[5].

Bereits die Grundthese dieser Auffassung ist jedoch falsch. Denn strafrechtlich relevantes Unterlassen ist immer Handlung und damit zugleich Ereignis[6]. Zwar trifft es zu, daß das Unterlassen auf der naturalistischen Ebene der Kausalität ein schlichtes nullum darstellt. Aber eine Handlung (und damit auch das Strafunrecht) ereignet sich nicht auf der Ebene der Kausalität, sondern auf der Ebene der Kommunikation; sie wird als Handlung im System erst über Kommunikation und Zurechnung konstituiert. Dabei sind es die Handlungszusammenhänge (sc. die sozialen und normativen Rahmenbedingungen der Handlungssituation), die den Sinn der einzelnen Handlungen begründen, ihn vereinzeln und zurechenbar machen[7]. Das bedeutet: In einem ganz bestimmten Kontext wird das kausale nullum der Unterlassung zum Ereignis, sc. zum Gegenstand von Kommunikation und d.h. wiederum: zur

---

Zurechnungskriterien beim Unterlassungsdelikt eingehend *Jakobs* AT 29/8 ff.

1) *Roxin* TuT S.493 f.

2) *Jakobs* AT 29/101; *Rudolphi*, Gleichstellungsproblematik S.63; *Lackner* § 27 Anm.4; Sch/Sch-*Cramer* § 27 Rn 15; a.A. *Welzel* Lb S.222.

3) *Armin Kaufmann*, Dogmatik S.190 f; *Welzel* Lb S.206 f,222.

4) *Armin Kaufmann* aaO S.57 ff; *Jakobs* AT 29/15 ff.

5) *Jakobs* AT 29/108.

6) Zum Handlungsbegriff eingehend oben S.253 ff.

7) *Luhmann*, Temporalstrukturen S.38.

Handlung. Im Bereich der allgemeinen Verhaltensorganisation können mit einem solchen Unterlassen beliebige andere Kommunikationen zu einem Kommunikationsbündel mit enttäuschendem Ausgang (sc. zu *einer* kollektiven Tat) zusammengeschlossen werden. Die Beteiligung am Unterlassen ist also normativ nicht anders zu behandeln als die Beteiligung am Begehen und ebenso in allen Formen möglich wie die Beteiligung durch Unterlassen.

Ein Einwand ist von der überkommenen Gegenauffassung aus denkbar: Wird nicht - da es beim Unterlassungsdelikt keine Kausalität gibt - durch die hier vertretene Lösung zur Beteiligung am Unterlassen das Erfordernis der Kausalität der Beihilfe (durch positives Tun) preisgegeben? Um es vorwegzunehmen: Es wird - wie schon beim Begehungsdelikt - nicht preisgegeben, aber anders als herkömmlich loziert. Wir haben festgestellt, daß akzessorische Beteiligung im Bereich der Organisationszuständigkeiten stets zu *einem* gemeinschaftlichen Delikt führt, das dem Kollektiv der Beteiligten zugerechnet wird. Die arbeitsteilig von der Organisationseinheit realisierte Gesamttat setzt sich regelmäßig aus einer Vielzahl von Handlungen *und* Unterlassungen zusammen (man denke nur an die Handlungspflichten einzelner Beteiligter qua Ingerenz). Der Unterschied zwischen Täterschaft und Beihilfe an einer solchen kollektiven Tat ist aber nicht qualitativ, sondern quantitativ und richtet sich nach den Gestaltungsanteilen am tatbestandsmäßigen Gesamtverlauf. Daraus folgt zwingend, daß Beihilfe im Bereich der Verhaltensorganisation nicht als Verursachung eines Täterbeitrags zu definieren ist. Selbstverständlich *kann* der Tatanteil eines Gehilfen in der Kausierung eines Täterbeitrags bestehen, er *muß* es aber nicht. Vielmehr genügt grundsätzlich eine möglicherweise auch unmittelbare (d.h. nicht intervenierte) Kausierung tatbestandlicher (Teil-) Erfolge. Es ist gerade das entscheidende Ergebnis unserer Untersuchung, daß die Beihilfe nicht durch den fehlenden unmittelbaren Zugriff auf die Tatbestandsverwirklichung definiert werden kann und deshalb die Kausalität des Gehilfenbeitrags auch nicht durch einen Täterbeitrag vermittelt zu werden braucht.

b. *Die Abgrenzung von Täterschaft und Beihilfe bei der Beteiligung durch und am Unterlassen*

Die Beteiligung durch und am Unterlassen weist - wie die Unterlassung überhaupt - gegenüber der Begehung normativ keine Besonderheiten auf.

Daher gibt es streng genommen weder eine Beteiligung durch Unterlassen am Begehungsdelikt noch eine Beteiligung (durch Unterlassen oder Begehen) am Unterlassungsdelikt. Vielmehr führt die arbeitsteilige Vernküpfung von Organisationskreisen auch hier stets zu *einer* kollektiven Tat, die sich eben bei kausaler Betrachtung (des Außenweltsgeschehens) aus verschieden strukturierten Tatbeiträgen - nämlich Begehungen und Unterlassungen - zusammensetzt. Diese einzelnen Tatbeiträge werden (wie sonst auch) über einen gemeinsamen Zweck miteinander verknüpft und damit als eine kollektive Gesamttat kommuniziert. Auf Seiten der durch Unterlassen Beteiligten wird der gemeinsame Zweck entweder durch einen gemeinsamen Entschluß oder aber durch Einpassung in Form der Verletzung einer konkreten Handlungspflicht in einem bestimmten Handlungszusammenhang hergestellt. Auch die Ausdifferenzierung der Beteiligungsformen Täterschaft und Beihilfe richtet sich also nach Gestaltungsanteilen.

Der Einwand, mangels Kausalität könne durch Unterlassen ein Geschehen weder beherrscht[1] noch gestaltet werden[2], ist insoweit unzulässig. Denn ebensowenig, wie sich Unrecht als kausal-äußerer Rechtsgutsangriff beschreiben läßt, kann es für die Differenzierung zwischen Täterschaft und Beihilfe auf die Gestaltung des äußeren Kausalverlaufs ankommen. Um es noch einmal zu betonen: Es geht nicht per se um das Maß an Gestaltung des kausalen Außenweltsgeschehens, sondern es geht allein um das Maß der kommunikativen Relevanz solcher Gestaltungen in Hinblick auf die Geltung der Norm. In bestimmten Handlungszusammenhängen wird das kausale Nichts der Unterlassung zur Verletzung einer konkreten Handlungspflicht und damit zu einem das Gesamtgeschehen mit gestaltenden Ereignis, an das sich weitere Kommunikationen anschließen. Das Unterlassen erhält den Sinn einer Handlung durch die Verweisung auf andere Handlungen oder sonstige Ereignisse, seien es Handlungen anderer Personen, seien es vorangegangene oder als Folgehandlungen erwartete Handlungen. Ebenso wie beim Handeln (i.e.S.) sind es auch beim Unterlassen die Handlungszusammenhänge, die deren konkreten Sinn und damit eine bestimmte gestaltende Wirkung konstituieren. Strafrechtlich relevante Unterschiede zwischen Tun und Unterlassen sind also insoweit nicht auszumachen.

---

1) *Gallas* JZ 60,651,686 (dort auch Fn 56).

2) Siehe *Jakobs* AT 29/101.

Fraglich kann daher nur sein, wie der Gestaltungsanteil eines qua Unterlassung (oder auch qua Begehung und Unterlassung) Beteiligten zu bestimmen ist und mit dem gestalterischen Quantum positiver Tatbeiträge in Relation gesetzt werden kann. Weil erst der Haftungsgrund einen Kontext herstellt, in dem das Unterlassen als (Mit-) Gestaltung des Geschehens kommunikative Relevanz erhält, müssen sich der Haftungs*grund* der Unterlassung und die Beteiligungsform der Handlung entsprechen. Die Anteile an dem schädlichen Verlauf, die diesen in den Organisationskreis des Unterlassenden einbinden, entsprechen einer Handlung, durch die solche Anteile an dem Verlauf produziert werden[1]. Für die Abgrenzung zwischen Täterschaft und Behilfe kommt es dann (wie sonst auch) darauf an, ob die in den Organisationskreis des Unterlassenden eingebundenen Anteile am Verlauf mit dem Beitrag des (oder der) Begehenden gleichwertig sind oder signifikant (d.h. nicht nur unerheblich) voneinander abweichen.

In unserem Beispiel 1/8[2] ist C dafür zuständig, daß A in den Besitz des Sprengstoffs gelangt ist (Ingerenz). Sein Gestaltungsanteil an dem Gesamtgeschehen ist gegenüber demjenigen des A signifikant kleiner, weil dieser den Tatplan, das Tatopfer und das Tatmittel festlegt, sowie die Tat ausführt und über den Eintritt des Taterfolgs entscheidet. Das dem Verhalten des A nachfolgende Unterlassen des C kann somit nur als Beihilfe gewertet werden[3].

2. *Unterlassen und Sonderpflichten*

Soweit die strafrechtliche Pflicht im Einzelfall durch eine institutionseingebundene Rolle konkretisiert wird, liegt ein eigentliches Pflichtdelikt vor. Die Pflichtverletzung erfolgt hier stets täterschaftlich[4]; eine Beihilfe des Intraneus durch Unterlassen ist daher überhaupt unmöglich. Das bedeutet für die

---

1) Vgl. a. *Jakobs* AT 29/101.

2) Siehe oben S.71 f.

3) An diesem Fall zeigt sich die Schwäche der Einheitstäterlösung beim Unterlassungsdelikt: Jede Beihilfe würde qua Ingerenz von einer Unterlassungstäterschaft überlagert. Siehe insoweit auch *Gallas* JZ 60,686 f; *Rudolphi*, Gleichstellungsproblematik S.146 f.

4) *Jakobs* AT 29/106.

Variante in Fall 1/8[1], daß Frau D Täterin einer Tötung durch Unterlassen ist. Die sukzessive Beteiligung eines Extraneus am eigentlichen Pflichtdelikt ist nach den oben dargelegten Regeln zu beurteilen[2].

V. Beihilfe zur fremden Selbstgefährdung

Die Unterscheidung zwischen Täterschaft und Beihilfe richtet sich im Bereich arbeitsteiliger Deliktsorganisation nicht nach den Topoi "eigen" und "fremd", sondern nach den Gestaltungsanteilen der Beteiligten an der kollektiven Tat. Bei der Definition einer arbeitsteilig durchgeführten Tötung als Fremdtötung oder als Suizid geht es indes nicht um eine quantitative, sondern um eine qualitative Differenz: Hier kommt gerade den Topoi "eigen" und "fremd" die entscheidende Bedeutung zu. Die Abgrenzung zwischen Suizid und Fremdtötung folgt also ganz anderen Regeln als diejenige zwischen Täterschaft und Beihilfe; - es handelt sich dabei nicht um ein Problem der Teilnahmelehre, sondern um ein Problem der Tatbestandsinterpretation, sc. des Besonderen Teils. Das soll hier jedoch nicht weiter vertieft werden. Jedenfalls folgt die Definition der jeweiligen Beteiligungsform erst im Anschluß an die Festlegung des konkreten Deliktstyps und richtet sich dann nach den allgemeinen Regeln.

D. Zusammenfassung der Ergebnisse zur ersten problematischen Fallkonstellation sukzessiver Beihilfe

Bei der ersten problematischen Fallkonstellation sukzessiver Beihilfe ging es um die Frage, ob Beihilfe noch durch ein Verhalten nach Abschluß der im Sinne von Körperbewegung verstandenen Handlung des Täters verübt werden kann - oder anders formuliert: ob der letzte final Handelnde stets Täter ist oder auch Gehilfe sein kann. Insoweit haben wir folgende Ergebnisse herausgearbeitet:

(1) Der letzte final Handelnde ist - sofern er nicht ohnehin vom Regreßver-

---

1) Siehe oben S.71 f.

2) Siehe S.298 ff.

bot erfaßt wird und damit straflos bleibt - beim vollendeten und beim beendet versuchten Delikt als Träger der Entscheidungsherrschaft grundsätzlich Täter[1].

(2) Beim unbeendet versuchten Delikt ist eine sukzessive Beihilfe des letzten final Handelnden möglich, soweit sein Gestaltungsanteil insgesamt signifikant (d.h. nicht nur unerheblich) kleiner ist als derjenige des bzw. der übrigen Beteiligten[2].

(3) Der letzte final Handelnde haftet als Gehilfe, wenn seine Täterschaft am Fehlen einer delikts- und zugleich tätertypisierenden überschießenden Innentendenz scheitert. Es ist im Einzelfall durch Auslegung der jeweiligen Tatbestände zu ermitteln, welche besonderen Absichten den Täterkreis limitieren. Die Absichten der §§ 242, 263 und 267 sind jedenfalls voll akzessorisch und nicht tätertypisierend[3].

(4) Im Bereich der Sonderdelikte ohne besondere Pflichtenbindungen ist eine sukzessive Beihilfe des letzten final Handelnden grundsätzlich möglich, soweit er einer als Tätertypisierung zu interpretierenden besonderen Personenbeschreibung nicht entspricht und ein reines Erfolgsdelikt vorliegt[4].

(5) Bei den Pflichtdelikten ist eine sukzessive Beihilfe des letzten final handelnden Extraneus bis zum Abschluß der Tatbestandsverwirklichung möglich, soweit nicht zugleich ein eigenhändiges Delikt vorliegt; bei letzterem scheidet eine sukzessive Beihilfe von vornherein aus, weil die Ausführung per definitionem von dem Intraneus selbst vorgenommen werden muß[5].

(6) Sukzessive Beihilfe durch Unterlassen ist bei Verletzung einer Pflicht kraft Organisationszuständigkeit grundsätzlich möglich. Das dem Verhalten des Täters nachfolgende Unterlassen eines Beteiligten ist als Behilfe zu wer-

---

1) Siehe oben S.97 und S.285 ff.

2) Siehe oben S.287.

3) Siehe oben S.288 ff.

4) Siehe oben S.296 f.

5) Siehe oben S.303.

ten, wenn der in den Organisationskreis des Unterlassenden eingebundene Anteil am Verlauf signifikant (d.h. nicht unerheblich) kleiner ist als derjenige des (oder der) weiteren Beteiligten. Demgegenüber führt jede Verletzung einer Pflicht kraft institutioneller Zuständigkeit durch Unterlassen stets zur Täterschaft; Beihilfe ist insoweit überhaupt nicht denkbar. Für die Beihilfe am Unterlassen gelten die allgemeinen Regeln[1].

(7) Die Abgrenzung zwischen Suizid und Fremdtötung ist keine Frage der Teilnahmelehre, sondern ein Problem des Besonderen Teils. Für die Definition der Beteiligungsformen gelten die allgemeinen Regeln[2].

E. Die zweite problematische Fallkonstellation der sukzessiven Beihilfe

Beim zweiten, mit der Frage nach der Möglichkeit sukzessiver Beihilfe angeschnittenen Problem geht es um das durch Kausalitätsdefizite hinsichtlich des Gesamtgeschehens charakterisierte Hineinwirken in eine bereits angelaufene fremde Organisationslage: Ist Beihilfe möglich, wenn der Hilfeleistende bei mehraktiger Tatbestandsverwirklichung erst hinzukommt, nachdem bereits ein Teil (bzw. eine Erschwerung) - reversibel oder irreversibel - abgeschlossen vorliegt?

I. Kausalitätsdefizite bei arbeitsteiliger Deliktsorganisation

Es wird die Auffassung vertreten, daß zu schon verwirklichten Teilen eines mehraktigen Geschehens Beihilfe nicht mehr möglich sei. Ebensowenig sollen zur Zeit der Beihilfe schon realisierte Erschwerungen eines Delikts dem Gehilfen zugerechnet werden können. Nur wenn der Täter noch für die Beseitigung des schon Perfekten nach den Grundsätzen der unechten Unterlassung hafte, bleibe Beihilfe möglich[3]. Diese Auffassung ist jedenfalls unzutreffend, soweit die Organisationskreise - etwa infolge eines gemeinsamen Entschlus-

---

1) Siehe oben S.303 ff.

2) Siehe S.308.

3) *Jakobs* AT 22/40. Zum parallel liegenden Problem sukzessiver Mittäterschaft siehe *Jakobs* AT 21/60 m.w.N.; *Roxin* TuT S.289 ff.

ses - schon vor dem ersten Akt (bzw. der Verwirklichung einer Erschwerung) verbunden werden. Denn durch den damit konstituierten gemeinsamen Zweck werden - soweit es sich nicht um einen Exzeß handelt - alle darin fixierten Organisationsakte zu *einer* kollektiven Leistung der Beteiligten verbunden: Das nachfolgende Geschehen ist eine gemeinsame Gestaltung der Welt, für die die kollektive Organisationseinheit als Handlungssubjekt insgesamt verantwortlich zeichnet. Der einzelne Beteiligte handelt somit nicht für sich, sondern für die von ihm als Träger repräsentierte personale Gemeinschaft aller Beteiligten. Damit wird aber auch die Zuständigkeit jedes einzelnen Gemeinschafters *für das Ganze* begründet; auf den Zeitpunkt der Leistung des vorgesehenen Beitrags kommt es - soweit die Tatbestandsverwirklichung noch andauert - nicht an[1].

Unser Beispielsfall 2/7[2] ist somit wie folgt zu lösen: A und C begehen als kollektive Organisationseinheit einen gemeinschaftlichen Raub[3]. A hat das Delikt geplant, Tatobjekt und Begehungsweise festgelegt, die Gewaltanwendung verübt sowie den Koffer an sich genommen. Demgegenüber hat C lediglich durch Öffnung der Handschelle die Wegnahme ermöglicht: Sein Gestaltungsanteil an dem gemeinschaftlichen Raub ist also erheblich kleiner als derjenige des A; C haftet als Gehilfe.

Es ist fraglich, ob die Lage anders zu beurteilen ist, wenn die kommunikativ relevante Verknüpfung von Organisationskreisen mehrerer Handlungssubjekte erst *nach* teilweiser Verwirklichung des Tatbestands (bzw. einer Erschwerung) erfolgt, also etwa ein gemeinsamer Entschluß erst später gefaßt wird. Man könnte das Problem zunächst einer Unterlassungslösung zuführen[4]: Der Täter haftet hinsichtlich der bereits realisierten Teile der Tatbestandsverwirklichung qua Ingerenz auch für die anschließende Beseitigung dieser Lage (allerdings nur, sofern noch eine Erfolgsabwendungsmöglichkeit besteht) und insoweit

---

1) Wegen der prinzipiell nur quantitativen Differenz zwischen Täterschaft und Behilfe handelt es sich um ein Problem akzessorischer Beteiligung überhaupt: Die Lösung ist für beide Teilnahmeformen identisch.

2) Siehe oben S.74 f.

3) Wegen des vorhergehenden Entschlusses besteht ein Zweckzusammenhang zwischen Gewaltverhalten und Wegnahme; zu diesem Problem siehe *Jakobs* JR 84,386 f m.w.N.

4) Siehe dazu bereits oben S.277.

kann sich der hinzukommende Dritte beteiligen. In der Variante unseres Beispiels 2/3[1] (Opfer B ist nur gefesselt) käme damnach - anders als im Grundfall (Opfer B ist tot) - eine Beihilfe des C zum Raub des A in Gestalt einer Gewalt durch Unterlassen[2] in Betracht.

Man könnte freilich auch anders argumentieren: Täter A ist im Grundfall zur Vermeidung des Raubs noch ebenso fähig wie in der Variante - er braucht nämlich nur die Wegnahme zu unterlassen[3]. Soweit der erste Akt einer mehraktigen Tatbestandsverwirklichung Schutzeinrichtungen eines Guts in Ingerenzhaftung begründender Weise verschlechtert (so daß der nächste Akt die Schutzeinrichtung ausnutzen würde), ist der Organisationskreis des Akteurs mit der Pflicht belastet, den folgenden Akt *auch wegen der vorangegangenen Schutzminderung* zu unterlassen[4] und an dieser erhöhten Pflicht könnte eine akzessorische Beteiligung möglich sein.

Es ist jedoch fraglich, ob diese Unterlassungslösungen nicht entbehrlich sind und sich der Hinzutretende nicht vielmehr in eine einheitliche, auch die bereits abgeschlossenen Teilakte bzw. Erschwerungen umfassende Gesamttat aller Beteiligten einpaßt, die sich dann je nach dem Umfang der Verschachtelung von Verhaltensweisen - wie Kollektivveranstaltungen überhaupt - aus einer Vielzahl von Handlungen *und* Unterlassungen[5] zusammensetzt. Soweit der Dritte erst zu einem Zeitpunkt hinzutritt, zu dem bereits Teile der Tatbestandsverwirklichung (bzw. Erschwerungsgründe) abgeschlossen vorliegen, ist die Handlungssituation durch die bereits angelaufene fremde Organisationslage und die Existenz eines Planzusammenhangs geprägt, der die erforderlichen (geleisteten und noch zu leistenden) Akte zu einer ganz bestimmten Tatbestandsverwirklichung - sc. zu einem bereits vorher fixierten Deliktstyp - verknüpft. In dieser Lage geht es darum, wer sich wem assoziiert: Integriert der Hinzutretende seinen Beitrag in den Planzusammenhang des bereits Tätigen (bzw. des bereits tätigen Kollektivs), so daß die identische Tat fortan

---

1) Siehe oben S.73.

2) Vgl. dazu eingehend *Jakobs* JZ 84,386 f; Sch/Sch-*Eser* § 249 Rn 6 (jew. m.w.N.).

3) Vgl. SK-*Samson* § 249 Rn 26; *Jakobs* aaO.

4) Diesen Gedanken hat *Jakobs* JR 84,387 zu § 249 entwickelt.

5) Deren Pflichtwidrigkeit ergibt sich aus Ingerenz.

bloß mit einem erweiterten Kreis von Mitwirkenden fortgesetzt wird, oder konstituieren die handelnden Subjekte eine Organisationseinheit mit einem unter Ausblendung des bisherigen Geschehens neu fixierten gemeinsamen Zweck?

Bei der Lösung des Problems kommt es zunächst nicht darauf an, ob der Hinzutretende für die Organisationslage des bereits Tätigen von vornherein *zuständig* ist: Teilnahme ist keine wechselseitige Zuständigkeit für die einzelnen Beiträge, aus denen sich eine Gesamttat zusammensetzt, sondern kollektive Zuständigkeit für das *Ganze* und diese wiederum ist die *Konsequenz* einer kommunikativ relevanten Verknüpfung von Organisationskreisen (sc. der Herstellung eines gemeinsamen Zwecks)[1]. Weil eine Zuständigkeit für die Vorhandlungen des bereits Tätigen also nicht vorausgesetzt wird, ist es auch unter diesem Aspekt ohne Bedeutung, daß der Hinzutretende diese Beiträge nicht kausiert.

Andererseits begründet die fehlende Kausalität für diese Beiträge - weil es sich dabei eben um bereits abgeschlossene Ausführungsteile (bzw. Erschwerungen) eines Delikts handelt - zugleich ein Kausalitätsdefizit hinsichtlich des Gesamtgeschehens, und dieses Kausalitätsdefizit könnte einer Einpassung des Hinzutretenden in den Zweckzusammenhang der bereits laufenden Organisation möglicherweise entgegenstehen. Diese Erwägung greift jedoch nicht durch. Soweit ein Tatbestand arbeitsteilig von mehreren Beteiligten verwirklicht wird, ist nicht jeweils jeder einzelne Beteiligte, sondern die kollektive Organisationseinheit der Beteiligten als Handlungs- und Zurechnungssubjekt mit der Deliktsbeschreibung des Besonderen Teils konfrontiert[2]. Daraus folgt, daß auch das für die Zurechnung der kompletten Tatbestandsverwirklichung erforderliche Kausalitätsverhältnis von der personalen Gemeinschaft aller Beteiligten in ihrer Verbundenheit hergestellt werden muß. Der einzelne Beteiligte braucht also die *gesamte* Tat nicht allein zu kausieren, sondern nur *gemeinsam* mit allen anderen Beteiligten. Sein eigener Kausalbeitrag kann sich damit grundsätzlich bloß auf einen Teilausschnitt der tatbestandsverwirklichenden Ausführung beschränken.

---

1) Siehe bereits oben S.272,276.

2) Siehe oben S.189 f,272,289.

Abgesehen davon ist die Kausalität ein auf das naturalistische Außenweltsgeschehen bezogenes Phänomen. Strafunrecht ereignet sich aber nicht auf der Ebene des Außenweltsgeschehens, sondern auf der immateriellen, demonstrativ-symbolischen Ebene der Normgeltung[1]. Weil Normen nicht durch Tatsachen, sondern nur durch Kommunikationen tangiert werden können, ist die *Deutung* eines Geschehens als Strafunrecht (sc. als Desavouierung einer bestimmten Norm) keine Frage der Kausalität. Nicht das Kausalverhältnis zwischen Subjekt und Außenweltsgeschehen, sondern erst der gemeinsame Zweck definiert einen einzelnen Akt als Teil kollektiv verwirklichten Strafunrechts. Die Frage nach der Herstellung eines solchen gemeinsamen Zwecks bezeichnet aber - wie dargelegt - ein hermeneutisches Problem: Die Organisationskreise mehrerer Personen müssen derart miteinander verbunden werden, daß die aus dieser Verbindung hervorgehende Ausführung als gemeinsame, arbeitsteilig durchgeführte Gestaltung der Welt interpretiert wird. Soweit eine solche kommunikativ relevante Verknüpfung von Organisationskreisen vorliegt, werden die einzelnen, miteinander verschachtelten Akte als Gesamttat in einem kollektiven, durch die Gesamtheit aller integrierten Beiträge definierten Kontext kommuniziert. Dieser kollektive Handlungskontext wird durch die Organisationslagen aller Beteiligten mitbestimmt[2]; - anders formuliert: Wie Handlungen überhaupt nur in sozialen Kontexten stattfinden, in denen sie interpretiert und verstanden werden[3], erfolgt auch die maßgebliche Verbindung nicht zwischen isoliert betrachteten und aus ihrem jeweiligen Kontext gelösten Organisationsakten, sondern zwischen Handlungen, die mit ihrer jeweiligen Organisationslage und ihrem jeweiligen Planzusammenhang untrennbar verknüpft sind. Wer sich also in Kenntnis der Organisationslage eines Dritten und des damit fixierten Planzusammenhangs unter Durchbrechung des Regreßverbots auf eine kommunikativ relevante Verknüpfung seiner Organisation mit derjenigen des Dritten einläßt, kann sich von dem damit hergestellten Handlungskontext nicht mehr distanzieren und partiell aus dem Gesamtgeschehen ausblenden.

Daraus folgt: Wenn ein Dritter seine Organisation zu einem Zeitpunkt mit

---

1) Siehe dazu und zum folgenden eingehend oben S.253 ff,273 f,275 ff,290.

2) Siehe oben S.190 f.

3) Siehe *Luhmann*, Temporalstrukturen S.38, *Stenger/Geißlinger* KZfSS 1991,252, sowie bereits oben S.265.

der bereits laufenden Organisation einer Tat verbindet, zu dem bereits Teile der Tatbestandsverwirklichung (bzw. Erschwerungsgründe) abgeschlossen vorliegen, werden seine Beiträge in den bestehenden Planzusammenhang (Zweck) des bereits tätigen Handlungssubjekts integriert: Die Tat bleibt die gleiche, nur wird der Kreis der Mitwirkenden erweitert. Oder - anders formuliert: Das, was getan wird, ändert sich in seiner Qualität (kommunikativen Bedeutung) nicht, wird aber auf mehrere Personen als ursprünglich vorgesehen aufgeteilt. Verbindet man die eigene Organisation mit einer fremden, dann ist vom Zeitpunkt des Zusammenschlusses an *die laufende Tat* eine kollektive Angelegenheit; sukzessive Beteiligung ist daher sowohl in Form der Mittäterschaft als auch in Form der Beihilfe prinzipiell ohne weiteres möglich.

Gegen eine strafrechtliche Haftung wegen der sukzessiven Beteiligung könnte man einwenden, daß sie bei den mehraktigen Delikten *tatbestandlich* nicht erfaßt sei, weil allein die Verwirklichung des späteren Akts zur Tatbestandsverwirklichung auch dann nicht genüge, wenn sie in einer Lage besonderer Zuständigkeit geschehe[1]. Beispiel: Wer ohne Wegnahmevorsatz eine Person niederschlägt oder ohne Vorsatz zur Begründung neuen Gewahrsams fremden zerstört, wird zwar - aus Ingerenz - pflichtig, die von ihm in den Schutz gerissene Lücke zu schließen und ist deshalb stärker als jedermann verpflichtet, das schutzlose Gut nicht weiter zu beeinträchtigen, aber er begeht trotzdem keinen Raub, wenn er sich erst nach der Gewaltanwendung zur Wegnahme entschließt, und keinen Diebstahl, wenn er die Zueignung erst nach dem Gewahrsamsbruch plant. Der Tatbestand verlangt - und daran sollte wegen des Erfordernisses einer scharfen Konturierung des jeweiligen Deliktstyps kein Zweifel bestehen - die *Antizipation der Aktfolge beim ersten Akt*[2].

Das bedeutet aber noch lange nicht, daß diese Antizipation für *jeden einzelnen* Beteiligten zu fordern wäre. Wenn auch nur *ein* Beteiligter die Aktfolge beim ersten Akt antizipiert und damit einen bestimmten Planzusammenhang hergestellt hat, dann liegt *die Tat* (der Deliktstypus) bereits fest. Für eine Einpassung der Beiträge eines Hinzutretenden unter diesen Zweck genügt - wie sonst auch und soweit nicht das Regreßverbot eingreift - seine Kenntnis des

---

1) Das Argument stammt von Prof. Dr. Günther *Jakobs*.

2) Siehe dazu oben S.277.

Planzusammenhangs. Die Integration macht den vorher fremden zu einem gemeinsamen Zweck, ohne dessen Inhalt zu ändern, und begründet die Haftung des Hinzutretenden für die gesamte, durch den Zweck verbundene (kollektive) Tat. Ebensowenig wie *jeder* Beteiligte formal-eigenhändig den Tatbestand verwirklichen oder eine deliktstypisierende Absicht selbst aufweisen muß, muß auch *jeder* Beteiligte die vom Tatbestand geforderte Aktfolge bereits beim ersten Akt selbst antizipiert haben. Jede arbeitsteilige Deliktsverwirklichung ist im Bereich der Verhaltensorganisation gerade dadurch gekennzeichnet, daß eben nicht jeder *einzelne* Beteiligte, sondern nur das *Kollektiv* aller Beteiligten *insgesamt* formal an den Tatbestand gebunden ist. Die damit verbundene Anerkennung des sog. "dolus subsequens" *einzelner* Beteiligter ist also eine notwendige Konsequenz akzessorischer Haftung für die arbeitsteilig-kollektive Tatbestandsverwirklichung und mit dem Gebot der Tatbestandsbestimmtheit ohne weiteres vereinbar.

Das Ergebnis läßt sich auch nicht durch normentheoretische Erwägungen erschüttern. Denn *den* Bruch *der* Norm (i.e.: der tatbestandlich vertypten normativen Erwartung) begeht im Bereich arbeitsteiliger Deliktsorganisation nicht jeder einzelne, sondern die kollektive Organisationseinheit der Beteiligten insgesamt als handelndes Subjekt. Die strafrechtlich garantierten Normen sind eben nicht in dem überkommenen individual-psychologischen Sinne als verhaltenssteuernde Imperative, sondern vielmehr als Symbole kontrafaktischer Geltung zu verstehen[1]. Teilnahme ist also kein eigenhändiger Verstoß gegen einen Imperativ, sondern Mitzuständigkeit für einen Normwiderspruch. Das bedeutet: Ob jemand an einem arbeitsteilig organisierten Delikt beteiligt ist, ist eine Frage der Zurechnung und hier besonders: des Regreßverbots. Das Regreßverbot steht aber der hier entwickelten Lösung nicht entgegen: Die Beantwortung der Frage, ob der von dem Hinzutretenden eingebrachte Tatbeitrag Indikator eines Normwiderspruchs ist, ist von seinem sozialen Kontext und damit prinzipiell auch von fremden Organisationslagen abhängig[2].

Unsere Beispielsfälle der zweiten problematischen Fallkonstellation[3] sind

---

1) Siehe oben S.259 ff.

2) Sie dazu oben S.280 ff.

3) Siehe oben S.72 ff.

daher wie folgt zu lösen: Soweit C den Planzusammenhang kennt, haftet er jeweils (wegen des signifikant geringeren Gestaltungsanteils) als Gehilfe, und zwar im Beispiel 2/1 wegen Diebstahls (§ 242), im Beispiel 2/2 wegen Erpressung (§ 253), im Beispiel 2/3 (Grundfall *und* Variante) wegen Raubs (§ 249), im Beispiel 2/4 wegen räuberischen Diebstahls (§ 252), im Beispiel 2/5 wegen besonders schwerer Brandstiftung (§§ 306 Nr.2, 307 Nr.3) sowie im Beispiel 2/6 wegen qualifizierter Freiheitsberaubung (§ 239 II).

II. Sukzessive Beihilfe bei den Pflichtdelikten

Bei den eigentlichen Pflichtdelikten führt die faktisch arbeitsteilige Tatbestandsverwirklichung wegen der Rollentrennung zwar nicht zu einer kollektiven Haftung der Beteiligten[1]; *die Tat* ist stets Tat des Sonderpflichtigen, die aber dem beteiligten Extraneus wegen der institutionsbedingten Erweiterung des Verantwortungsbereichs ausnahmsweise zugerechnet werden darf. Jedoch wirkt auch hier der Beitrag des Nicht-Qualifizierten immer in einen bestimmten sozialen Kontext hinein. Dieser Kontext ist beim eigentlichen Pflichtdelikt durch die besondere institutionseingebundene Rolle, und d.h. wiederum dadurch definiert, daß (soweit nicht ein eigenhändiges Delikt vorliegt) alles, was durch die Pflichtverletzung des Intraneus kausiert wird, diesem auch unmittelbar zugerechnet, jedenfalls aber zu einer *einheitlichen Tat* (des Sonderpflichtigen) *verschachtelt* wird. Der Beitrag des Hinzutretenden wird damit nur in einen bereits existierenden Planzusammenhang integriert. Auch insoweit ist also sukzessive Beihilfe nach den allgemeinen, zum Pflichtdelikt erarbeiteten Regeln möglich.

---

1) Siehe oben S.298 ff.

Literatur

Abegg, Julius Friedrich Heinrich, Lehrbuch der Strafrechts-Wissenschaft, Neustadt an der Orla, 1836.

--, System der Criminal-Rechts-Wissenschaft, Königsberg 1826.

--, (Rezension:) Über die Theilnahme mehrerer Personen an einem Verbrechen. Ein Beitrag zur Criminalgesetzgebung und zur Berichtigung der in den Criminalgerichten geltenden Grundsätze. Von Dr. Christoph Carl Stübel. In: Jahrbücher der gesammten deutschen juristischen Literatur (JbLit) 9(1828),48 ff.

Achenbach, Hans, Individuelle Zurechnung, Verantwortlichkeit, Schuld, in: Grundfragen des modernen Straftatsystems, hg. von Bernd Schünemann, Berlin u. New York 1984, S. 135 ff.

AK-Bearbeiter, Kommentar zum Strafgesetzbuch, Reihe Alternativkommentare, Band 3, hg. von Rudolf Wassermann, bearb. von Heike Jung et al., Neuwied und Darmstadt 1986.

Allfeld, Philipp, Lehrbuch des Deutschen Strafrechts, Allgemeiner Teil, 9.Aufl., Leipzig 1934.

Amelung, Knut, Rechtsgüterschutz und Schutz der Gesellschaft, Frankfurt 1972.

Arzt, Gunther, Geldwäscherei - Eine neue Masche zwischen Hehlerei, Strafvereitelung und Begünstigung, NStZ 1990,1 ff.

Badura, Peter, Generalprävention und Würde des Menschen, JZ 1964,337 ff.

V. Bar, Ludwig, Gesetz und Schuld im Strafrecht, Band II, Berlin 1907.

--, Die Lehre vom Causalzusammenhange im Rechte, besonders im Strafrechte, Leipzig 1871.

Baratta, Alessandro, Integration - Prävention. Eine systemtheoretische Neubegründung der Strafe. KrimJ 1984,132 ff.

--, Philosophie und Strafrecht, Köln u.a. 1985.

Baumann, Jürgen, Dogmatik und Gesetzgeber. Vier Beispiele. In: Festschrift für Hans-Heinrich Jescheck, Berlin 1985, S.105 ff.

Baumann, Jürgen, Einige Gedanken zu § 163 d StPO und seinem Umfeld, StV 1986,494 ff.

--, Strafrecht, Allgemeiner Teil, 8.Aufl., Bielefeld 1977.

--, Täterschaft und Teilnahme, JuS 1963,125 ff.

--, Die Tatherrschaft in der Rechtsprechung des BGH, NJW 1962,374 ff.

Baumann, Jürgen / Weber, Ulrich, Strafrecht, Allgemeiner Teil, 9.Aufl., Bielefeld 1985.

Beling, Ernst, Grundzüge des Strafrechts, 10. Aufl., Tübingen 1928; 11.Aufl., Tübingen 1930.

--, Die Lehre vom Verbrechen, Tübingen 1906.

Berner, Albert Friedrich, Grundlinien der criminalistischen Imputationslehre, Berlin 1843.

--, Grundsätze des Preußischen Strafrechts, Leipzig 1861.

--, Lehrbuch des Deutschen Strafrechts, 1.Aufl., Leipzig 1857; 18.Aufl., Leipzig 1898.

--, Die Lehre von der Theilnahme am Verbrechen und die neueren Controversen über Dolus und Culpa, Berlin 1847.

Bernsdorf-Bearbeiter, Wörterbuch der Soziologie, hg. von Wilhelm Bernsdorf, 2.Aufl., Stuttgart 1969.

Bierling, Ernst Rudolph, Juristische Prinzipienlehre, Band I und III, Neudruck der Auflage von 1894 -1917, Aalen 1961.

Bilda, Klaus, Teilnahme an den Vollendungs- und Beendigungsakten beim Betrug, MDR 65,541.

Binder, Julius, Rechtsnorm und Rechtspflicht, Leipzig 1912.

--, Philosophie des Rechts, Berlin 1925.

Binding, Karl, Handbuch des Strafrechts, Erster Band, Leipzig 1885.

--, Die Normen und ihre Übertretung, Band I, 4.Aufl., Leipzig 1922; Band IV, Leipzig 1919.

Birkmeyer, Karl, Die Lehre von der Teilnahme, Berlin 1890.

Bitzilekis, Nikolaos, Über die strafrechtliche Bedeutung der Abgrenzung von Vollendung und Beendigung der Straftat, ZStW 99(1987),723 ff.

Blauth, Peter, "Handeln für einen anderen" nach geltendem und kommendem Strafrecht, Heidelberg 1968.

Blei, Hermann, Strafrecht I, Allgemeiner Teil, 18.Aufl., München 1983.

Bloy, René, Die Beteiligungsform als Zurechnungstypus im Strafrecht, Berlin 1985.

--, Zurechnungsstrukturen des Rücktritts vom beendeten Versuch und Mitwirkung Dritter an der Verhinderung der Tatvollendung - BGHSt 31,46 und BGH NJW 1985,813, in: JuS 1987,528 ff.

Bockelmann, Paul, Strafrecht, Allgemeiner Teil, 3.Aufl., München 1979.

--, Studien zum Täterstrafrecht, 2.Teil, Berlin 1940.

--, Strafrechtliche Untersuchungen, Göttingen 1957.

Bottke, Wilfried, Anmerkung zu BayObLG NJW 1980,402, in: JA 1980,379 ff.

Bringewat, Peter, Funktionales Denken im Strafrecht, Berlin 1974.

Bruns, Hermann, Kritik der Lehre vom Tatbestand, Bonn u. Köln 1932.

V. Buri, Maximilian, Über Kausalität und Teilnahme, ZStW 2(1882),232 ff.

--, Zur Lehre von der Teilnahme an dem Verbrechen und der Begünstigung, Gießen 1860.

--, Einheit und Mehrheit der Verbrechen, GS 31(1879)/Beilagenheft.

--, Ueber Theilnahme am Verbrechen mit Beurtheilung von Th. R. Schütze, Prof. d. R. zu Kiel: die nothwendige Theilnahme am Verbrechen, Leipzig 1869, in: GS 22(1870),1 ff.

Cohen, Albert K., Abweichung und Kontrolle, übers. von Peter Müller und Anne Müller-Krefting, 3.Aufl., München 1972.

Coing, Helmut, Grundzüge der Rechtsphilosophie, 4.Aufl., Berlin u. New York 1985.

Cortes Rosa, Manuel, Teilnahme am unechten Sonderverbrechen, ZStW 90(1978),413.

Cramer, Peter, Gedanken zur Abgrenzung von Täterschaft und Teilnahme, in: Festschrift für Paul Bockelmann, München 1979, S.389 ff.

Cramer, Peter, Straßenverkehrsrecht, Band I, 2.Aufl., München 1972.

Dahm, Georg, Besprechung von Schwinge, Teleologische Begriffsbildung im Strafrecht, in: MSchrKrimPsych 22(1931),763 ff.

--, Der Methodenstreit in der heutigen Strafrechtswissenschaft, ZStW 57 (1938), 225 ff.

--, Über das Verhältnis von Täterschaft und Teilnahme, NJW 1949,809 ff.

Dahm, Georg / Schaffstein, Friedrich, Liberales oder autoritäres Strafrecht? Hamburg 1933.

Deggau, Hans-Georg, The Communicative Autonomy of the Legal System, in: Autopoietic Law an Society, hg. von Gunther Teubner, Berlin u. New York 1988, S.128 ff.

Dencker, Friedrich, Gefährlichkeitsvermutung statt Tatschuld? - Tendenzen einer neueren Strafrechtsentwicklung - StV 1988,262 ff.

Denninger, Erhard, Der Präventions-Staat, KritJ 1988,1 ff.

Denzer, Horst, Moralphilosophie und Naturrecht bei Samuel Pufendorf, München 1972.

Zu Dohna, Alexander Graf, Der Aufbau der Verbrechenslehre, 4.Aufl., Bonn 1950.

Donatsch, Andreas, Die Selbstgefährdung des Verletzten im Strafrecht, SchwZStr 1988, 361 ff.

Dornseifer, Gerhard, Rechtstheorie und Strafrechtsdogmatik Adolf Merkels, Berlin 1979.

--, Unrechtsqualifizierung durch den Erfolg - ein Relikt der Verdachtsstrafe? In: Gedächtnisschrift für Armin Kaufmann, S.427 ff.

Dreher / Tröndle, Strafgesetzbuch und Nebengesetze, erläutert von Eduard Dreher, fortgeführt von Herbert Tröndle, 44.Aufl. des von Otto Schwarz begründeten Werkes, München 1988.

Drews/Wacke/Vogel/Martens, Gefahrenabwehr, 9.Aufl. von Klaus Vogel und Wolfgang Martens, Köln u.a. 1986.

Durkheim, Emile, Kriminalität als normales Phänomen, in: Kriminalsoziologie, hg. von F. Sack und R. König, Frankfurt 1968, S.3 ff.

--, Die Regeln der soziologischen Methode, übers. von René König, Neuwied 1961.

Durkheim, Emile, Über die Teilung der sozialen Arbeit. Eingeleitet von N. Luhmann, übers. von L. Schmidts, 1.Aufl., Frankfurt 1977.

Ebert, Udo / Kühl, Kristian, Kausalität und objektive Zurechnung, Jura 1979,561 ff.

--, Das Unrecht der vorsätzlichen Straftat, Jura 1981,225 ff.

Erbs/Kohlhaas-Bearbeiter, Strafrechtliche Nebengesetze, begr. von Georg Erbs, vormals hg. von Max Kohlhaas, bearb. von Fritz Ambs et al., Band I, München, Dez. 1989.

Feuerbach, Paul Johann Anselm, Anti-Hobbes, Gießen 1797.

V. Feuerbach, Anselm Ritter, Lehrbuch des gemeinen in Deutschland gültigen Peinlichen Rechts, hg. von C.J.A. Mittermaier, 14.Aufl., Gießen 1847.

Flume, Werner, Allgemeiner Teil des Bürgerlichen Rechts, Erster Band, Erster Teil, Die Personengesellschaft, Heidelberg u. New York 1977.

Frank, Reinhard, Das StGB für das Deutsche Reich, 18.Aufl., Tübingen 1931.

Freisler, Roland, Der Treuegedanke im neuen Strafrecht, DStR 1936,193 ff.

Frisch, Wolfgang, Tatbestandsmäßiges Verhalten und Zurechnung des Erfolgs, Heidelberg 1988.

Fromm, Erich, Zur Psychologie des Verbrechens und der strafenden Gesellschaft (1931), in: Fromm, Analytische Sozialpsychologie und Gesellschaftstheorie, 6. Aufl., Frankfurt 1980.

Furtner, Georg, Rechtliche Vollendung und tatsächliche Beendigung bei einer Straftat, JR 1966,169 ff.

Gallas, Wilhelm, Anmerkung zu RGSt 71,193, in: ZAkDR 1937,437 ff.

--, Beiträge zur Verbrechenslehre, Berlin 1968.

--, Zur Kritik der Lehre vom Verbrechen als Rechtsgutsverletzung, in: Festschrift für Graf W. Gleispach, Berlin u. Leipzig 1936, S.50 ff.

--, Zum gegenwärtigen Stand der Lehre vom Verbrechen, ZStW 67(1955),1 ff.

--, Zur Struktur des strafrechtlichen Unrechtsbegiffs, in: Festschrift für Paul Bockelmann, München 1979, S.155 ff.

Gallas, Wilhelm, Täterschaft und Teilnahme, in: Materialien zur Strafrechtsreform, 1.Band, Bonn 1954, S.121 ff.

--, Tatstrafe und Täterstrafe, insbesondere im Kriegsstrafrecht, ZStW 60 (1941), 374.

--, Strafbares Unterlassen im Fall einer Selbsttötung, JZ 1960,649 ff, 686 ff.

Geerds, Friedrich, Strafprozessuale Personenidentifizierung, Jura 1986,7.

Gehrig, Klaus, Der Absichtsbegriff in den Straftatbeständen des Besonderen Teils des StGB, Berlin 1986.

Geilen, Gerd, Strafrecht, Allgemeiner Teil, 4.Aufl., Bochum 1979.

Gelbert, Karl, Vollendung und Beendigung von Straftaten, DStR 1943,1 ff.

V. Gemmingen, Hans Dieter Freiherr, Die Erfassung der Rechtswidrigkeit im System eines Willensstrafrechts, DStR 1935,105 ff.

--, Die Rechtswidrigkeit des Versuchs, Breslau-Neukirch 1932.

Germann, Oskar Adolf, Über den Grund der Strafbarkeit des Versuchs, Aarau 1914.

Gleispach, W., Über die Schuld nach dem Entwurf eines Allgemeinen Deutschen Strafgesetzentwurfes, MSchrKrimPsych 1925,225 ff.

Goedel, Beihilfe zu gewerbe- oder gewohnheitsmäßig begangenen Straftaten, JW 1937,715.

Gössel, Karl Heinz, Besprechung von Claus Roxin, Täterschaft und Tatherrschaft, 3.Aufl. 1975, in: GA 1977,60 f.

--, Norm und fahrlässiges Verbrechen, in: Festschrift für Jürgen Bruns, Köln u.a., 1978, S.43 ff.

--, Das Rechtsgut als ungeschriebenes strafbarkeitseinschränkendes Tatbestandsmerkmal, in: Festschrift für Dietrich Oehler, Köln u.a. 1985, S.97 ff.

--, Über die Vollendung des Diebstahls, ZStW 85(1973),591 ff.

--, Alte und neue Wege der Fahrlässigkeitslehre, Acta Universitatis Wratislaviensis Nor 858, Wroclaw 1987, S.125 ff.

Goldschmidt, James, Der Notstand, ein Schuldproblem, Wien 1913.

Goldschmidt, James, Normativer Schuldbegriff, in: Festgabe für Reinhard von Frank, Band I, Tübingen 1930, S.428 ff.

Goltdammer, Theodor, Über den Kausalzusammenhang und dessen Zurechnung bei fahrlässiger Tödtung, GA 15(1867),15 ff.

Grünhut, Max, Methodische Grundlagen der heutigen Strafrechtswissenschaft, in: Festgabe für Reinhard von Frank, Band I, Tübingen 1930, S.1 ff.

Grünwald, Gerald, Die Beteiligung durch Unterlassen, GA 1959,110.

Günther, Hans-Ludwig, Strafrechtswidrigkeit und Strafunrechtsausschluß, Köln u.a. 1982.

Haager, Zur Lehre vom strafbaren Betrug insbesondere in Vertragsverhältnissen, GS 27 (1875),561 ff.

Hälschner, Hugo, Die Mittäterschaft im Sinne des deutschen Strafgesetzbuchs, GS 25 (1873),81 ff.

--, Das gemeine deutsche Strafrecht, Erster Band, Bonn 1881.

--, Das preußische Strafrecht, Zweiter Theil: System des Preußischen Strafrechts, Erster oder allgemeiner Theil des Systems, Bonn 1858.

Haft, Frijtjof, Strafrecht, Allgemeiner Teil, 2.Aufl., München 1984.

Hardwig, Werner, Zur Abgrenzung von Mittäterschaft und Beilfe, GA 1954,353 ff.

--, Personales Unrecht und Schuld, MSchrKrim 1961,194 ff.

--, Die Zurechnung. Ein Zentralproblem des Strafrechts. Hamburg 1957.

Hartmann, Nicolai, Ethik, 3.Aufl., Berlin 1949.

Hassemer, Winfried, Einführung in die Grundlagen des Strafrechts, München 1981.

--, Generalprävention und Strafzumessung, in: Hassemer/Lüderssen/Naucke, Hauptprobleme der Generalprävention, Frankfurt 1979, S.29 ff.

--, Telefonüberwachung und Gefahrenabwehr, ZRP 1991,121 ff.

Hau, Helmut, Die Beendigung der Straftat und ihre rechtlichen Wirkungen, Berlin 1974.

Hegel, Georg Wilhelm Friedrich, Grundlinien der Philosophie des Rechts, zit. nach Glockner-Ausgabe, 7.Band, 3.Aufl., Stuttgart 1952.

--, Enzyklopädie der philosophischen Wissenschaften im Grundrisse, zit. nach Glockner-Ausgabe, 6.Band, 3.Aufl., Stuttgart 1956.

--, Philosophische Propädeutik, zit. nach Glockner-Ausgabe, 3.Band, Stuttgart 1949.

--, Vorlesungen über die Geschichte der Philosophie, Zweiter Band, zit. nach Glockner-Ausgabe, 18.Band, Stuttgart 1959.

--, Vorlesungsnotizen, aus: Verlesungen über Rechtsphilosophie 1818-1831, Edition und Kommentar in sechs Bänden von Karl-Heinz Ilting, Band II, Stuttgart-Bad Cannstadt 1974.

Herzberg, Rolf Dietrich, Akzessorietät der Teilnahme und persönliche Merkmale, GA 1991, 145 ff.

--, Anstiftung und Beihilfe als Straftatbestände, GA 1971,1 ff.

--, Straffreie Beteiligung am Suizid und gerechtfertigte Tötung auf Verlangen, JZ 1988, 182 ff.

--, Der Fall Hackethal: Strafbare Tötung auf Verlangen? NJW 1986,1635 ff.

--, Mittäterschaft durch Mitvorbereitung: eine actio communis in causa? JZ 1991,856 ff.

--, Täterschaft, Mittäterschaft und Akzessorietät der Teilnahme, ZStW 99 (1987),49.

--, Täterschaft und Teilnahme, München 1977.

--, Straffreies Töten bei Eigenverantwortlichkeit des Opfers? NStZ 1989,559 ff.

--, Die Unterlassung im Strafrecht und das Garantenprinzip, Berlin 1972.

V. Hippel, Robert, Deutsches Strafrecht, Band 2, Berlin 1930.

Hirsch, Hans-Joachim, Der Streit um Handlungs- und Unrechtslehre, insbesondere im Spiegel der Zeitschrift für die gesamte Strafrechtswissenschaft, Teil 1, ZStW 93(1981),831; Teil 2, ZStW 94(1982),239.

--, Eigenmächtige Zueignung geschuldeter Sachen, Rechtswidrigkeit und Irrtum bei den Zueignungsstrafbestimmungen, JZ 1963,149 ff.

Hoerster, Norbert, Das Adressatenproblem im Strafrecht und die Sozialmoral, JZ 1989,10 ff.

Hohmann, Ralf / König, Pia, Zur Begründung der strafrechtlichen Verantwortlichkeit in den Fällen der aktiven Suizidteilnahme, NStZ 89,304.

Hold-Ferneck, Alexander, Der Versuch, Leipzig 1922.

Hold v. Ferneck, Freiherr Alexander, Die Rechtswidrigkeit, Erster Band, Jena 1903.

Horn, Arnold, Causalitäts- und Wirkensbegriff, dessen empirische Feststellung und criminalrechtliche Bedeutung, GS 54(1897),321 ff.

Horn, Eckhard, Konkrete Gefährdungsdelikte, Köln 1973.

Hotho, H.G., Vorlesungsnachschrift von Hegels Philosophie des Rechts, in G.W.F. Hegel, Vorlesungen über Rechtsphilosophie 1818-1831, Edition und Kommentar in sechs Bänden von Karl-Heinz Ilting, Stuttgart-Bad Cannstadt 1974.

Hünerfeld, Peter, Mittelbare Täterschaft im Kriminalstrafrecht der Bundesrepublik Deutschland, ZStW 99(1987),228.

Hruschka, Joachim, Anmerkung zu BGH JZ 1969,606.

--, Die Dogmatik der Dauerstraftaten und das Problem der Tatbeendigung, GA 1968, 193 ff.

Hubmann, Heinrich, Entstehung und Außerkrafttreten von Gewohnheitsrecht - BGHZ 44,346, in: JuS 1968,61 ff.

Isenbeck, Helmut, Beendigung der Tat bei Raub und Diebstahl, NJW 1965,2326 ff.

Jakobs, Günther, Anmerkung zum Urteil des BGH v. 22.9.1983 - 4 StR 376/83 (BGHSt 32,88 = JR 84,384), in: JR 1984,385 ff.

--, Anmerkung zum Urteil des BGH v. 3.7.85 - 2 StR 202/85 (JR 86,380), in: JR 1986, 380 ff.

--, Anmerkung zu BGH JZ 88,518, in: JZ 88,519 ff.

--, Über die Aufgabe der subjektiven Deliktsseite im Strafrecht, in: Der psychiatrische Sachverständige im Strafrecht, hg. von H. Witter, Berlin u. Heidelberg 1987, S.271 ff.

--, Über die Behandlung von Wollensfehlern und von Wissensfehlern, ZStW 101 (1989), 516 ff.

Jakobs, Günther, Kriminalisierung im Vorfeld einer Rechtsgutsverletzung, ZStW 97(1985), 751 ff.

--, Regreßverbot beim Erfolgsdelikt, ZStW 89(1977),1 ff.

--, Schuld und Prävention, Tübingen 1976.

--, Strafrechtliche Schuld ohne Willensfreiheit? in: Aspekte der Freiheit, Vortragsreihe der Universität Regensburg, Band 6, 1982, S.69 ff.

--, Strafrecht, Allgemeiner Teil, Berlin u. New York 1983.

--, Studien zum fahrlässigen Erfolgsdelikt, Berlin u. New York 1972.

--, Tätervorstellung und objektive Zurechnung, in: Gedächtnisschrift für Armin Kaufmann, Köln u.a. 1989, S.271 ff.

--, Zum Verhältnis von psychischem Faktum und Norm bei der Schuld, in: Kriminologische Gegenwartsfragen, Heft 15, Stuttgart 1982.

--, Vermeidbares Verhalten und Strafrechtssystem, in: Festschrift für Hans Welzel, Berlin u. New York 1974, S.307 ff.

Jescheck, Hans-Heinrich, Anstiftung, Gehilfenschaft und Mittäterschaft im Deutschen Strafrecht, SchwZStr 71(1956),225.

--, Aufbau und Stellung des bedingten Vorsatzes im Verbrechensbegriff, in: Festschrift für Erik Wolf, Frankfurt 1962, S.473 ff.

--, Lehrbuch des Strafrechts, Allgemeiner Teil, 4.Aufl., Berlin 1988.

--, Wesen und rechtliche Bedeutung der Beendigung der Straftat, in: Festschrift für Hans Welzel, Berlin u. New York 1974, S.683 ff.

Kamps, Hans, Ärztliche Arbeitsteilung und strafrechtliches Fahrlässigkeitsdelikt, Berlin 1981.

Kant, Immanuel, Grundlegung zur Metaphysik der Sitten, zit. nach Kant's gesammelte Schriften, Ausgabe der Kgl. Preuß. Akademie der Wissenschaften, Band IV, Berlin 1911.

--, Idee zu einer allgemeinen Geschichte in weltbürgerlicher Absicht, zit. nach Kant's gesammelte Schriften, Ausgabe der Kgl. Preuß. Akademie der Wissenschaften, Band VIII, Berlin und Leipzig 1923.

Kant, Immanuel, Metaphysik der Sitten, Ausgabe der Philosophischen Bibliothek, Bd.42, Unveränderter Abdruck Leipzig 1945 der vierten Auflage 1922.

--, Die Religion innerhalb der Grenzen der bloßen Vernunft, zit. nach Kant's gesammelte Schriften, Ausgabe der Kgl. Preuß. Akademie der Wissenschaften, Band VI, Berlin 1914.

Kaufmann, Armin, Die Dogmatik der Unterlassungsdelikte, Göttingen 1959.

--, Lebendiges und Totes in Bindings Normentheorie, Göttingen 1954.

--, Strafrechtsdogmatik zwischen Sein und Wert, Köln u.a. 1982.

--, "Objektive Zurechnung" beim Vorsatzdelikt? in: Festschrift für Hans-Heinrich Jescheck, Berlin 1985, S.251 ff.

Keller, Rolf / Griesbaum, Rainer, Das Phänomen der vorbeugenden Bekämpfung von Straftaten, NStZ 1990,416 ff.

Kerrl, Hans, Nationalsozialistische Staatskunst- und Strafrechtserneuerung, in: Nationalsozialistisches Strafrecht, Denkschrift des Preußischen Justizministers, Berlin 1933.

Kienapfel, Diethelm, Strafrecht, Allgemeiner Teil, 3.Aufl., Berlin u. New York 1983.

Killias, Martin, Muß Strafe sein? Überlegungen zur Funktion von Sanktionen aus sozialpsychologischer Sicht. SchwZStR 97(1980),31 ff.

Kindhäuser, Urs, Personalität, Schuld und Vergeltung. Zur rechtsethischen Legitimation und Begrenzung der Kriminalstrafe. GA 1989,493 ff.

--, Strafe, Strafrechtsgut und Rechtsgüterschutz, in: Lüderssen/Nestler-Tremel, Modernes Strafrecht und Ultima-Ratio-Prinzip S.23 ff (noch nicht erschienen).

Klee, Karl, Die relative Strafbarkeit des Mittäters und des Anstifters, GA 67(1919),81 ff.

--, Nationalsozialistisches Strafrecht, GA 77(1933),321 ff.

--, Zum kommenden deutschen Strafrecht, DJZ 1934,1303 ff.

--, Täterschaft, DJ 1935,178 ff.

--, Das Verbrechen als Rechtsguts- und als Pflichtverletzung, DStR 1936,1 ff.

Kniesel, Michael, Vorbeugende Bekämpfung von Straftaten im neuen Polizeirecht - Gefahrenabwehr oder Strafverfolgung? ZRP 1989,329 ff.

Kniesel, Michael, Polizeiliche Gefahrenvorsorge im Spannungsfeld von Freiheit und Sicherheit, Die Polizei 1991,185 ff.

Kniesel, Michael / Vahle, Jürgen, Polizeiliche Informationsverarbeitung und Datenschutz im künftigen Polizeirecht, Heidelberg 1990.

Köhler, Michael, Der Begriff der Strafe, Heidelberg 1986.

Koenig, Herbert, Die Unterscheidung von juristischer Vollendung und faktischer Beendigung und ihre Bedeutung für Teilnahme und Begünstigung, Düsseldorf 1938.

Köstlin, Christian Reinhold, Neue Revision der Grundbegriffe des Criminalrechts, Tübingen 1845.

--, System des deutschen Strafrechts, Erste Abtheilung, Allgemeiner Theil, Tübingen 1855.

Kohler, Josef, Teilnahme und Urheberschaft, GA 58(1911),1 ff.

Kohte, Wolfhard, Die rechtfertigende Einwilligung, AcP 185(1985),105 ff.

Kratzsch, Dietrich, Das "Räuberische" am räuberischen Diebstahl, JR 1988,397 ff.

Krauß, Detlef, Erfolgsunwert und Handlungsunwert im Unrecht, ZStW 76(1964),19 ff.

Krümpelmann, Justus, Die Bagatelldelikte, Berlin 1966.

--, Die normative Korrespondenz zwischen Verhalten und Erfolg bei den fahrlässigen Verletzungsdelikten, in: Festschrift für Hans-Heinrich Jescheck, Berlin 1985, S.313 ff.

Kühl, Kristian, Die Beendigung des vorsätzlichen Begehungsdelikts, Berlin 1974.

--, Eigentumsordnung als Freiheitsordnung, Freiburg, München 1984.

--, Grundfälle zu Vorbereitung, Versuch, Vollendung und Beendigung, 5.Teil, Die Beendigung, JuS 1982,113 ff, 189 ff.

--, Zum Verjährungsbeginn bei Anstellungs- und Rentenbetrug, JZ 1978,549 ff.

Küper, Wilfried, Grenzfragen der Unfallflucht, V. Die "Beendigung" der Unfallflucht, JZ 1981, 251 ff.

--, Der "verschuldete" rechtfertigende Notstand, Berlin 1983.

Küper, Wilfried, Mittelbare Täterschaft, Verbotsirrtum des Tatmittlers und Verantwortungsprinzip, JZ 1989,935 ff.

--, "Sukzessive" Tatbeteiligung vor und nach Raubvollendung - BGH NJW 1985,84, in: JuS 1986,862 ff.

Küpper, Georg, Anspruch und wirkliche Bedeutung des Theorienstreits über die Abgrenzung von Täterschaft und Teilnahme, GA 1986,437 ff.

Küppers, Rudolf, Die Zurechnungslehre Samuel Pufendorfs, Diss. Bonn 1956.

Lackner, Karl, Strafgesetzbuch, 18.Aufl., München 1989.

Lampe, Ernst-Joachim, Über den Begriff und die Formen der Teilnahme am Verbrechen, ZStW 77 (1965),262 ff.

--, Täterschaft bei fahrlässiger Straftat, ZStW 71(1959),579 ff.

--, Das personale Unrecht, Berlin 1967.

Lange, Richard, Der moderne Täterbegriff und der deutsche Strafgesetzentwurf, Berlin u. Leipzig 1935.

Langer, Winrich, Zum Begriff der "besonderen persönlichen Merkmale", in: Festschrift für Richard Lange, Berlin, New York 1976, S.241 ff.

--, Das Sonderverbrechen, Berlin 1972.

Larenz, Karl, Methodenlehre der Rechtswissenschaft, 4.Aufl., Berlin u.a. 1979.

Lask, Emil, Rechtsphilosophie, in: Festschrift für Kuno Fischer, 2.Aufl., Heidelberg 1907, S.269 ff.

Laubenthal, Klaus, Zur Abgrenzung zwischen Begünstigung und Beihilfe zur Vortat, Jura 1985,630 ff.

Leferenz, Heinz, Gedanken zum Begriff des Verbrechens aus kriminologischer Sicht, in: Festschrift für Wilhelm Gallas, Berlin u. New York 1973, S.65 ff.

Lenckner, Theodor, Technische Normen und Fahrlässigkeit, in: Festschrift für Karl Engisch, Frankfurt 1969, S.490 ff.

Lesch, Heiko Hartmut, Die strafrechtliche Einwilligung beim HIV-Antikörpertest an Minderjährigen, NJW 1989,2309 ff.

Less, Günter, Der Unrechtscharakter der Anstiftung, ZStW 89(1957),43 ff.

Von der Linde, Hans, Rechtfertigung und Entschuldigung im Strafrecht? Frankfurt u.a. 1988.

V. Liszt, Franz, Lehrbuch des Deutschen Strafrechts, 21./22.Aufl., Berlin u. Leipzig 1919.

V. Liszt / Schmidt, Lehrbuch des Deutschen Strafrechts, von Franz v. Liszt, 25.Aufl. besorgt von Eberhardt Schmidt, Berlin u. Leipzig 1927.

LK-Bearbeiter, Strafgesetzbuch, Leipziger Kommentar, 10.Aufl., hg. von Hans-Heinrich Jescheck, Wolfgang Ruß und Günther Willms, Berlin u. New York, Erster Band 1985; Vierter Band, 1988; Fünfter Band 1989; Sechster Band 1988.

LK(1.)-Bearbeiter, Das Reichsstrafgesetzbuch, erläutert von Ludwig Ebermayer, Adolf Lobe u. Werner Rosenberg, Berlin u. Leipzig 1920-1922.

LK(4.)-Bearbeiter, Reichs-Strafgesetzbuch, erläutert von Ludwig Ebermayer, Adolf Lobe u. Werner Rosenberg, Berlin u. Leipzig 1929.

LK(8.)-Bearbeiter, Strafgesetzbuch (Leipziger Kommentar), begr. von Ebermayer, Lobe und Rosenberg, 8.Aufl. hg. von Heinrich Jagusch, Edmund Mezger, August Schaefer u. Wolfhart Werner, Erster Band, Berlin 1957.

LK(9.)-Bearbeiter, Strafgesetzbuch, Leipziger Kommentar, begr. von Ebermayer, Lobe und Rosenberg, 9.Aufl. hg. von Paulheinz Baldus und Günther Willms, Erster und Zweiter Band, Berlin u. New York 1974.

Loos, Fritz, Hans Welzel (1904-1977). Die Suche nach dem Überpositiven im Recht. In: Göttinger Universitätsschriften, Serie A: Schriften/Band 5, Göttingen 1987.

Luden, Heinrich, Abhandlungen aus dem gemeinen teutschen Strafrechte, Zweiter Band, Göttingen 1840.

--, Handbuch des teutschen gemeinen und particularen Strafrechts, Erster Band, Jena 1847.

Lüderssen, Klaus, Erfolgszurechnung und "Kriminalisierung", in: Festschrift für Paul Bockelmann, München 1979, S.181 ff.

--, Die strafrechtsgestaltende Kraft des Beweisrechts, ZStW 85(1973),288 ff.

--, Zum Strafgrund der Teilnahme, Baden-Baden 1967.

Luhmann, Niklas, Soziologische Aufklärung, Band 3, Opladen 1981.

Luhmann, Niklas, Ausdifferenzierung des Rechts, 1.Aufl., Frankfurt 1981.

--, Die Codierung des Rechtssystems, Rechtstheorie 17(1986),171 ff.

--, Funktionen und Folgen formaler Organisation, 2.Aufl., Berlin 1972.

--, Institutionalisierung - Funktion und Mechanismus im sozialen System der Gesellschaft, in: Zur Theorie der Institution, hg. von Helmut Schelsky, Düsseldorf 1970, S.27 ff.

--, Legitimation durch Verfahren, Neuwied 1969.

--, Rechtssoziologie, 3.Aufl., Opladen 1987.

--, Soziale Systeme, 1.Aufl., Frankfurt 1987.

--, Temporalstrukturen des Handlungssystems - zum Zusammenhang von Handlungs- und Systemtheorie, in: Verhalten, Handeln und System, hg. von W. Schluchter, Frankfurt 1980, S.32 ff.

--, Vertrauen, 2.Aufl., Stuttgart 1973.

--, Zweckbegriff und Systemrationalität, Tübingen 1968.

Maihofer, Werner, Der Unrechtsvorwurf, in: Festschrift für Theodor Rittler, Aalen 1957, S.141 ff.

Maiwald, Manfred, Historische und dogmatische Aspekte der Einheitstäterlösung, in: Festschrift für Paul Bockelmann, München 1979, S.343 ff.

--, Zum fragmentarischen Charakter des Strafrechts, in: Festschrift für Reinhart Maurach, Karlsruhe 1972, S.9 ff.

--, Der Zueignungsbegriff im System der Eigentumsdelikte, Heidelberg 1970.

Maturana, Humberto R., Erkennen: Die Organisation und Verkörperung von Wirklichkeit, 2.Aufl., dt. Fassung von K. Köck, Braunschweig u. Wiesbaden 1985.

Maurach, Reinhart, Handlungspflicht und Pflichtverletzung im Strafrecht, DStR 1936,113 ff.

--, Deutsches Strafrecht, Allgemeiner Teil, 4.Aufl., Karlsruhe 1971.

--, Treupflicht und Schutzgedanke im internationalen Strafrecht, DStR 1938, 1 ff.

Maurach-Bearbeiter, Strafrecht, Allgemeiner Teil. Ein Lehrbuch begründet von Reinhart Maurach, Teilband 1 fortgeführt von Heinz Zipf, 7.Aufl., Heidelberg 1987; Teilband 2 fortgeführt von Karl Heinz Gössel und Heinz Zipf, 7.Aufl., Heidelberg 1989.

Mayer, Hellmuth, Zum Begriff der Wegnahme, JZ 1962,617 ff.

--, Kant, Hegel und das Strafrecht, in: Festschrift für Karl Engisch, Frankfurt 1969, S.54 ff.

--, Das Strafrecht des deutschen Volkes, Stuttgart 1936.

--, Strafrecht, Allgemeiner Teil, Stuttgart u. Köln 1953.

--, Strafrecht, Allgemeiner Teil, Tübingen 1967.

--, Täterschaft, Teilnahme, Urheberschaft, in: Festschrift für Theodor Rittler, Aalen 1957, S.243 ff.

--, Der Verbrechensbegriff, DStR 1938,73 ff.

Mayer, Max Ernst, Der Causalzusammenhang zwischen Handlung und Erfolg im Strafrecht, Freiburg 1899.

--, Der Allgemeine Teil des deutschen Strafrechts, Heidelberg 1915.

Merkel, Adolf, Kriminalistische Abhandlungen, Band 1: Zur Lehre von den Grundeintheilungen des Unrechts und seiner Rechtsfolgen, Leipzig 1867.

--, Die Lehre von Verbrechen und Strafe, Stuttgart 1912.

Meyer, Maria-Katharina, Tatbegriff und Teilnehmerdelikt, GA 1979,252 ff.

Meyer-Arndt, Lüder, Beihilfe durch neutrale Handlungen? Wistra 1989,281 ff.

Mezger, Edmund, Strafrecht, 2.Aufl., München u. Leipzig 1933.

--, Deutsches Strafrecht, 3.Aufl., Berlin 1943.

--, Strafrecht I, Allgemeiner Teil, 9.Aufl., München u. Berlin 1960.

--, Die Straftat als Ganzes, ZStW 57(1938),675 ff.

--, Die subjektiven Unrechtselemente, GS 89(1935),207 ff.

--, Vollendung und Beendigung beim Betrug, JW 1938,493 ff.

Mir Puig, Santiago, Die "ex ante" - Betrachtung im Strafrecht, in: Festschrift für Hans-Heinrich Jescheck, Berlin 1985, S.337 ff.

--, Über das Objektive und das Subjektive im Unrechtstatbestand, in: Gedächtnisschrift für Armin Kaufmann, Köln u.a. 1989, S.253 ff.

Mittasch, Helmut, Die Auswirkungen des wertbeziehenden Denkens in der Strafrechtssystematik, Berlin 1939.

Mommsen, Theodor, Römisches Strafrecht, Leipzig 1899.

Naucke, Wolfgang, Rechtsphilosophische Grundbegriffe, 2.Aufl., Frankfurt 1986.

--, Kant und die psychologische Zwangstheorie Feuerbachs, Hamburg 1962.

--, Über das Regreßverbot im Strafrecht, ZStW 76(1964),409 ff.

Neumann, Ulfried / Schroth, Ulrich, Neuere Theorien von Kriminalität und Strafe, Darmstadt 1980.

Noll, Peter, Die ethische Begründung der Strafe, Tübingen 1962.

Noll, Peter / Trechsel, Stefan, Schweizerisches Strafrecht, Allgemeiner Teil I, 2.Aufl., Zürich 1986.

Otter, Klaus, Funktionen des Handlungsbegriffs im Verbrechensaufbau, Bonn 1973.

Otto, Harro, Anstiftung und Beihilfe, JuS 1982,557 ff.

--, Grundkurs Strafrecht, Allgemeine Strafrechtslehre, Berlin u. New York 1976.

--, Kausaldiagnose und Erfolgszurechnung im Strafrecht, in: Festschrift für Reinhart Maurach, Karlsruhe 1972, S.91 ff.

--, Schadenseintritt und Verjährungsbeginn, in: Festschrift für Karl Lackner, Berlin u. New York 1987, S.715 ff.

--, Eigenverantwortliche Selbstschädigung und -gefährdung sowie einverständliche Fremdschädigung und -gefährdung, in: Festschrift für Herbert Tröndle, Berlin u. New York 1989, S.157 ff.

--, Täterschaft, Mittäterschaft, mittelbare Täterschaft, Jura 1987,246 ff.

--, Straflose Teilnahme? in: Festschrift für R. Lange, Berlin u. New York 1976, S.197 ff.

Otto, Harro, Personales Unrecht, Schuld und Strafe, ZStW 87(1975),539 ff.

Paeffgen, Hans-Ulrich, Der Verrat in irriger Annahme eines illegalen Geheimnisses (§ 97 b StGB) und die allgemeine Irrtumslehre, Berlin 1979.

Parsons, Talcott, Aktor, Situation und normative Muster, hg. und übersetzt von Wenzel, Frankfurt 1986.

--, Beiträge zur soziologischen Theorie, 2.Aufl., Neuwied und Berlin 1968.

--, Entstehung und Richtung abweichenden Verhaltens, in: Kriminalsoziologie, hg. von Sack u. König, Frankfurt 1968, S.9 ff.

--, Sozialstruktur und Persönlichkeit, übers. von Clemenz, Frankfurt 1968.

--, Der Stellenwert des Identitätsbegriffs in der allgemeinen Handlungstheorie, übers. von v. Grote u. Döbert, in: Entwicklung des Ichs, hg. von Döbert, Habermas und Nunner-Winkler, Köln 1977, S.68 ff.

--, Das System moderner Gesellschaften, übers. von Franz, München 1972.

Perten, Paul, Die Beihilfe zum Verbrechen, Breslau 1918.

V. Pestalozza, Baldur Graf, Rechtsgutsverletzung oder Pflichtverletzung? DStR 1938,107.

Pfeiffer, Gerd / Maul, Heinrich / Schulte, Benno, Strafgesetzbuch. Kommentar anhand der Rechtsprechung des Bundesgerichtshofs, Essen 1969.

Philipps, Lothar, Der Handlungsspielraum, Frankfurt 1974.

Plümer, Ulrich, Das Verhältnis zwischen Strafvereitelung und Beihilfe zur Vortat. Diss. Bonn 1979.

Prümm, Hans Paul, Vorbeugende Straftatenbekämpfung und Verfassungsrecht, VR 1990, 201ff.

Radbruch, Gustav, Rechtsphilosophie, 3.Aufl., Leipzig 1932.

Rickert, Heinrich, Kulturwissenschaft und Naturwissenschaft, 6./7.Aufl., Tübingen 1926.

--, System der Philosophie, Tübingen 1921.

Roeder, Hermann, Exklusiver Täterbegriff und Mitwirkung am Sonderdelikt, ZStW 69(1957), 223 ff.

Röhl, Klaus F., Rechtssoziologie, Köln u.a. 1987.

Roxin, Claus, Bemerkungen zum Regreßverbot, in: Festschrift für Herbert Tröndle, Berlin u. New York 1989, S.177.

--, Zur Dogmatik der Teilnahmelehre im Strafrecht, JZ 1966,293 ff.

--, Strafrechtliche Grundlagenprobleme, Berlin u. New York 1973.

--, Kriminalpolitik und Strafrechtssystem, Berlin 1970.

--, Die Mittäterschaft im Strafrecht, JA 1979,519 ff.

--, Die Sterbehilfe im Spannungsfeld von Suizidteilnahme, erlaubtem Behandlungsabbruch und Tötung auf Verlangen, NStZ 1987,345 ff.

--, Strafverfahrensrecht, 21.Aufl., München 1989.

--, Täterschaft und Tatherrschaft, Berlin u. New York, 4.Aufl., 1984 (zit.: "Roxin TuT"); 5.Aufl., York 1990 (zit.: "Roxin TuT [5. Aufl.]").

--, Offene Tatbestände und Rechtspflichtmerkmale, 2.Aufl., Berlin 1970.

--, Tatentschluß und Anfang der Ausführung beim Versuch, JuS 1979,1 ff.

--, Unterlassung, Vorsatz und Fahrlässigkeit, Versuch und Teilnahme im neuen Strafgesetzbuch, JuS 1973,327 ff.

Roxin, Claus / Schünemann, Bernd / Haffke, Bernhard, Strafrechtliche Klausurenlehre mit Fallrepetitorium, 4.Aufl., Köln u.a. 1982.

Rudolphi, Hans-Joachim, Die verschiedenen Aspekt des Rechtsgutsbegriffs, in: Festschrift für Richard Honig, Göttingen 1970 S.151 ff.

--, Die Gleichstellungsproblematik der unechten Unterlassungsdelikte und der Gedanke der Ingerenz, Göttingen 1966.

--, Die zeitlichen Grenzen der sukzessiven Beihilfe, in: Festschrift für Hans-Heinrich Jescheck, Berlin 1985, S.559 ff.

--, Inhalt und Funktion des Handlungsunwertes im Rahmen der personalen Unrechtslehre, in: Festschrift für Reinhart Maurach, Karlsruhe 1972, S.51 ff.

Rudolphi, Hans-Joachim, Die pflichtgemäße Prüfung als Erfordernis der Rechtfertigung, in: Gedächtnisschrift für Horst Schröder, München 1978, S.73 ff.

--, Strafbarkeit der Beteiligung an den Trunkenheitsdelikten im Straßenverkehr, GA 1970, 353 ff.

--, Zur Tatbestandsbezogenheit des Tatherrschaftsbegriffs bei der Mittäterschaft, in: Festschrift für Paul Bockelmann, München 1979, S.369 ff.

--, Ist die Teilnahme an einer Notstandstat i.S. der §§ 52, 53 III und 54 StGB strafbar? ZStW 78(1966),67 ff.

--, Unrechtsbewußtsein, Verbotsirrtum und Vermeidbarkeit des Verbotsirrtums, Göttingen 1969.

--, Strafrechtliche Verantwortlichkeit der Bediensteten von Betrieben für Gewässerverunreinigung und ihre Begrenzung durch den Einleitungsbescheid, in: Festschrift für Karl Lackner, Berlin u. New York 1987, S.863 ff.

--, Vorhersehbarkeit und Schutzzweck der Norm in der strafrechtlichen Fahrlässigkeitslehre, JuS 1969,549 ff.

--, Der Zweck staatlichen Strafrechts und die strafrechtlichen Zurechnungsformen, in: Grundfragen des modernen Strafrechtssystems, hg. von B. Schünemann, Berlin u. New York 1984, S.69 ff.

Rüping, Hinrich, Beendigung der Tat und Beginn der Verjährung, GA 1985,437 ff.

Salm, Karl, Das versuchte Verbrechen, Karlsruhe 1957.

Salomon, Max, Kants Strafrecht in Beziehung zu seinem Staatsrecht, ZStW 33(1912),1 ff.

Samson, Erich, Grundprobleme der Urkundenfälschung, JuS 1970,369 ff.

--, Hypothetische Kausalverläufe im Strafrecht, Frankfurt 1972.

Sax, Walter, Der Bundesgerichtshof und die Täterlehre, JZ 1963,329 ff.

--, Grundsätze der Strafrechtspflege, in: Bettermann/Nipperdey/Scheuner, Die Grundrechte, Band III/2, Berlin 1959, S.909 ff.

--, Zur Problematik des "Teilnehmerdelikts", ZStW 90(1978),927 ff.

--, Über Rechtsbegriffe, in: Festschrift für Hermann Nottarp, Karlsruhe 1961, S.133 ff.

Schaffstein, Friedrich, Handlungsunwert, Erfolgsunwert und Rechtfertigung bei den Fahrlässigkeitsdelikten, in: Festschrift für Hans Welzel, Berlin u. New York 1974, S.557 ff.

--, Die Allgemeinen Lehren vom Verbrechen in ihrer Entwicklung durch die Wissenschaft des Gemeinen Strafrechts, Berlin 1930.

--, Der Täter hinter dem Täter bei vermeidbarem Verbotsirrtum und verminderter Schuldfähigkeit des Tatmittlers, NStZ 1989,153 ff.

--, Zur Problematik der teleologischen Begriffsbildung im Strafrecht, in: Festschrift der Leipziger Juristenfakultät für Dr. Richard Schmidt, Leipzig 1936, S.47 ff.

--, Rechtswidrigkeit und Schuld im Aufbau eines neuen Strafrechtssystems, ZStW 57(1938), 295 ff.

--, Die materielle Rechtswidrigkeit im kommenden Strafrecht, ZStW 55(1936), 18 ff.

--, Der Streit um das Rechtsgutsverletzungsdogma, DStR 1937,335 ff.

--, Das Verbrechen als Pflichtverletzung, Berlin 1935 (zit.: "Schaffstein, Verbrechen").

--, Das Verbrechen eine Rechtsgutsverletzung? DStR 1935,97 ff.

Scheufele, Hans-Jürgen, Formelle Vollendung und tatsächliche Beendigung von Straftaten, Diss. Tübingen 1971.

Schlüchter, Ellen, De nihilo nihil - oder: Der Erziehungsgedanke im Jugendstrafrecht, GA 1988, 106 ff.

Schmidhäuser, Eberhard, Vom Sinn der Strafe, Göttingen 1963.

--, Strafrecht, Allgemeiner Teil, Tübingen 1970; 2.Aufl., Tübingen 1975.

--, Strafrecht, Allgemeiner Teil - Studienbuch, 2.Aufl., Tübingen 1984.

--, Der Unrechtstatbestand, in: Festschrift für Karl Engisch, Frankfurt 1969, S.433 ff.

Schmidt, Eberhard, Die mittelbare Täterschaft, in: Festschrift für Reinhard v. Frank, Band II, Tübingen 1930, S.106 ff.

Schnabel, Franz, Deutsche Geschichte im neunzehnten Jahrhundert, Band 1, 4.Aufl., Freiburg 1948.

Schöch, Heinz, Empirische Grundlagen der Generalprävention, in: Festschrift für Hans-Heinrich Jescheck, Berlin 1985, S.1081.

Schöne, Wolfgang, Fahrlässigkeit, Tatbestand und Strafgesetz, in: Gedächtnisschrift für Hilde Kaufmann, Berlin u. New York 1986, S.649 ff.

Schönke, Adolf, Strafgesetzbuch, Kommentar, 6.Aufl., München u. Berlin 1952.

Schönke/Schröder, Strafgesetzbuch, Kommentar, begr. von Adolf Schönke, fortgef. von Horst Schröder, 17.Aufl., München 1974.

Schreiber, Hans-Ludwig, Der Begriff der Rechtspflicht, Berlin 1966.

Schroeder, Friedrich-Christian, Der Täter hinter dem Täter, Berlin 1965.

Schröder, Horst, Der Täterbegriff als "technisches" Problem, ZStW 57(1938),459 ff.

Sch/Sch-Bearbeiter, Strafgesetzbuch, Kommentar, begründet von Adolf Schönke, fortgef. von Horst Schröder, 23.Aufl. fortgef. von Theodor Lenckner et al., München 1988.

Schünemann, Bernd, Einführung in das strafrechtliche Systemdenken, in: Grundfragen des modernen Straftatsystems, hg. von Bernd Schünemann, Berlin u. New York 1984, S.1 ff.

--, Grund und Grenzen der unechten Unterlassungsdelikte, Göttingen 1971.

--, Nulla poena sine lege? Berlin u. New York 1978.

--, Raub und Erpressung (2.Teil), JA 1980,393 ff.

Schütze, Theodor Reinhold, Lehrbuch des Deutschen Strafrechts, 2.Aufl., Leipzig 1874.

--, Studien zum Deutschen Strafgesetzbuche, GA 21(1873),137 ff.

--, Die nothwendige Theilnahme am Verbrechen, Leipzig 1869.

Schultz, Hans, Einführung in den Allgemeinen Teil des Strafrechts, Erster Band, 2.Aufl., Bern 1974.

--, Täterschaft und Teilnahme im modernen Schweizerischen Strafrecht, SchwZStr 71 (1956),243 ff.

Schumann, Heribert, Strafrechtliches Handlungsunrecht und das Prinzip der Selbstverantwortung der Anderen, Tübingen 1986.

Schwan, Egbert, Die Abgrenzung des Anwendungsbereichs der Regeln des Straf- und Ordnungswidrigkeitenverfolgungsrechts von dem des Rechts der Gefahrenabwehr, VerwArch 70(1979),109 ff.

Schwarz, Otto, Strafgesetzbuch, 9.Aufl., München u. Berlin 1940.

V. Schwarze, Friedrich Oskar, Strafgesetzbuch für das Deutsche Reich, 3.Aufl., Leipzig 1873.

Schwinge, Erich / Zimmerl, Leopold, Wesensschau und konkretes Ordnungsdenken im Strafrecht, Bonn 1937.

Seelmann, Kurt, Hegels Straftheorie in seinen "Grundlinien der Philosophie des Rechts", JuS 1979,687 ff.

Simmel, Georg, Soziologie. Untersuchungen über die Formen der Vergesellschaftung. 4.Aufl., Berlin 1958.

SK-Bearbeiter, Systematischer Kommentar zum Strafgesetzbuch, von Hans-Joachim Rudolphi, Eckhard Horn u. Erich Samson, Neuwied u. Frankfurt, Band 1, 5.Aufl. Juni 1989; Band 2, 4.Aufl., Sept. 1989.

Spencer, Herbert, Die Principien der Ethik. Autorisierte deutsche Ausgabe von Vetter, II. Band, 1. Abteilung, Stuttgart.

Spendel, Günter, Fahrlässige Teilnahme an der Selbst- und Fremdtötung, JuS 1974,749 ff.

Spittler, Gerd, Norm und Sanktion, Olten 1967.

Stein, Ulrich, Die strafrechtliche Beteiligungsformenlehre, Berlin 1988.

Stenger, Horst / Geißlinger, Hans, Die Transformation sozialer Realität, KZfSS 1991,247 ff.

Stratenwerth, Günter, Der agent provocateur, MDR 1953,717 ff.

--, Anmerkung zu OLG Hamm JZ 1961,94, in: JZ 1961,95.

--, Arbeitsteilung und ärztliche Sorgfaltspflicht, in: Festschrift für Eb. Schmidt, Göttingen 1961, S.383 ff.

--, Handlungs- und Erfolgsunwert im Strafrecht, SchwZStr 79(1963),231 ff.

--, Zur Relevanz des Erfolgsunwerts im Strafrecht, in: Festschrift für Friedrich Schaffstein, Göttingen 1975, S.177 ff.

Stratenwerth, Günter, Strafrecht, Allgemeiner Teil I, 3.Aufl., Köln u.a. 1981.

Streng, Franz, Schuld, Vergeltung, Generalprävention, ZStW 92(1980),637 ff.

Stübel, Christoph Carl, Ueber die Theilnahme mehrerer Personen an einem Verbrechen, Dresden 1828.

Suarez Montes, Rodrigo Fabio, Weiterentwicklung der finalen Unrechtslehre? in: Festschrift für Hans Welzel, Berlin u. New York 1974, S.379 ff.

Teubner, Gunther, Introduction to Autopoietic Law, in: Autopoietic Law: A New Approach to Law and Society, hg. v. Teubner, Berlin u. New York 1988, S.1 ff.

--, Recht als autopoietisches System, Frankfurt 1989.

Tiedemann, Klaus, Tatbestandsfunktionen im Nebenstrafrecht, Tübingen 1969.

Timpe, Gerhard, Anmerkung zu BGH JZ 90,96, in: JZ 1990,97.

--, Strafmilderungen des Allgemeinen Teils des StGB und das Doppelverwertungsverbot, Berlin 1983.

Trechsel, Stefan, Der Strafgrund der Teilnahme, Bern 1967.

Triffterer, Otto, Österreichisches Strafrecht, Allgemeiner Teil, Wien u. New York 1985.

Verdross, Alfred, Abendländische Rechtsphilosophie, 2.Aufl., Wien 1963.

Vogler, Theo, Zur Frage der Ursächlichkeit der Beihilfe für die Haupttat, in: Festschrift für Ernst Heinitz, Berlin 1972, S.295 ff.

--, Versuch und Rücktritt bei der Beteiligung mehrerer an der Straftat, ZStW 98(1986), 331 ff.

V. Weber, Hellmuth, Zum Aufbau des Strafrechtssystems, Jena 1935.

Weber, Max, Grundriß der Sozialökonomik, III. Abteilung, Wirtschaft und Gesellschaft, 3.Aufl., 1.Halbband, Tübingen 1947.

Wehrle, Stefan, Fahrlässige Beteiligung am Vorsatzdelikt - Regreßverbot? Basel u. Frankfurt 1986.

Welp, Jürgen, Vorangegangenes Tun als Grundlage einer Handlungsäquivalenz der Unterlassung, Berlin 1967.

Welp, Jürgen, Urteilsanmerkung zu BGH JR 72,426, in: JR 1972,427 ff.

Welzel, Hans, Abhandlungen zum Strafrecht und zur Rechtsphilosophie, Berlin u. New York 1975.

--, Die deutsche strafrechtliche Dogmatik der letzten 100 Jahre und die finale Handlungslehre, JuS 1966,421 ff.

--, An den Grenzen des Rechts. Die Frage nach der Rechtsgeltung. Köln und Opladen 1966.

--, Um die finale Handlungslehre, Tübingen 1949.

--, Zur Kritik der subjektiven Teilnahmelehre, SJZ 1947,645 ff.

--, Wie würde sich die finalistische Lehre auf den Allgemeinen Teil eines neuen Strafgesetzbuchs auswirken? in: Materialien zur Strafrechtsreform, 1.Band, Bonn 1954, S.45 ff.

--, Literaturbericht, ZStW 61(1942),209 ff.

--, Naturrecht und materiale Gerechtigkeit, Göttingen, 2.Aufl. 1951; 4.Aufl. 1962.

--, Die Naturrechtslehre Samuel Pufendorfs, Berlin 1958.

--, Das Recht als Gemeinschaftsordnung, in: Festschrift für Heinrich Henkel, Berlin u. New York 1974, S.11 ff.

--, Das Deutsche Strafrecht, Berlin 1947 (zit.: "Lb [1947]").

--, Das Deutsche Strafrecht, 11.Aufl., Berlin 1969 (zit.: "Lb").

--, Studien zum System des Strafrechts, ZStW 58(1939),491 ff.

Wessels, Johannes, Strafrecht, Allgemeiner Teil, 18.Aufl., Heidelberg 1988.

--, Strafrecht, Besonderer Teil - 1, 13.Aufl., Heidelberg 1989.

Wieacker, Franz, Privatrechtsgeschichte der Neuzeit, 2.Aufl., Göttingen 1967.

Winkler, Günter, Vollendung und Beendigung des vorsätzlichen Verbrechens, Diss. München 1965.

Wiswede, Günter, Soziologie abweichenden Verhaltens, Stuttgart u.a. 1973; 2.Aufl., Stuttgart u.a. 1979.

Wolf, Erik, Große Rechtsdenker der deutschen Geistesgeschichte, 4.Aufl., Tübingen 1963.

--, Die Typen der Tatbestandsmäßigkeit, Breslau 1931.

Wolter, Jürgen, Objektive und personale Zurechnung zum Unrecht. Zugleich ein Beitrag zur aberratio ictus, in: Grundfragen des modernen Straftatsystems, hg. von Bernd Schünemann, Berlin u. New York 1984, S.103 ff.

--, Objektive und personale Zurechnung von Verhalten, Gefahr und Verletzung in einem funktionalen Straftatsystem, Berlin 1981.

Würfel, Jörg, Rechtmäßiges Alternativverhalten und Risikoerhöhung im Strafrecht, Diss. Göttingen 1971.

Würtenberger, Thomas, Die geistige Situation der deutschen Strafrechtswissenschaft, Karlsruhe 1957.

Zielinski, Diethart, Handlungs- und Erfolgsunwert im Unrechtsbegriff, Berlin 1973.

Zipf, Heinz, Kriminologischer und strafrechtlicher Verbrechensbegriff, MDR 1969,889 ff.

SCHRIFTEN ZUM STRAFRECHT UND STRAFPROZESSRECHT

Herausgegeben von Manfred Maiwald

Band 1 Christian-Peter Frees: Die steuerrechtliche Selbstanzeige. Zur kriminalpolitischen Zweckmäßigkeit des § 371 AO. 1991.

Band 2 Norbert Joachim: Der Hörensagenbeweis im Strafverfahren. 1991.

Band 3 Alfred A. Göbel: Die Einwilligung im Strafrecht als Ausprägung des Selbstbestimmungsrechts. 1991.

Band 4 Karl-Heinz Vehling: Die Abgrenzung von Vorbereitung und Versuch. 1991.

Band 5 Heiko Hartmut Lesch: Das Problem der sukzessiven Beihilfe. 1992.

Kolibri 360 GmbH
Ferdinand-Jühlke-Straße 7
99095 Erfurt, Deutschland
produktsicherheit@kolibri360.de

Druck:
CPI Druckdienstleistungen GmbH
im Auftrag der
Kolibri 360 GmbH
Ferdinand-Jühlke-Str. 7
99095 Erfurt